当代旅游研究译丛

旅游伦理学
——批判性与应用性视角

Brent Lovelock and Kirsten M. Lovelock

〔新西兰〕布伦特·洛夫洛克
〔新西兰〕柯尔斯滕·洛夫洛克 著

余晓娟 孙佼佼 译

The Ethics of Tourism:
Critical and Applied Perspectives

The Ethics of Tourism: Critical and Applied Perspectives

Brent Lovelock and Kirsten M. Lovelock

Original work copyright ©2013 Brent Lovelock and Kirsten M. Lovelock

All rights reserved. Authorized translation from the English language edition published by Routledge, a member of the Taylor & Francis Group.

Copies of this book sold without a Taylor & Francis sticker on the cover are unauthorized and illegal.

本书中文简体翻译版授权由商务印书馆有限公司独家出版并限在中国大陆地区销售。未经出版者书面许可，不得以任何方式复制或发行本书的任何部分。本书封面贴有泰勒·弗朗西斯集团防伪标签，无标签者不得销售。

本书献给我们的孩子
米莉、奥斯卡、李维

致　谢

诸多朋友、同事和家人都为此书提供了支持，作出了贡献。我们感谢所有的案例研究贡献者在准备这一书稿全过程中所提供的案例研究和热忱的支持。感谢 C. 迈克尔·霍尔、琼·C. 亨德森、约翰·康奈尔、西蒙·达西、安德鲁·霍尔登、玛莎·道斯雷、斯蒂芬·戈斯林、塔拉·邓肯和卡拉·博拉克。非常感谢在全过程中责任编辑艾玛·特拉维斯的耐心和宽容与卡罗尔·巴贝尔的理解和支持。也感谢亚当·德林在本项目初期提供研究文献方面的有力协助，感谢戴安娜·埃文斯处理我们的格式问题，迅速将其校正。也感谢乔·奥布莱恩在项目初期启动阶段所提供的帮助。海伦·杜恩进行了终稿检查，特鲁迪·沃尔特斯编制了索引。布伦特也想感谢他的学生有意或无意之中将他引向这条道路。感谢出版者们允许我们复制表格和图形，利用本领域的重要文献。图 8.2 的重印获得了出版者的许可，来自黛安娜·波蒂尔和理查德·德夫林的《批判性残疾理论》（英属哥伦比亚大学出版社，2005）。图 12.4 的重印获得了美国营销协会出版的《营销期刊》的许可，来自托马斯·W. 邓菲、N. 克雷格·史密斯、小威廉·T. 罗斯所撰《社会契约与营销伦理》一文（1999 年 7 月，第 63 卷第 3 期，14—32 页）。在照片方面，我们想感谢：Pin Ng、玛莎·道斯雷、西蒙·达西、C. 迈克尔·霍尔、安德里亚·法尔米纳、阿西姆·坦维尔和来自多位佚名摄影者的许可。感谢大卫·芬内尔、C. 迈克尔·霍尔、刘德龄、米克·史密斯、罗莎琳·达菲、斯托姆·科尔、奈杰尔·摩根、安德鲁·霍尔登提供了启发，还有作为本书知识基础的来自众多学者所提供的宝贵研究。也感谢奥塔哥大学旅游系的同事们、预防和社会医学系的大卫·麦克布莱德、中央图书馆的馆员们。感谢音乐灵感的提供者们：Astro Children、露辛达·威廉斯、大卫·乔高、The Clean、吉利安·维尔赫、戈麦斯、The Civil Wars。很多朋友和家人为我们写作之余提供了鼓励和欢乐：感谢蒂娜·麦凯、布朗温·麦克农、哈泽尔·塔克、安娜·汤普森、安迪·汤普森、罗莫拉·麦凯、肖恩·斯科特、拉·希基、特雷莎·拉·罗伊，以及 TEU 的同事们，尼基·佩奇、德克·休斯顿、戴安娜·萨克斯顿、詹姆斯·巴拉德（提供纳斯比度假款待），詹姆斯·温德尔、约尔·廷德尔、特鲁迪·廷德尔、凯西·弗格森、乔·普雷斯顿、马克·赖特提供了食物。最后，感谢我们的孩子们：米莉、奥斯卡和李维，以及我们的大家庭成员：菲姬、宾基（电脑上的陪伴）、奥克、派基、贝蒂和海蒂。

对本书有贡献者

卡拉·博拉克（Karla Boluk）是北爱尔兰阿尔斯特大学酒店和旅游管理系讲师。卡拉目前的研究兴趣包括旅游作为消除贫困的潜在手段、自由贸易旅游、乡村发展、社区发展/赋权和社会企业家精神。

约翰·康奈尔（John Connell）是悉尼大学地理学教授。他的工作主要涉及太平洋地区的移民和发展，已出版多部关于卫生工作者移民的著作。

西蒙·达西（Simon Darcy）是悉尼科技大学商学院副教授、国际性民间社会研究中心主任。他是一位跨学科的研究者，在发展针对多样性群体的包容性组织路径方面具有专长。自1983年遭受脊髓损伤后，他成为电动轮椅使用者，强烈认为所有人都有权利全面参与社区生活的所有方面。

玛莎·道斯雷（Martha Dowsley）是加拿大安大略省桑德贝市湖首大学副教授。她任教于人类学系和地理系，研究聚焦于对自然资源的文化理解。

塔拉·邓肯（Tara Duncan）是新西兰奥塔哥大学旅游系讲师。社会和文化地理学的背景为她目前的研究兴趣提供了基础，包括：生活方式流动性，年轻人预算旅行（背包游、间隔年和海外经历），旅游、酒店和休闲的日常空间与实践。

斯蒂芬·戈斯林（Stefan Gössling）是瑞典隆德大学服务管理系教授、卡尔玛林奈大学工商经济学院教授。他也是挪威松达尔地区可持续旅游研究中心研究协调人。

C.迈克尔·霍尔（C. Michael Hall）是新西兰坎特伯雷大学管理系教授、芬兰奥卢大学地理系编外教授、萨翁林纳东芬兰大学和瑞典卡尔玛林奈大学访问教授。

琼·C.亨德森（Joan C. Henderson）是新加坡南洋商学院副教授。此前,她在旅游公共和私人部门的数段工作之后在英国讲授旅游。

安德鲁·霍尔登(Andrew Holden)是英格兰贝德福德郡大学环境和旅游教授、环境和可持续旅游发展研究中心主任。他的研究聚焦于旅游情境中人类行为与自然环境之间的互动。具体研究兴趣包括环境伦理学、贫困与可持续发展。

目　录

第1章　导论 ………………………………………………………………… 1
第2章　旅游：伦理概念与原则 ………………………………………… 21
第3章　流动性、边界和安全 …………………………………………… 49
第4章　人权 ………………………………………………………………… 79
第5章　医疗旅游 ………………………………………………………… 114
第6章　性旅游 …………………………………………………………… 144
第7章　旅游与原住民 …………………………………………………… 173
第8章　旅游与残疾群体 ………………………………………………… 204
第9章　自然旅游 ………………………………………………………… 240
第10章　动物与旅游 …………………………………………………… 273
第11章　气候变化 ……………………………………………………… 306
第12章　接待业和营销伦理 …………………………………………… 337
第13章　劳动力 ………………………………………………………… 372
第14章　伦理准则 ……………………………………………………… 399
第15章　结论：伦理的未来？ ………………………………………… 428

第 1 章　导论

"总体而言,人们想要做好人,但不想太好,也不想一贯都好。"

——乔治·奥威尔[a]

"没有道德的人,就是撒在这个世上的无缰野兽。"

——阿尔贝·加缪[b]

"教育一个人,只针对其头脑,而忽视其道德,是在给社会制造威胁。"

——西奥多·罗斯福[c]

"伦理道德是一项技能。"

——玛丽安娜·詹宁斯[d]

学习目标

阅读本章后,你将能够:
- 理解为何要以伦理道德视角关注旅游。
- 定义术语"合乎伦理的旅游"(ethical tourism)。
- 理解合乎伦理的旅游与可持续的旅游之间的关系。
- 探讨合乎伦理的消费(ethical consumption)在合乎伦理的旅游当中的角色。

一、导言

近至五年前,我们还很少听到"道德"和"旅游"这两个词出现在同一个句子里。近至十年前，我们还很少听到"商业"与"道德"这两个词同时出现——至少在道德哲学和商业道德研究这两个领域之外是如此。二十一世纪第一个十年出现的安然（Enron）、世界通讯（WorldCom）和其他公司丑闻改变了这一切。从这些及众多其他商业丑行中揭露的问题和学到的教训已经渗透我们生活的诸多方面——影响的不仅是我们的财务，还有我们的休闲活动。

现在，一些研究者和从业者已经开始对旅游的伦理道德，或者更确切地说，对"伦理缺失"（Moufakkir 2012）或旅游领域伦理的"巨大空洞"（Fennell 2006）进行思考、讨论和写作。为何最近会出现如此对伦理的兴趣？关于旅游，有什么发生了改变？当然，作为一个产业，旅游业一直在增长，但这一增长已趋于稳定，全球游客总人次估计在50亿左右，其中10亿为国际游客[1]。我们认识到旅游是一个巨大的产业，甚至也许是世界上最大的产业，但并非仅基于此我们才需要一本旅游伦理学著作。数以十亿计的人们参加可与旅游相比较的休闲活动：他们看电影、进行体育运动、购物——但并没有同样的呼吁将它们置于"伦理学的观照"之下。所以，是什么使得旅游需要如此考虑呢？

旅游作为一种社会活动或现象，已经深抵许多人的生活、许多社区和经济体之中，在难以置信的多种多样的情境中进行着。它几乎无所不在。尽管早期的乐观希望认为旅游将是施益于世界各地社区、为社会和经济福利作出贡献的"无烟"产业，但现在人们已经清楚地认识到旅游与一系列的社会、经济和环境影响或"旅游相关的变化"密不可分，如霍尔和刘德龄（Hall and Lew 2009）所述。40多年来的旅游文献和旅游产业对此已经有了清晰的辩论和探讨（针对旅游影响的详细综述，推荐霍尔和刘德龄的《旅游影响研究与管理》）。的确，对旅游影响的管理今天仍然是本领域研究者、规划者和从业者的强烈关注点。宽泛来讲，旅游影响可以分为社会-文化、经济、环境影响三类；但这些类别也有相当大的重合。

经济影响包括产自旅游设施和服务的发展与使用的货币效益与成本。环境影响包括对自然环境的改变（包括大气、水、土壤、植被和野生动物），也包括对建成环境的改变。

（Wall and Wright 1977 in Wall and Mathieson 2006：38）

旅游的社会和文化影响包括旅游可能"导致集体与个人价值体系、行为模式、社区结构、生活方式和生活质量变化"的方式（Hall and Lew 2009：57）。如希金斯－德比奥勒（Higgins-Desbiolles 2006）所指出的，旅游"超越了一个产业"，它是一种社会力量。

旅游作为一种社会和物质现象的诸多显著特征，以及旅游产业的庞大规模和范围，都要求我们考虑针对"旅游问题"的替代性路径：

- 旅游牵涉（通常是复杂的）社会、文化、经济和生态互动。
- 这些互动发生于去某个"目的地"的途中或其中，而这个"目的地"同时又是某个人的"地方"（住宅、村庄、乡镇、城市、国家、山峦、丛林、沙滩、后院）。
- 访客（和行业供应商）并不像对待他们自己的地方和社区那样看重这个"地方"及其"主人"。
- 这些互动通常蕴含着权力差异——通常是游客和旅游产业以各种方式施力于主人。
- 这些互动可能带来伤害或利益——对主人（也可能对游客）、对他们的社区、对他们的经济体和生态系统。
- 游客（和旅游交换中的其他利益相关者）天性地是利己主义的——每个人都致力于将其个人（或团体、公司）价值最大化。

自二十世纪七十年代以来，对于旅游影响之范围与规模的关注越来越导向发展和推广各种既可将旅游负面影响最小化，又可令旅游之利益流向社区的方法。这些方法的前沿是可持续旅游发展。但各种可持续途径能否处理伦理问题，确保行为合乎道德呢？以 1987 年世界环境与发展委员会（《布伦特兰报告》，见 United Nations 2012）提出的可持续发展为模范，可持续旅游发展意味着"全面考虑其目前和未来的经济、社会和环境影响，回应游客、行业、环境和社区的需要"（UNWTO 2012a）。从二十世纪八十年代末开始，可持续旅游已经成为旅游行业的指导原则。然而，批评者们指出了旅游的持续影响，辩称可持续旅游不过是华丽的修辞，被目的地规划者和行业从业者用来安抚旅游大众、居民社区和环保人士。可持续旅游被称为"重大政策问题""政策失败"（Hall 2011）和"迷思"（myth）（Sharpley 2010），被谴责为既毫无意义又无所不包——以至于几乎不可能将其操作化（见第9章与自然相关的可持续旅游发展的充分讨论）。

在更深层意义上，可持续旅游出自新自由主义思潮对紧迫的全球性问题的应对探讨[2]。随此，可持续发展（至少其目前形式）很大程度上是基于经济增长，因而不仅在可信性上，也在创造真正的（整体意义上的）可持续成果上面临挑战（如 Duffy 2008；Higgins-Desbiolles 2008；Fletcher 2011）。可持续旅游则可被视作针对旅游所面临的现实问题所开出的新自由主义安慰剂了。在许多目的地现存的政治框架和意识形态中，很难看到"真正的"可持续性成为主导范式。概而言之，以更宽广的伦理视角来对待旅游将超越可持续性的"三大支柱"（环境、经济、社会-文化）（Weeden 2002）。

随着近年来旅游所带来的外部性和机遇逐渐清晰完整地显露出来，一些替代路径也出现了——可以说大部分（如果不是全部的话）都来自可持续旅游这艘"母舰"。尤其是生态旅游，一种涵括对自然的尊重、学习，以及当地社区积极参与的旅游方式，已经广泛确立。起初，生态旅游主要被视作旅游的一种细分形式，其特征是小规模的、对环境敏感的旅游活动。然而，批评者关注到大众旅游和企业利益方对这一概念的挪用，这种挪用导致了对生态旅游初始目标的稀释和背叛（如 Wight 1993；Honey 1999），结果可能不过是旅游行业所谓"漂绿"的另一个例子罢了。

但引人注目的不仅仅是旅游对环境的影响。旅游的社会和文化影响也引起了对社区和文化友好的旅游模式的发展。其中之一便是"负责任旅游"，《开普敦负责任旅游宣言》对其特征解释如下：

- 将负面的经济、环境、社会影响最小化；
- 为当地人创造更大经济利益，增进当地社区福祉，改善工作条件和行业可进入性；
- 对于影响当地人生活和人生机会的决策，邀他们参与决策；
- 对自然及人文遗产的保护与世界多样性的维持作出积极贡献；
- 通过与当地人更富意义的联系和对当地文化、社会和环境问题的更大理解，为游客提供更愉快的体验；

● 为身体不便人士提供通路；

● 对文化敏感，促进游客与当地人之间的尊重，增强当地社区的自尊心和自信心（International Centre for Responsible Tourism 2012；又见 Goodwin 2011）。

负责任旅游与可持续旅游联系密切（有类似的环境、经济和社会三维度影响关注）。但是，负责任旅游可谓有更广的影响，重要的是，它向各利益相关者指派了行动责任。比如，负责任旅游对企业社会责任也有影响，后者强调企业公民和企业可持续性的重要性。广而言之，正是企业致力于以合乎伦理的方式运行，才将社会和环境纳入其考虑。公平贸易旅游是另一个例子。它的出现源自对可持续旅游明显问题的反应——这里，公平贸易原则被用以应对旅游行业中的社会不平等和可持续性问题。一些国家在其旅游规划过程中采用了负责任旅游而非可持续旅游（比如南非）。现在有一个"世界负责任旅游日"。旅游中介巨头维珍假期则赞助了年度负责任旅游奖。但一个悲哀的事实是，全球仅有 2% 的旅游企业参与了负责任旅游或相关的倡议（Frey and George 2010）。

随着对地球环境脆弱性和旅游对我们世界的损害（或保护）作用的认识逐渐深入，作为应对之策，一系列的替代性旅游形式发展起来，生态旅游与负责任旅游仅是其中的两种。其他的驱动力量包括对社会公正问题的逐渐深入认识（可以说是由这么一些因素的结合所催生出来的：更密切的全球联系、无处不在的媒体、更强的全球公民感、（乐观地讲）日益发展的道德）。因此，我们对于旅游如何加重或缓解社会问题了解得更多了。这些问题从地方福利问题——旅游业与当地社区就关键资源（如土地和水）的使用展开竞争，延伸到更广的政治问题，比如，压制人权，或对土著民族的剥夺。

总体来说，为不加控制的大众旅游所导致的问题提供解决方案的"替代性旅游模式"目前包括：

● 可持续旅游　　　　sustainable tourism

● 生态旅游　　　　　ecotourism

- 绿色旅游　　　　green tourism
- 软旅游　　　　　soft tourism
- 负责任旅游　　　responsible tourism
- 正义旅游　　　　just tourism
- 公正旅游　　　　justice tourism
- 扶贫旅游　　　　pro-poor tourism
- 新旅游　　　　　new tourism
- 义工旅游　　　　voluntourism
- 公平贸易旅游　　fair trade tourism

二、定义合乎伦理的旅游

"合乎伦理的旅游"（'ethical tourism'）究竟在一系列的替代性旅游模式中处于什么位置呢？我们如何定义它？奇怪的是，这一领域的作者们一直倾向于避免对合乎伦理的旅游下定义，这或许向我们暗示了提供有用描述的困难。合乎伦理的旅游并非与以上所列的各种替代性旅游模式截然不同，而且，简单地说，它可以被视为这些替代性旅游模式的"最佳特征"的集合体。

行业或非政府机构（NGOs）却并不惮于描述这一术语：

> 合乎伦理的旅游这一术语发展于这样的情境：当人们考虑去一个目的地旅游或发展旅游，而伦理问题是其关键驱动因素，比如，社会不公、人权、动物福祉或环境。合乎伦理的旅游旨在鼓励消费者和行业避免参与导致或支持负面伦理状况的活动。

（Travel Matters 2012）

学者们则更为谨慎。一些学者已经勾画了伦理问题与生态旅游之间的联系，其他人则联系到了可持续旅游、负责任旅游、正义旅游或扶贫旅游等形式的旅游（Holden 2003；Hultsman 1995）。在一篇对"第三世界"合乎伦理的旅游的发展的探讨中，利（Lea 1993）写道，合乎伦理的旅游结合了生态旅游对环境的关注与援助组织的社会意识。合乎伦理的旅游被视作一个出于对大众旅游之影响的关注而出现在北半球的相应"主题"（Weeden

2005）。它尝试为了所有利益相关者的福利而对旅游进行管理，并（以类似于可持续旅游的方式）为环境、社会和经济的目标作出贡献（Weeden 2005）。

通常认为，合乎伦理的旅游者比"绿色"旅游者所关注的问题更广："例如，他们可能对旅游行业的人力资源政策感兴趣，比如薪酬水平和当地劳工的雇佣，以及旅游的经济效益如何分配于整个经济体中"（Swarbrooke and Horner 2007：148）。在关于背包客的伦理性的讨论中，斯皮德（Speed 2008：61）认为合乎伦理的背包客应该：

> 尊重他们的当地主人；温和地行走于他们的环境；接受关于当地文化的教育；确保他们的停留报以公平的经济利益；以及确保与所有的旅游利益相关者作出的决策是对社会负责的。

斯皮德与我们观点一致的是：合乎伦理的旅游是许多替代性旅游模式的特征。但是，她有一个观点是："只有接受这些旅游模式的不同价值观，并确保与所有利益相关者所有关于环境、社会和经济问题的决策都是对社会负责的，才是合乎伦理的旅游"（2008：60）。她构想了合乎伦理的旅游与其他旅游模式之间的关系（如图1.1）。

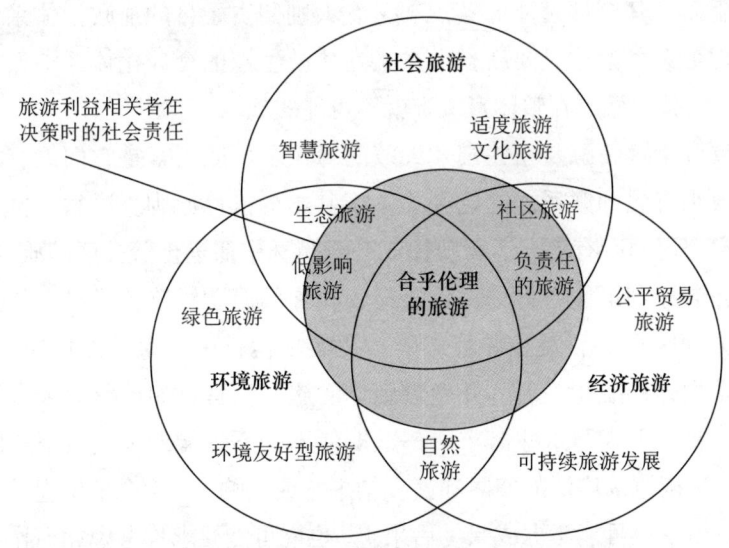

图1.1　合乎伦理的旅游模型（Speed 2008）

对于合乎伦理的旅游，本书采用的定义认可以往对于合乎伦理的旅游的理解，以及它与可持续旅游和其他替代性旅游模式的联系：

合乎伦理的旅游是这样的一种旅游：它所有的利益相关者都在与彼此、与社会、与环境、与其他生命形式的互动中践行良好行为的各种原则（公正、公平和平等）。

三、伦理视角的必要性

讨论至此，可能出现两个问题：其一，我们需要另一个旅游框架吗？其二，什么又能阻止合乎伦理的旅游成为不过是"另一种替代性旅游模式"而已？合乎伦理的旅游会困于上述某些"替代性模式"所遭遇的可信性和实际执行问题吗？

可持续旅游的"失败"和对上述一些其他替代性模式的担心清楚地表明，重新构想旅游相关的一些问题——甚至旅游相关的解决方案，有其必要性。有人已经指出可持续旅游的失败在于它与行政、法律与政策过程的失联（如 Hall 2011；Lovelock 2011）。另有人论称可持续旅游的多维性和内在矛盾阻碍了其全部潜能的实现。又有人则归责于目的地政治体系中的主导性意识形态，论称只要新自由主义在旅游生产的全球化体系中保持其主导地位，可持续旅游在整体意义上就不可能实现。

导致可持续旅游及相关模式失败的另一个可能因素是它们没有与人类行为形成强有力的联系。它们并非基于基本的人性原则。试举一例：想象你是一家公司的所有者，运营前往亚马逊丛林中遥远土著社区的旅游线路。可持续旅游原则可能告诉你，你要最大化你的旅游线路的成果，包括社会和文化方面，经济利益和环境影响。在实际运行中，为了你目前的经营、为了一系列的利益相关者，并考虑到你的旅游经营将如何影响未来的子孙后代，你要"平衡"这些需求——这即使不是不可能，也是很困难的。你被要求去平衡范围广泛的实际和潜在结果（或影响）。而合乎伦理的旅游这一视角，由于也可能考虑成果（后果），也就可能要求你考虑如何作为：它会问你对原住民、对你的客户和对你自己的基本责任。在这个意义上，以伦理视角观照旅游，比目前各种视角更为人性化，因为伦理对于做人是最基本的。这并不是说以伦理视角看旅游就不考虑非人类的事物了。在上面这个例子里，通过使用伦理视角，你作为旅游运营者应该考虑你对非人类事物的本质关系和责任，包括自然系统里的"有感情"和"无感情"的各种成员或成分（见第9章）。

可持续旅游和相关的旅游模式将着重点放在旅游的影响上，将其视为旅游领域伦理问题的传统根基，这是一个基本的错误：

> 我们目前并没有超出本行业所认为可以接受的范围、从"认清影响并试图缓和之"的作为更进一步。这非常类似于基于什么是"对的"或"好的"为行业制定标准，却并没有完全理解对与好的含义。

（Fennell 2006：7）

同样，旅游供应商发现他们所运营其中的法律和政策体系仅仅作出最低限度的要求。虽然一些人认为企业没有义务"在法律要求之外追求道德"（Fieser 1996 in Yaman 2003：107），但从伦理视角而言，虽然遵守法律是必要的，但它并非良好行为的充分条件（Smith 2001）。如古希腊哲学家柏拉图（公元前427—公元前347）所写的："好人并不需要法律来告诉他们负责任地行动，而坏人则总会找到绕开法律的路子"（in Jackson 2012：1）。因此，旅游行业要变得可持续的话，就要求人们认识到可持续旅游不只是一个过程，不只是各种影响或结果，也不只是遵守各种法律规章。这一认识即可持续旅游也是合乎伦理的（Fennell 2006）。

当然，有人会指出从联合国世界旅游组织等机构发布的诸多伦理守则，辩称旅游业已经是合乎伦理的了。对很多人来说，"这样一本包含各种指导准则的详尽说明书就是旅游伦理位处前沿的范例"（Fennell 2006：7）。芬内尔（Fennell 2006：7）认为，廓清各种影响和给出指导准则，与修正影响"是两种非常不同的思维方式和行动取向"，并相信我们在达成后者这方面"大体上并不成功"。伦理准则这一方法单独而言类似于医生给所有的病人都开出"两片扑热息痛和卧床休息"这一标准处方——但病人或医生并没有真正认识到（或者并不关心）病痛的真正本质。换句话说，大部分的准则治疗的是症状而非病因。

针对我们在上面提出的各种问题，合乎伦理的旅游并不只是另一种替代性旅游。合乎伦理的旅游不是一种旅游模式——如生态旅游、扶贫旅游或可持续旅游。所有这些旅游模式都发展演化于一个被新自由主义哲学和基于新自由主义的经济政策所主导的时代，它们都被商业化了。作为各种"模式"，它们倾向于规范旅游者或旅游业能做什么、不能做什么，而这是它们为什么失败的原因之一——这些规范并不能够处理人们所触发的，或为之寻找指导或解决方案的大范围的社会实践、事件和互动。合乎伦理的旅游是一种适用于所有旅游模式的思考方式，适用于批判性地反思各种行为，为行为改变提供依据。它更具有包容性——它所关注的是做一个道德的存在，而不是一个"绿色的存在"，或一个"公正的存在"，或"生态的存在"。

如史密斯和达菲（Smith and Duffy 2003）所论，新自由主义的统治将"伦理"放到一旁靠边站。伦理被搁置一边，仿佛它并非是不必要的或者是供选择的额外之物。但伦理并不是一件事物——它对于人之为人具有核心意义。所有的人类社会都努力处理伦理困境；都对什么是对、什么是错加以判断。我们在本书所提出的是，并没有唯一的答案、唯一的路径；但我们需要将伦理回归到它的核心——人之为人。道德哲学家们创立的伦理框架为我们提供了一系列的工具，可用于各种复杂情况。它们使得我们可以提出各种各样的问题，可以批判性地反思各种决定的可能结果和影响会是什么，从而使得我们可以对于行为作出有根据的批判性的判断——在这情境下，不仅是旅游行为，也可以说适用于所有行为。如果合乎伦理的旅游失败了，那就会是因为我们在做人这方面失败了，没有能够锻造我们自己以恰当处理道德行为和冲突，在这一过程中损害了我们自己的自由，并最终损害了他人的自由。我们需要知道，某些"伦理决定"比其他的决定更为不合伦理；但我们也需要知道如何使用各种各样的选择项，然后能够权衡和选择那些对人们和其他生命形式造成最小伤害的选择项。旅游业、其实践者和学生们能够使用的最重要的一个工具就是批判性思维。从这一平台出发，我们将在第 2 章探索一系列的伦理框架，然后探讨它们与当代旅游领域各种实践活动的相关性。

讨论点：伦理与竞争优势

除了基本的道德性之外，有没有其他的论证可被用来对旅游的伦理性取向提供依据呢？做好人做好事有什么优势？以往的研究发现，采纳对环境负责行为的旅游经营者能够获得商业和竞争上的优势（Weeden 2002）。类似的是，有论称旅游经营者可以通过发展合乎伦理的旅游为自己带来竞争优势：在一个拥挤的、竞争激烈的行业里，这样做"使得企业能够在价格以外的因素展开竞争"（Weeden 2002：143）。

这个设想是基于一系列的需求方数据，这些数据显示消费者对更为合乎伦理的产品的需求（合乎伦理的消费），包括旅游产品，都在不断增加。现在，比以往更甚，越来越多的消费者都将伦理方面的考虑纳入他们的购买决策之中（Crane 1997 in Weeden 2002）。英敏特公司（Mintel 1999）一项研究发现，每四个消费者中就有一个认为自己具有强烈的道德感，而所有购物者中有四分之三在购买商品时对"良心问题"表示关注（Cleverdon and Kalisch 2002）。一项对英国旅游者的研究发现，27%的旅游者觉得当他们选择旅行运营商时，企业的伦理政策"非常重要"（Tearfund 2002）。超过半数（59%）的被访旅游者表示，如果这些钱被用于保证良好的工资待遇和工作条件、被用于保护环境或被用于当地慈善事业的话，他们愿意为一次度假支付更多（Tearfund 2002）。人们愿意为此支付的平均金额是5%，或者在一次花费500英镑的度假上增加25英镑。

但是，一项TUI（2010）的调查清楚地显示，在选择度假产品时最重要的考虑依然是价格和性价比。这种对价格的敏感性或者"低价文化"让约曼和麦克马洪-贝蒂（Yeoman and McMahon-Beattie 2007）这样的评论者对鼓励合乎伦理之消费的机会倍感悲观。从合乎伦理之消费的角度来看，"虽然各种调查常常报告消费者有为入住绿色酒店支付额外税金或溢价的意愿，这种意愿的程度却常常未能转化成为人们为了这些产品实际支付更多"（2007：4）。他们指出，合乎伦理之消费的最大成功在于那些跟标准产品相比稍微更贵一些或者同等价格的产品。合乎伦理的体验依然需要跟不那么合乎伦理的产品在价格上展开竞争，而且，虽然伦理"品牌化"可能鼓励一小部分

> **讨论问题：**
> 1. 如果企业只是想通过制定伦理政策来获取超越竞争对手的优势，它们这样做真的合乎伦理吗？
> 2. 类似的是，基于其"价值定位"而非"伦理定位"选择一个合乎伦理的旅行产品的消费者是合乎伦理的消费者吗？
> 3. 简单地"支付更多"是我们能够将旅游做得更加合乎伦理的唯一途径吗？
> 4. 讨论以上问题与上文探讨的新自由主义"哲学"之间的关系。

消费者花费更多，但这一边际增加可能是有限的（Yeoman and McMahon-Beattie 2007）。威登（Weeden 2002：143）在这一断言中也戳破了合乎伦理之需求的泡沫："如果说表达对合乎伦理之度假有兴趣的所有消费者都单纯地是被其所增加的道德价值所吸引，那就错了。"她相信很多人被吸引是因为与之相联系的期望：相对于所支付的价格而言更高质量的产品——更高的"性价比"。

图1.2　旅游者正在观看新西兰克赖斯特彻奇（Christchurch）2011年2月大地震遗留的建筑倒塌瓦砾。在这次地震中，有185人丧生。"灾难旅游"是否合乎伦理？
照片：**Kirsten M. Lovelock**。

四、本书的方法与结构

本书通过向读者介绍各种道德原则，试图将伦理学引入当代旅游的一些讨论之中。预先装备好了本书所提供的知识和工具后，旅游学生们、研究者们和从业者们将能够勇敢地向旅游领域的伦理雷区进发，在各种旅游相关的问题上以更为充分的准备达到合乎伦理的选择和结果。

本书的目标在于通过对特定热点和重要问题的分析来探讨旅游伦理学，包括：旅游航空运输与全球变暖；旅游与人权；旅游与消除贫困；性旅游；合乎伦理的旅游营销；旅游与动物的使用；旅游和原住民文化。通过针对上述每一个（以及更多的）话题领域应用明确而相关的伦理分析框架，本书探讨一系列的伦理路径，为读者提供从首要原则开始的应用伦理学的基础。本书的主要目标是展示伦理原则和理论可以如何被用于应对和解决当代旅游业问题。在规模大小上，这些问题包括大至旅游业作为一个整体所面临的紧急的"宏观蓝图"问题（如航空旅行与全球变暖），小至每个旅游运营商甚至每个旅游者所面临的更为微观尺度的日常问题。通过讨论和案例研究，读者将培养基本的能力，识别和分析旅游伦理问题，负责任地对伦理问题进行思考，作出基于伦理的决定。

前三章，包括本章导言，为后面更加应用化的章节定下基调——和缓地将读者引入应用伦理学的世界，交给他们一套将会帮助他们从应用伦理学的视角思考任何旅游问题的工具。因此前面章节的目的就是鼓励以合乎伦理的方法进行思考，并提供一系列合用的伦理框架，读者将能够在随后更加应用化的章节中使用这些伦理框架。第3章"流动性、边界和安全"鼓励读者思考围绕着流动性、边界和安全的伦理问题，以及相关的可进入性自由和旅行权利的问题。

第4至8章探讨旅游与人权；医疗旅游；性旅游、性别和贩卖人口；旅游与原住民；旅游与残疾。这些章节的一个重点在于目的地社区，并如前面所列话题所示，它们探讨旅游者与东道主之间的权力与差异问题、社会排斥与弱势地位问题，以及旅游收益（和伤害）分享的不平等问题。

第9至11章集中探讨旅游与自然环境的伦理学，从宏观尺度的问题，如全球变暖，推进到区域性的、生态系统的和微观层面单个物种的问题。同样地，这里所考虑的旅游者活动的层次也从更一般化的（旅行）推进到更具体化的（如游客狩猎或捕鱼）。

第12至14章聚焦于行业，主要在接待业情境下探讨与顾客关系的伦理学，并探讨业内劳动力的角色与待遇。其中关注的一个特定问题是旅游业是如何被呈现、被营销的。这些章节也是从一般的推进到具体的，从宏观层面上旅游业如何管理这类宏大议题，到例如与雇员相关的具体问题。第14章有关伦理守则，概述了支持和反对这些伦理"工具"的各种伦理论证。最后一章回顾总结了全书论及的一些关键论证，并展望旅游领域一个合乎伦理的未来。

本章回顾

本章明确了旅游是一个重要的产业，与社会和环境都有着广泛的正面和负面的互动。我们指出了一系列的替代性旅游模式，它们因应旅游的各种影响而出现。其中最重要的就是可持续旅游。然而，可持续旅游以及其他的替代性旅游模式（比如生态旅游、负责任旅游）可以说都出现于、现在也继续存在于新自由主义的环境中，这一环境挑战着它们作为解决方案的有效性。

本书论证和主张采用伦理框架来考察各种旅游问题和挑战。我们指出，合乎伦理的旅游远非一种旅游模式，相反，它提供了一个根本上是人本主义的视角，从这一视角出发来考察旅游与人、环境和非人类生命形式的关系。因此，我们质疑使用伦理以获取竞争优势的观念，并进行论证以更加批判性地检视旅游业（以及我们作为旅游者）如何、为何从事经营活动并与这个世界打交道。

关键术语小结

竞争优势（competitive advantage）：源自美国经济学家迈克尔·波特（Michael Porter 1985）的研究著作。波特认为竞争优势从根本上产生于一个企业能够为其购买者创造的价值，这一价值超过了该企业用于创造它的成本。用通俗的说法来讲，竞争优势被认为是通过给消费者提供更大价值而获取的超越竞争对手们的优势，这要么是借助于更低的价格，要么是通过提供更大的收益和服务，而这些更大的收益和服务使得其更高的价格具有合理性。

合乎伦理的消费（ethical consumption，或者说，合乎伦理的消费主义，ethical consumerism）：是积极寻求最小化社会和/或环境损害的购买产品和服务的行为，以及避免购买对社会或环境产生负面影响的产品。它可能包括"积极购买"（positive buying），即支持合乎伦理的产品，或者"消极购买"（negative purchasing）或抵制被认为是不合伦理的产品。

合乎伦理的旅游（ethical tourism）：在这种旅游中，所有涉入其中的利益相关者都将良好行为的原则（公正、公平和平等）应用于与彼此、与社会、与环境和其他生命形式的互动之中。

负责任旅游（responsible tourism）：作为一种目标在于提升可持续旅游之前景的途径而出现。2002年《开普敦宣言》提供了详细的定义，但广义而言，负责任旅游旨在减少各种影响，为保护作出贡献，促进利益相关者的参与，改善工作条件，提供可进入性更强、更富有意义的旅游者体验，以及提升社区福祉。负责任旅游的重点在于旅游者、旅游业和目的地利益相关者为他们的行动和结果负起责任。

可持续旅游（sustainable tourism）：联合国世界旅游组织（UNWTO 2012a）的定义是："全面考虑其目前和未来的经济、社会和环境影响，回应游客、行业、环境和社区之需要的旅游。"

思考问题

1. 反思你最近的一次度假。找出并列举围绕这次度假的所有伦理问题。
2. 你作为消费者可能通过哪些方式使得这次度假更加合乎伦理？
3. 你的一些旅游供应商可能通过哪些方式使得这次度假更加合乎伦理？

练习

1. 你和你的朋友们/同事们愿意为一个合乎伦理的旅游产品支付多少？

做一个微型"调查"来决定平均的"伦理溢价"。

2. 什么因素决定了这一"伦理溢价"？

3. 这一"伦理溢价"会根据旅游产品的类型（例如酒店、交通、文化旅游、野生动物旅游等）而有所不同吗？或者是否存在其他因素，比如道德或不道德的人如何看待一个特定旅游产品？

延伸阅读

Fennell, D. (2006) *Tourism Ethics,* Clevedon: Channel View.

Smith, M. and Duffy, R. (2003) *The Ethics of Tourism Development,* London, New York: Routledge.

有用的网站

International Centre for Responsible Tourism <http://www.icrtourism.org/>

The International Ecotourism Society <http://www.ecotourism.org>

International Institute for Sustainable Development <http://www.iisd.org/>

Promoting Poor Tourism <http://www.propoortourism.info/>

Responsible Travel <http://www.responsibletravel.com>

Tourism Concern <http://www.tourismconcern.org.uk/>

UNESCO Teaching and Learning for a Sustainable Future (see Module 16 for Sustainable Tourism) <http://www.unesco.org/education/tlsf/TLSF/theme_c/c_mod 16.htm>

United Nations World Tourism Organization (UNWTO)–Sustainable Tourism Development <http://sdt.unwto.org/en>

World Business Council for Sustainable Development <http://www.wbcsd.org/>

注释

a 乔治·奥威尔（George Orwell，1903–1950），英国作家、散文家。引自《所有的艺术都是宣传》（*All Art is Propaganda*）（1941年首版），Boston，MA：Houghton Mifflin Harcourt，2008。

b 阿尔贝·加缪（Albert Camus，1913-1960），法国小说家、散文家、戏剧家，1957年诺贝尔文学奖得主。

c 西奥多·罗斯福（Theodore Roosevelt，1858-1919），美国探险家、美国第26任总统。

d 玛丽安娜·詹宁斯（Marianne Jennings），商业伦理学家。引自《董事会：企业管理的25个关键》（*The Board of Directors: 25 keys to Corporate Govermance*）（Pocket Mba Series）（With Tom Redburn，Illustrator），New York：Lebhar-Friedman Books，2000。

1 旅游是一项牵涉全球大部分人的活动——数以十亿计的人是旅游者。据统计，2011年有9.82亿人进行了国际旅游，国际旅游收入超过1万亿美元（UNWTO 2012b）；全球旅客总人次（包括国内旅游）现在可能超过50亿（UNWTO 2012b，2008预测）。

2 新自由主义这一术语由德国社会学家亚历山大·鲁斯托（Alexander Rustow）在1938年提出，但此后其意义历经变化，尤其是在二十世纪六十年代经济学家如米尔顿·弗里德曼（Milton Freidman）的著作之后。作为一项政治运动，新自由主义结合了传统自由主义对社会公正的关注和对经济增长的强调。它也是这样一种哲学："将市场（或类似市场的结构）的运行本身视作一种伦理，这种伦理能够指导所有人类行为，并取代以前存在的所有伦理观念"（Treanor 2005）。

参考文献

Cleverdon, R. and Kalisch, A. (2000) 'Fair Trade in Tourism', *International Journal of Tourism Research*, 2: 171–87.

Duffy, R. (2008) 'Neoliberalising nature: global networks and ecotourism development in Madagascar', *Journal of Sustainable Tourism,* 16(3): 327–44.

Fletcher, R. (2011) 'Sustaining tourism, sustaining capitalism? The tourism industry's role in global capitalist expansion', *Tourism Geographies,* 13(3): 443–61.

Frey, N. and George, R. (2010) 'Responsible tourism management: the missing link between busi-ness owners' attitudes and behaviour in the Cape Town tourism industry', *Tourism Management,* 31(5): 621–8.

Goodwin, H. (2011) *Taking Responsibility for Tourism,* Oxford: Goodfellow Publishers.

Hall, C.M. (2011) 'Policy learning and policy failure in sustainable tourism governance: from first and second to third order change?', *Journal of Sustainable Tourism,* 19(4–5): 649–71.

Hall, C.M. and Lew, A. (2009) *Understanding and Managing Tourism Impacts: An Integrated Approach,* Abingdon: Routledge.

Hall, D. and Brown, F. (2006) *Tourism and Welfare: Ethics, Responsibility and Sustained Well-being,* Wallingford: CABI.

Higgins–Desbiolles, F. (2006) 'More than an industry: the forgotten power of tourism as a social force', *Tourism Management,* 27: 1192–208.

——(2008) 'Justice tourism and alternative globalisation', *Journal of Sustainable Tourism,* 16(3): 345–64.

Holden, A. (2003) 'In need of new environmental ethics for tourism?', *Annals of Tourism Research,* 30: 94–108.

Honey, M. (1999) *Ecotourism and Sustainable Development: Who Owns Paradise?* Washington, DC: Island Press.

Hudson, S. and Miller, G.A. (2005) 'The responsible marketing of tourism: the case of Canadian Mountain Holidays', *Tourism Management,* 26: 133–42.

Hultsman, J. (1995) 'Just tourism: an ethical framework', *Annals of Tourism Research,* 22: 553–67.

International Centre for Responsible Tourism (ICRT) (2012) *Responsible Tourism.* Available at <http://www.icrtourism.org/links/responsible-tourism-management-theory-and-practise/> (Accessed 14 July 2012).

Jackson, K. (2012) *Virtuosity in Business: Invisible Law Guiding the Invisible Hand,* Philadelphia: University of Pennsylvania Press.

Lea, J. (1993) 'Tourism development ethics in the third world', *Annals of Tourism*

Research, 20: 701–15.

Lovelock, B.A. (2011) 'Single worthwhile policy, seeking legitimacy and implementation: sustain–able tourism at the regional destination level, New Zealand', *Policy Quarterly,* 7(4): 20–6.

Mintel (1999) *The Green and Ethical Consumer.* March.

Moufakkir, O. (2012) 'Of ethics, leisure and tourism: the serious fun of doing tourism', in Moufakkir, O. and Bums, P.M. (eds) *Controversies in Tourism,* Wallingford: CABI, pp. 7–22.

Porter, M.E. (1985) *Competitive Advantage,* New York: Free Press.

Sharpley, R. (2010) *The myth of sustainable tourism.* Available at <http://www. uclan.ac.uk/schools/ built_natural_environment/research/csd/files/CSD_ Working_Paper_4_Sustainable_Tourism_ Sharpley.pdf> (Accessed 4 July 2012).

Smith, C. (2001) 'Ethical guidelines for marketing practice: a reply to Gaski and some observations on the role of normative ethics', *Journal of Business Ethics,* 32(1): 3–18.

Speed, C. (2008) 'Are backpackers ethical tourists?', in Hannam, K. and Ateljevic, I. (eds) *Backpacker Tourism: Concepts and Profiles,* Clevedon: Channel View, pp. 54–81.

Swarbrooke, J. and Horner, S. (2007) *Consumer Behaviour in Tourism* (2nd edn), Oxford: Butterworth-Heinemann.

Tearfund (2000) *Tourism: An Ethical Issue:* Market Research Report. Available at <http://tilz. tearfund.org/webdocs/Website/Campaigning/Policy%20and%20 research/Policy%20-%20 Tourism%20Market%20Research%20Report.pdf> (Accessed 13 June 2011).

— (2002) *Worlds Apart: A Call to Responsible Tourism,* London: Tearfund.

Travel Matters (2012) *Ethical Tourism.* Available at <http://www.travelmatters. co.uk/ ethical-tourism/> (Accessed 23 February 2012).

Treanor, P. (2005) *Neoliberalism: origins, theory, definition.* Available at <http://

web.inter.nl.net/ users/Paul.Treanor/neoliberalism.html.> (Accessed 3 April 2012).

TUI (2010) *TUI Travel Sustainability Survey 2010.* Available at <torc.linkbc.ca/ torc/downsl/ Sustainability%20Survey.pdf> (Accessed 31 March 2012).

United Nations (2012) *Report of the World Commission on Environment and Development: Our Common Future.* Available at <http://www.un-documents. net/wced-ocf.htm> (Accessed 1 May 2012).

United Nations World Tourism Organization (UNWTO) (2012a) *Sustainable Development of Tourism.* Available at <http://sdt.unwto.org/en/content/about-us-5> (Accessed 15 June 2012).

— (2012b) *Some Points on Domestic Tourism.* Available at <http://www2.unwto. org/en/agora/ some-points-domestic-tourism> (Accessed 22 May 2012).

Wall, G. and Mathieson, A. (2006) *Tourism Change Impacts and Opportunities,* London: Prentice Hall.

Weeden, C. (2002) 'Ethical tourism: an opportunity for competitive advantage?', *Journal of Vacation Marketing,* 8(2): 141–53.

— (2005) 'Ethical tourism: is its future in niche tourism?', in Novelli, M. (ed.) *Niche Tourism: Contemporary Issues, Trends and Cases,* Oxford: Butterworth-Heinemann, pp. 233–45.

Wight, P.A. (1993) 'Ecotourism: ethics or eco-sell?', *Journal of Travel Research,* 31(3): 3–9.

Yaman, R.H. (2003) 'Skinner's naturalism as a paradigm for teaching business ethics: a discussion from tourism', *Teaching Business Ethics,* 7: 107–22.

Yeoman, I. and McMahon-Beattie, U. (2007) 'The UK low-cost economy', *Journal of Revenue and Pricing Management,* 6: 2–8.

第 2 章 旅游：伦理概念与原则

"绝不要让你的道德标准阻碍你做正确的事情。"

——艾萨克·阿西莫夫[a]

"只有当未被不公影响者与被侵害者同样心怀愤慨，公义才存在。"

——柏拉图[b]

学习目标

阅读本章后，你应该能够：
- 理解伦理概念与原则及其与旅游之关系。
- 辨别并讨论这些概念与原则可能如何影响旅游政策与实践。
- 辨别并解释伦理在旅游业更广泛的议题中所处的位置。

一、导言

作为世界上最大的产业，旅游包括范围广泛的实践活动，覆盖人类所有的疆域，体现了现代性的关键价值和动力。毫不奇怪，旅游活动所引起的伦理与道德问题照出的是现代性与现代化所引起的问题。比如，本领域的研究者们倾向于强调旅游者及接待他们的行业对我们维持社会生活与自然环境至下个世纪之能力的影响。许多社会经济部门都表示，旅游产业需要应对旅行与旅游活动所引发的各种伦理与道德挑战，包括：社会不公的固化，全球尺度上日常生活的商业化，以及全球与地方环境可持续性的关系。本章将介绍一些对旅游的应用伦理有用的伦理理论。关于伦理与道德哲学的文献汗牛充栋，令人生畏——本章的目标不是为学生或产业实践者提供对道德哲学的全面介绍，而是为两者提供一个起点，以思考本书所详细讨论的一系列旅游行为。探讨旅游伦理的著作很少，现有的大卫·芬内尔（David Fennell）的《旅游伦理学》（2006）、米克·史密斯和罗莎琳·达菲（Mick Smith and Rosaleen Duffy）的《旅游发展伦理学》（2003）都是非常有用的著作，提供了对伦理理论和发展相关的伦理的深入探讨。

旅游研究者和旅游产业对于伦理的兴趣是较近才产生的。这一兴趣通过二十世纪九十年代的三个事件正式化了：第一，1992年在巴黎召开的国际旅游科学专家协会（International Association of Scientific Experts in Tourism, AIEST）大会，会上提议建立一个委员会以应对旅游产业中的伦理问题（Fennell 2006；Przeclawski 1996）；第二，1992年里约地球峰会，就环境和可持续性相关之行为准则的采用和相应报告达成承诺（Genot 1995：166）；第三，1998年关于旅游的网络大会，确定了旅游产业所面临的关键伦理问题，从目的地营销的伦理到文化、宗教和环境的可持续性（Fennell 2006）。总而言之，自那时起所确定的关键问题是旅游产业的参与者们如何减轻和应对本产业的负面影响。旅游运行商、旅游者、旅游专业学生和研究者都是道德行为人，都有能力作出具有道德性的、在道德意义上可辨善恶的行动；因此，这些"利益相关者"关于减轻上述所期望的负面影响中有着明确的任务。

旅游产业影响讨论的核心是对环境的关注及对社会发展的意义（Fennell 2006）。生态旅游的出现，就是旅游对地方环境——甚至最终是对全球环境造成影响、引起伦理性关切、旅游产业对此作出反应的例子。生态旅游常被从业者展示为合乎伦理的旅游实践的范例。在这一范例中，"对环境无害"的基础、关于保护与可持续性的教育意义、对于环境保护之重要性的自觉的道义承诺，将这一旅游形式提升为一种被认为"更合乎伦理"的实践（Fennell and Malloy 1995，1999；Stark 2002）（见第9章）。

第 2 章 旅游：伦理概念与原则

图 2.1 合理范围之内的伦理。卡通：K. Lovelock。"弗莱丽，它来了！第一世界的舒适——第三世界的价格和服务。" "贝利，很奢华！而且不需要上岸！"

然而，生态旅游也被置于批评之下：事实上它并不道德——因为那些从中获取最大利益的人毫无例外是那些在社会上占据有利地位的人，而收获最少的总是穷人和社会地位低下的人（Karwacki and Boyd 1995）。作为一项经济活动，旅游可能取代农业，从而降低一个发展中国家喂饱自己或通过出口维持增长的能力；旅游导致污染，促进文化的商业化，毫无例外地确保本地资源的集中和垄断掌握在已确立其地位的地方精英的手中；旅游常常意味着一种从上到下的管理方式，失于回应本地社区的关注和需要。讽刺的是，如惠勒（Wheeler 1994）所观察到的，生态旅游在实践中与其他形式的旅游的区别仅仅在于它宣称具有"更高的道德基准"。或者，如其他人所辩的，从二十世纪九十年代开始，旅游产业的主要变化其实是主观感知上的（而不是实践行为或结果的变化）：伦理与道德的讨论促进了从"享乐的旅游"到自觉的"合乎伦理的"或"有道德的"旅游的转变，享乐主义的愉悦被自责与义务感所取代（Butcher 2003）。更有甚者，那些表达伦理关注的人也被指为"享乐警察"；有人甚至质疑伦理规范的必要性，或者行业运营商为什么应该关注伦理。

更一般来说，对于伦理关注的反应大多是规范性的：制定各种各样的伦理规范或行为规范来应对旅游影响的结果（Fennell 2006；Malloy and Fennell 1998a）（见第 14 章）。然而，对于这些规范的有效性、它们是否引起行为改变和/或它们是否能够处理一系列社会接触与互动的具体情况，则知之甚少（Malloy and Fennell 1998a）。如我们所将见到，这样的努力是重要的，却是有限的，主要是因为"旅游"被概念化为人们身上的一种"物"（'thing'），而不是一种人们（这里、那里、到处）从事和参与其中的社会实践。此外，那些反对关注伦理的人倾向于将伦理概念化为旅游产业之外的"某物"（'some*thing*'），而不是作为一个人的必然组成部分、从而所有人类行为和互动的必然组成部分。

将旅游物化为具有各种影响的"物"，起到了分散注意力的作用，阻碍了参与关注与社会实践及进程相联系的道德与伦理。这种社会实践及进程同时是社会内的和社会间的，其中交叉相连的各种路径并不总是清晰可见的，而是全球性的，在各个地方表现又不同。如我们所将见，这也正是为什么难以发展出能够成功应对所有时期、所有地方的伦理困境的行为规范，以及为什么在旅游领域某些哲学视角比其他视角更受欢迎。

但这些困难并非不可克服；对于那些选择不去关注伦理与旅游行为的人，也是有影响的。关于伦理的哲学文献令人生畏，而且它们也不常关注到对一个具体产业（如旅游业）的应用性。但是，如史密斯和达菲（Smith and Duffy 2003：3）所观察的：

> 哲学家们提供的伦理框架几乎从不给道德问题提供明确的答案；但它们最好被当作论证性资源，可以帮助我们清楚地表述这些问题……关于道德的知识并不像关于数学的知识，它并不能使我们能够轻松地"解决"复杂的社会方程式，但它可能帮助我们理解与向他人传达关于某一具体情境什么是我们所认为对的或错的，以及为什么……

这是一个有用的视角，从这个角度我们可以开始思考旅游产业人士可以怎样对伦理进行思辨，进而批判性地将各种伦理框架应用于旅游实践。

二、伦理学：概念与原则

> 伦理学是对道德的哲学研究，而道德则由关于对与错、好与坏的信念所构成。……践行伦理乃是不可逃脱的。
>
> （Vaughn 2008：12）

伦理学（ethics）源自希腊语 ethos 一词，意为"惯常行为模式"及确保善行得以实施的行为（Fennell 2009：213）。惯常行为这一概念颇为重要。惯常行为即出现后在一段时间内被重复的行为，因此是导致规则、标准和原则之发展的行为——其中一些规则、标准和原则被正式化为法律或行为准则，另一些则被简单地认为是正常的行为方式。在这两种情形中，惯常行为方式常常基本上不受任何质疑，被当作是"理所当然"的，这样也就常常不为人所仔细思考。此外，这种行为被认为是恰当的、可信的，有益于社会、职业或社群的成员（Fennell and Malloy 2007 in Fennell 2009）。

道德是关于对与错、好与坏的信念，是对于价值、规则、原则和理论的判断。这些信念指导着我们的行动，界定我们的价值取向，塑造我们的行为（Vaughn 2008：3）。伦理与道德是相联系的，因为伦理关注道德价值（Vaughn 2008：3）。我们的道德价值告诉我们生命中什么是重要的，我们应该培养什么样的行为，我们应该拒绝什么样的行为，个人生命在我们眼中的价值，什么是社会的善、公正与权利（Vaughn 2008）。或者如雷（Ray 2000：241）所言："伦理学是对规定社会成员正确行为的规则、标准与原则的研究。这些规则是基于道德价值而建立。"

旅游行业能够对伦理避而不谈、视而不见、关起门来拒绝听取所谓"享乐警察"的呼吁吗？对这一问题的答案是：不。因为伦理并非处在社会生活之外，它是人们作为社会存在而生活的一个基本的方面。所有人，不管他们是否有意，都会参与到关于他们认为何为对或错、谁是对的、谁被冤枉了的讨论中；所有人类社会都有指导其社会生活的道德原则和规范。

在联系日趋紧密的世界里，让人们做好准备以处理道德相关行为和争端的解决就更为必要了。忽视道德，是可能的，但如人所论，如果你忽视了道德，你损害的是你的个人自由；如果你失于处理伦理问题，你可能犯下严重的错误；如果你选择不去批判性探究你所习得的道德，有一天你可能要面对严重挑战你的道德价值观的行为，你却无力抵抗（Taylor 1975：9-10；Vaughn 2008：3-4）。

三、价值

区分价值（values）与义务（obligations）很重要。我们可能对价值的判断感兴趣——某人是好是坏、某个行为是好是坏。这些价值的判断大多是针对个性特征、动机、意向和行为作出。比如，他是好的；所发生的事情应该怪他（Vaughn 2008：6）。价值在这一意义上是道德价值（moral value）。此外也有非道德价值（non-moral value），我们可以谈及某事物是好是坏——比如，电视机是好的，但这台电视机本身不可能具有道德价值（Vaughn 2008：6）。此外，在生活中我们看重某些事物，它们本身并不具有任何价值，但它们可能因为达成其他事情提供了方法而具备了价值；在这种情况下，它们具有工具价值（instrumental value）或外在价值（extrinsic value）。但是，有些事物本身即具有价值，此时它们可以说是具有内在价值（intrinsic value），"它们是其所是，无需作为达成其他事情之工具"（Vaughn 2008：6）。价值概念位于道德体系的核心。

对于伦理来说最核心的有四大关键因素：理性为上、普适性视角、公正原则、道德规范占优（Vaughn 2008：7）。

理性为上（The pre-eminence of reason）

批判性推理是至关重要的。这意味着必须考虑到理由——所论及的行为、判断（关于道德的或其他）背后的理由。道德判断必须有合理推理的支持。批判性推理的核心在于逻辑论证。逻辑论证始于声言有其支持——即，有需要被证明的断言，支持这一断言的各种说明（相信某一说明及说明背后各种前提的理由）。在伦理学中，我们试图展示一个道德判断是否合理，一个行动是否应被允准，或者一个道德理论是否能够成立。使用逻辑论证可以帮助控制住情感与非理性的爆发，使我们能够批判性地反思我们的判断、影响这些判断的因素，并专注于所论的道德问题之上。

普适性视角（The universal perspective）

这一视角主张道德陈述（规则、判断、原则）应该能够适用于类似的情境。比如从商业场所偷盗是错的，从商店摊位偷盗是错的。当为某个道德陈述给出理由时，这些理由必须也适用于类似的情境（Vaughn 2008：8）。

公正原则（The principle of impartiality）

公正性是隐含于所有道德陈述中的。同等事物必须被同等对待。比如生病的人都应该受到治疗。但是，某些时候，可能有充分理由区别对待某些人；比如在急诊室里，最严重的病例会被首先诊治（Vaughn 2008：8）。

道德规范占优（The dominance of moral norms）

当道德规范与其他非道德规范或价值产生冲突时，一般来说道德价值比其他价值更重要。比如对公民抵抗的辩护常常是法律与道德规范相抵触，然后法律沦为无效（Vaughn 2008：7）。新西兰的一个例子是跳羚巡回赛。1981年新西兰橄榄球联盟邀请南非的橄榄球队跳羚队巡游新西兰。跳羚队于七月份抵达，他们长达51天的巡回赛引起了国际和国内"体育旅游者"的极大兴趣。但是，这一巡回赛在比赛地引发了超过100场公众抗议。该巡游是合法的，在每一场抗议都有大批警察值守。抗议者们试图扰乱比赛，但被警方抗阻——因为他们希望保护正在参与一项合法活动的参赛者。而抗议者的行为也大多是合法的——却常常被当作是不合法的。跳羚巡回赛的例子展示了当道德规范与非道德原则或价值相冲突时会发生什么。这一橄榄球巡回赛是在法律范围内，但很多人认为，支持这一巡回赛、任其举办，是不道德的。他们的推理是：支持这一巡回赛是不道德的，因为这样的话就是在支持一支仅限白人选手参加的国家体育队。团队成员资格的种族排斥遵从当时在南非实行的种族隔离（apartheid）和对有色人种的歧视性对待。因此，支持这支队伍就被认为是微观上等同于支持容许有色选手被排斥、种族歧视被实行的更为广泛的社会体制。遍及新西兰，公民抵抗和抗议活动出现在每一场比赛，展示出当道德规范与非道德原则和价值相冲突时会发生什么情况，以及道德价值如何推翻后者。当支持者辩称巡回赛是合法的、政治应该置于体育运动之外——"这不过是一场比赛而已"——很多人都通过理性为上、普适性视角、公正原则以及道德规范占优这四大要素质疑了这种非道德价值。

四、伦理理论

以下并非对各种伦理理论的详尽覆盖，而是选择与旅游领域批判性与应用性视角相关的那些理论，对其进行简要点评。我们从直觉主义（intuitionism）开始，因为正是由此，我们许多人将熟悉面对道德与伦理困境所做的种种反应或采取某种立场的种种理由。从这里出发，我们通过使用各种伦理理论，走向一种更为深思熟虑的、更具批判性的方法，其中第一种理论属于被称之为目的论（teleological）的理论（关注结果、后果或基于目标的各种理论），并考虑道义论式（deontological）的各种理论[非后果主义（non-consequentialist）的理论，关注规则、指导原则、规范性行为的理论]。道德哲学中的这两大类主要理论提供了一个起点和有用的"工具箱"，可供学者和实践者们思考旅游实践时使用。如我们已经强调的，并不存在什么公式可以普遍适用、为各种伦理困境提供确切答案；相反，有一系列的理论可能用于各种情境和情况——它们效用不一，其中的一些我们将在下面探讨。作为道德行为人（moral agents），旅游学者、旅游运营商、研究者和旅游者自身都需要检视和熟悉可以协助旅游实践伦理决策的各种视角和框架。

直觉主义

凭直觉知道（intuit），就是通过经验获知某事物，而不涉及推理或实验（Malloy et al. 2000）。直觉主义是德国哲学家伊曼努尔·康德（Immanual Kant，1724–1804）所发展的一种理论。康德论称，所有人都具有推理从而表达责任与权利观念的能力（Fennell 2006：66）。作为直觉主义理论之基础的理念，是人类具有内在的直觉能力，这种能力使得他们可以辨别某事物是道德的还是不道德的。这一理论的问题是，对于何为道德与不道德，人们并不总是产生同一直觉或判别。也就是说,他们会有不同的道德直觉,经常意见相左。此外,即使达成共识,这也并不意味着这个直觉就是正确的。感觉与微妙的情感是直觉主义和作为其结果的道德行为的核心(见第6章和第12章)。

目的论

目的论式的理论关注的是定义和确立"好"(good)的意义,这独立于权利的确立,且权利是随后被定义为将"好"最大化的东西(Fennell 2006)。目的论理论是基于目标的理论,关注点在于最优结果。当一个行动产生的结果使得善果更大于恶果(a greater balance of good over evil),便是一个正确的行动(Frankena 1963:13 in Fennell 2006:67)。

有四种主要的目的论理论:(1)实用主义(utilitarianism);(2)快乐主义(hedonism);(3)自我主义(egoism);(4)美德伦理(virtue ethics)。

(1)实用主义

追求幸福与避免痛苦,是实用主义的核心;而所有人类决策都是基于这一取向,而且这一理论主张对个人快乐的追求是道德的基础。让人们幸福的事物是好的,带来痛苦的则是坏的(Bentham 1987:65;Smith and Duffy 2003)。从个人层面上升到社会群体层面,当行动增进该群体的总体幸福时,这些行动是好的;当行动减少社群所经历的痛苦时,这些行动也是好的(Smith and Duffy 2003)。

实用主义是围绕着许多旅游实践的伦理辩论的基础,包括狩猎、野生动植物保护政策,以及更一般化地当作论证以支持某一实践时——因为它给人们带来了最大的好处(见第9章)。例如,在大屿山岛上建设香港新机场涉及将人们从海岸沿线的村庄迁移出去。这些村庄已经在那里存在了很多代,现在的村民们也依然依赖捕鱼维持生计。实用主义的论证会主张新机场是必要的,理由在于进入香港的航班的增加,通过容纳航班及其乘客的增加所得到的收益。现有的机场未能获得支持,原因在于旺角机场不能够处理上述增加,随着时间的流逝,这一无能将带来损失,即收益机会的丧失。而且,旺角机场在这片已经是人口稠密的城区所制造的污染也需要治理。虽然一些人会被迁出其村庄而遭受不便,但他们是少数群体,而新的发展则符合大多数人的利益（见第 3 章）。

实用主义可以进一步区分为行动实用主义（act-utilitarianism）和规则实用主义（rule-utilitarianism）（Fennell 2006：69）。如果一个行动产生更大的总体福利，就是更好的行动。如果该行为能带来更大的幸福，道德规则可以被打破。对于行动的评价便是基于它们各自带来的结果，而不是预先取决于社会规范与规则。相反，规则实用主义主张一个行动的正当性取决于对规则和社会规范的坚守（Fennell 2006：70）。实用主义发端于这一观察：追求快乐与避免痛苦是普遍的人类特性。对于一个行动是好是坏的评价，是基于其增进或损害快乐，或给尽可能多的人最大幸福的效用。对于追求幸福之普遍性的强调意味着这一理论可以适用于任何文化情境，为思考旅游实践的伦理意义提供了潜在的工具。进一步，实用主义提供了一个理性的方法来确定一个行动是不是好，也就是某些学者所称的一种"道德会计"（moral accountancy）（Smith and Duffy 2003：57）。实用主义对价值采取一种不偏不倚的立场，因此可被用于任意情境中。依据这一理论，重要的是结果。

动物园的例子常被用来说明行动实用主义和规则实用主义（Fennell 2006）。可以辩论说把动物关在笼子里是错的，但你可能决定支持在你的社区建设一个动物园（忽视前面的规则），因为这一动物园的存在会使得那些没有机会去野外看野生动物的人了解野生动物，进而可能参与对濒危物种的保护（行动实用主义）（见第 10 章）。

但当我们考虑大众旅游的案例时，实用主义就陷入困境了。为大众旅游可能作出实用主义的论辩，如字面而言，大量民众旅行至某些目的地寻求愉悦与快乐，对此可以论辩说，该目的地协助这些民众实现其愉悦与快乐，在道德上是对的。为了应对处理这一更大的整体福利，该目的地，在此假设是一个正在经历工业化发展过程的小岛国家，为了建设一个符合外部规范的豪华度假区，将少数族群及其住所从他们捕鱼谋生的海岸线迁走，另行安置到内陆。这样，东道主社会应对处理了更大的社会福利（大众的需求）并最终促进了经济的发展。然而，作为被从海岸线迁走的一个结果，这些少数群体现在必须走好几公里才能到他们的捕鱼船上，并远离旅游发展区重新设立他们的海岸线销售点。这是一个虚构的例子，但在欠发达国家无数真实的旅游发展和应对大众旅游案例中，这便是对大众旅游的反应（Mansperger 1995；Butler and Hinch 1996；Abbink 2000）。当这些大众被容纳，少数群体背井离乡，而这些群体常常已经在经济和社会地位处于劣势，通过旅游进行的发展则使得这种社会不平等持续下去，而不是缓和之。正是因为这个原因，实用主义因其未能处理与少数群体相关的社会公平问题而遭到批判（见第3章和第8章）。如果多数人的幸福占支配地位，那么少数群体的迁移成为可能，迁移少数群体就变成了仅仅是为了达到目标的一种手段。只关注目标而忽视了为达到目标而采用的手段，可能导致对人们的不公正对待（Fennell 2006）和已经边缘化的群体遭受更加严重的边缘化和苦难。

（2）快乐主义

快乐主义将值得做的行动定义为给一个人带来快乐的行动。最大的好便关系到该个体所体验的快乐，并包含最少量的痛苦。此处该个体决定什么是令人愉快的从而是值得做的行动（见第8章）。

（3）自我主义

自我主义是自我主导的行动，该个体的目标便是目的本身（Fennell 2006）。因此，只有当该个体可以获得某些有利于其最终目标的好处时才会帮助他人。道德判断的作出是基于该个体的目标以及一个行动是否会带来益处。与自我主义相联系的是围绕着自私与利他的讨论。对某些人来说，自私被视为对伦理社会的一个威胁（Blackburn 2001），而许多心理学家则论称自我的满足（ego-satisfaction）对人类本性极为重要，所有人都寻求满足他们的需要。然而，自我主义并不总是等同于自私，因为一个人可能在其行动中是自我主导的（self-directed）但不是自私的（selfish）（Fennell 2006）。

（4）美德伦理

美德伦理关注的是个人，而非行动。美德可能是作为人所本质固有的（Foot 1959；Fennell 2006）或者是被培养出来的人类特征（Cooper 1987）。有人主张人类具有两种核心美德：一种关注个体和该个体忠实于自己的能力；另一种关注他们。另有人提出美德由三种元素组成：(1) 合宜（propriety）；（2）审慎（prudence）；（3）善意（benevolence）（Smith［1759/1966］in Fennell 2006：73）。美德伦理的优点之一在于认可人们拥有被不同的历史所塑造的不同的视角。但美德伦理的缺点是它对于个性特征和如何决定各种特征是或不是美德的模糊性（见第12章）。

道义论——非后果主义理论

道义论者主张更为重要的是维护规则、遵循指导原则和遵守行为规范与责任。伦理准则体现了道义论立场：准则告诉人们做什么、不要做什么，但没有解释为什么或某行动会导致什么结果（Malloy and Fennell 1998b；Fennell 2006）（见第14章）。与目的论一样，道义论可以区分为规则道义论（rule deontology）和行动道义论（act deontology）。规则道义论是指规则与价值观是否得到维护，而不谈最大的社会福利是否得以实现。行动道义论总是坚持某一规则：只有在具备更多的知识、制定出更优规则时，这一规则才能被推翻。道义论有三种理论：（1）神学（theology）和道德金律（Golden Rule）；（2）康德伦理学（Kantian ethics）；（3）社会契约（social contract）。

（1）神学和道德金律

行为准则总是与宗教相联，而宗教则常常反映出特定社会所持有的伦理（Blackburn 2001 cited in Fennell 2006：77）。道德金律指的是一条看起来普遍通用的、见于大多数社会的戒律："你要别人怎样待你，你就怎样待人。"这一道德金律在各文化中都是显而易见的，在世俗和宗教信条中都是如此。

按此道德金律，人们必须首先认识到其他人的利益，视之如同自己的利益，然后视它们的道德地位和价值跟自己的利益是一样的或平等的。

（2）康德伦理学

哲学家伊曼努尔·康德主张伦理基于原则。原则（principles）与规则（rules）不同：规则是一组外部施加的指导方针（guidelines），原则是你施用于自己的法则。原则和规则可以一起发生作用，一条规则随着时间的流逝可能会被接受为一条原则。

康德推理有一条核心基础原则是所有原则的基石——他称之为绝对律令

（categorical imperative）——所有人都可以通过实践理性或推理力（practical reason or rationality）获知这一律令。他主张，是推理力将人类与动物区分开来，使得人类可以过上由理性所指导的生活——有伦理的生活。为了实现这一伦理性生活，人类需要平衡偏好与义务。偏好（inclinations）包含那些习惯性行为和情感，但对于康德来说，依据偏好来行动就是像动物一样行动——缺乏理性。

基于理性而行动就是康德所称的基于动机或义务而行动，也正因此使得行动具有了伦理价值；正是在这一点上，你的行动可对可错。进而，康德也主张，作出理性选择的能力给了人类对自然（偏好）的控制，他认为这便是自由；制定法则、依据法则而生活的能力使得人类获得了自主性。

（3）社会契约

对人类权利的认识有着悠久的历史，对权利的要求常常推动着社会变革。社会内部和社会体之间的不平等和社会权力（social power）处于人类权利的历史和对权利重要性认知的核心（见第3、6、7、8和13章）。如史密斯和达菲（Smith and Duffy 2003）所观察，关于权利的辞论在第二次世界大战后日渐成为主流；这既与战争期间对人的残酷对待有关，也与关于经济发展的讨论密不可分。1948年联合国通过《世界人权宣言》，标志着正式认可对所有人类全球平等的权利，为世界范围内的自由、公正与和平提供了基础（Brownlie 1994 in Smith and Duffy 2003）。从那时起，联合国对于人类权利的各种响应得以发展，许多都与旅游相关（见第4章）：

- 世界人权宣言，1948；
- 经济、社会和文化权利国际公约，1966a；
- 公民权利和政治权利公约，1966b；
- 儿童权利公约，1990；
- 保护所有移徙工人及其家庭成员权利国际公约，1990；
- 联合国残疾人权利公约，2006；
- 土著人民权利宣言，2007。

关于旅游的人权最初表达于1985年索菲亚世界旅游组织会议通过的

《旅游权利法案和旅游者守则》（Smith and Duffy 2003）。此次的关注点在于休息、休闲和旅行的人权（Handszuh 1998 in Smith and Duffy 2003）。个人拥有在其社会体内外旅行之权利和/或迁徙之自由，这一理念有着悠久的历史，但值得注意的是，只是在最近，东道主社区的权利才被考虑到。围绕着旅游发展伦理的伦理性讨论核心在于休息、休闲和旅行的权利对东道主社区的影响（Butler and Hinch 2007）。

权利辞论也随着时间而变化；例如，十八世纪美国和法国的表述涉及个人主义的考虑与平等主义。在这里，一个人具有先天的权利——先于和独立于社会存在和社会规则与管制的发展。这些被称为"自然权利"，与作为人（being human）紧密相关，但先于社会存在而存在。这一理念历经质疑，主要被"权利是建构出来的，而非自然结果"的论点所反对，而且也不可能确证权利是否先于人类存在而存在，更不用说很难证实它们的存在。因此，日渐有主张称，权利是人类行动的结果，而这常常是政府的行为；而且，作为人类构念（human constructs），权利因而可被改变（Bentham 1907 in Smith and Duffy 2003：76）

当代的权利理论家已经大都摒弃了自然权利的理念，并将权利视为社会和政治两者的产物。自第二次世界大战以来，国际上对权利的关注日益增加——有人称此为一个"人权文化"的出现（Smith and Duffy 2003：76）——这反过来也成为解读和批判的对象。一方面，它可能看起来在道德意义上是"进步"，但另一方面，也有论辩称，联合国等组织对"权利"的制度性热切接纳需要被批判性地评价，而"更多"一定意味着"进步"的观念也是如此。

我们可能问以下问题：对于"权利"的怎样的理解被热切接纳了？这些理解在文化上是普遍的吗？或者它们代表的是占主导地位的富裕国家的特有理解？权利辞论和论战常常涉及各种论证，为资本主义扩张、工业和经济发展、认为这些过程即为进步的文化性阐释进行辩护。进而，有人论称被全球性机构所热切接纳的权利文化是走向全球治理的标志（Chandler 2002；Smith and Duffy 2003），而全球治理可能是为了富裕发达国家巩固权力（见第4章）。

第2章 旅游：伦理概念与原则

在旅游领域，《旅游权利法案和旅游者守则》和《全球伦理规范》对围绕着旅游和权利的讨论采取了普遍主义取向（Smith and Duffy 2003），而且这一普遍主义取向也为联合国世界旅游组织所采用——一个全球治理的机构。史密斯和达菲（Smith and Duffy 2003）指出，与热切接纳权利之社会建构性同时发生的是当权者对权利话语的收用。然而，虽然看起来越来越多的机构热衷于人权问题，但权利并未被不偏不倚地一以贯之，因此，权利和/或权利的滥用经常引起社会争议。

有一个隐含的基本点是，尽管有所谓的权利文化出现，但权利如何被施行、对待和确保依然受到不平等权力关系的影响，权利辞论也依然是关于人权是否在实践中受到关注的一个不可靠的衡量。因此，各国可能谴责和公开反对在某些政权下所犯的暴行和对人权的侵犯，同时却对另一些同样有着糟糕人权记录的政权保持沉默、继续支持——因为这样做符合它们自己的政治意图、经济目标和/或可能有害于内部政治目标。如其他人所观察的，经常存在着"政治辞论与道德真相之间的鸿沟"（Smith and Duffy 2003: 79）。这并不意味着人权条约毫无价值，而是标志着批判性评估实际发生事实的必要性。但是，这的确挑战了普遍主义的立场（康德）——后者主张权利可以平等地适用。显然，在一些情况下，权利与其他权利相冲突，这就是为什么很难树立适用于所有人、所有时间、所有地方的普遍主义规则和权利。

在旅游领域，有主张认为旅游发展有其固有的文化倾向性，权利话语亦随之如此。此外，有人观察到不同的权利议程是不同经济发展水平的产物（Donnelley 1999 in Smith and Duffy 2003）。

关于旅游发展和权利讨论，受到认可的是有必要不只是关注个体旅游者的伦理行为，也要关注行业，特别是跨国企业所扮演的角色。随着所有权和控制权主要掌握于富裕工业化国家手中，且主要又是在这些国家里少数特权者手中，那些贫穷目的地社区人们的权利不只是在地理上偏远，而且潜在的、也有例可证的遥远到让道德的指南针没法为某些人提供有效的指导。确实有研究指出，客户（旅游者）的权利被旅游行业优先对待（George 2007; Lovelock 2007），置于目的地社区之上。虽然很多人强调旅游在缓解贫困和应对社会不公方面可以起到的作用，而且显然权利与发展辞论也是紧密相连（Smith and Duffy 2003），但重要的是不断地质询通过旅游的发展到底有没有关注当地的需要。

关于权利的语言已经广泛用于各种各样的伦理规范之中，比如《旅游规范》(*The Tourism Code*)和《世界旅游组织全球伦理规范》(*The World Tourism Organization Global Code of Ethics*)（1999）（见第14章）。

五、社会公正、文化相对主义和关怀伦理

认识到旅游行业产生和维持了许多的不公正现象，促使旅游和公正（justice）成为一个广为探讨的领域。亦有呼吁旅游业接纳公正、承担作为社会变革之载体的责任（Higgins-Desbiolles 2006）。什么是社会公正（social justice）？美国哲学家约翰·罗尔斯（John Rawls，1921-2002）定义社会公正如下：

> 公正是社会制度的第一美德，正如真理之于思想系统……每一个人都自有其扎根于公正的不可侵犯性，即便是整个社会的福利也并不能超越其重要性……因此在一个公正的社会，平等的公民身份的自由是被当作确立无疑的；由公正所保证的权利不受政治上的讨价还价或社会利益的计算所影响……真理与公正是不可妥协的。
>
> （Rawls 1971：3-4）

在这里，公正基于公平（fairness）——物品和个体自由的公平、平等的分配。公正理论与实用主义相向而立（它关注的是所有人，而非大多数人），强调权利的重要性，并引用德性理论（virtue theory）关注探讨对个人而言什么是对的，以及对社会群体而言什么是对的。这是基于这一理念：公正的缺席威胁的是整个社会群体或社区。对罗尔斯（Rawls 1971）而言，重要的是人们将自己的社会地位和特征身份（阶级、种族、性别、财富）放置一边，接纳他所说的无知之幕（a veil of ignorance）——只有这样我们才能作出公平的决定，避免在决策中为个人利益服务。在这里，当人们对自己的阶级、种族、性别或能力一无所知时想象他们愿意生活在什么样的社会，无知之幕是可能的。罗尔斯（Rawls 1971）论称大多数接纳无知之幕

的人都会是利己主义的（也就是保护自己避免成为弱势群体的一员），希冀并寻求一个对那些不那么富裕或处于不利地位的人都公平对待的社会。

如果公正就是关于公平和平等，那么在旅游领域它显然是个问题。一些旅游模式本质上就是不公平、不平等的（Higgins-Desbiolles 2010）。医疗旅游，特别是与之相关的器官售卖，以及性旅游，都提供了处于这些旅游实践之核心的不公平、不平等关系的例子。这些例子在随后的章节中会详加讨论。旅游和公正领域的早期研究强调构建关注旅游者体验的伦理模型的必要性，强调旅游者有能力采取有原则性的行为的必要性（Hultsman 1995 in Higgins-Desbiolles 2010）。但是，这一早期研究忽视了也有必要考虑目的地、考虑旅游者与本地居民之间关系的公平性。与对社区内社会公正的关注相关的是国际公正（international justice）及其对跨国旅游的意义。对公正的考虑偏向于关注民族国家和在它们的边界内所发生的事情。虽然这是重要的，但公正或不公正现象常常受到这些边界之外的活动和事件的影响（Higgins-Desbiolles 2010）。对国际公正的理解是重要的，因为它关注到全球资源和财富的不平等分配，强调在全球层面上考虑分配公正（distributive justice）的必要性。

当罗尔斯（Rawls 1971）提倡采用无知之幕以避免决策中的自私自利（不公平决策），劳伦斯·科尔伯格（Lawrence Kohlberg 1981）主张"穿另一个人的鞋走上一英里"（walking a mile in another man's shoes），这与道德金律是一个意思。采取这一立场会促进他所说的"作为可逆性的公正"（justice as reversibility）。对于旅行至经济欠发达国家（LEDC）的来自经济较发达国家（MEDC）的旅游者，这可能包括，比如考虑一下出卖他们的身体做性交易以挣钱养活自己是否具有他们觉得舒服的可逆性。分配公正的理念关注全球财富的巨大不公平，质疑当世界上其他人还生活在令人绝望的贫困之中、面对着持续不断的饥荒之时，富人们是否有权利沉溺于远超人类所需的奢华之中。在这一背景下再分配措施被视为一种道德义务（见第3、7、8章）。

持这一立场更进一步，有人主张世界上富裕国家的人应该为世界上其他地区威胁生命的贫困负责（Pogge 1994；Higgins-Desbiolles 2010）。那么在这一意义上旅游者们也是在参与克里克（Crick 1989）所称的"休闲帝国主义"（leisure imperialism），在其中旅游是"新殖民主义的快乐面孔"，一个被殖民主义及随之而来的全球不公平所赋能的追求。关键问题是，旅游并非站在造成全球贫困的过程之外——它也是其原因之一。虽然有人论称旅游为发展中国家提供了就业岗位、外汇和经济发展的机会，但当考虑到全球贸易体系、看清楚经济欠发达国家是在非常不平等的基础上参与这一体系时，这一论证便迅速瓦解。

作为对旅游领域公正的提倡者的回应，许多替代性旅游模式得以发展，其中责任与公正占据核心位置，业界以公平、团结和相互理解为目标（Pearce 1992）。如此，经旅游而致公正（justice through tourism）到底能带来什么？藉由再分配措施，公正旅游（justice tourism）所产生的团结越是深厚，这种措施在引发社会变革方面就可能越是成功。公正旅游各种各样的形式包括：负责任旅游、扶贫旅游、公平贸易旅游、义工旅游、真相旅游、跨国团结旅游。所有这些旅游模式都关注应对全球不平等，并视旅游为社会变革的一个载体。图 2.2 概括了希金斯－德比奥勒（Higgins-Desbiolles 2009：338）所建立的公正旅游连续谱（continuum）。

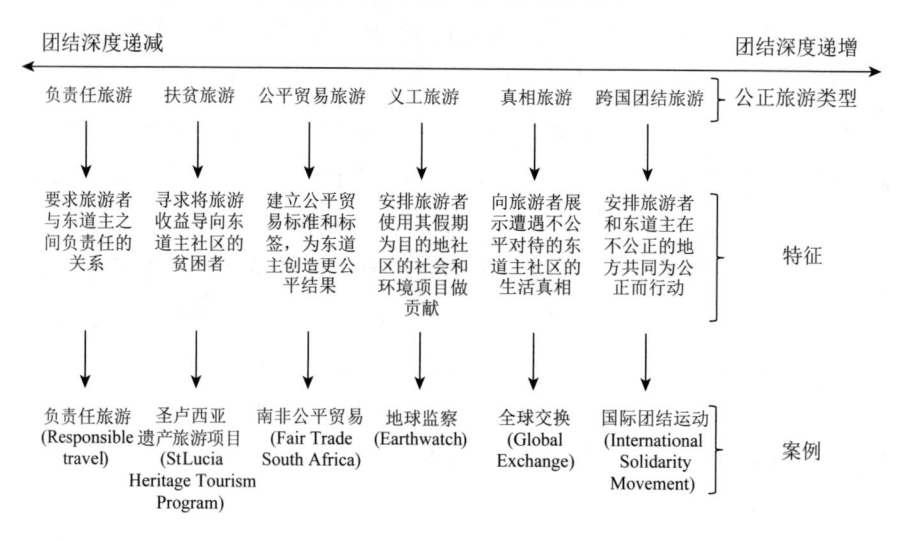

团结深度递减 ←					→ 团结深度递增	
负责任旅游	扶贫旅游	公平贸易旅游	义工旅游	真相旅游	跨国团结旅游	公正旅游类型
↓	↓	↓	↓	↓	↓	
要求旅游者与东道主之间负责任的关系	寻求将旅游收益导向东道主社区的贫困者	建立公平贸易标准和标签，为东道主创造更公平结果	安排旅游者使用其假期以目的地社区的社会和环境项目做贡献	向旅游者展示遭遇不公平对待的东道主社区的生活真相	安排旅游者和东道主在不公正的地方共同为公正而行动	特征
↓	↓	↓	↓	↓	↓	
负责任旅游 (Responsible travel)	圣卢西亚遗产旅游项目 (StLucia Heritage Tourism Program)	南非公平贸易 (Fair Trade South Africa)	地球监察 (Earthwatch)	全球交换 (Global Exchange)	国际团结运动 (International Solidarity Movement)	案例

图 2.2　公正旅游连续谱

来源：Higgins-Desbiolles（2009）。

> 浏览以下网址，了解图 2.2 给出的例子：
> 负责任旅游：www.responsibletourism.com
> 圣卢西亚遗产旅游项目：www.propoortourism.org.uk
> 南非公平贸易：www.fairtrade.org.za
> 地球监察：www.earthwatch.org
> 全球交换：www.globalexchange.org
> 国际团结运动：www.palsolidarity.org

文化相对主义（cultural relativism）

我如何分辨什么是对是错，又或者甚至我的价值取向跟他们的是不是一样的呢？看道德有很多视角。一个文化相对主义者的主张声称，如果一个人所做之事符合其所属之社会群体的文化规则与规范，那么就不该由来自不同社会群体、拥有不同价值取向的其他人来评判。这一理念部分地源自希望给文化多样性以正当性，以便说这些人们只不过是跟我们不一样，我们不应该用我们的尺度评判和衡量他们。问题是这一主张可能被用来将不公正、谋杀、战争和范围广泛的不人道行为和不可持续的做法正当化（例子见于第 6 章和第 9 章）。如果某人杀了另一人，说在他的文化里在这样的情况下是可以接受的——是吗？一个客观主义者（objectivist）会提出，仅仅因为一个反应在该文化内是合适的，这并不意味着它在道德上就是合乎情理的。客观主义立场所基于的理念是，存在一些道德规范或原则对所有人、任何时间、任何地方都是成立的。当遭遇文化相对主义的立场，重要的是提出一系列的批判性问题，而不要直接跃到同意或不同意的立场——比如，说"哦不，我觉得这是不道德的"，而没有支撑的理由。这样的回应是情绪性的。情绪主义（emotivism）指的是人们仅仅根据对某一问题的感觉来表达他们的偏好，同时还常常希望影响别人的行为，而并不努力构建一个有批判性依据的道德立场（Vaughn 2008）。

关怀伦理（ethics of care）

关怀伦理关注的是应对公正伦理中所缺乏的偏爱。关怀伦理并不想要建立普遍化的法律，而是强调考虑人际互动所发生之情境的重要性。关怀在这一伦理中就是字面意思所指——它所讲的是发展对涉及者的理解和关切（Smith and Duffy 2003）。其重点放在身份的关系性上，要求我们意识到他人的需要，并基于这一意识而行动。

六、伦理决策

本章讨论了一系列的理论视角，提出的问题比回答的更多。那么我们如何开始应用这各种视角，如何解决旅游实践所引发的某些伦理困境呢？在这一部分中我们提供一些路线图——这里目的地大都尚不明朗。居于伦理决策之核心的是批判性思维能力——遏制基于直觉的反应，或基于约翰叔叔所说的或梅阿姨所相信的。

伦理决策过程的五个步骤和四个关键因素（Five steps and four key elements in the process of ethical decision making）

有多种多样的方法来看待伦理决策过程。这里我们列出五个步骤，可用于应对旅游实践中需要伦理决策的问题：

1. 认清问题。
2. 分析问题，澄清事实和不确定之处。
3. 确定对决策核心的伦理议题和价值取向。
4. 如果价值取向互相冲突，你便有了伦理困境。
5. 按优先顺序处理互相冲突的价值取向。此时考虑如何依据所追求之目的、可用于达到目的之方法，以及真实性来进行优先排序。

以上五个步骤与以下四个关键因素结合使用（Vaughn 2008：7）：

1. 理性为上；
2. 普适性视角；
3. 公正原则；
4. 道德规范占优。

结合使用以上五个步骤和四个关键因素，将会使你通过辨明事实与不确定之处来批判性地评价所论之问题，深思对所有人（而不只是大多数人）的影响，辨明价值冲突之处并探讨该冲突可以如何合乎伦理地解决之，最终作出更为合乎伦理的决策。

考虑到旅游所发生的社会实践和情境范围的广阔性,一个视角不可能适用于所有情境。对于理论博采众长的方法提供了克服本章所讨论各种理论之缺陷的机会,以及处理旅游实践所引发之一系列问题的能力。舒曼（Schumann 2001）的道德原则框架（Moral Principles Framework）提供了一个有用的博采众长之工具以协助伦理决策,并借鉴了五个主要伦理理论:实用主义、权利、分配公正、关怀伦理和美德（表2.1）。舒曼也主张寻求普遍性道德原则（universal moral principles）,抛弃伦理相对主义（ethical relativism）。

每一个理论立场所引出的问题确保可以应对各种各样的情况;诚然,这一框架并不能覆盖所有情况,也不是必须详尽无遗,但它为想要进行伦理化决策的人们提供了一个非常好的起点。

表2.1 舒曼的道德原则框架

理论	问题
实用主义 utilitarianism	什么行动会为受到影响的每一个人产生最多的好处和最少的损害? a 谁是利益相关者? b 有哪些行动方案可供选择? c 针对每一个方案,收益和成本是什么? d 哪一个方案获得最多的收益和最少的成本?
权利 rights	你有道德权利（a moral right）采取哪些行动,以保护及增进他人的权利? a 你有采取所论之行动的道德权利吗? 考虑: 你愿意所论之行动施之于你吗? 你愿意生活在一个每个人都采取所论之行动的世界里吗? 你有以尊重待人吗? b 其他利益相关者有什么样的道德权利? c 你的道德权利和他人的之间有冲突吗? 什么应该占据优先地位?
分配公正 distributive justice	什么行动使得收益和成本公平地分配于所有利益相关者之间? a 平均主义（egalitarianism）:什么行动使得成本和收益平均分配? b 资本主义（capitalism）:什么行动基于行动者的贡献而产生成本或收益? c 社会主义（socialism）:什么行动基于需求分配收益、基于能力分配成本? d 自由主义（libertarianism）:什么行动为利益相关者所自由选择? e 罗尔斯原则（Rawls's principles）:什么行动为所有人提供平等的自由与机会,同时尽最大可能帮助那些有需要的人?

续表

理论	问题
关怀伦理 ethics of care	什么行动会关怀那些与你有特别关系的人? a 什么行动会关怀你自己的需要? b 什么行动关怀到与你有关系者的需要（比如家人、朋友、同事、竞争者）?
美德 virtue	什么行动体现美德品格特征? a 该行动是否体现美德,如善良、文明、同情、勇气、公正、尽责、合作、慷慨、诚实、勤奋、忠诚、节制、自制、自立或包容? b 或者该行动体现恶德,如怯懦、欺骗、懒惰、玩忽职守或自私自利? c 采取体现美德而非恶德的行动。
解决冲突 resolve the conflict	五条道德原则是全部达成一致结论,还是达成互相冲突的结论? a 如果有冲突,则考察该冲突的本质,看是否可以通过选择之前未曾考虑的行动方案解决这一冲突。 b 如果 a 不可行,则按照你们的价值取向集体决定哪些原则优先。

来源：Schumann（2001）（该表复制 Fennell 2006：272）。

本章回顾

本章探讨了各种伦理概念和原则，展示了它们对于许多旅游案例的可适用性。我们考虑了作为道德体系之核心的价值的概念。在此之上，我们考虑了作为伦理学之核心的四个关键因素：理性为上、普适性视角、公正原则、道德规范占优。批判性思维对伦理决策至关重要。我们简要讨论了一系列伦理理论：直觉主义；四个主要目的论理论——实用主义、快乐主义、自我主义和美德伦理；以及道义论式的非后果主义理论——道德金律、康德伦理学、社会契约、社会公正和关怀伦理。对于伦理决策，并没有什么公式化的解决方案，但是，对应用性伦理决策感兴趣的学者们已经发展出许多模型。本章结尾所总结的一系列步骤可用于确保你的解决方法里包含了批判性思维，并提供了一个整合各种伦理理论的框架，为你致力于对旅游实践作出伦理性决策时提供了可供思考的具体问题。作为道德行为人，旅游专业学生、研究者、旅游运营商和旅游者本身都是本质上与伦理道德相关的实践的参与者。让自己善于提出旅游实践相关的恰当问题、培养有助于旅游实践相关的伦理性决策技能，在当今世界势在必行。

关键术语小结

伦理学（ethics）：是关于道德的哲学研究，是关于什么构成正确或错误行为的科学。

道德（morality）：探讨的是建立在何为对或错的信念基础之上的行为模式和行为准则。

快乐主义（hedonism）：最大的好取决于一个人所体验到的快乐。令人快乐的便是好的。

自我主义（egoism）：个体的目标便是目的本身。该个体只帮助那些有益于其目标之实现的人。

直觉主义（intuitionism）：通过经验知晓某事物，而非基于理性。

情绪主义（emotivism）：感觉和微妙的情感是道德行为的依据。

工具主义（instrumentalism）：基于他人是否对本人自己的目的有作用而提供帮助和接纳。

实用主义（utilitarianism）：追求幸福和避免痛苦构成了道德的基础。可以带来幸福的行动是好的，带来痛苦的则是坏的。如果行动增加了群体的总体快乐，便是好的。

公正（justice）：扎根于公平——物品和个体自由的公平、平等的分配。公正理论与实用主义截然相反（它关注的是所有人，而非大多数人），强调权利的重要性。取自美德理论，公正理论关注对于个人什么是对的，以及对于社会群体什么是对的。这个的前提观念是公正的缺席威胁整个社会群体或社区。

分配和交换正义（distributive and commutative justice）：亚里士多德区分了"分配"和"交换"正义。前者关注的是物的分配（物品、服务、权利等），以及它们在人与人之间应该如何分配。这里的核心观念是"平等对待平等之人"（treating equals equally）。后者，交换正义，关注的是一个人在一个特定交换中被如何对待——他们是否如所应该的被对待？他们是否被给予其权利？对柏拉图来说，这是关于给人们"他们应得的"。因此，报复性正义（retributive justice）关注的是当一个人未获得所应得之对待或权利时的纠正。

关怀伦理（ethics of care）：关注的是应对公正伦理中所缺乏的偏爱。关怀伦理并不想要建立普遍化的法律，而是强调考虑人际互动所发生之情境的重要性。关怀在这一伦理中就是字面意思所指——它所讲的是建立对相关者的理解和关切（Smith and Duffy 2003）。

思考问题

1. 在一个具有文化多样性和多种价值取向的世界，我们如何就什么是对或错作出伦理判断？
2. 伦理道德行为、人权和公正观念之间的关系是怎样的？
3. 旅游行业应该如何回应围绕社会公正和全球不平等固化的问题——以及，为什么它应该作出回应？

练习情境

一位旅游运营商前来找你，他在获取合适许可以便开办旅游企业方面遇到了困难。他的商业计划是在一个热带岛屿的海滩上建设和运营一家酒店和酒吧。他并非本地区民，而是一位外国移居者，已经定居于附近一个开发更为成熟、提供众多旅游设施和服务的岛屿。他的企业将通过国外资本融资，公司股东主要来自英国。该企业将是这个基本尚未开发的岛屿上同类型企业的第一家。这个岛上的本地居民是第一代、可追溯到1500年的定居者的后代。他们主要依靠捕鱼和温饱型农业为生，对岛上很多居民来说，每天的生存都是一场战斗。岛上的年轻人大量地迁移到更大的岛屿上去寻找工作，然后寄钱回家。这里的海滩被视为神圣之地，本地人相信将要开发之处包含的一块区域是他们的祖先出发前往天堂的地方。本地人就是否应该实施开发产生了分歧，某些人因为开发可能为他们的孩子提供机会而表示支持，另一些人则视开发为对其自主性和生活方式的威胁而表示反对。这个区域的旅游发展已经使得已开发岛屿变成了受欢迎的性旅游目的地。

第 2 章 旅游：伦理概念与原则

应用舒曼的框架进行分析。分析时注意辨清关于这一情境的知识空白，在作出伦理决策之前应先加以应对。

延伸阅读

Fennell, D. A. (2006) *Tourism Ethics*, Bristol：Channel View Publications.

Fennell, D. A. (2009) 'Ethics and tourism', in Tribe, J. (ed.) *Philosophical Issues in Tourism*, Bristol：Channel View Publications, pp. 211–226.

Smith, M. and Duffy, R. (2003) *The Ethics of Tourism Development*, London：Routledge.

注释

a　艾萨克·阿西莫夫（Isaac Asimov, 1920-1992），美国科学与科幻小说作家。见于《基地》（*Foundation*）（1951）。

b　柏拉图（Plato，约公元前 427—公元前 347），古希腊哲学家、数学家，苏格拉底的学生。

参考文献

Abbink, J. (2000) 'Tourism and its discontents: Suri-tourist encounters in southern Ethiopia', *Social Anthropology*, 8: 1–17.

Bentham, J. (1987) 'Introduction to the Principles of Morals and Legislation', in A. Ryan (ed.) *Utilitarianism and Other Essays: J.S. Mill and Jeremy Bentham,* Harmondsworth, UK: Penguin.

Blackburn, S. (2001) *Being Good: A Short Introduction to Ethics.* Oxford: Oxford University Press.

Butcher, J. (2003) *The Moralisation of Tourism: Sun, Sand ... And Saving the World?,* London: Routledge.

Butler, R. and Hinch, T. (eds) (1996) *Tourism and Indigenous Peoples,* London: International Thomson Business Press.

Butler, R. and Hinch, T. (eds) (2007) *Tourism and Indigenous Peoples: Issues and Implications*, revised edn, Oxford: Elsevier.

Chandler, D. (2002) . *From Kosovo to Kabul: Human Rights and International Invention,* London: Pluto Press.

Cooper, T.L. (1987) 'Hierarchy, virtue, and the practice of public administration: a perspective for normative ethics', *Public Administration Review*, 47: 320–328.

Crick, M. (1989) . 'Representations of international tourism in the social sciences: sun, sex, sights, savings, and servility', *Annual Review of Anthropology*, 18: 307–344.

Fennell, D.A. and Malloy, D.C. (1995) 'Ethics and ecotourism: a comprehensive ethical model', *Journal of Applied Recreation Research,* 20 (3): 163–183.

Fennell, D.A. and Malloy, D.C. (1999) 'Measuring the ethical nature of tourism operators', *Annals of Tourism Research*, 26 (4): 928–943.

Foot, P. (1959) 'Moral belief', *Proceedings of the Aristotelian Society*, 59: 83–104.

Genot, H. (1995) 'Voluntary environmental codes of conduct in the tourism sector', *Journal of Sustainable Tourism*, 3 (3): 166–172.

George, B. (2007) 'Human rights in tourism conceptualization and stakeholder perspectives', *Electronic Journal of Business Ethics and Organization Studies*, 12: 2.

Higgins–Desbiolles, F. (2006) 'More than just an industry: the forgotten power of tourism as a social force', *Tourism Management*, 27: 1192–1208.

— (2009) 'International solidarity movement: a case study in volunteer tourism for justice', *Annals of Leisure Research*, 12: 333–349.

— (2010) 'Justifying tourism: justice through tourism', in Cole, S. and Morgan, N. (eds) *Tourism and Inequality: Problems and Prospects*, Wallingford: CABI, pp. 194–210.

Karwacki, J. and Boyd, C. (1995) 'Ethics and ecotourism', *A European Review*, 4: 225–232.

Kohlberg, L. (1981) *The Philosophy of Moral Development (Vol. 1.)* , Essays on

Moral Development Series, San Francisco, CA: Harper and Row.

Lovelock, B. (2007) 'Ethical travel decisions. Travel agents and human rights', *Annals of Tourism Research*, 35: 338–358.

Malloy, D.C. and Fennell, D.A. (1998a) 'Codes of ethics and tourism: an exploratory content analysis', *Tourism Management*, 19 (5): 453–461.

Malloy, D.C. and Fennell, D.A. (1998b) 'Ecotourism and ethics: moral development and organizational cultures', *Journal of Travel Research*, 36: 47–56.

Malloy, D.C., Ross, S. and Zakus, D.H. (2000) *Sport Ethics: Concepts and Cases in Sport and Recreation*, Buffalo, NY: Thompson Educational Publishing.

Mansperger, M.C. (1995) 'Tourism and cultural change in small–scale societies', *Human Organizations,* 54: 87–94.

Pearce, D.G. (1992) 'Alternative tourism: concepts, classifications and questions', in Smith, V.L. and Eadington, W.R. (eds) *Tourism Alternatives*, Chichester: John Wiley, pp. 15–30.

Pogge, T.W. (1994) 'An egalitarian law of peoples', *Philosophy and Public Affairs*, 23 (3): 195–224.

Przeclawski, K. (1996) 'Deontology of tourism', *Progress in Tourism and Hospitality Research*, 2: 239–245.

Rawls, J. (1971) *A Theory of Justice*, Cambridge, MA: Belknap Press.

Ray, R. (2000) . *Management Strategies in Athletic Training,* 2nd edn, Champaign, IL: Human Kinetics.

Schumann, P.L. (2001) 'A moral principles framework for human resource management ethics', *Human Resource management Review,* 11: 93–111.

Smith, M. and Duffy, R. (2003) *The Ethics of Tourism Development,* London: Routledge.

Stark, J.C. (2002) 'Ethics and ecotourism: connections and conflicts', *Philosophy and Geography,* 5 (1): 101–113.

Taylor, P.W. (1975) *Principles of Ethics: An Introduction,* Belmont, CA:

Dickenson.

Vaughn, L. (2008) *Ethics: Moral Reasoning and Contemporary Issues,* New York: W.W. Norton.

Wheeler, B. (1994) 'Egotourism, sustainable tourism and the environment: a symbiotic, symbolic or shambolic relationship', in Seaton, A.V. (ed.) *Tourism: The State of the Art,* Chichester: John Wiley, pp. 647–654.

第3章 流动性、边界和安全

"我想去漫游。"

——里奇和莫勒[a]

"站住,谁会去那里?"

——罗伯特·霍华德[b]

"当你在罗马的时候,就照着罗马人那么做。"

——圣安布罗斯[c]

学习目标

阅读本章后,你将能够:
- 批判性思考什么是"新流动性范式"(new mobility paradigm)。
- 判别围绕着流动性、边界、安全和它们所保护的制度的关键伦理问题。
- 批判性思考自由进入权(freedom of access)和旅行权。
- 理解公正对流行性的相关性。

一、导言

人们从一个地方到另一个地方的迁徙——流动性——庄严铭刻于《世界人权宣言》,但它并不一定是被所有人所共享的权利。流动性,如布罗姆莱（Blomley 1994）和其他人所观察到的，本质上是地理性和政治性的。流动性权利并不只是指迁徙的权利，也包括停留的权利。

　　流动性在过去的 30 年间成为社会科学圈子里的一个流行术语。在某种程度上，这是发达民族国家进入晚期资本主义和认识到全球联系之日益强化的结果。在被称为全球化的过程中，各方面都可以观察到商品、资本和人员的流动日渐增加，特别是对于商品和资本而言，边界越来越开放（Hannerz 1997；Cunningham 2004：329；Friedman and Randeria 2004）。认识到在空间之间、去各地的路上和在途中所发生的现象是社会生活中在理论上和实践上都一直被忽视的领域，激发了最近对于流动性的兴趣。虽然各个学科对于理解地方和非地方（non-places）的重要性都有其自己的视角，但所有学科都认同这一核心批判点：必须超越社会生活固定化的观念——也就是说，每一个事物都有它的地方和空间。必须理解处于空间和地方之间、之外的空间和地方，这已成为共识，因为它们影响着我们认清边界的能力以及最终理解所有地方是如何全球性地互联互通的能力（Clifford 1997；Urry 2000）。

　　虽然移民研究有很长的历史，但历史上暂时的流动性和暂时的迁徙者——包括旅游者——并没有引起很多的研究关注。相反，那些定居者则受到了非常多的研究关注。这部分是因为第二次世界大战前后时期的社会理论也倾向于关注定居者。此后，许多理论家认识到流动性是现代性的曾经被忽视的一个体现，值得研究。在旅游领域，研究者们关注了各种各样的流动群体：度假旅游者、商务旅游者和返乡旅游（以及旅游与目标为永久定居的移民之间的关系）（Cresswell 2006：738）。

　　虽然流动性转向提供了新的洞见，但有些研究者倾向于过于强调迁徙的自由，而没能认识到这些"新"的理论洞见对于社会存在提供的解释只对一小部分的全球精英有意义。这个世界对于某些人可能是更加通透开放了，一个新的有技能的精英群体很可能为跨越诸多边界的新的"文化"流动作出贡献；但社会不平等也在这些流动其间及周边被生产和再生产出来（Castells 1996）。任何对于流动性的理解，其核心在都在于需要探索的不仅仅是流动者，还有非流动者，以及流动性是如何在当代社会世界里被生产、

第3章 流动性、边界和安全

再生产和维持下去。全球连通性是不均衡的,存在着排斥性和可进入性的问题。商品和资本的流动可以告诉我们在全球网络中可进入性和包容性的状态(Castells 1996;Susser 1996),对于这些各种实体的流动的治理依然是现代民族国家政治的核心(Castells 1996)。虽然具有全球流动性的人员的数目急剧增加,但这些数字仍然只代表了世界人口中的一个很小的比例,而大部分仍然是非流动性的,贫困迫使这些人们非自愿地、永久性地附于某地(Cunningham and Heyman 2004;Hall 2010)(见第8章对社会旅游的讨论)。

虽然旅游常被描述为一项令人愉快的活动,包含着自由进入权和漫游权利的享用,但对很多人来说,这种愉快、这种进入权和这些权利并不存在。旅游是一种世界人口中非常少的一部分人能够获得的商品。人们的迁徙——流动性——是被生产出来的,它的生产受到性别、种族、阶层、(一个人的母国或目的地国家的)发展程度以及和其他国家关系的影响。与漫游的权利、旅行的权利尤为相关的是全球不平等的空间权利。通过国家和国际上或树立或解除对人员流动的"限制"的立法架构,流动性被禁止或被许可、被允准、被鼓励和合法化。边界的建立和与国际与国家安全相关的问题最为清楚地指出了可能被称为"流动性的政治学",这一政治的核心是对伦理和道德的关注。

还有人观察到,我们需要在公正、公平、正义和权利的视角下对地理流动性的思考方式加以批判性审视(Pirie 2009:21)。我们也需要考虑:负担不起旅行成本的人们(Hall 2005a);因战争、迫害、自然和或人为灾难而被迫旅行的人们;在这些情况下被迫停留的人们(Massey 1997;Cresswell 2001;Verstraete 2001)。

流动性研究倾向于假设旅游者的流动性是给定的,而通常将社会不公平视为存在于目的地国家之内。关注点在于旅游者要去向哪里,而不是旅游者和东道主社会经由他们国家与其他国家之间的关系可能正在促使的、以前促使的,或不经意导致的。旅游者流动性被地缘政治趋势、国家和国际上对正在发生和发展的冲突与合作的行政性反应所影响、限制和主导。地缘政治网络受到人员流动、资本流动、商品流动、消费行为以及对所有这些过程及其结果的程度各异的控制的影响。理解对流动性的微观控制过程和它们所发生于其中的宏观政治背景，有助于思考与流动性研究相关的伦理和道德问题。

本章带着这一系列问题开始：什么决定了跨国旅行的能力？谁是我们主要的国际旅行者？这些国际旅行者有多自由？对各种类别的国际旅行者的自由有什么限制？对流动性的治理告诉了我们当代社会世界的什么？这些问题对于国内旅游者是否也有意义？分配公正的道德框架可以怎样帮助我们理解关键的伦理问题？

二、非自愿不流动性和非自愿流动者

非自愿不流动性（involuntary immobility）这个术语日益被用来指称那些想要流动、但出于各种原因不能流动的人们。流动性的一个主要原因是劳动力迁移，全球而言，有些时期劳动力迁移流动相当普遍，特别是二十世纪五十年代至七十年代，其后又受到各个迁出国的限制，特别是二十世纪八十年代和九十年代。当进入受到限制，这不仅影响到那些想要迁移寻找工作的人，也影响到他们的母国，后者通常依赖汇款以援助家乡的发展（Carling 2002）。不能够流动，对很多人来说意味着失去了一条先辈们所赖以创造更好生活的策略（Carling 2002）。然而，当一些人非自愿地失去了流动性，另一些人则享受到越来越多的流动性，不断地将跨国关系维持下去。跨国迁移的人口流动通常引发连接其新旧社会的人际联系和网络，使得迁移者可以从地理差异中获益（Basch et al. 1994；Portes et al. 1999）。那些保持流动的人们与待在家乡不能流动的人们形成鲜明的对比——如卡林（Carling 2002）所观察的，流动性成为社会地位的一个重要标志，或如鲍曼（Bauman 1998：9）所称的，"流动性成为最有力量、最令人梦寐以求的区分社会阶层的因素"。贫穷、文盲和低下的教育水平是非自愿流动性的主要决定因素。除了因这些原因被拒绝进入以外，其他的障碍包括与新社会缺乏社会联系和家庭关系、高不可攀的费用、作为非法移民的旅行危险以及被遣送回国的风险（Carling 2002：30）。

据观察,与人道主义援助的流动相反,难民的流动相比而言受到更多的限制,国界对于资本比对流离失所的难民更为开放(Hyndman 1997:149)。如海因德曼(Hyndman 1997:153)所观察到的:

"旅行文化"可能更好地被描述为一种本质上具有政治性的权力关系,因为它取决于各种文化之间的一个等级系统,这个等级系统表明了权威与流动性上的不平等地位。

三、移民与旅游——共生关系

移居者和旅游者之间有什么区别?移居者或移民通常被定义为一个旅行到另一个国家并在这个国家定居一段时间的人(Lahav 2004:33 in Wonders 2006:67)。此外,移居者因为各种各样的原因而迁移,包括逃避贫困,希望改善其经济状况和幸福水平;逃避国内危险的社会;逃离自然灾害;或者与已经移民的家人重聚——这些只是众多原因中的一部分。如旺德斯(Wonders 2006:69)所观察的,移居者越来越被大众感知为有色人种、女人和穷人。相反,旅游者则一般被认为是富有的、白种的、男性的跨越边境者(Urry 1990)和为了愉悦和休闲而流动的人(Wonders 2006:69)。但是,虽然这些流动者被视为不同的群体,他们却有一种共生的关系——旅游作为一个产业产生的雇佣需求依赖于便宜的劳动力,通常是移民劳工,以建设、维持和再生产一个为旅游者提供服务的部门。

旅游产业对移民劳工的依赖几乎在所有工业化国家都是显著的。这种依赖也被种族歧视、阶层歧视和性别歧视关于谁"应该"承担非技术性和低工资工种的刻板印象所推动着。

(Sole and Parella 2003 in Wonders 2006:71)

谁建造酒店、整理床铺、打扫房间、提供娱乐、提供情感和性服务——都受到上述各种歧视及随之产生的结构性不平等的影响。移民和旅游者之间是一种依赖性的关系,但这两种类型的流动在抵达时、在边境上以及"安顿"之后所经历的状况都可能是非常不同的。在边境上,移民是一个潜在的威胁,相反地,旅游者则是受到欢迎的消费者。

四、公民身份、边界和安全

　　不管是为跨境组装而进行的零件运输、小商品贸易的利润、人员的迁移及其管辖，还是防御所害怕的入侵（人类"敌人"或自然物种和流动），边界给流动以许可，监控着流动，或制止流动。

（Cunningham and Heyman 2004：293）

　　流动性是有限制的，这一点没有比过境处更为明显的了。跨国旅行一定包含着跨越边界——这些分界线标志出了领土、领域治理、拥有不同规则和不同行为的族群及其地缘政治联盟（与旅行者自身可能相同或不同）的界限范围。在当代社会世界，这些边界通常是现代民族国家发展的结果。边界，作为政治性划定的分界线（Vila 2000；Cunningham and Heyman 2004：289），这样的空间有助于理解一系列与贸易、政治关系、权力和体现于不同的流动性享用权的社会不平等相关的过程，也有助于理解宏观地缘政治关注的问题是如何最终刻划于统制着领土划分的互相联系着的微观过程，为其所生产和再生产出来。

　　基于本章的目标，我们将集中讨论边界，作为现代民族国家为保卫其领土，并与其他领域相区隔而采用的主要控制机制，以及作为为管制流动性而使用的主要机制。国际边界的功能毫无疑问影响着旅游者体验（Timothy and Tosun 2003），而且对某些人来说，决定着这样的体验是永远不可能的。

　　边界管制反映了现代民族国家所面临的一个核心矛盾：保卫国家的希望和促进流动性的希望——这里，流动性对于贸易、旅游、外交、满足人权和共享信息都是必不可少的，但又有可能威胁国内安全。当安全成为问题，流动性会被限制或叫停，正是在这种情况下我们看到了对于"旅行自由应该是一项不可剥夺的人权"这一观念的挑战。当一个现代民族国家认为其国内安全受到威胁，迁徙自由总是会被限制——对跨国旅行者和国内居民都是如此。对于自由的例外条款庄严载入了《欧洲居留公约》（*European Convention on Establishment*）和《公民权利和政治权利国际公约》（*International Covenant on Civil and Political Rights*），国家安全、公共秩序、

第 3 章 流动性、边界和安全

公共卫生或道德可被援用为限制流动性的合法理由（Turack 1972：3-4 in Salter 2004：72）。

图 3.1 英国边界：边界是控制和管理流动性的机制。照片：**Brent Lovelock**。

  对于安全的担忧并非新情况，旅游和旅游产业也容易受到全球安全环境中各种变化的影响（Hall et al. 2003：2）。在世界某个地方发生的事件会引起其他地方的反应，因为各国会采取行动保护其边界。非典型性肺炎（SARS）的爆发经由航空服务而传播开来，也毫不意外地引发了旅行警告和健康安全或监管措施在某些边界的介入（Hall et al. 2003）。安全不仅仅是关于乘客的安全，战争所引发的不安全给作为产业的旅游业带来了非常真切的经济威胁。虽然安全并非一个新问题，但安全的本质在后冷战世界已经发生改变。如博尔丁所观察的：

  环境、社会和经济问题，以及治理这些问题的国际治理体系，现在都明确属于当代所理解的安全范畴。

           （Boulding 1991 in Hall et al. 2003：4）

图3.2 英国边界的标牌：对安全的关注进一步强化了由政治性划定的边界。
照片：Brent Lovelock。

管控边界——在包括火车站、道路、海港和机场的内部入境地点——是对一个国家物理性界线的保护。管控的功能在于区分谁是合适的、谁是不合适的，以及谁给这个国家的目标带来了最大的威胁（或助力）。保卫边界就是保有和维持足够的行政和物理力量以便将威胁者排除在外，防止那些被视为"不合适"者入境（Torpey 2000）。边界的可透性（permeability）程度极大地取决于边界两边社会文化相似性的程度（Donnan and Wilson 1999）。差异越大，通常边界的物理性区隔就越是显著。比如1949年建立的柏林墙建起了一道长达1393公里，由金属栅栏、布雷区、壕沟、狗群、观察哨、强力照明和混凝土墙构成的不可通行的边界（Ritter and Hajdu 1989 in Timothy and Tosun 2003：412）。

"9·11"之后的边界

二十世纪九十年代一些边界的开放令人预想我们正走向一个"无边界世界"，有人假设这与民族国家的终止有关（Cunningham 2009）。然而，尽管人员的流动不断增加，国际贸易和相关的资本流动不断强化，新的边界却迅速扩增。比如在苏联的范围内出现了15个新国家，东帝汶从印度尼西亚独立出来，厄立特里亚与埃塞俄比亚分离，独立运动持续进行（Cunningham 2009）。对贸易扩张的追求在某些边界引起了变化，使得某些流动更为自由，但"9·11"之后许多国家采取了反恐措施以保卫它们的边界，某些国家就是通过建造围墙，围墙有时还是带电的（比如博茨瓦纳和津巴布韦）（Cunningham 2009）。

在这一时期，世界上的大部分人口都是"非流动化"的，大多数民族国家的边界都保持了极大的韧性（Bauman 2002；Cunningham 2009）。各国边界依其经济区域划分或地缘政治重新进行了空间调整，对有些地方这意味着"流动"，对其他地方则意味"封闭"（Cunningham 2009：152）。许多国家限制了其公民的旅行机会，要么不发放出境签证，征收高额出境税，或者实行外汇兑换管制（Timothy and Tosun 2003），给旅行和流动性制造实实在在的障碍。此外，对边境和边境管制的感知也会抑制或鼓励旅行（Timothy 2001），边境本身也可能成为旅游吸引物（Timothy 1995），而对某些人而言，穿越边境的过程是令人紧张甚至令人恐惧的，他们紧张不安，即使并没有什么要隐藏的（Timothy and Tosun 2003）。

> 讨论问题：
> 1. 社会公正和分配公正强调公平，强调所有人的公平，而不只是对大多数人。对于流动性的不公平权利分配，其伦理含义是什么？
> 2. 开放边界能够保证公正吗？或者再分配公正应该包括将资源送到人们手中，而不是依赖人们向资源（资源丰富的国家）迁移吗？

五、管控机制——护照

对所有旅行者来说，护照和签证都是必要的旅行证件，但全球一致遵从对此类证件的需要却是新近的历史，并与工业资本主义的强化、大众旅游的兴起和战争相随而行（O'Byrne 2001）。历史上的护照和签证体系寻求的是保护持有者的旅行安全，通常是在战争期间。某些国家（法国、意大利和土耳其）日常性地发放签证开始于十九世纪，而英国和美国则直到第一次世界大战之后才开始发放护照（O'Byrne 2001）。获得英国护照是很困

图 3.3　美国—墨西哥国界：我们的世界并非毫无边界。照片：Dallen Timothy。

难的，通常只有富人才能成功获取（Pemble 1988 in O'Byrne 2001）。1915年，《领土保卫法案》（*Defence of the Realm Act*）要求英国公民出国旅行时必须持有护照；1958年的美国，持有护照的权利成为赋予每位美国公民的宪法性权利。有趣的是，如今，英国公民并没有拥有护照的权利（Nichol 1993 in O'Byrne 2001）。虽然对于护照有不同的定义，但它们有三个基本功能：（1）提供公民资格的证明；（2）身份证明；（3）提供跨越边境的通行之便——以及一旦跨越边境之后外交部门提供保护的一种保证。护照的另一个含义就是该旅行者将返回签发该护照的国家——他们的母国。如奥伯恩（O'Byrne 2001：403）所观察的：

> 护照也许是民族国家体系的最为重要的象征符号了。……（它）是一个政治性工具，因为它使得一个行政机构可以区分谁可以、谁不可以以其名义旅行。

但它不仅仅是民族国家的一个象征，也是允许或拒绝进入某个领土的一种机制。此外，护照不仅仅是旅行证件，也是身份识别的一种手段——因此也是一种监视工具。其中的伦理问题便集中在权力与控制、权利与公正（公平）上。

第3章 流动性、边界和安全

护照是确定一个人国籍的主要方式——并将该旅行者与他们国家的对外政策相匹配，依此确定该旅行者是敌是友——由此让一个国家可以将该旅行者分类为是安全还是危险、高风险还是低风险、欢迎还是不欢迎（Salter 2004）。护照对于流动性的重要性最为明显地体现于那些没有护照的人。非法移民可能是寻求工作机会的经济移民，或寻找一个安全之地的难民（政治避难）。非法移民没有护照或合适的旅行证件，因此就没有获官方认可归属某国、受其保护。相比起那些受欢迎的人，他们被认为是"高风险的"、不受欢迎的（Salter 2004）。坎宁安（Cunningham 2009）把这两类人称作"想要的迁徙者"（贸易商和永久性移民）和"不想要的流动者"（非法劳动者和恐怖分子）（Cunningham 2009：148）。旅游者可以说也是"想要的迁徙者"。跨越边境可能是非常不同的体验，取决于你被认为是哪种"流动"的一分子。如坎宁安（Cunningham 2004：345）所观察的：

> 在（边境）这种地方，你可能正好是流动性中某种错误的类别：你的旅行证件可能被认为是不合适的，你可能会被拉到一边做个人资料审查，你可能被监禁、采集指纹，或被逮捕和遣返——在这里，你可能被拒绝，不能向这个世界的资本和安全中心流动。

跨越边境的流动自由毫无例外地受到地缘政治和经济关系的影响。比如，欧盟护照并不是标准化的，有人认为这背后的原因是这样做使得成员国可以保持它们各种各样的国家认同（O'Byrne 2001：414）。欧盟被某些人援引认为是国家主权之终止的范例——但如鲁道夫（Rudolph 2005：8）所论，权威和选择权是主权的核心要素。一体化使得集体安全、资源汇集和更为自由流动的贸易成为可能。因此，与其说是缩减了国家主权，它更是一个最终增进国家繁荣（Mattli 2000：150 cited in Rudolph 2005：8）和最终巩固主权的折中的立场。

讨论问题：

伦理问题：边境限制和主权保护。

1. 保护国家认同的愿望能否证明在边界上对人们的排斥是有理的？
2. 资本的流动是否受到同样的限制？
3. 关于人权，与流动性相联系的人权是否受到关注？权利是否能平等地适用？

六、监视——合法与非法的流动性

如我们所见的，并非所有国家都将护照作为一种公民权利进行发放。现代护照证件通常将个人的照片与一个独一无二的代码相联。一本护照仅供一个人使用，包含生物特征信息，并应该能够通过出生日期、出生地点、签名、安全特征以及为签证和通行许可所预留的空间识别持有者。这个证件也确保持有者是签发该护照国家的公民，且能够返回该国。护照通常有签证作为补充——签证通常聚焦该次访行的原因，并使得目的地国家可以在访客接近边界之前施加控制，并设定进入该国的基本要求。

1985年国际民航组织（International Civil Aviation Organization，ICAO）引入了机器可读护照（Machine-Readable Passport，MRP），使得护照信息与其他记录联系起来（Salter 2004）。MRP在发达国家广为使用，但很多发展中国家尚未使用。MRP使用者互相交换被盗护照和"已知的危险旅行者"的信息。通过仅仅使用证件手段并不总是能发现危险的旅行者——边境管制官员也使用侧写（profiling）来找出可能具有"高风险"的人物。这个程序不仅因为其失误受到了批判——这个检查程序未能辨认出应该为"9·11"袭击负责的两名飞行员——而且也因为基于这些侧写对人所做的假设。假冒护照给边境控制带来了实实在在的挑战。虽然所有国家都管制其边境，但它们是可穿透的，这种可穿透性对人权和自由提出了问题。为了某些人将边境控制得不可穿透，这是在冒着剥夺其他人权利的风险。

"9·11"从边境检查转向监视

"9·11"恐怖主义行为对所有旅行者都有影响，许多国家都加强了对其边境的强制措施，提高了安全措施水平（Cunningham 2009）。美国创建了国土安全局，以应对国内安全相关情报工作的协调不足。此外，2002年《加强边境安全和签证改革法案》（*Enhanced Border Security and Visa Reform Act*）使得边境去地方化（delocalise）（Bigo 2002）；如此一来，现在身份鉴别和监控在一个人到达边界之前就可以实施，而在该人进入美国之后也能够继续实施（Salter 2004）。

第3章 流动性、边界和安全

伴随着去地方化过程的，是由对旅行者的检查转向对流动人口的监视（Salter 2004）。布什政府执政时，建立一个"智慧边境"成为其目标——在智慧边境的框架里，边境安全部门能够使用一个经协调的数据库和新的技术来提升安全水平。就护照而言，这意味着引入一种新的电子化图像，取代传统的被层压贴膜所覆盖的照片（Salter 2004）。这种图像技术的使用意味着美国护照更加安全了，但不能在美国以外发放（Reeker 2002 in Salter 2004）。签证也被制作得更难以破坏，边境上的管理者可以比对签证上的电子化图像与他们眼前的人。虽然这种做法解决了造假问题，但"9·11"恐怖主义分子是使用合法有效的护照进入美国的。那么这里的问题便是情报工作了，正是围绕着情报工作的改善，引发了对于自由、隐私和流动性的关注。然而这里的国家安全优先于旅行或隐私的权利。

经授权，由国土安全局将信息整合到一个数据库系统，这便是所知的喀迈拉（Chimera）系统。在对旅行者的检查方面，美国访客和移民状态指示技术系统（the US Visitor and Immigrant Status Indication Technology System，US-VISIT）可以对被认为是"高度风险"的对象进行更为深入的检查。情报判断标准指认谁可能是高风险的人（当他们符合某一描述时），"高风险"旅行者的指纹便被提取，与一个数据库中的已知犯罪分子和恐怖主义分子进行比对。已确定有一系列的风险类别，包括与外交政策和国内边界相联系的国家类别（Salter 2004）。最初，高风险国家包括伊朗、伊拉克、利比亚、苏丹、叙利亚和也门；后来这个名单又被扩展到包括孟加拉国、埃及、印度尼西亚、约旦或科威特、巴基斯坦、沙特阿拉伯、阿富汗、阿尔及利亚、巴林、厄立特里亚、黎巴嫩、摩洛哥、朝鲜、阿曼、卡塔尔、索马里、突尼斯、阿拉伯联合酋长国（Salter 2004：77-78）。出生于1978年以前、曾经到过美国的人受到特别的注意。符合这些条件的人受到严格的检查，被当作危险人物来对待。如果获准入境，对那些被认为是"高风险"者的监视持续进行，他们被要求报告其地址、教育和雇佣状态的变化，在一个月和一年后亲自到安全和调查服务局（Bureau of Security and Investigative Services，BSIS）报告，同时被面谈，并比对其先前采集的指纹和照片（Salter 2004：78-79）。

这些措施标志着对某些人的检查的增加——但同样重要的是，对所有人的监视都加强了，因为这些措施不再只是施行于边境，在国土之内也是如此了。侧写依赖于怀疑，而怀疑又是转而基于国民统计特征、社会学工作和未经证实的假设。侧写是宽泛的，缺乏精确性（Salter 2004）。"9·11"之后的此类各种措施不只是在美国，也在欧洲，甚至可以说其他发达国家制造了所谓的"不安全的循环"（Bigo 2002；Salter 2004）。重要的是，这个不安全的循环导致了警察力量的增加、领土内部的监视的加强、更多层次行政控制的引入（Salter 2004：78）；在这里，流动者最终不仅仅是处在政府代理人的监视之下，也学会了监控他们自己（Lyon 2002，2003；Bigo 2002；Salter 2004）。更进一步，监视责任落到了公民身上，他们被期望报告"非法移民"或那些看起来可疑的人物。在美国，社区监视意味着"加入反恐战争"，国土安全局长准备了一份《公民防范指南》（*Citizens' Preparedness Guide*），鼓励公民自己进行筛查和侧写（Salter 2004：79）。

自"9·11"以来，在各大机场关于控制的政治强化了，挑战着公众对于机场作为有趣而自由、简单地只是帮助旅行之地的想象。在"后9·11"时代，保护这些出发与到达的地方挑战着以前认为机场是"非空间"（non-spaces）、某种形式上缺乏社会意义、空洞、没有地方性、流动空间的构想（Auge 1995；Adey 2004）。确实，各种监视措施控制着、确保着不均衡的流动。

七、移动中的人体——边境、生物测定学和安全

自从二十世纪六十年代末期大规模航空运输发展起来，机场就采用了一系列的技术手段来洞察旅客流动性，现在的运作是越来越自动化了，关注的不仅是管理效率，也包括安全。早期监测旅客在不同设施之间行走时间的尝试包括穿孔卡片的使用，各种标记点可以用来追踪旅客在各个站点之间和站点内的流动。这种方法被称为关键路径管理（critical path management），使得工程师们集中于机场运作需要注意的地方，促进更有效

第 3 章 流动性、边界和安全

图 3.4 LAX 客户满意度调查工具：安全已被认识到是旅游者体验的一部分。
照片：**Brent Lovelock**。

率的管理。旅客在这种监视方式下，是一个移动着的身体——去个人化了，一般化了。然而，当这种早期技术使得身体消失——或者至少是让它成为许多个当中的一个而已——较新的监视技术则将身体带回来了。航空恐怖主义促使纸面证据以外的各种身份鉴别方式越来越受到追捧和发展。身体"成为身份的稳定表征"（Adey 2004：1369）。抓取人类身体特征的各种技术被称为生物测定学——能够扫描眼睛、手和面部以及整个人体，从而揭示一个人的身份（Adey 2004）。这些技术可以记录人体所呈现的样子，将这一数据与安全计算机系统上的数据相比对，便可以确认旅行的真实性和合法性。

  这些技术并不是中性的，而是一种社会控制技术，能够决定某人能不能够合法地旅行。生物测定技术被用来管控流动性和处理安全问题——既针对恐怖主义，也针对疾病的扩散。如阿穆尔（Amoore 2006）所观察的,"9·11"所激发的反恐战争催生了一系列的监控策略,边境管理日渐转向电子技术和数据共享,人的身体成为一个"生物测定边境"(biometric border),从中可以读取出来谁是安全的、谁是不安全的。商务旅行者和休闲旅行者是安全的,而那些可能是恐怖主义分子、非法交易者、移民或者病人则是不安全的。

实际上,生物测定边境是最优质的便携式边境,为移动着的人体所携带着。与此同时,它又被用来在国际边界、机场、火车站、地铁或城市道路上、办公室或者社区里区分人体。

(Amoore 2006:339)

在 SARS 爆发期间,热成像技术被新加坡机场用来扫描人体温度,以发现急性呼吸综合征的迹象。这些技术通常基于为旅行者中的大多数人创造更安全的旅行而合理化了——实用主义伦理学——然而这样的论证通常掩盖了围绕着流动性之管控的边境伦理和道德问题,以及哪些人、怎么样被决定为是"好的"或"坏的"旅行者,流动性是如何为"好的"旅行者加速了,又是如何在"坏的"旅行者那里减缓(Adey 2004)或干脆叫停了。

阿迪(Adey 2004)强调了这些技术的发展和应用的新自由主义基础。他用 Privium 生物测定计划——在阿姆斯特丹史基浦机场用于对"已知的旅行者"做视网膜扫描的一项技术作为例子,展示了这些技术的使用如何起到社会标记的作用。已知的旅行者是频繁旅行者,这个例子中的生物测定法被营销为一个可以处理各种旅行挫折(延误、等待、停车等)的工具。通过 Privium,"已知旅行者"成为一位 Previum 成员——支付一笔小额费用,做一次简短访谈;接受扫描,然后就可以晚些办理登机、车停得更近、使用贵宾休息室、享受更快捷的出入境和安检程序,并走便捷通道直接登机。也就是说,这个成员资格以及接受这种形式的生物技术身份鉴别帮助人成为享有特权的旅行者——或者成为"活跃精英"(kinetic elite)的一员(Wolf 2000,Graham and Marvin 2004,both cited in Adey 2004:1371)。然后,享有特权的精英迅速地通过机场,而非成员——未知的旅行者——"其他人"——则在筛查和起飞前程序中面对机场工作人员全面的、较慢的留意。

虽然在生物测定方面各边境有所不同,对那些经常跨越美国—墨西哥

第 3 章 流动性、边界和安全

边境的人来说,生物测定标记并不因为一个成员资格和快捷跟踪就结束了;它可能远超于此,如果智能卡从试验变成日常的话。这些智能卡内含无线射频识别技术,持有者在美国境内可被追踪(Amoore 2006)。生物测定边界有不同类型,但它们都依赖于这一理念:生物测定技术提供了一个准确无误地、科学地证明个人身份的方法。但有趣的是,这些生物数据总是与其他数据相结合的,后者被假设是有着相同的合理性,而且谁受欢迎、谁不受欢迎保持不变——许多不同的社会群体被合在一起。如阿穆尔(Amoore 2006:345)对 US-VISIT 边境控制项目的观察,有些人成为"受信任的旅行者",有些人则无可挽回地被标记为"其他"。

在有着越来越多旅客的机场开展有效监视,这一挑战是通过技术创新和人流管理来应对的。在许多机场旅客流都受到控制,他们被强制走两条道,一条是公开的"阳光通道",另一条则是隐秘的,官方机构通过类别、定义和外国语言控制的"奥德赛"(odyssey)(Pascoe 2001:202 in Adey 2004:1372)。走过这条隐秘通道时,旅客们便被侧写了。正是个人信息可被分享的便利性引起了伦理和道德的关注,其通常从人权的角度表达出来。各种各样的侧写是如何被构造出来的,这已经受到质疑,比如这些侧写是否歧视某些特定旅客?或者这些侧写是否歧视某些特定国家国民?支持侧写及使用技术获利的言辞强调它是"技术性的"而非人为判断,但显然这些技术并不是在社会之外的,那些帮助侧写的程序也不是——我们可以直截了当称其为人手的延伸。

侧写被以与生物测定监视非常相似的方式提倡、辩护。人体受到了不同的对待,活跃精英快速通过——他们是肉体化了(embodied);那些未知者,活跃的下层社会,则非肉体化了,缓慢地挪动,最后坐在一个更小些的座位里(Adey 2004)。速度成为一个新的成功测量指标,对那些承担不起成员资格的人来说,流动性被减缓了(Adey 2004)。

侧写是为了评估风险,现在模拟模型越来越多地被用来涉及机场的处理设施。虽然这是为了促进流动,减少排队,但也是为了零售商店促进购物(Lemos 1997 cited in Adey 2004)。"监视模拟显然也有益于机场经济学"(Adey 2004:1375)。机场显然不是平等流动的地方:旅客被置于权力、控制、与一个更宽广的技术网络相连接的各种形式的监视之下，就是为了将他们区分为或低或高的风险。在这些空间里，以温顺的方式呈现自己是很重要的，或者如萨尔曼·拉什迪（Salman Rushdie）描述他自己跨越边境的经历：

> 在边境上我们的自由被剥夺了——我们希望这只是暂时的——我们进入了控制的世界……这些人，监视着这些队伍，必须告诉我们我们是谁。我们必须保持顺从、听话……在这里，我们必须显得自己简单、一目了然：我这是在回家路上；我这是在出差；我这是去找我的女朋友……我是单一维度的。真的。我很简单。让我过去。
>
> （Rushdie 2002：412 cited in Adey 2004：1377）

制造侧写的那些人并不受到检查——他们为了区分他人而建立的侧写也不受检查——只有旅行者被仔细检查，他们或者依从，或者不。

案例研究：旅游、签证与流动性的地缘政治学："现在我们都是恐怖活动嫌疑人"——C.迈克尔·霍尔（C. Michael Hall）

对于在机场花太多时间的人来说，"9·11"袭击达成了的一件事情，便是让嫌疑普遍化了；恐惧与不安现在变成了机会均等的雇主。世界是平的，高高在上的全球理论家们并不总是承认这一点的种种体现；目前，即使是来自世界上物质富裕地区的人们——面色红润的男人，穿着普拉达大衣的女人——都可能被拉到一边进入被不切实际地称为"随机抽查"的程序（The Guardian 2011）。

曾经，世界上的富裕地区被看作是相对安全的、被保护好的，而进入贫穷地区则太危险了。现在，对纽约和华盛顿的恐怖主义袭击的逻辑完全颠覆了这一点。如果有什么区别的话，那就是那些富裕地区反而更觉动荡不安了。曾经，官员们会留意像我这样的人——来自贫乏的国家，穿着旧牛仔裤，手持更繁荣国家的护照——看起来很可能是麻烦制造者；现在，他们认识到即使是出身良好、穿着得体的人也未必总是心怀善意（Iyer 2011）。

尽管国际旅行被描绘成一种"自由"，但现实上并不存在旅行到另一个

第 3 章　流动性、边界和安全

国家的国际性权利。在某些国家，公民有权利旅行，从而可以出发，但他们可能并没有权利进入他们计划中的目的地（Coles and Hall 2011）。某些司法管辖区宣示了旅行者具有的权利，然而国际法很少明确提及迁移的权利。虽然很多民族国家达成了双边和多边的协定，旨在促进各方之间的流动性，但对入境的控制权依然掌握在民族国家手中（Hall 2008a）。的确，依据国际公约，比如《世界人权宣言》，并不存在进入另一个国家的权利。甚至连建议性的《世界人权宣言》也只是要求离开和进入自己国家的权利和在公民自己国家里迁徙的权利。第 13 条规定：

1. 人人在各国境内有权自由迁徙和居住。

2. 人人有权离开任何国家，包括其该国在内，并有权返回他的国家（联合国 1948）。

国际机构如联合国世界旅游组织（UNWTO）的宣言，如《全球旅游业道德守则》或者《旅游权利法案和旅游者守则》，在国际法中影响很小，它们一般被定性为非约束性的"软法"（Hall 2008a, 2008b）。

公民身份也并不自动赋予离开或进入的权利。其实，公民身份这个概念在旅行和旅游研究中基本上被当作是理所当然的（Coles 2008a, 2008b; Coles and Hall 2011）。正统的解读，尤其是在公共政策中所使用的，集中关注赋予每个公民的权利与责任的双面性。权利与责任既赋予社会群体和公民成员，也为他们所期求。公民对群体履行其责任，作为交换，他们有权进行某些活动。这个基于国家的观点构成了理解大部分个人跨境迁徙的基础。简单来说，没有护照或身份证的话，旅行是不被批准的。护照或身份证的性质决定了需要哪些其他入境或出境许可（比如签证、入境许可证、费用），或者不需要，视情况而定（Coles 2008a）。这样，关于管控与入境权利的复杂的地理形势在决定旅行和旅游的全球分布方面扮演着很重要的角色（Coles and Hall 2011）。如诺伊迈尔（Neumayer 2006）所描述的，"通往国外各地的权利是不平等的"。可以说，"9·11"之后的世界，许多国家越来越关注安全及不想要的移民和个人，这种权利也就变得更加不平等了。然而，这种状况其实引发了一系列的矛盾和问题，因为在现今的全球化中，通过自由贸易协定商品和服务的自由流动都增加了，而与此同时，各个国家却希望保持或增加它们对进入国境者实行严格控制的能力。二十世纪九十年代中期萨森（Sassen 1996）就已经表示关切：严格的边境控制与将人权和公民权利扩展到居民移民背道而驰。最近，克莱门斯（Clemens 2011a，2011b）论证了即便只是温和地放松对人们跨国流动的限制：

> 相比完全废除现存所有针对货物贸易的政策障碍——每个关税、每个配额——加上废除每一个对资本自由流动的限制，会带来更大的全球经济繁荣。……许多人都希望永久性地迁移到另一个国家——各国最贫穷的地方超过40%的成年人都希望如此。但他们中的大多数人要么不能获得合法迁移的资格，要么面临着长达十年以上的等候者名单。那些巨大的城墙是人创造出来的，但造成的不仅是对人的伤害：它们牵制了全球经济，使得全世界损失差不多一半的潜在经济产出。
>
> （Clemens 2011b）

限制个人从一个国家去到另一个国家可能是出于各种原因，包括（Neumayer 2006；Coles and Hall 2011；Hall 2011；Hall and James 2011）：

- 安全，包括遏制犯罪与恐怖主义活动。
- 外交政策，亦即使用签证限制和费用发送外交信号。
- 移民政策，亦即旨在确保个人通过官方渠道来设法移民，并符合期望的标准。这有可能是出于经济原因，或是对社会与民族-文化稳定性的考虑。
- 筹款——签证费用可以作为筹款措施。
- 健康与环境原因，亦即对疾病或病原体扩散的考虑。

即使是在欧盟，申根协定的建立虽然给欧盟内部的国际旅行带来了更大的便利，但可以说代价就是对前来欧洲的签证的限制更多了。面临所有申根国家统一签证限制的国家，数目从初始清单中的73个，增加到1995年规定的108个，再到2001年规定的132个（Neumayer 2006）。乌克兰前总统列昂尼德·库奇马（Leonid Kuchma）警告，申根签证规则将"用纸幕取代以前的铁幕，虽然有所不同、更加人性，但一样危险"（Lavenex and Ucarer 2004：433f. in Neumayer 2006）。的确，在欧洲"内部人"更大更便利的迁徙自由的达成是以降低那些来自需要入境签证的国家的"外部人"的流动性为代价的。这一状况激发了评论者们对创造一个"堡垒欧洲"的

第 3 章 流动性、边界和安全

努力加以讨论（Gordon 1989；Ireland 1991；Richmond 1993；Mitchell and Russell 1994）。但是，这样的描述同样可以适用于"后 9·11"时代对美国的感知。

2009 年到访美国的国际旅游者比 2000 年减少了 240 万。据美国旅游协会的一位高级副总裁杰夫·弗里曼（Geoff Freeman）称，"'堡垒美国'的感知已经扎下根来，部分是因为我们并没有出去告诉人们我们想要他们的生意……所以我们"9·11"之后每年来自海外的旅行者越来越少了"（引自 Mann 2010）。为了增加到访美国的国际游客的数字，2010 年美国总统奥巴马签署了《旅游促进法》，使之成为法律。该法在主要为来自 36 个国家的旅游者和短期逗留商务旅行者使用的"免签证"计划（'visa waiver' program，VMP）下增加了一项收费（自 2011 年 9 月起），目的在于为"来到美国"旅游宣传活动筹集资金。为了获得免签证资格，寻求进入美国的旅行者必须是美国国土安全局局长与国务卿协商后指定为"免签计划国家"的公民。指定免签计划国家的标准强调护照安全性、非常低的非移民签证拒绝比率、持续遵守美国移民法律。有两个国家，即阿根廷和乌拉圭，分别于 2002 年和 2003 年被移出该计划，因为美国方面担心由于经济动荡可能有更多的移民过期居留者来自这些国家。该计划所有参与国都必须为美国公民提供互免签证的旅行。

然而，想要参与免签证计划的旅行者面临着另外一系列的要求，包括：

● 所有旅行者都必须拥有个人护照。为符合该计划，儿童不能附加于父母的护照上。

● 2006 年 10 月 26 日之后签发或更新的护照必须是生物机器可读护照。

● 想要使用免签证计划的旅行者需要在出发前往美国之前在网上填写 I–94W 表格［即旅行授权电子系统（ESTA）］，但最好是提前至少 72 小时。对于入境航班的乘客，这是强制性的；没有该表格的话，乘客将被拒绝登上前往美国入境口岸的飞机或轮船。

但是，即使有 ESTA 的批准，也不保证能够在入境口岸进入美国。ESAT 批准只是授权旅行者在免签证计划下登上开往美国的运输工具。是否允许入境取决于海关和边防部门。的确，抵达美国边境管控处之后，会出现一系列新的问题，不只是跟入境相关，也涉及可进入性的物质前提，包括互联网的接入和成本。

针对来自14个2010年1月美国政府认为是安全风险的国家乘飞机抵达的乘客，美国引入了新的筛查规则。来自以下国家的航班受到集中关注：古巴、伊朗、苏丹和叙利亚（这些国家被美国分类为支持恐怖主义的国家），以下国家要接受强化筛查：阿富汗、阿尔及利亚、伊拉克、黎巴嫩、利比亚、尼日利亚、沙特阿拉伯、索马里和也门。据阿拉伯裔美国人反歧视委员会的纳瓦尔·舒拉（Nawar Shora）称，"这是极端而非常危险的。突然间人们就被贴上与恐怖主义相关联的标签，仅仅是因为他们所来自的国家"（引自2010年BBC新闻）。然而，这种状况可以说也反映了"后9·11"时代穆斯林移民和阿拉伯裔美国人所面临的更为广泛的一些问题（《卫报》，2011年）。此外，作为新的指导方针的一部分，来自其他任一国家的乘客也可能被随机抽查。

因此，我们现在处在关于流动性的一种新型地缘政治之中，对流动性的管控——旅游是其中的重要组成部分——已经从根本上成为一种地缘政治运作，包含着空间战略的规划与领土的安排，以保护边界的完整性、控制感知到的外部威胁（Collinson 1996；Nagel 2002）。至于旅游，这应用于国家和个人层面。然而，这种应用是不平衡的，引发了关于身份、跨国主义、公民身份和权利的种种问题。最终结果是旅游者在边境之前、之上、之后的所经历的各种流动性限制的地理差异，与关于旅行的主流社会话语中一致呈现的旅游者自由和可进入性形成了鲜明对比。

思考问题

1. 人们是否有权作为旅游者旅行到另一个国家？
2. 基于跨国旅游者的国籍、宗教和语言对他们进行安全侧写是否正确？

相关资料

Coles, T.E. (2008a) 'Citizenship and the state: hidden features in the internationalisation of tourism', in Coles, T.E. and Hall, C.M. (eds.) *International Business and Tourism: Global Issues, Contemporary Interactions*, London: Routledge, pp. 55–69.

Coles, T.E. and Hall, C.M. (2011) 'Rights and regulation of travel and tourism mobility', *Journal of Policy Research in Tourism, Leisure and Events,* 3(3): 209–23.

Hall, C.M. (2008a) 'Regulating the international trade in tourism services',, in Coles, T.E. and Hall, C.M. (eds.) *International Business and Tourism: Global Issues, Contemporary Interactions,* London: Routledge, pp. 33–54.

参考文献

BBC News (2010) Tougher US air screening for 'security-risk' countries. 4 January, Online. Available at <http://news.bbc.co.Uk/2/hi/8438803.stm> (Accessed 3 September 2011).

Clemens, M.A. (2011a) 'Economics and emigration: Trillion-dollar bills on the sidewalk?', *Journal of Economic Perspectives,* 25(3): 83–106.

—— (2011b) 'A world without borders makes economic sense. Allowing workers to change location significantly enriches the world economy. So why do we erect barriers to human mobility?' Povertymatters blog, guardian.co.uk, 5 September 2011, Online. Available at <http://www.guardian.co.uk/global-development/poverty-matters/2011/sep/05/migration-increase-global-economy> (Accessed 5 September 2011).

Coles, T.E. (2008b) 'Telling tales of tourism, mobility and citizenship in the 2004 EU Enlargement', in Burns, P.M. and Novelli, M. (eds) *Tourism and Mobilities: Local- Global Connections,* Wallingford: CABI, pp. 65–80.

Collinson, S. (1996) 'Visa requirements, carrier sanctions, "safe third countries" and "readmission": the development of an asylum "buffer zone" in Europe', *Transactions of the Institute of British Geographers,* 21: 76–90.

Gordon, P (1989) *Fortress Europe? The meaning of* 1992, London: Runnymede Trust.

Hall, C.M. (2008b) Tourism Planning: Policies, Processes and Relationships (2nd edn), Harlow: Prentice Hall.

—— (2011) 'Biosecurity, tourism and mobility: Institutional arrangements for managing biological invasions', *Journal of Policy Research in Tourism, Leisure and Events,* 3(3): 256–80.

Hall, C.M. and James, M. (2011) 'Medical tourism: emerging biosecurity and nosoco-mial issues', *Tourism Review,* 66(1/2): 118–26.

Ireland. P. (1991) 'Facing the true fortress Europe: immigrants and politics in the EC', *Journal of Common Market Studies,* 24: 457–79.

Iyer, P (2011) 'We're all terror suspects now', *The Guardian,* 28 August. Online. Available at <http://www.guardian.co.uk/world/2011/aug/28/we-all-terror-suspects-now> (Accessed 29 August 2011).

Lavenex, S. and Uçarer, E.M. (2004) 'The external dimension of Europeanization- the case of immigration policies', *Cooperation and Conflict,* 39: 417–43.

Mann, S. (2010) 'US kicks off tourist drive with entry fee', *The Age,* March 9.

Mitchell, M. and Russell, D. (1994) 'Race, citizenship and "fortress Europe"', in Brown, P and Crompton, R. (eds) *Economic Restructuring and Social Exclusion,* London: Routledge, pp. 136–56.

Nagel, C.R. (2002) 'Geopolitics by another name: immigration and the politics of assimilation', *Political Geography,* 21: 971–87.

Neumayer, E. (2006) 'Unequal access to foreign spaces: How states use visa restrictions to regulate mobility in a globalised world', *Transactions of the British Institute of Geographers,* 31(1): 72–84.

Richmond, A. (1993) '0pen and closed borders: Is the new world order creating a system of global apartheid?' *Refuge,* 13(1): 6–10.

Sassen, S. (1996) *Losing Control? Sovereignty in an Age of Globalization,* New York: Columbia University Press.

The Guardian (2011) 'After 9/11: "You no longer have rights" – extract' *The Guardian,* 2 September. Available at <http://www.guardian.co.uk/world/2011/sep/02/after- 9-11-muslim-arab-american-stories> (Accessed 3 September 2011).

United Nations (1948) *Universal Declaration of Human Rights,* Adopted and proclaimed by General Assembly resolution 217 A (III) of 10 December 1948. New York: United Nations. Available at <http://daccessdds.un.org/doc/RESOLUTION/GEN/ NR0/043/88/IMG/NR004388.pdf?0penElement> (Accessed 3 September 2011).

本章回顾

本章探讨了对流动性的研究。旅游常常被描写成一个有趣的活动，将通行的自由与漫游的权利付诸实践。显然，流动性对很多人而言并非一个可选项；显著的全球不平等使得很多人不能迁移，而作为饥荒、战争和非人道行为的结果，很多人又被迫迁移。"后9·11"时代的安全涉及重要的伦理问题，包括针对所有人的越来越多的监视——不只是对旅行者；由于监控技术需要扫描人体以确认其身份，个人的边界越来越模糊；依赖文化与种族成见而进行的侧写可能，而且确实导致不平等的再生产和对一些人人权的侵犯。毫无例外，保护边界、采用各种技术达到这一目标，以大多数人利益的名义被合理化了（实用主义的伦理框架）。

关键术语小结

生物测定技术（biometric technologies）：可用于扫描人体的各种技术——能够扫描眼睛、手部和面部。这些技术使得政府可以记录人体，并在边境控制点调取这些记录。它们越来越被认为可以提供"真实的"和"绝对的"身份证明。这些技术也可以被用来检测疾病，比如热成像技术在SARS爆发期间的应用。

生物安全（biosecurity）：保护一个国家、地区或地方的经济、环境和/或人类健康免受有害生物之影响（Hall 2005b）。在边界及人们入境之后管控此类威胁是旅游业的重大问题。

机器可读护照（Machine-Readable Passport，MRP）："9·11"后所研发的护照，由国际民航组织引入，使护照信息与其他情报记录相联系。

喀迈拉（Chimera）：美国国土安全部建立的一个数据库系统。该系统将数个情报数据库整合为一个系统。

思考问题

1. 对流动性的控制如何导致了不公平的全球关系？
2. 在边界加强监视的正当化理由是：只要目的正当，就可以不择手段。是这样吗？
3. 谁的"情报"正被依赖？在所有边界都可使用吗？
4. 为了获得安全，人们准备放弃多少自由？
5. 人权最终如何得到保护？
6. 关于流动性与边界安全，采用实用主义的伦理框架有什么样的后果？

练习情境

1. 旅游者来到一个缺乏适当污水处理系统的地方，可能为解决这一问题而购买瓶装水——而度假区周边的社区则因为污染而面对着受到污染的井、危险的海滩和衰减的渔业资源。

2. 旅游者来到他们的目的地，已经接种了疫苗，还携带着能够保护他们免受当地疾病之害的处方药品——而附近村庄里的儿童和成年人却死于医疗护理不足和疾病，其疾病通过接种疫苗便能得到免除。

3. 一个旅游者正在边界，留意到他的旅友被叫到了一边。他们本来是一起度假的，二人都持有美国护照，都为同一个组织工作，都将在旅游地度过相同的时间。他的朋友有个阿拉伯名字，在美国出生，是美国公民。他的朋友被扣留了，后依据为防止恐怖分子的进入而作出的特别规定被遣返了。

应用舒曼的框架（第2章）分析以上每个情境，指出关键的伦理问题。

注释

a 安东尼娅·里奇（Antonia Ridge）词，弗里德里克·W. 莫勒（Friedrich W. Moller）曲。

b 《站住！谁会去哪里？》，罗伯特·欧文·霍华德（Robert Ervin Howard）著，首次发表于《黄夹克》（*The Yellow Jacket*），1924年9

月 24 日。

c 引自圣安布罗斯（Saint Ambrose，约 330—397）的谚语。圣安布罗斯是米兰大主教，四世纪影响力最大的神职人员之一。

参考文献

Adey, P. (2004) 'Surveillance at the airport: surveilling mobility/mobilising surveillance', *Environment and Planning*, 36: 1365–80.

Amoore, L. (2006) 'Biometric borders: governing mobilities in the war on terror', *Political Geography*, 25: 336–51.

Auge, M. (1995) *Non-Places: Introduction to an Anthropology of Supermodernity*, London: Verso.

Basch, L., Schiller, N.G. and Blanc, C.S. (1994) *Nations Unbound: Transnational Projects, Postcolonial Predicaments and Deterritorialized Nation States*, Amsterdam: Gordon and Breach.

Bauman, Z. (1998) *Globalization: The Human Consequences*, Cambridge: Polity Press.

— (2002) *Society Under Siege*, Cambridge: Polity Press.

Bigo, D. (2002) 'Security and immigration: toward a critique of the governmentality of unease', *Alternatives*, 27: 63–92.

Blomley, N.K. (1994) 'Mobility, empowerment and the rights revolution', *Political Geography*, 13(5): 407–22.

Carling, J. (2002) 'Migration in the age of involuntary immobility: theoretical reflections and Cape Verdean experiences', *Journal of Ethnic and Migration Studies*, 28(1): 5–42.

Castells, M. (1996) *The Rise of the Network Society: The Information Age: Economy, Society and Culture*, Hoboken, NJ: John Wiley.

Clifford, J. (1997) *Routes: Travel and Translation in the late 20th Century*, Cambridge, MA: Harvard University Press.

Cresswell, T. (2001) 'The production of mobilities' *New Formations*, 43: 3–25.

— (2006) *On the Move: Mobility in the Western World,* London: Routledge.

Cunningham, H. (2004) 'Nations rebound? Crossing borders in a gated globe', *Identities: Global Studies in Culture and Power*, 11: 329–50.

— (2009) 'Mobilities and enclosures after Seatle: politicizing borders in a "Borderless" world', *Dialectical Anthropology*, 33: 143–56.

Cunningham, H. and Heyman, J. (2004) 'Introduction: mobilities and enclosures at borders', *Identities: Global Studies in Culture and Power*, 11: 289–302.

Donnan, H., and Wilson, T.M. (1999) *Borders: Frontiers of Identity, Nation and State*, Oxford: Berg.

Friedman, J. and Randeria, S. (eds) (2004) *Worlds on the Move: Globalisation, Migration and Cultural Security,* London: Tauris.

Hall, C.M. (2005a) *Tourism: Rethinking the Social Science of Mobility,* Harlow: Pearson.

— (2005b) 'Biosecurity and wine tourism', *Tourism Management*, 26: 931–8.

— (2010) 'Equal access for all? Regulative mechanisms, inequality and tourism mobility', in Stroma Cole and Nigel Morgan (eds) *Tourism and Inequality: Problems and Prospects*, Wallingford: CABI.

Hall, C.M., Dallen, J.T. and Duval, D.T. (2003) 'Security and tourism: towards a new understand-ing?', *Journal of Travel and Tourism Marketing*, 15(2&3): 1–18.

Hannerz, U. (1997) 'Borders', *International Social Science Journal*, 49(154): 537–548.

Hyndman, J. (1997) 'Border crossings', *Antipode*, 29(2): 149–76.

Lahav, G. (2004) *Immigration and Politics in the New Europe*, Cambridge: Cambridge University Press.

Lyon, D. (2001) *Surveillance Society: Monitoring Everyday Life,* New York: Routledge.

—(2003) *Surveillance After Sept. 11,* Malden, MA: Polity.

Massey, D. (1997) 'A global sense of place', in Bames, T. and Gregory, D. (eds)

Reading Human Geography, London: Arnold, pp. 315–23.

O'Byme, D. (2001) 'On passports and border controls', *Annals of Tourism*, 28(2): 399–416.

Pirie, G.H. (2009) 'Virtuous mobility: moralising vs measuring geographic mobility in Africa', *Afrika Focus*, 22: 21–35.

Portes, A., Guamizo, L.E. and Landolt, P. (1999) 'The study of transnationalism: pitfalls and promise of an emergent research field', *Ethnic and Racial Studies*, 22(2): 217–37.

Rudolph, C. (2005) 'Sovereignty and territorial borders in a global age', *International Studies Review*, 7: 1–20.

Salter, M. (2004) 'Passports, mobility, and security: how smart can the border be?', *International Studies Perspectives*, 5(1): 71–91.

Sole, C., and Parella, S. (2003) 'The labor market and racial discrimination in Spain', *Journal of Ethnic and Migrant Studies*, 29(1): 121–41.

Susser, I. (1996) 'The construction of poverty and homelessness in US cities', *Annual Review of Anthropology*, 25: 411–35.

Timothy, D.J. (1995) 'Political boundaries and tourism: borders as tourist attractions', *Tourism Management*, 16(7): 525–32.

— (2001) *Tourism and Political Boundaries,* London: Routledge.

Timothy, D.J. and Tosun, C. (2003) 'Tourists' perceptions of the Canada–USA border as a barrier to tourism at the International Peace Garden', *Tourism Management*, 24: 411–21.

Torpey, J. (2000) *The Invention of the Passport: Surveillance, Citizenship and the State,* Cambridge: Cambridge University Press.

Urry, J. (1990) *The Tourist Gaze: Leisure and Travel in Contemporary Society,* London: Sage.

— (2000) 'Mobile sociology', *British Journal of Sociology*, 51(1): 185–203.

Verstraete, G. (2001) 'Technological frontiers and the politics of mobility in the European Union', *New Formations*, 43: 26–43.

Vila, P. (2000) *Crossing Borders, Reinforcing Borders: Social Categories, Metaphors, and Narrative Identities on the US-Mexico Frontier*, Austin: University of Texas Press.

Wonders, N.A. (2006) 'Global flows, semi-permeable borders and new channels of inequality', in Pickering, S. and Weber, L. (eds) *Borders, Mobility and Technologies of Control*, Netherlands: Springer, pp. 63–86.

第4章 人权

"当一个人的权利受到威胁时,每一个人的权利都被削弱了。"

——约翰·F. 肯尼迪[a]

"西方世界是时候维护人类义务,而不只是人权了。"

——亚历山大·索尔仁尼琴[b]

"旅行对于偏见、偏执和心胸狭窄是致命的。"

——马克·吐温[c]

学习目标

阅读本章后,你将能够:
- 定义人权,讨论其与旅游的相关性。
- 描述主要的人权政策和法律,以及它们如何影响旅游。
- 批判性地探讨各种旅游模式(比如负责任旅游)与人权的关系。
- 理解旅游可能如何改善或损害生活在目的地社区的人们的人权。
- 考虑针对人权问题的重要伦理方法。

一、导言

通常我们倾向于认为人权是与"大"问题相联系的,包括战争、难民和种族歧视。或许令人惊讶的是,旅游被很多人视为一个人权问题——或者更确切地说，旅游可能导致生活在目的地社区人们的人权状况恶化。

　　旅游非但没有减轻贫困，还可能加重已有的不平等剥削关系，社区中最贫穷的成员常常感觉到最为沉重的负担，他们的人权经常受到损害。

（Cole and Erikson 2010：109）

　　实际上有建言称，只有人权作为一个重要标准被所有利益相关者所认可，可持续旅游才有可能实现（George 2008）。"可持续性"或可持续旅游很少被全面地采用（Hall and Brown 2006），与可持续旅游相关联的政治和潜力问题也很少受到关注（Coles and Church 2007；Mowforth and Munt 2009）。在某些目的地，旅游可能起到支持那些已知严重侵犯人权的政权的作用，考虑到围绕这种作用的争议，上述缺失是很重要的。反过来，也有论证支持前往存在政治压迫的目的地的旅行，在那里旅游可能为政治变革、和平与和解、公民人权状况的改善作出贡献（例如 Butler and Suntikul 2010）。

　　本章讨论旅游与人权之间的复杂关系，并介绍一些可供思考不同旅游利益相关者之权利的伦理框架。本章首先概述人权是什么，以及人权的伦理基础。然后，我们讨论旅游业对人权问题的反应，用侵犯人权的案例和优秀实践案例进行说明，辅之以新的人权思路，包括负责任旅游。在本章我们考虑不同尺度上的人权——从国家到地方。在国家尺度上国家侵犯其公民权利的大问题之外，还有更为地方化的、目的地层面的人权问题，其通常是与特定地方旅游发展项目相联系的。有些旅游研究者将对后者的讨论置于"福利"的大旗之下（例如 Hall and Brown 2006），我们也认识到人权与福利之间有相当大的交叉。本章也考虑旅游业"微观"或个人层面上利益相关者与人权相关的角色。售卖什么样的产品是合乎伦理的？购买什么样的产品是合乎伦理的？我们又如何定义"合乎伦理的决策"？

二、人权的起源

　　二十一世纪之初，"对人权的侵犯依然还是常态而非例外"（Dreher et al.

2010：4）。根据非政府组织国际特赦组织（NGO Amnesty International）消息，百万计的人们依然未能获得基本的人权（Amnesty International 2012）。对于威权主义政府来说，对人权的压制是解决冲突的一个工具，"如果一个政府受到威胁，它的反应就是压制人权"（Dreher et al. 2010：4）。

第二章提供了对权利的伦理视角的概述，应与本节联合阅读。人们普遍接受的是，人权源自人之为人的内在尊严（联合国《公民和政治权利国际公约》，1966）。因此，一个人享有作为道德权利的人权，就是因为这个人是人，没有任何其他条件（Lau 2008）。人权可以从法律上进行定义（见下文），同时也有必要考虑人权的伦理基础，这将有助于我们理解不同类型的权利和它们的相对重要性。

道德哲学对公正问题处理得相当好（如罗尔斯和分配正义——见第2章和第8章）[我们表示旅游是一个重要的公正议题（D'Sa 1999）]，而人权的伦理基础则更富有争议。朗格卢瓦（Langlois 2009）提供了对当代人权之伦理起源的全面综述。他解释了在启蒙运动前对价值的讨论关涉一个凌驾于所有人之上的客观的道德秩序。这一秩序被概念化为自然法则，在基督教兴起之后，便与教会紧密相连。在自然法则之下，权利衍生于在上帝之下互相之间所负有的义务。十六世纪在压迫性的君主统治下，对于个人自由和政治自由日益高涨的诉求导向了自然法则下发展起来的"人权"，它被用于革命的目标（Langlois 2009）。其中最著名的例子便是1776年美国的《独立宣言》。这类宣言的核心便是自然权利的理念：

> 我们认为下述真理是不证自明的：人人生而平等，造物主赋予他们若干不可让与的权利，其中包括生存权、自由权和追求幸福的权利。
>
> （美国《独立宣言》，1776年）

然而，等到这类权利宣言发布的时候，哲学家们已经在抨击自然权利的理念（Langlois 2009）。保守主义者、自由主义者和激进主义者都发出了他们反对自然权利的意见。伯克（Edmund Burke，1729-1797）论称人之所以拥有权力是因为他所在社会的有机传统，实用主义哲学家杰里米·边沁（Jeremy Bentham）称自然权利为"踩着高跷的废话"，而马克思则将这样的权利写成是只有"资产阶级的人"才能享有（Langlois 2009）。

但是，当经历了第二次世界大战的惨状之后，当大屠杀犹太人的暴行"震怒了人类的良心"之后，这些批判便被放置一边（联合国《世界人权宣言》(UDHR) 1948，Langlois 2009）。二战后，自然权利获得了胜利，重新崛起为人权（Haule 2006）。向自然法则的回归在1948年《世界人权宣言》中很明显，其中第一条宣布"人人生而自由，在尊严和权利上一律平等"。重要的是，对于《世界人权宣言》并没有给出哲学上的论证，主要是因为众多的人类信仰体系都希望接受《世界人权宣言》(社会主义集体主义的、西方自由主义的、基督教的、伊斯兰教的、儒家的，等等）。有人论称《世界人权宣言》和其他的人权条约是有问题的，因为缺乏道德哲学的基础——这导致了这样的一些难题，比如各国就哪些权利是人权、哪些权利应该优先意见不一（Posner 2008）。其他人甚至质疑人权可能是真正道德的一个时髦的当代替代品（Haule 2006）。

《世界人权宣言》所面临的一个关键难题——实际上对于任何一组人权也如此——就是它宣称具有普遍适用性。文化相对主义者会主张规范仅仅适用于产生它们的文化；所以源自西方的人权规范也只适用于西方[Langlois 2009；注意，朗格卢瓦论称相对主义者被他们自己的信条学说所驳斥：通过宣扬所有真理都是相对的，他们也表明了自己的真理的相对性，以及他们的立场的不连贯（2009：20)]。相反，人权普适主义者则被指责是帝国主义，人权不过是用来推进西方利益的一个政治工具。这些挑战，加上其他来自女权主义者、宗教和特殊兴趣群体的挑战，提醒我们要注意人权的政治性，以及人权来自一个政治自由主义的传统，并不是所有人都认同这个传统（Langlois 2009）。

关于人权的哲学文献目前集中于契约论和福利主义的探讨（Posner 2008）。契约论者从罗尔斯式"初始状态"论证中推衍出人权。在这种状态中，"无知之幕"剥夺了人们关于自己国籍的知识。在不知道自己属于哪个国家的情况下，处在这种初始状态的人们会选择保护所有人的人权的国际制度。福利主义者主张所有人都有其道德价值，而公正的国际制度应该最大化地包含世界上所有人的效用在内的社会福利函数（Posner 2008：8）。

权利以正面（从政府获取福利的权利）或者负面（免受他人或政府之干涉的权利）的情形呈现（Posner 2008）。在国际法下，国家承担着实现人权的主要责任，负有三种义务（Eide 2004：7 in Cole and Ericksson 2010：10）：

1. 尊重个人的自由和尊严。
2. 保护他们免受第三方侵害。
3. 提供覆盖基本需求的福利，如食物、住所、教育和健康。

然而，在旅游业内，对私人部门（个体企业或行业机构）的角色基本上没有什么指导，虽然私人部门严重涉嫌侵害劳动者和目的地社区成员的人权。在现代工业化世界，对于企业和政府各自责任的普遍接受的理解可追溯到第二次世界大战后出现的一个默认的"社会契约"（Cragg 2000）。这一契约的作用是将制造财富的责任赋予了企业，而将确保财富之公平分享的责任交给了政府。然而，克拉格（Cragg）论称，随着经济全球化的发展和跨国公司权力和影响的增长，这一责任的划分不再是"可行的或合理的"（2000：1）。

> 联合国《世界人权宣言》颁布五十年后，我们所需要的是一个新的社会契约，以与这一战后宣言所含之愿景相一致的方式，分担人权责任和相关的伦理责任。
>
> （Cragg 2000：1）

下一节讨论处理人权问题的各种机制，并探讨行业准则如何能够为旅游业提供一些指导。

三、旅游与人权条约和准则

1993 年维也纳世界人权会议上，每个国家都认可了 1948 年《世界人权宣言》。2005 年纽约联合国世界峰会也重申了这一宣言。然而，自 1993 年以来，我们看到的却是侵犯人权的案例越来越多（比如种族屠杀、酷刑使用的增多）（Donnelly 2008）。

《世界人权宣言》（1948）议题广泛，它也涉及旅游的相关方面，比如通过第 13 条第 2 款：人人有权离开任何国家，包括其本国在内，并有权返回他的国家；以及第 24 条：人人享有休息和闲暇的权利，包括工作时间有合理限制和定期给薪休假的权利。

《世界人权宣言》本身没有法律地位，却为一个可执行的人权条约体系提供了总体框架，这个体系包括九个主要的联合国条约：

《消除一切形式种族歧视国际公约》(1969)；

《公民权利和政治权利国际公约》(1976)；

《经济、社会及文化权利国际公约》(1976)；

《消除对妇女一切形式歧视国际公约》(1981)；

《禁止酷刑和其他残忍、不人道或有辱人格的待遇或处罚公约》(1987)；

《儿童权利公约》(1990)；

《保护所有移徙工人及其家庭成员权利国际公约》(2003)；

《残疾人权利公约》(2008)；

《保护所有人免遭强迫失踪国际公约》(2010)。

这些条约多与旅游相关，比如《儿童权利公约》部分与儿童性旅游有关。此外，还有地区性条约，比如《欧洲人权公约》(1998)、《美洲人权公约》(1978)以及《非洲人权和民族权宪章》(1986)。

旅游业本身也通过联合国世界旅游组织1999年《全球旅游伦理规范》关注人权。但是，如第2章所论并将在下文进行详细讨论的，当旅游体系里不同相关方权利的分配和优先化存在潜在冲突时，便有问题出现。

依据联合国世界旅游组织，其《全球旅游伦理规范》是"基于《世界人权宣言》所尊崇的同样正直、相互尊重和尊严的标准"（Rifai 2012 in Martin 2012）。联合国世界旅游组织秘书长瑞法伊（Rifai）认为"通过该伦理规范促进人权对于本组织的工作来说是基础性的"，但也承认该规范并无法律约束力，"我们就旅游领域人权的尊重向我们的成员国提出建议，鼓励各国在其领域范围内将其付诸实践、置之于其立法之中"（Rifai in Martin 2012）（见第14章关于伦理规范的讨论）。

2006年联合国世界旅游组织发起了一项旅游与人权倡议，旨在"构建一个框架，以协助旅游行业在其业务运营中处理人权，并为行业制定和采纳一整套具体的人权原则"（IBLF 2006 in Cole and Eriksson 2010：121）。最近，联合国世界旅游组织发布了一项倡议，旨在反对旅游业中的剥削与

第4章 人权

贩卖人口：

> 人口贩卖的受害者通常因为色情目的而被囚禁，但他们也可能出现在厨房中，或在打扫客房、餐厅和酒吧。旅游基础设施也可能为被迫的、剥削性的乞讨和街头兜售创造市场。现在，甚至来自人口贩卖受害者的器官也被用来吸引需要移植的人们。

（UNWTO 2012）

讨论点：《全球旅游伦理规范》——实践中的一个矛盾？

如佩恩和迪芒什（Payne and Dimanche）所指出的，"社会大体上通常不认为受到旅游的影响，因此在各种伦理规范中也就被遗忘了"（1996：1003）。一个例外就是联合国世界旅游组织的《全球旅游伦理规范》（亦见第14章）。

该规范第2条称旅游活动"应该促进人权，更确切地说，最脆弱群体的个体权利"（UNWTO 1999：2）。然而，在实践中，很难说许多旅游从业者，特别是旅行中介部门，甚至是否听说过联合国世界旅游组织，更不用说对其全球规范有何了解或者感觉有什么敬意。

而且，该规范第2条可以看作与该规范第7条有冲突，后者强调旅行自由的个人权利。这一条看起来排除了任何旅行禁令的选用或者对遭受人权侵害的目的地的联合抵制（至少是在大众或组织意义上的群体抵制）。

第7条反映并进一步支持社会上普遍持有的观点（至少是在自由民主社会），即消费者应该享有选择的自由——包括旅行自由。

> **讨论问题：**
> 你将如何重写联合国世界旅游组织《全球伦理规范》，来处理这一明显的不一致以及该规范中旅行者与目的地社区之间的潜在冲突？

来源

UNWTO (1999) Global Code of Ethics for Tourism. Available at <http://ethics.unwto.org/en/content/global-code-ethics-tourism> (Accessed 10 June 2010).

Lovelock, B.A. (2008) 'Ethical travel decisions: travel agents and human rights',, Annals of Tourism Research, 35(2): 338-358.

四、权利优先排序与伦理决策

处理目的地社区人权的一个关键问题就是将他们的权利优先于旅游者和旅游行业的权利。然而，这在一个激烈竞争的旅游业环境里是问题重重的。旅游服务提供者们和中介们面临着微薄的利润和日趋激烈的竞争，不能奢侈到只选择或提供盖有"人权认可标志"的产品。在这个由网络驱动的世界，这一点也越来越受到旅行计划和旅游产品购买的变化的挑战——中介所扮演的角色比以前越来越少——而合乎伦理的决策越来越掌握在可能缺乏认知的旅行者手上。

在传统的旅游实践中，口号是"顾客就是上帝"（Branson and Craven 2002 in George and Varghese 2007）。有人认为，正因为如此，旅游者的人权被过分强调了，而其他重要利益相关者的人权则被过分忽视了（George and Varghese 2007）。这与主张普遍分配人权利益的人权准则是相悖的。

旅游被当作是"以'他人'为代价满足'自我'：在这样的过程中，目的地地区的居民发现他们的人权被到访者和他们的产业所侵犯了"（George and Varghese 2007）。有意思的是，请注意以上陈述中东道主社区与旅游业之间的分离，而东道主社区通常被定位为旅游系统和产业不可或缺的一部分。然而，旅游的确侵犯人权，特别是目的地当地人的人权（Dann and Seaton 2001），也许旅游者、旅游业与目的地社区之间人权的差异是如此之大，特别是在更为贫穷和脆弱的群体的情况下，大到造成概念如此分离（Hemingway 2004）。

讨论点：旅游对水资源的利用——一个人权问题？

非政府机构旅游关注组织（Tourism Concern 2007）指出，旅游会影响社区的权利，包括他们用水的权利。联合国（2006）报告了地方女性不得不与旅游部门竞争水资源的获取、分配和使用，以满足她们个人和家庭的需要。旅游给水资源的供给带来了相当大的压力，而且会导致水污染（Cole and Eriksson 2010）。在地中海的旅游者每天使用 300 至 850 升水。特别是在自然干旱地区，景观美化、水公园、游泳池会侵占有限的、传统上用来满足当地消费的水资源。仅仅是一个高尔夫球场,一年就会用掉 100 万立方米的水——相当于一座有 12,000 名居民的城市用水(De Stefano 2004)。由于旅游所导致的水资源短缺,沿海社区被迫从海水中生产饮用水,或者从其他地方进口昂贵的饮用水(Visser 1999 in Cole and Eriksson 2010:117)。同样,海明威(Hemingway 2004)描写了在东南亚旅游发展给女性带来的种种问题。其中包括清洁、可饮用水源的丧失,因为水资源被转用于旅游度假地发展,或被其污染。莫福斯和芒特(Mowforth and Munt 2003 in Lansing and De Vires 2007)描述了位于尼加拉瓜首都马那瓜的豪华游泳池是如何经常性换水的,而附近贫民窟的用水状况却非常可怜。

旅游引起的与水资源相关的人权影响是多种多样的,比如印度喀拉拉邦阿勒皮(Allepey)的船屋旅游的影响就很显著(George and Varghese 2007)。这看起来是一项很温和的旅游活动,旅游者在船屋上过夜,漂流在这个地区的水道上。然而,阿勒皮水资源相关的人权问题包括:

● 船屋排放的废水使得水体不再健康,不再适合人类使用——当地人一直将这些水资源用于他们日常生活的几乎任何事情,然而现在却面临着可饮用水的短缺。

● 捕鱼为食受到影响。

● 旅游房地产开发商抢占土地,为了建设度假区,强迫当地人从滨水区的农地迁走。

> 讨论问题:
> 1. 为什么获取可饮用水是一项人权?
> 2. 它与其他权利(如言论自由),相比如何?
> 3. 找出旅游和水资源利用的关键利益相关者,并列出他们的伦理义务/责任。

资源

Tourism Concern(2012)*Water Equity in Tourism: A Human Right–A Global Responsibility.* Available at <http://www.tourismconcern.org/wet.html>

De Stefano, L.(2004)*Fresh Water and Tourism in the Mediterranean WWF.* Available at <http://assets.panda.org/downloads/medpotourismreportfinal_ofnc.pdf>

United Nations(2006)*Human Development Report Beyond Scarcity: Power, Poverty and the Global Water Crisis.* Available at <http://hdr.undp.org/en/

reports/global/hdr2006>

图 4.1　水资源是一项人权问题：这个豪华度假游泳池（位于地中海的一个干旱地区）是稀缺水资源的最佳利用方式吗？照片：Brent Lovelock。

如斯彻文思（Scheyvens 2011）所指出的，目的地许多的人权问题都源自旅游"系统"中不同利益相关者之间的权力差异。但这些问题的出现也是因为有意识地（或潜意识地／无知地）将某些旅游相关者的人权和福利置于其他相关者之上。通常，享有特权的是旅游者以及那些向他们提供直接经济服务的人。这种特权的产生也是因为人们基于直觉地倾向于更加关心影响他们身边人的道德问题，而不是那些跟他们毫无接触的人，比如在一个遥远国家的人（Jones 1991）。如科尔和埃里克森（Cole and Eriksson 2010：107）所指出的"然而富人们自由旅行的权利常常给目的地社区人们的权利带来负面影响"，比起外国旅游者的需要和期望以及旅游企业的利润，当地人的权利常居次要地位（Mowforth et al. 2008；George and Varghese 2007）。对此，可以考虑这种需要（与权利相比）的优先化是如何发生的，哪些因素影响伦理决策。

伦理决策

洛夫洛克（Lovelock 2008）在他对旅行代理商伦理决策的研究中探索了这一方面，该决策涉及为已知存在侵害人权问题的目的地销售旅游产品。他的研究使用"道德强度框架"以帮助解释为什么旅行代理商，比如会继续将旅行产品销售给想要去往公然侵害人权的目的地，或者甚至销售给他们怀疑可能是为了儿童色情而旅行的客户。

中介如旅行代理商销售旅行产品是一个伦理问题："当一个人自由进行的行动可能有害或有益于他人时"，便存在伦理问题了（Velasquz and Rostanskowski 1985 in Jones 1991：376）。在关于人权的讨论中，旅行代理商很重要，因为他们对诸如政治和天气等广泛的话题提供专家意见，因而有能力为旅游者既创造机会，又限制其机会（Cheong and Miller 2000）。代理商不仅在目的地选择中很重要，当面临着若干会有益或有害于各种利益相关者的替代性选择时，他们也扮演着道德协调人的角色。他们可能选择一项预订，放弃一项预订，或者传递信息使得客户选择某一个替代性目的地——每一个行为都会为旅游者、东道主社区、旅行代理商和中介人自己带来不同的结果。重要的是，即使中介甚至没有意识到有道德问题牵涉其中，中介们也仍然是"道德协调人"（Jones 1991）。虽然客户对决定去哪儿旅行负有最终的责任，旅行代理商对该决定的结果仍然负有所谓的"关联责任"（Heider 1958 in Jones 1991：382）。

琼斯（Jones 1991）的伦理决策模型立足于"道德主体"依据道德问题的六个维度进行决策：

后果的严重程度（magnitude of consequences）：所论之道德行为受害人（或获益人）受害（或获益）的总和。

社会共识度（social consensus）：就某个行为是好是坏，社会所达成共识的程度。

造成影响的概率（probability of effect）：某个行为会实际上发生的概率，然后会实际上造成所预测之损害或获益之概率的联合函数。

时间急迫性（temporal immediacy）：现在与所论之道德行为后果发生之间的时间跨度；时间跨度越短意味着越是急迫。

切近度（proximity）：道德主体为所论之恶行或善行的受害者或获益人所怀有的一种临近的感觉——社会的、文化的、心理的、身体的。

影响的集中度（concentration of effect）：被一个给定强度的行为所影响的人数的反函数。

洛夫洛克（Lovelock 2007）对旅行代理商的研究揭示出上述道德强度框架的所有成分都是显著的。该研究中的旅行代理商，即使当他们知道目的地的人权问题，或者知道他们客户的旅行动机不纯，他们也依然继续为这些目的地销售旅行产品。

切近度这一概念是主要的，它影响着旅行代理商对问题的评估，最终影响他们的销售伦理行为（Lovelock 2008）。琼斯论称道德强度与从道德主体到受影响的利益相关者之间的社会、文化、物理和心理距离有关。在洛夫洛克的研究中，客户与旅行代理商占据着相近的位置，而东道主社区则是遥远的。图 4.2 展示了影响旅行代理商的伦理决策或被其影响的利益相关者——在切近的客源地区及遥远的目的地地区。旅游通过其培训项目、组织文化和行业行为规范，强烈偏向客户的权利，强化了切近利益相关者的位置。

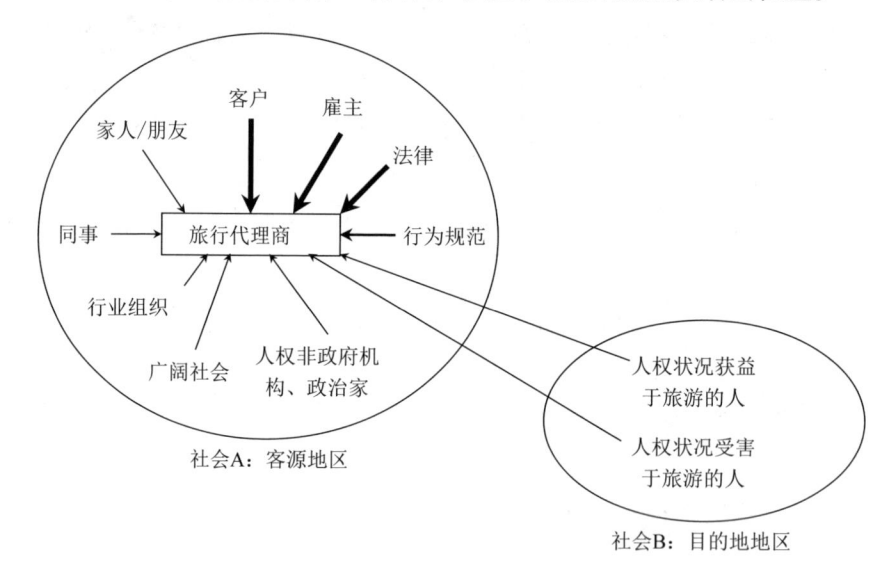

图 4.2 旅行代理商的利益相关者和伦理关系

来源：Lovelock（2007）。

案例研究：斐济政变"之前与之后"

在对新西兰旅行代理商的一项调查中，洛夫洛克（Lovelock 2007）询问了斐济 2000 年政变之后他们与斐济相关的销售行为。超过一半（52%）在此期间继续销售斐济产品，而那些停止销售的，所给出的主要原因则是为客户的安全考虑，以及需求不足。只有 1% 的代理商是因为对于斐济所发生事态的伦理性的考虑而停止销售斐济产品。

2001 年，为了安抚市场，一系列推广斐济度假的广告在新西兰电视台播出——即人们所知的"之前与之后"广告。它们描绘了闲适恬静、棕榈环绕的海滩，询问观看者自斐济政变以来发生了什么变化，然后再次展示同一场景——表示在斐济什么都没变，就旅游而言"一切如常"。这些广告令人权活动者和许多生活在新西兰的斐济移居者颇为震惊，他们向新西兰广告标准局投诉，后者随之责令更改这些广告。事实是斐济政变之后，人权状况的确恶化了，而且依然受到威胁。

> **讨论问题：**
> 1. 假如你是一家旅行代理商，你的产品组合中有斐济，你会继续销售斐济旅游产品吗？论证你的回答。
> 2. 指出这个案例中的道德主体以及相联系的利益相关者。
> 3. 旅行代理商对谁负有最大的伦理责任？

来源

Lovelock, B. A.（2007）'Obstacles to ethical travel: attitudes and behaviors of New Zealand travel agents with respect to politically repressed destinations', *Tourism Review International*, 11（4）: 329–348.

延伸阅读

Harrison, D. and Pratt, S.（2010）'Political change and tourism: Coups in Fiji', in Butler, R. and Suntikul, W.（eds）*Tourism and Political Change*, Oxford: Goodfellow, pp. 160–174.

五、为人权而设的旅行禁令或抵制？

主张旅行权利的伦理规范可能与利用旅游强化目的地人权（比如通过

使用旅行禁令或联合抵制）背道而驰。最近如 2010 年，伦理性旅游非政府机构旅游关注组织呼吁对缅甸实行全面的旅行禁令（见下述案例研究）。英国前首相托尼·布莱尔，作为促进缅甸当局"骇人听闻的侵犯人权行为"之终结的成员，敦促英国人不要造访缅甸。

上述针对某些目的地或某些旅游产品进行旅行抵制的呼吁是基于由来已久的人权问题，而有时这样的呼吁则是出于对已引起媒体关注的目的地内危急性人权事件的反应。

但是，尽管围绕着抵制旅行的言论和初始热情高涨，但很少会被一致地和持之以恒地执行。就像更广泛的贸易禁运和制裁，对于抵制旅行，有强烈的支持者和反对者，而且也没有有力的证据支持或者反对它们作为一个在目的地带来人权方面积极变化的政治性工具（Kulessa 2000）。关注旅游组织和其他一些组织是抵制旅行的强烈支持者，而其他一些非政府机构，如大赦国际和人权观察组织则认识到抵制旅行不太可能促使一个国家改变它的政治，并鼓励某些人所称的"有认知的造访"。

旅行制裁

旅行制裁是由客源地发出的禁止前往特定目的地旅行的法律强制性禁令。这可能是一揽子更为广泛的经济制裁的一部分——这一术语用于各种各样的法律法规以限制或禁止武器与商品之出口与进口及冻结属于目标国或其精英人物的海外资产。它们可能用于各种各样的目的，包括改变一个国家的基本政治体系和改善目标国家内公民的人权状况。跨国旅游在经济制裁中扮演着重要的角色，通常跟其他形式的贸易一起被阻止（Kim et al. 2007b）。因此旅行制裁对于人权有着重要的影响。

制裁包括禁止大多数美国人前往古巴旅行——这是从 1962 年以来经济贸易限制的一部分。近年来美国政府也限制前往利比亚、伊拉克和朝鲜的旅行。韩国公民前往朝鲜的访问也受到限制，到 2010 年 1 月朝鲜才解除对美国游客的限制。

限制旅行的方法可能包括要求前往某个特定国家的旅行许可证，限制或禁止旅行者在目标国家时可以参与的交易，禁止使用该国护照前往或经由某一目标国，或者限制前往某个目标国的交通方式（Epstein and Rennack 2003）。

然而，对旅行制裁的一个普遍批评就是其主观性——如何决定那些目的地应该被制裁（Lovelock 2008）。2002年，当美国众议院投票解除美国公民前往古巴的禁令时（后来在布什总统行使否决权的威胁下被拒绝了），辩论的一个方面便是使用旅行禁令时缺乏一致性；如美国议员德拉亨特（Delahunt）所指出的，"美国人可以去朝鲜和伊朗，'邪恶轴心'的三分之二，却不能去古巴"（Milligan 2002：1）。

制裁也可能造成严重的社会后果和人道主义影响，扰乱人道主义援助行动及药物的输送，并阻止个人为特需的医疗护理而旅行（Cortright et al. 2000）。而且当然对潜在的入境旅行者也有直接的影响。斯特拉格和莱姆考（Strug and Lemkau 2008）描述了美国旅行政策对有亲人在古巴的古巴裔美国人的影响，指出了因为对他们旅行的限制而引发的与旅行相关的心理痛苦。

虽然有论证旅行制裁的使用曾经带来好的效果，比如在利比亚——在泛美航空103航班苏格兰洛克比爆炸案后，针对商业旅客航班的禁令促使利比亚谴责恐怖主义——但在更为广泛的人权获益方面，很难判断这类制裁的有效性（比如对古巴50年这样的制裁并没有带来什么变化）。

案例研究：旅游制裁：缅甸案例——琼·C.亨德森（Joan C. Henderson）

缅甸政治

1961年缅甸武装力量发动政变，夺取了政权，开始追求孤立政策和经济集中化。以前的地名被抛弃，缅甸"Burma"及其首都仰光"Rangoon"分别变成了"Myanmar"和"Yangon"。

由昂山素季领导的缅甸全国民主联盟（缅甸民盟，NLD）在1990年举行的大选中赢得了80%的选票，却被阻止上台执政，引起了国内的不满和海外的强烈谴责。2007年大规模反政府游行示威时不满再次爆发，随之而来的是逮捕和监禁。1991年被授予诺贝尔和平奖的昂山素季被软禁家中长达11年。其他人权侵犯和不可接受的行为被大赦国际和国际劳工组织等机构记录在案，包括关于政府官员强制迁移、恐吓、暴力、强迫劳动、折磨、驱逐、没收土地等报告。该国的100多个少数民族社群受影响尤其严重。

缅甸的政治破坏了它与外部世界的部分关系，尤其是与西方。欧洲和美国政府有选择性地对其施加制裁。相反，缅甸为其成员之一的东南亚国家联盟（东盟）则倡导建设性干预。

2011年3月30日，军事领袖们正式将政权交给民选总统。昂山素季被解除软禁重获自由，一大批政治囚犯被释放。新的劳动法对工会给予认可，并有行动争取放宽对新闻自由的限制。外国观察者认为2012年4月的议会补选也相当自由和公正。缅甸民盟候选人，包括昂山素季，赢得了44个竞选议席中的43个。

抵制，还是不抵制？

缅甸拥有许多优质的自然和文化资源，但其政治状况损害了它作为一个目的地的表现。缅甸政权起初视国外游客为有害的外来影响而拒之门外，但到二十世纪九十年代中期，认识到旅游所带来的经济和其他效益后，这一立场已经调整。1996年启动"访问缅甸年"之后，缅甸联邦民族联合政府（NCGUB）呼吁旅游者抵制缅甸，直到民主变革明确出现。缅甸民盟认为现在接收旅游者和旅游投资还为时尚早，何时开通应该取决于民主化进程。昂山素季要求潜在旅游者不要"以平常民众为代价来购买他们的享乐"（Aung Sang Suu Kyi 1997：168）。缅甸和非缅甸的各式个体和群体支持这一立场，其中包括缅甸运动组织（Burma Campaign）和旅游关注组织（Tourism Concern）。这样，旅游被当作武器，用来攻击政府当局，施加政治变革的压力。支持者相信，旅行禁令将使政府无法获得被接受为国际旅游目的地后随之而来的收入和声誉。

缅甸旅游还与侵害人权相关。有指控显示，儿童、孕妇和老人被征用为基础设施工程的劳动力。还有怀疑称工人们被强迫参加遗产地恢复工作，而整体的再开发也造成大规模的移民。更进一步的关注点在于，军方领导者个人从旅游业获益，因为他们个人及其家庭和同事在一些获利丰厚的企业持有股份。

一个据称民选政府的上台提供了重新审视立场的机会，缅甸民盟决定从支持全面禁止转向有目标地抵制大规模包价旅游。一位缅甸民盟领导人谈到想要"人们来缅甸，不是来帮助军政府，而是通过理解政治、经济、道德等所有状况来帮助这里的人民"（Burma Campaign UK 2010）。

缅甸军事政变后的数十年里，一些外国旅游运营商停止销售缅甸产品，原因包括安全方面的不确定性、需求的下降和昂山素季的吁请。然而，缅甸运动组织在其"肮脏清单"上提名了超过 50 家旅游相关企业，其中来自英国的运营商几乎占了总数的一半。一些企业的代表认为世界各国都有侵犯人权的罪嫌，所以缅甸不值得特别作为单论。其他人公开宣认该政权的残暴及潜在旅行者随之而来的左右为难，但主张旅游者拥有亲自见识并决定自己想法的权利。旅游被赞为拥有力量促进沟通与理解、加速经济发展、为当地人改善日常生活。

旅游指南出版商也处于分裂状态。"孤独星球"因其缅甸版本受到谴责，虽然它也关注政治问题。其 2011 年的网站包含了一份 14 页的"章节"，总结了各种互相对立的观点。它建议，那些选择访问缅甸的人们应该尽可能地在地方而非政府支持的供应商那里消费，并避免参加包价旅游。返家之后，旅游者应该就其记录直接向该政府投诉，并与其他旅行者分享信息和他们的经历（Lonely Planet 2011）。

> **讨论问题：**
> 1. 2012 年前对旅游者抵制缅甸的呼吁合适性和有效性如何？
> 2. 考虑到 2011 年以来发生的事情，是否应该解除抵制？
> 3. 旅游者应该访问以前直接在军事统治下的缅甸吗？那时你是否曾访问缅甸？
> 4. 来自海外的旅游运营商在 2011 年至 2012 年前销售以缅甸作为旅游目的地的产品是否合乎伦理？
> 5. 外国企业如酒店集团和航空公司在上述同一阶段投资缅甸是否合乎伦理？
> 6. 来自东方和西方的旅游者对抵制缅甸的讨论是否可能存在不同的感知？

参考文献

Aung Sang Suu Kyi (1997) *The Voice of Hope*, London: Penguin Books.

Burma Campaign UK (2010) *Burma Tourism*. Available at <http: //www.burmacampaign.org.uk/index>（Accessed 4 October 2011）.

Lonely Planet (2011) *Should you go?* Available at <http：//www.lonelyplanet.

com/myanmar-burma> (Accessed 5 October 2011).

来源及延伸阅读

Amnesty International (2012) *Myanmar.* Available at <http: //www.amnesty.org./en/library/info/ASA16/001/2012/en>（Accessed 24 February 2012）.

Free Burma Coalition (2010) *Towards an open society in Burma/Myanmar through interactions and integration.* Available at <http: //www.freeburmacoalition.org/>（Accessed 31 July 2010）.

Henderson，J.C. (2003) 'The politics of tourism in Myanmar', *Current Issues in Tourism*, 6 (2): 97–118.

Hudson, S. (2007). 'To go or not to go? Ethical perspectives on tourism in an "outpost of tyranny"', *Journal of Business Ethics*, 76: 385–396.

Lonely Planet (2012) *Travelling responsibility to Burma.* Available at <http: //www.lonely-planet.com/myanmar-burma/travel-tips-and-articles/76954.>（Accessed 24 February 2012）.

Tourism Concern (2012) *Burma.* Available at <http: //www.tourismconcern.org.uk/Burma> (Accessed 24 February 2012).

Tourism Transparency (2012) Available at <http: //www.tourismtransparency.org> (Accessed 13 March 2012).

Voices for Burma (2010) *Our policy on tourism.* Available at <http: //www.voicesforburma.org/aboutus> (Accessed 31 July 2010).

讨论点：构建合乎伦理旅行世界的理论模型

洛夫洛克（Lovelock 2012）通过构建理论模型探讨如果旅行制裁始终如一地、客观地施用于严重侵犯人权的目的地，会如何影响全球旅行。在联合国世界旅游组织国际到达数据以及超过200个目的地的人权指数［用非政府机构自由之家（Freedom House）的世界自由调

> **讨论问题：**
> 1.将目的地根据其人权记录区分为"自由的"或"不自由的"，这是否有伦理问题？
> 2.将3.5亿国际游客（基于人权）转移到"自由的"目的地，是否会导致其他伦理问题？

查〕基础上，构建了合乎伦理旅行的各种情境。"极端"的情境包含了数量可观的游客被从有人权侵犯问题的那些目的地（"部分自由"或"不自由"）"转移到"分类为"自由的"目的地。在这一情景中，将近 3.5 亿国际游客和 104 个有人权侵犯问题的目的地受到影响。

来源

Freedom House (2012) *World Freedom Survey*. Available at <http://www.freedomhouse.org>

Lovelock (2012) 'Human rights and human travel: Modelling global travel patterns under an ethical tourism regime', *Tourism Review International*, 16(3).

六、旅游与和平

和平与人权有密不可分的联系。旅游已被视为影响政治政策、国际关系和世界和平的一支重要力量（Butler and Suntikul 2010；Sarkar and George 2010；Rabu 2003 and D'Amore 2002 in Sarkar and George 2010）。旅游甚至被认为是世界上"最大的和平产业"（Malley 2002 in Sarkar and George 2010）。一些目的地主办"政治游览"，有意将旅游作为促进和平与社会公正的策略使用。这类游览旨在向访客展示冲突区域的复杂性，说服访客在返家之后为受到压迫的人们倡言、为社会公正倡言（Chaitlin 2011）。通过这样的方式，这类政治旅游能够帮助培养一支支持某一事业的国际力量。政治旅游起源于二十世纪六十年代时美国总统约翰·F.肯尼迪将旅行描述为"在我们的时代促进和平与理解的一支伟大力量"（Kennedy 1961 in D'Amore 2007）。

1980 年世界旅游组织《马尼拉宣言》在某种意义上确认了旅游为和平可能起到的作用。1986 年，旅游和平国际学会（IIPT，<http://www.iipt.org>）成立，其所怀的愿景是旅行和旅游成为世界上首要的"全球和平产业"，这一产业能够促进和支持这一信念：每一位旅行者都是潜在的"和平大使"（D'Amore 2007）。此类倡议最近也为联合国世界旅游组织所强调，后者在其《全球伦理规范》中对旅游促进国际理解与和平的角色表示认可（1999）。

在实践层面，政治旅游作为一种体验和一种"产品"已经在诸多曾经或依然有冲突的地区出现，包括古巴、南非、埃及、以色列、朝鲜、韩国、塞浦路斯（Chaitlin 2011）。有时候和平旅游被称为"公正旅游"（本章稍后论及），虽然这一术语被更为广泛地用于旅游和一系列人权问题。

艾萨克和霍奇（Issac and Hodge 2011：107）展示了关于巴勒斯坦公正旅游的一个案例研究。在那里，多个旅游组织的运作目标便是"将旅游者转变为巴勒斯坦人民'公正事业的支持者'"。参与了游览的研究对象的一些陈述反映了这一点：

当然，（我的印象）改变了、加深了、拓展了我对这一地区状况的理解。

在知识角度上致力于在美国成为中东地区和平与公正的支持者。

实地体验开启了我在这一议题上的行动主义。这在我的人生与事业中是巨大的向前一步。

Issac and Hodge（2011：106）中的旅游者－研究参与者

然而，虽然直觉上相信旅游能够促进和平，但在例如上述旅游者的确认之外，没有多少实证研究证实旅游所能作出的贡献。瓦尔和爱普（Var and Ap 1998）认为旅游能够促进跨文化交流与理解，但也指出缺乏证据证明旅游明确无疑地促进了世界和平。同样，萨拉查（Salazar 2006）将和平的增进归结于更高层次的政治活动，而非平民社会的努力。

赵（音译）（Cho 2007）对朝鲜与韩国之间跨境旅游的研究是少数试图为这一问题提供实证数据的研究中的一个，但其对旅游的作用表示悲观。赵（音译）分析了金刚山旅游区的和平旅游角色，该旅游区是"阳光"政策的示范，开发于朝鲜，韩国投资，并向韩国旅游者开放（直到2010年一位韩国女游客被朝鲜士兵射杀）。该研究揭示了"即使作最乐观的估计，对和平关系也只是微弱而缓慢的贡献"（Lee et al. 2012：72）（亦见 Kim et al. 2007a 对旅游在朝鲜半岛促进和平作用的讨论）。

虽然旅游在获取人心方面并不总是成功，但很少有人质疑旅游的确对经济有影响,而这可能与解决冲突和改善人权相关。在尼泊尔,旅游的经济影响被视为通向和平的关键道路。尤帕德哈亚亚等人(Upadhayaya et al.)得出结论认为旅游能够"作为和平使者帮助建立一个支持性环境"(2010:35)(图4.3)。尤帕德哈亚亚等人关于和平、冲突与旅游之间相互关系的模型显示,和平"加速"旅游,而冲突有着相反的影响。他们的论证是,贫穷是尼泊尔国内冲突的一个根源,而旅游发展项目帮助将可持续的、参与式的旅游实践制度化,从而促进公平、平等和社会公正。

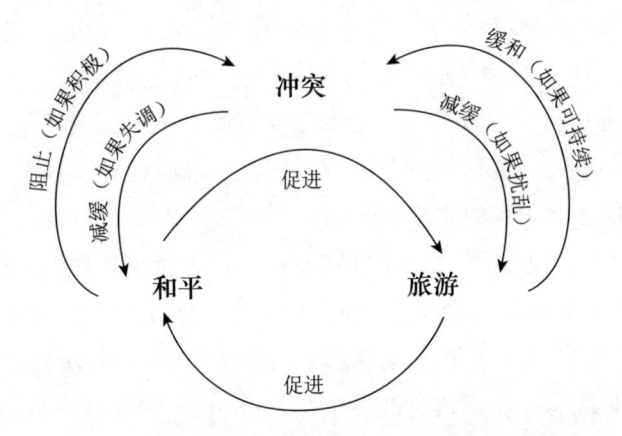

图4.3 和平、冲突与旅游之间相互关系的概念模型

来源:Upadhayaya et al.(2010)。

七、大型旅游活动和人权

与旅游类似,体育运动也被宣扬为实现世界和平与理解的一个途径。大型体育赛事是贯穿着世界和平与理解话语的各种重要事件之一。然而,此类事件也与人权方面的负面结果相关,包括为了满足新场馆和设施的场地和基础设施建设要求强制迁移社区(Matheson and Finkel 2011);为性交易目的而贩卖人口(Hennig et al. 2007;Future Group 2007)[2010年温哥华冬季奥运会即被发现可能牵涉为性交易而贩卖人口(Matheson and Finkel

2011）］。

在政治层面上，将大型活动主办权授予专制政权被视为等同于支持它们的政治信条和人权实践。霍林斯黑德（Hollinshead）写到旅游"创造世界"的力量，将其描述为一个"强大而无处不在的关于地方之政治意义（或其挑战性版本）的生产者"（2009：139）。旅游的这一力量可能被正面积极地使用，但也可能被用于阴暗的政治目的。这种过程通常是微妙地进行，而弱势群体的人权则通常以更为切实的方式遭到侵犯。

并非只有来自旅游增长的经济期望在争夺奥运会主办权的激烈竞争过程中驱动着各国。主办奥运会给予主办国一个独特的机会，向世界传达其旅游、经济产出和政治体制的良好印象，由此可能带来很大的声望。在现代，利用体育运动作为宣传工具起源于希特勒、纳粹德国及1936年柏林奥运会。将1936年奥运会举办权授予柏林有助于确认德国在第一次世界大战之后重新返回国际关系的主流。

在历史上，主办此类大型事件在改善人权方面获益甚少。在墨西哥市，该市被授予1968年奥运会举办权的10天前，超过500名示威者被墨西哥"安全"力量杀害。1978年，国际足联（FIFA）将世界杯决赛主办权授予统治阿根廷的军政府，而该政府被指控在1976年至1983年间谋杀30,000人，拘禁、折磨数万人。发达国家也逃不脱批判审视：1982年澳大利亚布里斯班英联邦运动会前，昆士兰州立法机构通过了一项法案，"实际上将土著人从街道上清除了"（Giulianotti 2004：359）。这些例子描绘的图景是国际体育运动屡屡失败于批判性地评估和回避那些系统性侵犯公民人权的国家（Giulianotti 2004）。可以认为，由于这些大型事件和旅游之间强烈的相互关联，旅游业在这一失败中也有责任。

体育赛事发展造成的移民

关于目的地社区的数个研究都提到为了获取土地用于旅游开发而强行将当地人迁移到异地安置，从而侵犯人权（如 George and Varghese 2007；Mowforth et al. 2008；Hemingway 2004）。但大型事件被指出对大规模的人口迁移再安置特别负有责任。

八、替代性旅游和负责任旅游

与将人权纳入旅游紧密相关的是"替代性旅游"和"负责任旅游"概念。替代性旅游据说起源于二十世纪六十年代的反主流文化运动:"替代性旅游在反对大众旅游方面是变革社会关系的一个类似的激进努力"(Higgins-Desbiolles 2008:346)。虽然替代性旅游直到二十世纪九十年代才真正发出声音[比如兰弗朗特和格本所述,注意替代性旅游"追求成为推进新秩序的旅游"(Lanfant and Grburn 1992:92)],现在它正被重新构想为一种非大众旅游形式,有着人性化(而非商业化)面孔,目的在于处理目的地层次的侵犯人权问题。

虽然和平旅游和负责任旅游都是替代性旅游的成分,但有些作者批评替代性旅游,认为它被一个"受到威胁的旅游业"所利用了(Higgins-Desbiolles 2008:347)。在替代性旅游的所有形式中,只有公正旅游以其"毫不动摇地致力于推翻不公平的旅游与资本主义全球化"一枝独秀(Higgins-Desbiolles 2008:347)。传说中新自由主义对替代性旅游的"捕获",以及业界对旅游和人权的口头支持,由于旅游业对一项对国际机票征收"减贫税"计划的拒绝而被恰当彰显。有人提倡每张机票征税1美元,以此筹集资金用于减贫项目,预计可筹集100亿美元(Bianchi 2005 and Smith 2005 in Higgins-Desbiolles 2008)。然而,这项提议被行业组织所拒绝(比如"高峰组织"世界旅行及旅游理事会),理由是它会损害正在挣扎中的航空业[注意:全球航空业2012年仅预计利润就有30亿美元(IATA 2012)]。

希金斯-德比奥勒(Higgins-Desbiolles 2008)鉴别了公正旅游的多种形式,包括东道主讲述关于过去压迫的故事,旅游者对贫困问题开展学习。她写道,2004年在孟买举行的世界社会论坛(*World Social Forum*)组成了一个旅游干预组织,强调一系列人权问题与旅游的关联,包括那些与女性、儿童、达利特("不可接触者")、土著人、移民和无组织劳工等相关的问题。然而,希金斯-德比奥勒质疑旅游业处理这些权利问题的意愿,指出全球化的强大经济力量导致持续不断的人权问题[科尔和埃里克森(Cole and Eriksson 2010）也指出了这一问题］。

公正旅游倡导者如希金斯－德比奥勒将全球化进程与目的地社区人权的倒退相联系时，对这一问题还存在不同看法。比如劳（Law 2008：1282）论称全球化会促进对人权的保护，因为各国在全球劳动力市场上通过提供"对投资者和（流动的）精英劳动力富有吸引力的人权和经济权利"展开竞争。考虑新加坡案例，在这里同性性关系是犯罪活动：刘（Lau 2008：2022）观察到那里放宽性法律的论证"对关于性取向权利的人性化未置一词，却集中于法律改革怎样能够加强辖区作为旅游和投资目的地的吸引力"。同样，当2008年加利福尼亚州考虑给同性伴侣颁发结婚证时，人权支持者论称加利福尼亚可以在同性婚姻产业、相关旅游和其他收益上占据垄断地位。刘认为对待人权的这样一种方式与基于人之尊严相关的规范性原则而产生的人权格格不入。

全球化是多维度的，一些证据显示包括旅游的全球化社会维度可能与人权状况的改善有关。德勒埃（Dreher 2006）开发了一个全球化指数，该指数基于全球化的不同维度——经济的、政治的和社会的。社会全球化维度有三个类别：信息流动、文化相近性、个人接触。后者包括"一个国家的人口所面对的旅游程度（入境和出境）"（Dreher et al. 2010：20）。当作者们考虑106个国家人权与全球化程度之间的关系时，他们发现人权随着全球化和经济自由而增长。不过，这一发现局限于"人身安全"权利（比如没有酷刑、没有法外处决、没有政治监禁和失踪）；"增权"权利（比如迁徙自由、言论自由、劳动者权利、政治参与和宗教自由）则不受全球化程度的影响（Dreher et al. 2010：20）。社会全球化产生全球认可的社会规范，激励政府和政治家去遵循。如果一个国家高度依赖旅游，社会全球化提供了吸引旅游者的机会，但同时该国也有因为侵犯人权的负面宣传而失去旅游者的风险（Dreher et al. 2010：20）。

有用的资源：旅游人权非政府组织

旅游非政府组织（Tourism NSOs）在推动替代性旅游方式（替代性的、合乎伦理的和负责任旅游）上扮演着重要的角色。以下所列是一些重要的旅游非政府机构。

终结儿童卖淫、儿童色情制品、为色情目的贩卖儿童（ECPAT International，End Child Prostitution, Child Pornography and Trafficking of Children for Sexual Purposes）（www.ecpat.net）

公平旅游选择（Equitable Tourism Options, EQUATIONS）（www.equitabletourism.org）

旅游关注（Tourism Concern）（www.tourismconcern.org.uk）

旅游透明（Tourism Transparency）（www.tourismtransparency.org）

本章回顾

本章概述了旅游行业在处理人权问题方面所面临的一些重要挑战。对于权利的认可与赋予有着各种各样的视角，虽然"自然权利"的论证日渐受到道德哲学家的挑战，这一视角构成了我们现在出现于第二次世界大战后在《世界人权宣言》下国际条约体系的基础。需要注意的是，相对主义/普遍主义的两难给全球性人权的落实带来了挑战。虽然国家被认为是确保人权的主要行动者，但这一点越来越受到挑战，而让私人部门发挥更强的作用目前也正被提倡。

目的地社区内出现的人权问题主要是客源地与目的地旅游利益相关者之间权力差异的产物。在个人层面上，旅游从业者在满足遥远社区人们的人权需求方面面临挑战，因为旅游业内的伦理决策倾向于不惜任何代价优先满足客户。

我们讨论旅游作为政治性行动的意义，以及旅游可能如何加重或缓和专制国家的人权问题。本章指出，旅游抵制和／或制裁，作为更广泛经济制裁的一部分，可能有正面积极的影响。和平、政治和人权都有着密不可分的联系，本章讨论了旅游作为和平制造者的作用。虽然看起来旅游在这方面有很大的潜力，但实证数据显示其主要是在个人层面。我们讨论了替代性旅游、负责任旅游、公正旅游，这些都是将人权思考更好地纳入旅游产业的方式。本章谈到旅游作为全球化进程的一部分，也认识到面对经济全球化人权改善所面临种种挑战。

单从经济角度而言，有论证认为旅游行业应该在人权方面改善其表现。如科尔和埃里克森（Cole and Eriksson 2010）所指出的，自由主义的中产阶级越来越不想去往当地人为了满足他们度假的需要而遭受人权侵害的目的地。然而，我们应该警惕人权之取决于经济"成功"，无论其是在单个企业层面上，还是在整个目的地层面。这种取向，虽然也许对旅游业经营者具有吸引力，但并不扎根于规范性伦理，也不基于个人自由和尊严的固有权利。

关键术语小结

替代性旅游（alternative tourism）：一种考虑社会责任的非大众旅游模式，可能带有应对目的地人权侵犯问题的目标。

关联责任（associational responsibility）：一个人可能对某项伦理决策承担责任，即使他并没有构成其原因。

伦理决策（ethical decision making）：一个多阶段过程，包括：认识到某个问题涉及道德；作出道德判断；形成道德意向；进行道德行为。

伦理问题（ethical issue）：当一个人自由进行的行为可能损害或施惠于人时，即存在伦理问题。

人权（human rights）：所有人都享有的基本权利和自由，通常被认为包括生命与自由权、思想与言论权、在法律面前人人平等。这些权利被当作是人类普遍享有的，无论国籍、居住状态、民族、性别或其他考虑。

公正旅游（justice tourism）：一种公正的旅游形式，在不同社区的成员之间展开，寻求增进参与者之间的相互理解、团结和平等。

道德行为人（moral agent）：有能力根据对错而行动的人。

自然权利（natural rights）：人权源自个人固有尊严的理论。因此，一个人享有作为道德权利之人权，仅仅是因为人之为人，而不附加其他任何条件。

政治旅游（political tourism）：怀有政治目标和政治安排的旅行和前往政治性目的地的旅行。可能涉及前往冲突地区，以实地体验其情境，并发展关于当地政治状况的理解。

负责任旅游（responsible tourism）：能够改善东道主社区状况、为旅游者创造更好的旅游地的旅游。

旅行抵制（travel boycott）：为了抗议某个组织或目的地的政策，某群体拒绝与其开展旅游交易。

旅行制裁（travel sanction）：旅游客源地区发出的法律强制执行的禁令，禁止旅行前往某些目的地。

思考问题

1. 针对人权，有些评论者提倡一种商业导向，即将人权反映在企业社会责任政策和倡议中。这种基于人权是"好的商业模式"的导向，是最佳的、最合乎伦理的导向吗？

2. 当我们购买一双跑鞋时，我们可能很难完全了解这次购买的人权含义。同样，作为旅游者，他们可能也很难确定他们所购买的旅游产品的人权含义。旅游者应该关心这个问题吗？如果是的话，他们可以怎样"追溯"他们所购买东西的人权含义？

练习

海明威（Hemingway 2004）在她关于旅游如何影响东南亚社区的研究中提出一系列的行动，通过这些行动可以鼓励或引导旅游为尊重人权作出贡献。这些包括：

> **讨论问题：**
> 1. 浏览上面的清单，你觉得什么是应该采取的最重要或最急迫的行动？为什么？
> 2. 将以上行动中的某些行动付诸实践有着内在的挑战——找出让这些行动"发生"时将面临的一些挑战（包括伦理挑战）。

- 在目的地地区进行有意义的社区咨询。
- 将旅游者组织的行为规范所包含的原则通过法律强制实施。
- 目的地国家对旅游运营商和旅游者活动加以规范。
- 客源国对旅游运营商和旅游者活动加以规范。
- 发展中国家与私人部门之间的合同应公开透明。
- 客源国协助建立目的地国的行业规则。
- 国际执法机构对旅游进行监督。
- 重视人权，将其作为生态旅游的一部分。
- 教育旅游者。
- 鼓励负责任旅游。

来源

Hemingway, S. (2004) 'The impact of tourism on the human rights of women in South East Asia', *International Journal of Human Rights*, 8 (3): 275–304.

注释

a 约翰·F.肯尼迪（John F. Kennedy，1917–1963），美国第35任总统。公民权利声明，1963年6月11日。来源于 <http://www.pbs.org/wgbh/americanexperience/features/primary-resources/jfk-civilrights/>（获于2012年9月10日）。

b 亚历山大·索尔仁尼琴（Alexander Solzhenitsyn，1918–2008），俄国作家和持不同政见者。来自毕业演讲，哈佛大学，1978年6月8日。

c 马克·吐温（Mark Twain，1835–1910），美国作家。引自《傻子国外旅行记》（*Innocents Abroad*）（1869年首版）。见于 <http://www.gutenberg.org/ebooks/3176>（获于2012年9月10日）。

参考文献

Butler, R. and Suntikul, W. (eds) (2010) *Tourism and Political Change,* Oxford:

Goodfellow Publishers.

Chaitlin, J. (2011) '"Here's the Separation Wall": Political tourism in the Holy Land', *Conflict Resolution Quarterly*, 29(1): 39–63.

Cheong, S., and Miller, M. (2000) 'Power and tourism: a Foucauldian observation', *Annals of Tourism Research*, 27: 371–90.

Cho, M. (2007) 'A re-examination of tourism and peace: the case of the Mt. Gumgang tourism development on the Korean Peninsula', *Tourism Management*, 28(2): 556–69.

Cole, S. and Eriksson, J. (2010) 'Tourism and human rights', in Cole, S. and Morgan, N. (eds) *Tourism and Inequality: Problems and Prospects*, Wallingford: CABI, pp. 107–25.

Coles, T. and Church, A. (2007) 'Tourism, politics and the forgotten entanglements of power',, in Church, A. and Coles, T. (eds) *Tourism, Power and Space*, London: Routledge, pp. 1–42.

Conroy, R. (2000) 'Implementation problems of travel bans: practical and legal aspects', *First Expert Seminar: Smart sanctions: the next step: Arms embargoes and travel sanctions*, Bonn: Bonn International Centre for Conversion.

Cortright, D., Lopex, G., and Conroy R. (2000) 'Are travel sanctions "smart?" A review of theory and practice', *First Expert Seminar, Smart sanctions: the next step: Arms embargoes and travel sanctions*, Bonn: Bonn International Centre for Conversion.

Cragg, W. (2000) 'Human rights and business ethics: fashioning a new social contract', *Journal of Business Ethics*, 27(1–2): 205–14.

D'Amore, L. (2007) 'Tourism: the global peace industry', *World & I*, Summer, pp. 66–76.

D'Sa, E. (1999) 'Wanted: tourists with a social conscience', *International Journal of Contemporary Hospitality Management*, 11(2/3): 64–8.

Dann, G.M.S. and Seaton, A.V. (2001) 'Slavery, contested heritage, and thanatourism', *International Journal of Hospitality and Tourism Administration*,

2(3/4): 1–29.

Donnelly, P. (2008) 'Sport and human rights', *Sport in Society: Cultures, Commerce, Media, Politics,* 11(4): 381–94.

Dreher, A. (2006) 'Does globalization affect growth? Evidence from a new index of globalization', *Applied Economics,* 38(10): 1091–110.

Dreher, A., Gassebner, M. and Siemers, L.H.R. (2010) *Globalization, Economic Freedom and Human Rights.* Discussion Paper Number 115, October. Gottingen: Center for European Governance and Economic Development Research.

Epstein, S. and Rennack, D. (2003) *Travel Restrictions: U.S. Government Limits on American Citizens' Travel Abroad. Congressional Research Service.* The Library of Congress. Available at <http://assets.opencrs.com/rpts/RS21003_20030128.pdf> (Accessed October 16th 2009).

Future Group (2007) *Faster, Higher, Stronger: Preventing Human Trafficking at the 2010 Olympics,* Calgary: Future Group.

George, B.P. (2008) 'Towards an inclusive framework to assess human rights in tourism: a review of major stakeholder perspectives'. Available at SSRN: http://ssm.com/abstract=1275352

George, B.P. and Varghese, V. (2007) 'Human rights in tourism: Conceptualization and stakeholder perspectives', *EJBO Electronic Journal of Business Ethics and Organization Studies,* 12(2): 40–8.

Giulianotti, R. (2004) 'Human rights, globalization and sentimental education: The case of sport', *Sport in Society: Cultures, Commerce, Media, Politics,* 7(3): 355–69.

Glaesser, D. (2006) *Crisis Management in the Tourism Industry,* Oxford: Butterworth-Heinemann.

Hall, C.M. (2003) 'Politics and place: an analysis of power in tourism communities', in Singh, S., Timothy, D.J. and Dowling, R.K. (eds) *Tourism in Destination Communities,* Wallingford: CABI, pp. 99–113.

Hall, D. and Brown, F. (2006) *Tourism and Welfare: Ethics, Responsibility and Sustained Well-being*, Wallingford: CABI.

Haule, R. (2006) 'Some reflections on the foundations of human rights-are human rights an alternative to moral values?', *Max Planck Yearbook of United Nations Law* 10: 367–95. Available at <http://www.mpil.de/shared/data/pdf/pdfmpunyb/08_romuald.pdf> (Accessed 3 June 2012).

Hemingway, S. (2004) 'The impact of tourism on the human rights of women in South East Asia', *International Journal of Human Rights*, 8(3): 275–304.

Hennig, J., Craggs, S., Laczko, F. and Larsson, F. (2007) *Trafficking in Human Beings and the 2006 World Cup in Germany*, Geneva: International Organization for Migration.

Higgins-Desbiolles, F. (2008) 'Justice tourism: a pathway to alternative globalisation', *Journal of Sustainable Tourism*, 16(3): 345–64.

Hollinshead, K. (2009) 'The "worldmaking" prodigy of tourism: The reach and power of tourism in the dynamics of change and transformation', *Tourism Analysis*, 14(1): 139–52.

— (2011) '"Soft Power" in action: The new–or old? – declarative and diplomatic function of tourism', in *Proceedings CAUTHE National Conference 8-11 February 2011*, University of South Australia, Adelaide, pp. 1113–16.

Hudson, S. (2007) 'To go or not to go? Ethical perspectives on tourism in an "outpost of tyranny"', *Journal of Business Ethics*, 76: 385–96.

Human Rights Watch (2009) 'Universal periodic review of Fiji', August 26. Available at http:// www.hrw.org/news/2010/02/09/universal-periodic-review-fiji

IATA (2012) 'Highlight quotes from the remarks of Tony Tyler Director General and CEO International Air Transport Association (IATA)', *State of the Air Transport Industry IATA 68th Annual General Meeting and World Air Transport Summit 11 June 2012, Beijing, China*. Available at <http://www.iata.org/events/agm/2012/Documents/state-industry-video-highlight-quotes.pdf>

(Accessed 17 August 2012).

Isaac, R.K. and Hodge, D. (2011)'An exploratory study: justice tourism in controversial areas: the case of Palestine', *Tourism Planning & Development*, 8(1): 101–8.

Jones, T. (1991) 'Ethical decision making by individuals in organizations: an issue-contingent model', *Academy of Management Review*, 16: 366–95.

Kim, S., Prideaux, B. and Prideaux, J. (2007a) 'Using tourism to promote peace on the Korean Peninsula', *Annals of Tourism Research*, 34(2): 291–309.

Kim, S., Timothy, D. and Han, H. (2007b) 'Tourism and political ideologies: a case of tourism in North Korea', *Tourism Management*, 28: 1031–43.

Kulessa, M. (2000) 'Potentials, problems and prospects of various types of travel sanctions', in *Smart sanctions: the next step: Arms embargoes and travel sanctions*, First Expert Seminar, Bonn: Bonn International Center for Conversion, pp. 1–7.

Lanfant, M.F. and Graburn, N.H.H. (1992) 'International tourism reconsidered: the principle of the alternative', in V.L. Smith and W.R. Eadington (eds) *Tourism Alternatives*, Chichester: Wiley.

Langlois, A.J. (2009) 'Normative and theoretical foundations of human rights', in Goodhart, M. (ed.) *Human Rights Politics and Practice*, Oxford: Oxford University Press, pp. 11–25.

Lansing, P. and De Vries, P. (2007) 'Sustainable tourism: ethical alternative or marketing ploy?', *Journal of Business Ethics*, 72(1): 77–85.

Lau, H. (2008) 'Human rights and globalization: putting the race to the top into perspective', *Northwestern University Law Review*, 102(4): 2021–33.

Law, D.S. (2008) 'Globalization and the future of constitutional rights', *Northwestern University Law Review*, 102(3): 1–89.

Lee, C., Bendle, L. J., Yoon, Y. and Kim, M. (2012) 'Thanatourism or peace Tturism: perceived value at a North Korean resort from an indigenous perspective', *International Journal of Tourism Research*, 14: 71–90.

Liu, J.H. (2007) 'Lighting the torch of human rights: the Olympic Games as a vehicle for human rights reform', *Northwestern Journal of International Human Rights,* 5(2): 213–35.

Lovelock, B.A. (2007) 'Obstacles to ethical travel: attitudes and behaviours of New Zealand travel agents with respect to politically repressed destinations', *Tourism Review International,* 11(4): 329–48.

Lovelock, B.A. (2008) 'Ethical travel decisions: travel agents and human rights', *Annals of Tourism Research,* 35(2): 338–58.

Martin, J.L. (2012) 'Sustainability is the key to protecting natural, cultural and historical assets- Taleb Rifai' 21 February. Available at <http://trumanfactor.com/2012/taleb-rifai-interview/> (Accessed 30 June 2012).

Matheson, C. and Finkel, R. (2011) 'The relationship between human rights and mega sporting events: a case study of the Vancouver Winter Olympics and the spectre of human trafficking', in *Book of Proceedings Vol II International Conference on Tourism and Management Studies, Algarve,* pp. 1051–3.

Milligan, S. (2002) 'House votes to lift ban on Cuba travel, White House sought to keep the sanc-tions', *Boston Globe,* 24 July. Available at <http://www.commondreams.org/headlines02/0724-08. htm> (Accessed 16 October 2009).

Mowforth, M. and Munt, I. (2009) *Tourism and Sustainability: New Tourism in the Third World,* London: Routledge.

Mowforth, M., Charlton, C. and Munt, I. (2008) *Tourism Responsibility: Perspectives from Latin America and the Caribbean,* London: Routledge.

Nafziger, J.A.R. and Strenk, A. (1978) 'the political uses and abuses of sports', *Connecticut Law Review,* 10(2): 259–89.

Payne, D. and Dimanche, F. (1996) 'Towards a code of conduct for the tourism industry: an ethics model', *Journal of Business Ethics,* 15: 997–1007.

Posner, E.A. (2008) 'Human welfare, not human rights', *John M. Olin Law and Economic Working Paper No. 394,* The Law School, University of Chicago. Available at <http://www.law.uchicago. edu/Lawecon/index.html> (Accessed

20 April 2012).

Rabu (2003) 'Building a culture of peace through tourism', *Pacific Link*. Available at <http://kolom. pacific.net.id/ind> (Accessed 18 October 2009).

Rest, J. (1986) *Moral Development: Advances in Research and Theory,* New York: Praeger.

Salazar, N.B. (2006) 'Building a "Culture of Peace" through tourism: reflexive and analytical notes and queries', *Universitas Hunistica*, 62: 319–33.

Sarkar, S.K. and George, B.P. (2010) 'Peace through alternative tourism: case studies from Bengal, India', *Journal of Tourism and Peace Research*, 1(1): 27–41.

Scheyvens, R. (2011) 'The challenge of sustainable tourism development in the Maldives: understand-ing the social and political dimensions of sustainability', *Asia Pacific Viewpoint*, 52(2): 148–64.

Smith, D. (2012) 'Robert Mugabe asked to be UN "leader for tourism"', *Guardian online*, 29 May. Available at <http://www.guardian.co.uk/world/2012/may/29/robert-inugabe-un-intemational-envoy-tourism> (Accessed 1 August 2012).

Strug, D. and Lemkau, J. (2008) 'Psychological distress of Cuban Americans affected by restrictive U.S. travel policies', *Journal of Progressive Human Services*, 19(1): 1–18.

Tourism Concern (2012) *Water Equity in Tourism: A Human Right, A Global Responsibility* (edited by Rachel Noble, Paul Smith, Polly Pattullo), London: Tourism Concern.

UN WTO (2012) 'We must act together to fight exploitation and human trafficking in tourism, say UN and international partners', Availableat <http://media.unwto.org/en/press-release/2012-04-24/> (Accessed 27 June 2012).

Upadhayaya, P.K., Müller-Böker, U. and Sharma, S.R. (2010) 'Tourism amidst armed conflict: consequences, copings, and creativity for peace-building through tourism in Nepal', *Journal of Tourism and Peace Research*, 1(2): 22–40.

Var, T. and Ap, J. (1998) 'Tourism and world peace', in Theobald, W.F. (ed.) *Global Tourism* (2nd edn), Portsmouth, NH: Butterworth–Heinemann, pp. 44–57.

Weber, J. (1990) 'Managers' moral reasoning: assessing their responses to three moral dilemmas', *Human Relations*, 43: 687–702.

第 5 章　医疗旅游

Primum non nocere（首先不要造成伤害）。[a]

学习目标

阅读本章后，你将能够：
- 指出并讨论医疗旅游引发的重要伦理问题。
- 理解医疗旅游与其他形式的医疗保健生意有何区别。
- 描述医疗旅游所包含的过程，指出这一行业所产生的重要不平等之处。
- 理解医疗旅游对供应者和客源社会的影响。
- 理解医疗旅游如何造成医疗保健供给的进一步私有化、医疗保健的商业化以及病人成为消费者的感知变化。
- 讨论对当地人获取医疗保健服务的影响及对供应者国家医疗体系发展之本质的影响。
- 理解病人所面临的风险和本国医疗体系后续护理的成本。

一、导言

　　医疗旅游是一种活动，个人藉此旅行穿越国界，意在获取医疗保健服务。

（Snyder et al. 2011a）

医疗旅游是：

　　有意在病人母国之外寻求非紧急医疗，手术前后可能停留外国，

第 5 章 医疗旅游

在此期间可能参加一些旅游活动。

（Johnston et al. 2010：3）

医疗旅游：

构成传统上认为是公共（政府）事务的一个个人化解决方案，旨在关注其公民的健康。

（Pocock and Phua 2011：2）

医疗旅游与跨境医疗不同，主要是因为个人发起并承担他们所寻求的海外医疗相关的所有费用。医疗旅游者也可能是国内旅游者，在发展中国家国内或发达国家国内寻求医疗的公民。医疗旅游者为各种因素所驱动，包括在本国进行治疗的漫长等候名单、本国的高额医疗费用、本地缺乏供给者以及本地不提供某些医疗服务——因为那些医疗服务是新的，或者因为它们是非法的。此外，互联网使得人们能够更便利地获取海外医疗服务的信息，可以找到便宜的航空旅行，而且，随着中介的出现，也很容易与其他医院体系建立联系（Connell 2006，2011；Johnston et al. 2010）。医疗旅游是健康旅游中的一个独特的利基市场；它包含医疗干预，在此基础上可以将它与其他形式的健康旅游区分开来（Connell 2006）。目的地国家医疗保健提供者的营销努力包括在医疗保健与旅游之间建立特意的联系，强调手术前（病人及其随行旅伴）进行旅游活动以及手术后在充满异域风情的地方进行康复的可能性（Connell 2006；Hopkins et al. 2010）。总之，所有这些相互关联的因素使得医疗旅游发展成为一个数十亿美元的产业（Pennings 2007；Pocock and Phua 2011）。

人们为医疗而旅行的趋势倾向于高收入发达国家的人们前往低收入发展中国家寻求治疗（Connell 2006；Crooks et al. 2010：1）。大多数医疗旅游者来自北美、西欧和中东地区；在印度，医疗旅游者通常是来自英国和美国的侨民或侨民后裔（Connell 2006：1096）。而且看来还存在流动性模式，即来自占主导地位的出发国的病人们在"偏好的"目的地寻求治疗。偏好的形成来自多方面，包括目的地国家的定向市场营销、价格、接近性、所寻求的治疗以及宗教考虑。因此，欧洲人到亚洲寻求治疗，特别是泰国和马来西亚。马来西亚也是来自中东的病人的目的地。但是，来自阿拉伯联合酋长国的大多数人在新加坡寻求治疗；阿曼人则偏爱印度医疗。泰国与新加坡就日本医疗旅游者展开竞争（Connell 2006：1096），目的地纷纷成为心脏手术、牙科治疗、移植、辅助生殖和整形手术的知名地。

虽然潜在而言有无穷无尽的治疗可供寻求，但最普遍的包括髋关节置换、心脏手术、移植手术、整形手术、生殖治疗和实验性治疗。在伦理问题方面，器官移植旅游和生殖旅游引起了各种各样的伦理问题和考虑，有异于前面所提到的一些手术，因为它们牵涉（捐赠者）人体的商品化、性别歧视和对医疗保健权利的理解（Pennings 2007；Budiani-Saberi and Delmonico 2008；Snyder et al. 2012）。然而，这一寻求国外医疗的人口流动并不是被个人动机所驱动，这一流动与其他的许多流动现象一样，深嵌于自由化所有服务的新自由主义转向。医疗保健，跟其他形式的保健一样，成为一种可交易的商品（Hermans 2000）。医疗旅游与其他形式的保健贸易并肩而行：健康服务贸易、来自国外的对医疗保健和医疗保险投资；远程医学（直接的跨境贸易）（Pennings 2007；Cortez 2008）。

据称，现在医疗旅游包括大量寻求国外医疗的人口流动。但是确切的数字很难获得，因为这一旅游利基市场的各方服务者们通常没有保存可靠的记录。例如在大多数国际边界记录的离境原因可能没有区分医疗旅游作为旅行的动机（Johnston et al. 2010；Snyder et al. 2011a）。此外，各出发国医疗体系大多没有方法去记录，或者没有记录它们辖区去往国外寻求治疗的病人数目，或者医疗旅游是否作为返回后需要医疗保健的一个原因。虽然保险公司保有为国外所受治疗请求理赔的记录，商业敏感性通常排除了充分披露的可能（Hopkins et al. 2010）。尽管存在上述问题，还是有人预测寻求国外治疗的医疗旅游者在 2017 年将达到大约 2320 万（Hopkins et al. 2010：188）。

医疗旅游最近才引起研究者关注，大多数实证研究都做于二十一世纪第一个十年以来。在此之前，大多数评论都来自记者，属于观察性评论，而非基于实证的探索。关于这个行业的规模、病人流动性、所产生收益的规模，现在依然没有切实可靠的数据，记录对目的地和出发国医疗体系影响结果的研究也有限（Hopkins et al. 2010）。已经出现一批研究成果，关注的是特定地区的医疗旅游（Connell 2006, 2008; Chee 2007）以及医疗旅游者的移动和体验（Snyder et al. 2011a）。关于对出发国医疗体系和医疗保健的影响则所知甚少；但是目前英国有相关研究正在进行（Lunt pers.com），新西兰也有初步研究（Loverlock and Lovelock 2013），无疑还有其他研究项目正在进行，但成果还有待发表。然而，可靠研究的缺乏并不影响这一事实，即医疗旅游已被视为一种重要的旅游活动方式，对于个人、医疗体系和医疗保健、特定地方和全球医疗的不平等都有着广泛的影响。

本章将探索医疗旅游活动所引发的一系列的伦理问题，包括：

- 医疗旅游对供应者和客源社会的影响。
- 医疗旅游如何造成医疗保健供给的进一步私有化、医疗保健的商业化、病人成为消费者的感知变化。
- 对当地人获取医疗保健服务的影响，以及对供应者国家医疗体系发展之本质的影响。
- 医疗旅游者在传染性疾病的传播中所扮演的角色及其对出发国和全球公共卫生的影响。
- 病人所面临的风险。
- 母国医疗体系后续护理的成本。
- 医疗旅游作为一项实践活动，相关的伦理问题和决策过程。

二、医疗旅游对目的地和出发国的影响

医疗旅游是所包含内容更为广泛的健康旅游子行业的一部分，但二者又有所不同，因为医疗旅游并没有一个国家之间的正式跨境协议，其发起者是病人，而非病人所在的母国医疗服务者或医疗体系。虽然医疗旅游者也会在自己的国家内为了获得治疗而旅行，但更为重要的流动是从高收入国家流向中等或低收入国家。主要的医疗旅游目的地都位于低收入或中等收入国家，那里的竞争优势在于低汇率（Johnston et al. 2010）、低劳动力成本、便宜的药品、低成本或欠缺的医疗过失保险；所有这些因素造成了针对各种医疗状况的更为便宜的治疗成本（Hopkins et al. 2010）。

医疗旅游的旅游成分体现在潜在病患旅行者、目的地供应商、住宿、旅行方式、手术前和手术后恢复体验之间联系的构建。以减贫旅游（poverty tourism）为例，与之相反的医疗旅游行业致力于推广一个更为积极的第三世界目的地的形象，强调医疗服务实施者的资质及目的地医疗服务的安全认证，同时又推广该目的地是从手术和/或其他治疗中恢复健康的理想场所（Johnston et al. 2010；Hopkins et al. 2010；Connell 2006）。强调可靠性、安全与高质量保健的市场推广的同时，还辅之以与具有高质量服务和医疗之国际声誉的国际医疗机构的合作，比如迪拜医疗保健城（Dubai Healthcare City）与梅约诊所（Mayo Clinic）展开合作，沃克哈特集团医疗机构（Wockhardt Group Medical Facility；印度的一个医疗保健连锁机构）则附属于哈佛国际医学（Harvard Medical International）（Hopkins et al. 2010：187）。

图 5.1　医疗旅游。卡通: K.Lovelock。"我现在觉得'全部只要一个价格'也没那么糟。""吃、爱、祈祷、整形外科医生""康复岛"

对医疗旅游并没有相应的监管框架；在缺乏监管的情况下，已经存在的医疗不平等状况可能会变得更加固化、加深。在国际上，健康公平，尤其是普遍可得的医疗的提供，被倡导为解决高收入、中等收入和低收入国家边缘人群健康结果之显著不足的一种手段。医疗旅游完全取决于私立供给医疗的发展，追求盈利，为那些有支付能力的人服务。因此，它造就了医疗保健的贸易和医疗保健的商品化，可能破坏在医疗旅游者自己的国家和目的地国家解决医疗供给结构性不平等的努力，并最终导致全球医疗不平等的固化。

医疗旅游所引起的关键伦理困境（及其诸多表现）是分配公平的问题，以及它给社会福利和医疗保健的普遍公共供给理念带来的挑战。回顾第 2 章对旅游产业关注公平和作为社会变革之载体的呼吁。社会公正关乎公平与公正。医疗旅游凸显出围绕着医疗保健之公正分配的各种问题，并提出了与此情况相关的各种问题，即当一个潜在医疗旅游者考虑寻求国外治疗时，可能如何采取有原则的行为。医疗旅游直接要求分配公平必须也纳入考虑，即医疗旅游如何影响国际医疗资源的分配，什么样的再分配措施对于保证全球更为公平的医疗结果是必要的。

三、削弱国内医疗服务

随着人口老龄化、患有慢性疾病的人口的增加以及与治疗和康复相关的成本越来越高，所有的高收入国家的医疗体系都正承受着相当大的压力（WHO 2008）。表面上看来，医疗旅游提供了某些种类的手术和护理，同时又为那些准备好自行支付其医疗服务的人们提供了一个更为便宜的选择，从而为缓解高收入国家内的压力提供了灵丹妙药（Turner 2007，2008）。有些人可能觉得正在发生的这种交易是一种"互惠"，由此低收入国家能够吸引外汇，改善它们的医疗基础设施，而高收入国家则能够应对越来越高的需求和有限的医疗预算。然而，虽然我们也许能够找出"相互性"，但这并不一定就意味着所发生的交易是平等交换，也不一定意味着其结果对于出发国或目的国的所有或者甚至说大多数成员是互利互惠的。

当医疗旅游者跨出他们自己的医疗体系，或者因为他们不能获得服务，或者因为等候名单太长，他们同时（而且很可能不经意地）削弱了为改善他们国家的医疗服务所做的国内游说努力（Snyder et al. 2012：3）。最终，决定退出国内医疗体系、选择医疗旅游作为解决方案的人越多，国内游说集团就越小，而且有可能本地医疗保健供给预算被缩减的概率就越大，由财政资助的医疗保健供给的增加就会最终受到损害。这一论证是基于对该问题的理解：当高收入国家私立供给的医疗保健与公共供给展开竞争，会发生什么情况？但对于医疗旅游而言，这一问题基本上依然只是一个未经验证的假设，因为这一领域的研究很有限。但最近斯奈德等人（Snyder et al. 2011a）所做的一项定性研究指出，对一些加拿大医疗旅游者而言，在国外接受治疗的经历凸显出他们认为在国内缺失的东西，这意味着对有些加拿大医疗旅游者而言，这一经历启发他们抵制自己社会内部服务和医疗保健的不足。这有点像支持减贫旅游的意识觉醒论（但反转富裕／贫穷体验）。在国外私立设施接受医疗保健服务强化了对国内不足之处的认知，病人知道的更多了，对于所感知到的自己国内医疗体系的不足可能还有点更加愤怒了，从而更有可能对这一问题发出自己的声音。然而，这个研究也指出，加拿大医疗旅游者对于国外和国内医疗所做的对比，主要在于服务、咖啡的提供（病人作为客户和消费者）、海外就医环境的优美。如此，被欣赏到的不一定是治疗本身，而是治疗被提供时所处的（被包装的）环境条件。这一点倾向于支持这一论点：医疗旅游鼓励医疗保健的商品化（私立的、以消费者为中心的服务）；并指出医疗的商品化、私立供给可能成为一个偏好，后者可能最终削弱在其母国的公共医疗供给。虽然这一领域需要更多的研究，但清楚的是，这导致了各种各样的伦理问题，涉及医疗保健的私立和公共供给、哪些人能承担得起对前者的使用，以及当后者最终被侵蚀时会发生什么。

医疗旅游对于医疗旅游者母国公共资金资助的医疗服务引发其他潜在问题。如果医疗旅游者在返家之后出现并发症，其国内医疗体系必须处理医疗保健需要，承担与此相关的成本。在此之外，以治疗为目的的旅行还存在很多风险，包括手术后启程进行长途飞行有栓塞的风险（Carabello 2008）；病人返程回家，医疗护理的中断（Jesitus 2006）；没有能力在目的地国家处理医疗失误（Burkett 2007）。在最近的一份文献综述中虽然没有找到医疗旅游者并发症比率的统计数据，但有很多不幸发生医疗事故的传闻，有些作者论称其对母国公共医疗体系带来的成本是巨大的（Hopkins et al. 2010：191）。此外，由于中介通常协助病人和国外医院建立联系，中介可能就所需医疗保健的性质作出依据不足的判断，他们指导病人所寻求的治疗可能与病人母国医生所提供的建议恰恰相反，又或者协助在国外安排母国不允许的治疗，因为它们被认为"风险太大"（Turner 2007；Snyder et al. 2011b）。而且，病人可能未获提供充分的信息，广为接受的西方医疗规范"知情同意"在这个过程中可能大打折扣（Snyder et al. 2011b）。斯奈德等人（Snyder et al. 2011b：531）对医疗旅游协调人的研究发现，他们认为自己的角色类似于"该病人一步之差的医生"，同时他们也承认该关系的商业成分所引发的紧张局面。这里的问题是大部分的中介或协调人都不是医生；实际上，他们是距离医生一步之差、缺乏医学知识的中间人。

为医疗保健而进行国际旅行也可能使医疗旅游者接触到传染性疾病，他们返家后转而成为一个公共健康问题。NDM-1 耐药酶即被认为是由曾在印度接受医疗保健的医疗旅游者传播到加拿大、美国和英国的（Kumarasamy et al. 2010；Snyder et al. 2011a）。因为这一行业基本上没有监管，传播传染性疾病的风险很高。更确切地说，地方或国家卫生部门没有能力监测或预测什么疾病是否可能跨过边境进入本地区（Crooks et al. 2010）。

延伸阅读

Brich, Daniel, W., Lan Vu, Karmali, S., Stoklossa, C.J. and Sharma, A.M.（2010）. 'Medical tourism in bariatric surgery', *American Journal of Surgery*, 199：604–608.

Newman, M.I., Camberos, A.E. and Ascherman, J.（2005）'Mycobacteria abscessus outbreak in US patients linked to offshore surgicenter', *Annals of Plastic Surgery*, 55（1）：107–110.

> 讨论问题：
> 1. 如果高收入国家有问题的话，提供服务的中等和低收入国家面临的问题是什么？医疗旅游如何影响低收入至中等收入目的地的本地人口？医疗旅游如何影响低收入至中等收入目的地医疗服务和体系的发展？医疗旅游所提供的是否多于它能够提供的？
> 2. 实用主义会让我们问：什么样的行动会为每一个受到影响的人带来最多的好处、最少的坏处？我们需要知道：利益相关者都有谁？有什么样的替代性行动方案？每一个替代方案的收益和成本是什么？哪一个替代方案创造最多的收益和成本？（见第2章舒曼的框架。）
> 3. 从罗尔斯的原则出发：什么样的行动给所有人提供平等的自由和机会，同时尽其可能最大程度地帮助到那些有需要的人？

此外，该行业缺乏监管，使得在医疗体系辖区内追查曾选择寻求海外治疗的病人即使并非不可能，也是非常困难的。最终，这会影响到医疗体系如何管理和定向使用其预算及提供服务给本地人口（Cortez 2008；Wolff 2007）。

四、国外的医疗护理服务供给——旅游者对本地人

医疗旅游被有所区别地定位为出发国和供给国病人应对所面临的服务问题的一种方式。对于供给国而言，有论证称，该行业带来的收益能够用于改善卫生基础设施，这些改进确实、而且将继续造福当地人口（Mudur 2003；Chee 2007；Connell 2008）。跟一般的旅游一样，医疗旅游为发展中国家提供了一个重要的外汇来源。然而，作为一项实践活动，医疗旅游受到各种批判：最终消耗目的地国家的公共资源，削弱目的地国家资金的公平分配，鼓励技能的不公平分配和供给——有技能的卫生专业人员在私立机构应对外国付费旅游者的需要，而不是当地人的需要。此外，医疗旅游鼓励国内迁徙，有技能的卫生专业人员从农村迁移到城市地区在新的私立机构工作，为外国人服务，留下农村地区面对招聘和保留人才的挑战（Pachanee and Wibulpolprasert 2006；Wibulpolprasert and Pengbaibon 2003）。比如泰国的公共部门就出现了卫生专业人员的不足。2005年，有6000个职位持续空缺，因为卫生专业人员越来越多地在私营部门寻求更高薪酬的工作（Hopkins et al. 2010）。预计类似的影响还会出现在南非、加纳、巴基斯坦等国家。这将会加剧本来就存在的卫生专业人员的短缺——这些国家将近一半的医学毕业生都会移民国外寻找工作（Saniotis 2007 in Hopkins et al. 2010）。

当然，多年以来，发展中国家就经历着技能的短缺——卫生专业人员移民国外，加入所谓的"全球健康传送带"（Schrecker and Labonte 2004；Pennings 2007），虽然医疗旅游有可能提供阻止这一流动的一种途径，但对于大部分当地人口而言，阻止这一流动并不总是意味着得益。确切地说，它可能导致一个双层体系的发展，使得富有的病人流向私立医院，而本

第 5 章 医疗旅游

地穷人流向为本地人开设的医院，或者甚至不能获得适当的治疗（Chanda 2002）。这种双层体系明显存在于以色列（Even and Zinshtein in Snyder et al. 2012）、印度（Gupta 2007）和马来西亚（Leng 2007；Chee 2007），最终导致本地人难以获取医疗保健服务，医疗结果变得更差。在这些目的地国家，卫生专业人员的培训是由公共财政资助的，当这些专业人员致力于为富有旅游者提供服务而不是应对他们本地人口的预防医学或公共健康问题，便出现了与之相关的伦理问题（Gupta 2007；Pennings 2007；Snyder et al. 2012）。此外，在这些国家，开发商开办私立医院时常常获得税收激励，作为交换，他们应为本地人提供医疗保健服务，然而一旦获得税收减让之后，有些开发商并不遵守为本地人提供医疗保健服务的承诺（Snyder et al. 2012）。这也许可以视为给本地人口带来的双重负担：其一，税收的损失——这份税收本来可以用于帮助提供本地人所需的医疗服务；其二，尽管做出了税收减让，却并没有相应获得更好的医疗服务的提供。大多数低收入国家的监管措缺失或不足以确保从医疗旅游获得的税收返回公共医疗护理系统（Gupta 2007；Hopkins et al. 2010；Pocock and Phua 2011）。所有这些迁移——从贫穷到富裕、从农村到城市、从公共到私营——不仅仅发生在发展中国家，也显现于发达国家，这是分配公平的问题（Bauer 2003；Pennings 2007）。虽然双层体系本身不是问题，但当一层被另一层危害，特别是当医疗的公共供给被私营部门所危害，这就是问题了，不公平的问题就出现了，卫生保健的基本权利就受到了损害。此处关键的伦理问题是，支付能力变得比根据需要来提供医疗卫生服务更加重要（Pennings 2007：506）。

案例研究：医疗游客流与不平衡的地区医疗保健能力——约翰·康奈尔（John Connell）

医疗旅游引发了各种各样的伦理问题，主要包括如下问题：资质认定，医疗质量（包括手术后护理），特别"极端"手术的有效性，比如器官移植旅游（通常在病患母国不予实施），返家医疗旅游者带来的感染的传播和流行病可能引起的生物安全风险（Hall and James 2011）。媒体对身材描述的伦理性也受到质疑，其中包括将（通常是）女人的身体归为病态、迫求改变（Sarwer and Crerand 2004；Buote et al. 2011）。内在的不平等提出了诸多的伦理问题，特别是对于新的实验性手术——在缺乏监管的情况下，各种各样的非常见医疗行为服从于"市场的逻辑"（Parry 2008）。

一个反复出现的伦理问题关注医疗旅游对目的地国家国民医疗保健的影响。显然，医疗旅游带着病人跨越国界，越过医疗服务提供者、医生和病人之间也许是舒适而熟悉的文化关系，来到可能在文化、气候和语言方面都迥异而陌生的地方。主要的目的地是墨西哥和亚洲"四大"：新加坡、泰国、马来西亚和印度（Connell 2011）。数十年来，如印度等国的医疗体系都被西方习惯上认为是不够好的，设施、业务和人力资源都不足。客源国家的专业团体常常发出警示说明，他们的成员可能不得不挽救办砸了的手术和并发症。但是，这些记录医疗事故的专业团体也显然有既得利益。成功与失败的真实比率是不可衡量的：没有记录这一比率的方法，也没有据以衡量成功率的指导原则，特别是在整形手术这样的领域，失望和失败可能更加频繁。

然而，为了补救一些真实的缺陷，除了感知的不足之外，希望成为医疗旅游目的地的国家和医院必须将相当多的资源投资于医疗保障体系的发展，以满足来自更发达国家的相对富有的访客的需要，并在这些客源国推广这些服务。这一投资显著提升了一些重要医院的医疗水准，最著名的是泰国的康民国际医院（Bumrungrad International Hospital）——也许是医疗旅游者最大的目的地。这种面向医疗旅游的大型医院设施丰富，以致被称为"酒店式医院"。这种医院以及相关基础设施的投资——比如交通、排水设备、供水、供电——通常集中于首都城市，大多数医疗旅游设施都坐落在这里；而因为支出是有限的，其可能是以农村和地方性区域的投资为代价。在大多数国家，这也正是医疗保健需求最大但服务最差的地方。

发展中国家的医疗保障体系，包括医疗旅游者的主要目的地，是众所周知的不均衡，而且在城市偏向与地区性设施的衰退都由来已久的情况下，常常变得更加不均衡。这样的集中化因为私有化、医疗支出预算的停滞，以及可能附加的医疗旅游而加速进行（Connell 2011）。

在某些国家，医疗旅游公司的品牌形象与大多数人的医疗保健有时残酷的现实之间存在着相当大的分裂。这一点在印度尤其明显，这里公共部门和扩张着的私营部门之间的分裂很有代表性地体现于医疗旅游和连锁医疗企业的出现，比如阿波罗医院（Apollo Hospitals）。印度的公共部门医疗保障和公共卫生体系与医疗旅游是截然分开的，但它们都是国家政治经济体的一部分。私营部门的扩张给公共部门带来了一些代价：病人们的支付能力极其有限，特别是如果有技能的员工从这一部门转移出去的话。医疗旅游最近在印度的增长发生在这样的情境中：虽然国民经济快速增长，依然有大概40%的印度人口生活在贫困线以下，他们能够获得的基本医疗保障极其有限，使得婴儿和孕产妇死亡率很高（Connell 2011）。

私营卫生部门的快速扩张导致医务人员移向城市、私营部门，这里的薪酬和工作条件通常更为优越。这有时候涉及从农村地区迁移出去，更加强化了医疗保健方面已有的地区不平等。如泰国整体健康基金会（Thai Holistic Health Foundation）秘书长所指出的，"过去，我们遭受了人才流失；医生们想去国外工作，挣更多的钱。现在，他们没有必要离开这个国家，人才流失成为我们自己社会内部的一部分"（引自Connell 2011）。五年后，医疗旅游被泰国国家卫生委员会（National Health Commission of Thailand）秘书长认为是"导致医生、高级专家和其他医务人员流向私营医院，造成人才流失的加速器"（引自Connell 2011）。

许多医疗旅游目的地，尤其是印度，医生（和其他医疗专业人士）短缺。印度每10,000人中只有4位医生，而美国有27位；医务人员跨国移民的加速意味着这些数字差距正在稳步扩大（Connell 2011）。泰国的许多地区都严重缺乏医生，除了持续不断的对外移民，还有从边远地区及初级和预防性医疗保健外迁的"内部人才流失"（Wibulpolprasert and Pengbaibon 2003；Wibulpolprasert and Pachanee 2008）。具有讽刺意味的是，医疗旅游部分是出于对发达国家内漫长等候名单的反应，于是，需求和等候名单就转移到了相对贫穷或中等收入的国家。医疗旅游者从仍然有着更好服务的国家向外流，凸显出就整体的国家医疗体系能力而言，医疗旅游是一种有悖常理的流动（Connell 2011）。

尽管有相当大的关注，关于医疗旅游的广泛社会经济影响的研究文献所基于的假设却很少关注到这些广泛的问题。在某些部分，这可能是因为医疗旅游所引发的问题很难回答。然而，在某些情境中"出现了一个双重医疗体系，其中在心脏病学、眼科学和整形手术方面的专业化发展服务于外国和本国富有病人，而本地人口（中的大多数）则缺乏基本设施，比如下水道处理设施、清洁水和定期驱虫"（Bookman and Bookman 2007: 7, Connell 2011）。这种状况在印度很典型，在泰国、马来西亚和其他地区则发生得没这么突出（NaRanong and NaRanong 2011）。有技能的医务人员从农村和偏远地区迁移到城市、从公共部门转向私营部门，加剧了这种状况。因此，医疗旅游被称为"精英私人空间……与一个备受打击的国家医疗项目有着密不可分的联系"以及"给精英的反向补贴"（Ackerman 2010: 403；Sengupta 2011: 312）。南非也强调了其"医疗保健中的种族化不平等"（Mazzaschi 2011）。

市场机制在医疗保健领域越来越重要。随着私有化和国际市场竞争的加剧，医疗保健越来越变得全球化，而非本地化；是用来交易的，而不认为是一种权利。医疗保健通过医疗旅游实现了外包，这显示出即使是看起来最具有区位性的活动也变得可移动了。国家推行本国内部医疗保障的政策与通过促进国家之间流动性以创造收入的国际策略之间出现了紧张局面，这引发了新的伦理问题。所有形式的医疗旅游都提出了关于技术性医务人员的合理使用、财政资源的配置和医疗保健的分配相关的问题（Connell 2011）。

参考文献

Ackerman, S. (2010) 'Plastic paradise: Transforming bodies and selves in Costa Rica's cosmetic surgery tourism industry', *Medical Anthropology,* 29: 403–23.

Bookman, M. and Bookman, K. (2007) *Medical Tourism in Developing Countries,* Basingstoke: Palgrave Macmillan.

Buote, M., Wilson, A., Strahan, E., Gazzola, S. and Papps, F. (2011) 'Setting the bar: Divergent sociocultural norms for women's and men's ideal appearance in real- world contexts', *Body Image,* 8: 322–34.

Connell, J. (2011) *Medical Tourism,* Wallingford: CABI.

Hall,C.M. and James, M. (2011) 'Medical tourism: emerging biosecurity and nosoco-mial issues', *Tourism Review,* 66: 118–26.

Mazzaschi, A. (2011) 'Surgeon and safari: Producing valuable bodies in Johannesburg', *Signs,* 36: 303–12.

NaRanong, , A. and NaRanong, , V. (2011) 'The effects of medical tourism: Thailand's experience', *Bulletin of the World Health Organization,* 89: 336–44.

Parry, B. (2008) 'Entangled exchange: Reconceptualising the characterisation and practice of bodily commodification', *Geoforum,* 39: 1133–44.

Sarwer, D. and Crerand, , C. (2004) 'Body image and cosmetic medical treatments', *Body Image,* 1: 99–111.

Sengupta, A. (2011)' Medical tourism: Reverse subsidy for the elite', *Signs,* 36: 312–19.

讨论点

关于医疗旅游，分配公平可能涉及以下所列的某些方面：

1. 更密切的监管，涉及再分配融资机制，通过向医疗旅游者征税，税收再投资于公共医疗体系。

2. 确保本地人对其的使用不与其支付能力挂钩（社会保险）。

> 讨论问题：
> 哪些行动为所有利益相关者达成一个收益与成本的公平分配？

3. 确保要求私营供给者为本地人提供服务。

五、医疗保健的私有化和全球化

富有的精英们为了治疗和手术踏上出国旅途，这不是什么新鲜事；历史上，许多国家领导人和精英群体的成员们就为了获得国外的专业治疗而旅行（Kangas 2002；Connell 2006）。但是，现在的医疗旅游形式相对还是比较新近的。虽然富有的精英们依然占据主要地位，医疗旅游日渐进入发达和发展中国家中等收入者力所能及的范围——这种转变受到医疗服务产业的国际化和自由化的推动。更确切地说，医疗旅游是医疗保健的私有化和全球医疗保健市场的增长的产物（Hopkins et al. 2010）。例如印度、泰国、印度尼西亚和尼泊尔为了鼓励商业医疗部门的增长，已经放宽了对外国直接投资的限制（Hopkins et al. 2010：192）。这一发展态势的基础在于新自由主义经济政策广泛为许多发达国家所采用。这些政策导致了福利国家的退出，原本为它们的国民提供的各种各样的"关怀"和/或"责任"的供给随之大幅度下放到个人。虽然历史上给大多数人提供的医疗保健通常是在国境内进行处理，但境内医疗体系越来越大的压力和贸易的放宽使得医疗保健服务变成了可交易的商品，医疗保健专业人员也不再被限定在他们接受培训或为之培训的地方提供服务。

地方和全球发生的这些变化使得就医的行程比以往更加受到一张由互相联结的各种过程构成的网络影响，包括人和技术、资本、形象、意识形态（Kangas 2002：44）。就医疗旅游而言，这些行程大都没有受到监管，对某些人而言获利丰厚，对另外一些人而言则是一种剥夺。在美国，各种各样的任务都被外包出去，比如保险索赔的处理和诊断测试的解读，但迄今为止最为重要的转变是病患市场的全球化（Cortez 2008：76）。互联网成为医疗旅游的一个主要促进者。病人可以研究他们的医疗状况，在网上搜索供应商、产品和治疗选项（Cortez 2008：85）和能够将病人联系到医疗机构的中介（Hopkins et al. 2010）。互联网最为流行的功能之一就是搜索健康信息，其仅次于使用电子邮件，而与搜索其他消费品和服务并肩而行（Cortez 2008：76）。

网站

一个简单的搜索就能显示网站是如何协助这个行业的，参见下例：

http：//www.apollohospitals.com

http：//www.bumrungrad.com

http://www.wockhardthospitals.net

供给国和出发国医疗保健服务私有化的发展也推动了这一产业的全球性。随着政府在医疗保健服务领域寻求扮演越来越少的角色，各种条件被创造出来，以吸引该领域的外国投资。这已经使得如今医疗保健成为世界上最为重要的市场之一（Cortez 2008：88）。

直到最近，健康服务领域的大部分贸易涉及的是医疗专业人员的流动，但随着外国投资法律的放宽，很多目的地渐渐出现了一个全球性医院产业，各企业跨区域获取了很多地方的医院。这与相关产业的全球化同时发生，比如制药行业、医疗保险市场、远程医学和生物技术行业（Cortez 2008：89），在这些行业里，临床试验、测试、供给者和生产者逐渐遍布全球各地。

在全球层面上，《贸易与服务总协定》（General Agreement on Trade and Services，GATS）代表了所有服务的自由化，将新自由主义的遗产最优化。这一点很好地体现于印度对 GATS 的反应、针对私营医院设置的条款，以及为了获取外汇收入而扩张医疗旅游的意图（Hopkins et al. 2010：193）。根据 GATS，各国可以作出与四个领域相关的有约束力的自由化承诺:（1）跨境供给（远程医疗或实验服务）；（2）国外消费（医疗旅游）；（3）商业存在（外国投资于卫生设施）；（4）自然人（医务工作者短期移民国外）（Hopkins et al. 2010：193）。现在有来自医疗旅游目的地供给者的压力，通过 GATS 谈判，希望确保保险公司覆盖国外所提供的服务。那些已经承诺吸收外国投资于卫生设施的国家（目前有 35 个）将会促进医疗旅游的增长，但并不确定这是否会给本地人带来更好的医疗保健（Hopkins et al. 2010）。也不清楚医疗旅游给各种旅游参与者所带来的相关经济收益（包括旅行中介、航空公司、酒店、出租车和本地供应商）是否足够抵消目的地国家双层医疗体系的兴起和给穷人的医疗保健供给不足所带来的长期影响。

讨论点

很多人都论证，如果要保证高质量医疗保健服务的获取是公平的，作为一项基本人权的基本的医疗服务就应该由公共医疗保健来控制和提供（Pennings 2007：505）。有了医疗旅游，一旦一个社会里相当数量的人渐渐习惯于购买医疗保健服务，医疗服务将逐渐被视为可以购买的商品，而这将被接受为正常行为。这种感知和行为的改变将转而削弱对医疗保健作为一项基本人权的坚守，而后者正是医疗保健的公共供给试图做到的（Snyder et al. 2011a）。

我们现在将考虑两种形式的医疗旅游：器官移植旅游和生殖旅游。就伦理问题而言，它们看起来非常明显，所作所为很有问题，但如霍普金斯等人（Hopkins et al. 2010：190）所观察的，它们可能不是全球健康不平等问题中最麻烦的。

> 讨论问题：
> 1. 医疗保健的私有化有怎样的伦理意义？
> 2. 私有化如何影响那些最需要帮助的人？

讨论点：器官移植旅游——医疗旅游

器官移植旅游即人在国外接受移植手术，是通过非法器官交易所得器官的接收者（Shimazono 2007 in Evans 2008）。器官移植旅游也涉及中间人——中介和医疗保健提供者，他们安排捐赠者的招募及为移植手术进行的旅行。器官捐赠者的短缺导致器官的非法交易和器官移植旅游的出现。器官移植旅游占全球移植手术中的大概10%（WHO 2007）。2005年，来自98个国家的66,000个肾脏被移植，然而这只满足了10%的需求（Kokubo 2009）。器官移植旅游引起了对器官获取的性质和器官获取时的状况的关注。虽然在北半球也有交易，且某些交易涉及尸体器官，大部分都涉及南半球取自活人的器官移植到不相关的人。器官交易也可能采取其他形式，比如来自不同国家的活体捐赠者和接收者旅行到第三个国家进行移植。提供器官的人是被财务激励所驱动，毫无例外，他们生活在极端的贫困中，为来自高收入国家的人们提供器官。与这一交易有关的经纪人出现了，其核心是对于知情同意和经纪人与器官提供者之间具有潜在胁迫性的关系的伦理关注。财务激励驱使着贫困中的人们提供器官，但他们中的许多人手术后健康状况都恶化了，这转而加重了他们穷困的生活状况，因为他们不能工作，还不得不支付医疗保健的费用，并且/或受到他们社区的排斥（Scheper-Hughes 2002）。

器官买卖对于商业性活体器官捐赠者、临床医生和接收者是一个主要的伦理问题。所有国家都试图处理供移植器官短缺的问题，但并非所有国家都会处理器官非法交易的剥削性行为。

非法器官交易的联合国定义

非法器官交易涉及人员的招募、运输、转移、藏匿和接收，通过使用或威胁使用暴力或者其他形式的胁迫、诱拐、欺骗、欺诈、权力滥用、弱势地位、给予或获取付款或利益以获得同意对另一个人有所控制，从而达到榨取的目标，摘除器官、组织或细胞作为移植之用。反对非法器官移植的原因是，利用一个国家或人群中弱势的那部分作为器官的来源是全球性的不公（弱势是基于社会地位、民族、性别或年龄定义的）（Budiani-Saberi and Delmonico 2008：925）。

对于从身份不明的供应商那里接受器官移植的人来说，其风险包括传播感染如乙肝、肺结核或捐赠者传播的恶性肿瘤。器官移植旅游者有一个更加复杂的移植后疗程，急性排斥反应和严重感染并发症的发生率更高（Gill et al. 2008）对那些售卖自己器官的人来说，他们很少有充分的医疗跟进，经历着糟糕的健康状况，经受抑郁、后悔，并常受社区里的歧视（Zargooshi 2001）。

有人论称，一个人有权决定售卖他自己的器官——这不过是自主权的表达和他们道德自主性的使用。自主的概念源于自由主义道德和政治转向，意思是免受外部约束，在所有关键心智功能正常运行的情况下，个体依据自己选择的道路行动（Beauchamp 2007：4）。然而，对于器官交易而言，只盯着自主权这一理念模糊了这一事实，即发展中世界卖器官的人们大多数生活在贫困潦倒中——在这一情境中，选择在相当大程度上决定于其他人的角色，此处不仅限于着力收购器官的中间人，也包括失于治理贫困的政府，以及这些

> **讨论问题：**
> 1. 这个世界的器官捐赠者是什么人？
> 2. 发展中国家捐赠者的健康会受到哪些影响？
> 3. 一次性支付一个肾脏是否道德地补偿了卖主？

人极其糟糕的生活环境。
资源
Bramstedt, K. A. and Xu, J. (2007). 'Checklist: Passport, plane ticket, organ transplant', *American Journal of Transplantation*, 7: 1698–1701.

图 5.2　肾脏交易——带伤疤的男人们。照片：**Asim Tanveer**。

六、伦理决策

"这真是不公平……我真是幸运……能够做这个，对那些不能做这个的人来说真是太糟糕了，我同情他们。"

（一位加拿大医疗旅游者，Snyder et al. 2011a）

对于个人责任，斯奈德等人（Snyder et al. 2012：8）开发了一个决策模型，旨在帮助病人考虑医疗旅游的伦理（图5.3）。

该模型使得潜在的医疗旅游者能够考虑他们如何影响医疗服务中的各种交易体系，他们的选择可能对其他人有什么影响。然而，对这一伦理过程的回应目前受限于关于医疗旅游长期影响的可靠实证数据的缺乏。尽管这方面无能为力，已经有足够的信息供人们使用，以采取一种有政治责任感的方法来对待医疗旅游；如果医疗旅游者参与这样一个过程，可以说，那些在国外提供服务的人们会更加积极地对待地方上的各种责任。此外，斯奈德等人（Snyder et al. 2011a）建议，医疗公平应当影响对医疗旅游供给者和协助者的评分——由此迫使供给者超越有助其市场营销的资质评定，更多关注、处理该产业对地方医疗保健和各方面的影响。

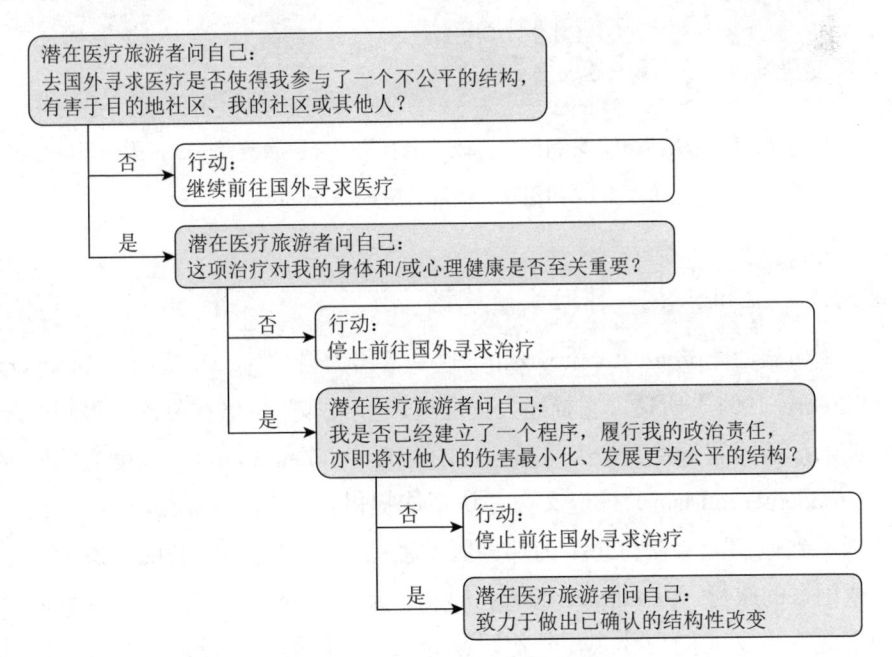

```
潜在医疗旅游者问自己：
去国外寻求医疗是否使得我参与了一个不公平的结构，
有害于目的地社区、我的社区或其他人？
    │
    ├─否─→ 行动：
    │      继续前往国外寻求医疗
    │
    └─是─→ 潜在医疗旅游者问自己：
           这项治疗对我的身体和/或心理健康是否至关重要？
               │
               ├─否─→ 行动：
               │      停止前往国外寻求治疗
               │
               └─是─→ 潜在医疗旅游者问自己：
                      我是否已经建立了一个程序，履行我的政治责任，
                      亦即将对他人的伤害最小化、发展更为公平的结构？
                          │
                          ├─否─→ 行动：
                          │      停止前往国外寻求治疗
                          │
                          └─是─→ 潜在医疗旅游者问自己：
                                 致力于做出已确认的结构性改变
```

图 5.3　医疗旅游者的决策过程

来源：Snyder et al.（2012）。

图 5.4 墨西哥，边境小镇，牙科医生：成千上万的"牙科旅游者"旅行国外以获得更便宜的牙科治疗。照片：Brent Lovelock。

讨论点：生殖旅游 – 辅助生殖旅游

生殖旅游（procreative tourism）这一术语为诺珀斯和布里斯（Knoppers and Lebris 1991）所造，它描述公民通过旅行至那些提供在母国得不到的服务或治疗的国家行使其个人生殖选择的行为（Cohen 2006）。辅助生殖旅游（reproductive tourism）被定义为"从不能提供治疗的一种制度、一个辖区或国家到他们能够获得想要的那种医学辅助生殖的另一种制度、另一个辖区或国家的旅行"（Pennings 2002：337）。除了服务不可得之外，生育治疗的高成本也是人们为什么在其他国家寻求治疗的另一个原因。此外，在通过公共医疗系统来提供生育治疗的很多国家，其等候名单很长。对某些人而言，等候不是一种选择，尤其是当年龄是体外受精成功率的一个重要影响因素之时。生殖旅游在欧洲被所有这些因素所驱动，但可以说最为有力的一个因素是在一些欧洲国家，某些治疗是禁止进行的。比如比利时和意大利是各种生殖手术的目的地国家，特别是体外受精（in vitro fertilisation,

IVF），因为这两个国家对于医学辅助生殖都没有什么法律或监管机制。来自法律禁止某些手术的德国和法国的生殖旅游者，旅行到比利时和意大利以寻求他们在国内不能获得的帮助（Cortez 2008：77）。有时不能获得某些手术，因为它们还没有被监管者批准，这使得人们从欧洲（特别是西欧）流向中东——在那里，更多的实验性技术已经付诸实践，不受监管控制。

其他人观察到各种各样的医疗旅游受到病人的追求，因为距离给他们带来了匿名性。例如出于这一原因，相关人等常常到国外寻求变性手术和整形手术（Conneell 2006：1097）。对于生殖旅游也是如此；在与不孕有关的文化禁忌的地方，人们会为了治疗而旅行，而旅行动机可以很容易隐藏。比如来自亚洲的旅游者会在新西兰寻求不孕不育的治疗，不仅仅因为这项治疗比在国内更便宜，而且因为旅行原因可以装作蜜月或度假，而返程时这对伴侣就能够怀上他们的第一个孩子了。不孕不育这个文化性耻辱使得这些旅游者只好在远离家乡的地方寻求人工辅助受孕，在他们可以匿名的地方，受到的辅助可以确保不为人知（Lovelock pers.com）。

关于生殖旅游的伦理辩论大都围绕着权利、特别是道德自主性的理念展开。通过这一视角，生殖旅游使人们可以避开他们自己社会的道德冲突，在另一个允许他们所寻求之手术的社会使用他们的道德自主性。对生殖旅游的认可体现了对另一个人的道德自主性的认可（Pennings 2002，2004）。

来源

Pennings, G. (2002) 'Reproductive tourism as moral pluralism in motion', *Journal of Medical Ethics*, 28: 337–341.

— (2004) 'Legal harmonization and reproductive tourism in Europe', *Human Reproduction*, 19 (12): 2689–2694.

人工辅助受孕

然而，如同非法器官交易，道德自主性也遭到人们的挑战，他们强调与人工辅助受孕相联系的人体部位的商品化、剥削穷人的可能性、剥削的性别化本质——中间人在全世界的女性穷人那里获得营利性捐赠者。这里，卵子捐赠者、精子捐赠者、代孕妈妈的营利性募集、性别选择技术的可得性——这里的选择总是偏好男婴，都是引起伦理关注的行为。捐赠和代孕有时被称为"第三方生殖",它们引起了关于父母权利、身体及身体部位和婴儿的商品化的问题和伦理争议(Martin 2009)。最近,出现了"旅行着的外国卵子捐赠者"这类人,也就是说,年轻女性通过售卖卵子(身体部位)或代孕(Malhotra and Malhotra 2009)寻求经济流动性(Heng 2007)。生殖旅游凸显了全球化的不平衡性,富有者能够获得国际性的帮助,穷人常常只能扮演"第三方"的角色。有许多文献关注生殖技术的社会、政治和文化影响以及围绕人工辅助受孕的伦理争论。关于生殖旅游的文献也正不断涌现。

更多资源

Donchi, A. (2010) 'Reproductive tourism and the quest for global gender justice', *Bioethics*, 24 (7): 323–332.

Inhorn, M.C. (2011) 'Globalization and gametes: reproductive "tourism", Islamic bioethics, and Middle Eastern modernity', *Anthropology and Medicine*, 18 (1): 87–103.

Martin, L.J. (2009) 'Reproductive tourism in the age of globalization', *Globalizations*, 6 (2): 249–263.

> 讨论问题:
> 1. 对生殖自由有没有限制?
> 2. "生殖旅游"这一用语是否充分表达了其流动性及所指的治疗?

本章回顾

本章探讨了出现于医疗旅游中的复杂问题的伦理困境。众多研究者和评论者探索了与这一小众旅游形式相关的重要问题,包括对目的地和出发国医疗体系和医疗保健服务的影响;医疗保健资源使用的不平等;在目的地国家出现的双层医疗体系,而这些国家正疲于为其人口主体提供充分的公共医疗保健;公共资金(税收激励、便宜的土地)协助下的对私营医疗投资的增加;外国投资者和开发商不遵守为本地人口提供医疗保健的协定;病人面临的健康风险,传染性疾病的传播带来的公共卫生风险;出发国为公民提供的公共医疗保健的削弱;处理医疗旅游者返家后出现的手术后并发症给出发国医疗体系带来的隐藏成本;与责任和治疗不当相关的问题。医疗旅游引发了各种各样的伦理关注和复杂问题,它们的基础是这一主导性顾虑：这种旅游形式将会导致或者至少使业已存在的全球健康不平等继续下去，包括出发国和目的地国家之间不平等，以及各国内部的不平等。另一个顾虑即这种形式的医疗保健、私营医疗最终将会削弱各国家内部公共医疗保健的供给，影响弱势群体的健康结果。

关键术语小结

医疗旅游（medical tourism） 被定义为：

一种活动，个人藉此旅行穿越国界，意在获取医疗保健服务。

（Snyder et al. 2011a）

有意在病人母国之外寻求非紧急医疗，手术前后可能停留外国，在此期间可能参加一些旅游活动。

（Johnston et al. 2010：3）

器官移植旅游（transplant tourism）：人在国外接受移植手术，是通过非法器官交易所得器官的接收者（Shimazono 2007）。器官的买卖和相关的器官移植旅游对营利性活体器官捐赠者、临床医生和接受者是一个重要的伦理问题。

生殖旅游–辅助生殖旅游（procreative tourism – reproductive tourism）：公民通过旅行至那些提供在母国得不到的服务或治疗的国家、行使其个人生殖选择的行为（Cohen 2006）。辅助生殖旅游（reproductive tourism）被定义为"从不能提供治疗的一种制度、一个辖区或国家到他们能够获得想要的那种医学辅助生殖的另一种制度、另一个辖区或国家的旅行"（Pennings 2002：337）。

思考问题

1. 医疗旅游对发展中国家的长期影响可能有哪些？
2. 如果旅游者使用斯奈德等人（2012）的模型，这是否会影响到医疗旅游中一些不合伦理的实践？
3. 这个世界的穷人是主要的器官捐赠者，这对于生殖和器官有哪些伦理方面的影响？使用舒曼的框架（见第2章）后，你能得出什么结论？

练习

使用斯奈德等人（2011a）的伦理决策程序，想象你是一个医疗旅游者，在国外寻求：
- 整容手术；
- 减肥手术；
- 器官移植；
- 生殖治疗，以帮助受孕；
- 心脏手术；
- 牙科治疗；
- 髋关节置换。

考虑到上述所有治疗，你对自己的旅行计划有什么结论？

延伸阅读

Connell, J. (2011) *Medical Tourism*, Wallingford: CABI.

Healy, C. (2009) 'Surgical tourism and the globalisation of healthcare', *Irish Journal of Medical Science*, 178 (2): 125–127.

Jeevan, R. and Armstrong, A. (2008) 'Cosmetic tourism and the burden on the NHS', *Journal of Plastic, Reconstructive & Aesthetic Surgery*, 61 (12): 1423–1424.

注释

a 这一说法来自托马斯·西德纳姆（Thomas Sydenham，1624–1689），引自托马斯·英曼（Thomas Inman）《医学新理论和新实践的基础》（*The Foundation for a New Theory and Practice of Medicine*），London：Reed and Pardon Printers，1860。

参考文献

Bauer, K. (2003) 'Distributive justice and rural healthcare: a case for e-health',

International Journal of Applied Philosophy, 17: 241–52.

Beauchamp, T.L. (2007) 'The "Four Principles" approach to health care ethics', in Ashcroft, R.E., Dawson, M.A., Draper, H. and McMillan J.R. (eds) *Principles of Health Care Ethics* (2nd edn), Chichester: John Wiley.

Birch, D.W., Lan Vu, Karmali, S., Stoklossa, C.J. and Sharma, A.M. (2010) 'Medical tourism in bariatric surgery', *American Journal of Surgery*, 199: 604–8.

Bramstedt, K.A. and Xu, J. (2007) 'Checklist: passport, plane ticket, organ transplant', *American Journal of Transplantation*, 7: 1698–701.

Budiani-Saberi, D.A. and Delmonico, F.L. (2008) 'Organ trafficking and transplant tourism: a commentary on the global realities', *American Journal of Transplantation*, 8: 925–9.

Burkett, L. (2007) 'Medical tourism. Concerns, benefits, and the American legal perspective', *Journal of Legal Medicine*, 28: 223–45.

Carabello, L. (2008) 'A medical tourism primer for U.S. Physicians', *Journal of Medical Practice Management*, 23(5): 291–4.

Chanda, R. (2002) 'Trade in health services', *Bulletin World Health Organization*, 80: 158–63.

Chee, H.L. (2007) *Medical Tourism in Malaysia: International Movement of Healthcare Consumers and the Commodification of Healthcare,* Singapore: Asia Research Institute.

Cohen, J. (2006) 'Procreative tourism and reproductive freedom', *Reproductive Biomedicine Online*, 13(1): 145–6.

Connell, J. (2006) 'Medical tourism: sea, sun, sand and ... surgery', *Tourism Management*, 27: 1093–100.

—— (2008) 'Tummy tucks and the Taj Mahal? Medical tourism and the globalization of health care', in Woodside, A.G. and Wallingford, M.D. (eds) *Tourism Management: Analysis, Behaviour and Strategy*, Wallingford: CABI, pp. 232–44.

— (2011) *Medical Tourism*, Wallingford: CABI.

Cortez, N. (2008) 'Patient without borders: the emerging global market for patients and the evolution of modem health care', *Indiana Law Journal*, 83: 71.

Crooks, V., Kingsbury, P., Snyder, J. and Johnston, R. (2010) 'What is known about the patient's experience of medical tourism? A scoping review', *BMC Health Services Research*, 10: 266–77.

Donchin, A. (2010) 'Reproductive tourism and the quest for global gender justice', *Bioethics*, 24(7): 323–32.

Evans, R.W. (2008) 'Ethnocentrism is an unacceptable rationale for health care policy: a critique of transplant tourism position statements', *American Journal of Transplantation*, 8: 1089–95.

Gill, J., Madhira, B.R., Gjertson, D., Lipshutz, G., Cecka, J.M., Pham, P.T., et al. (2008) 'Transplant tourism in the United States: a single-center experience', *Clinical Journal of the American Society of Nephrology*, 3: 1820–8.

Gupta: Amit Sen (2007) 'Medical tourism in India: winners and losers. Editorial, *Indian Journal of Medical Ethics*, 5(1).

Healy, C. (2009) 'Surgical tourism and the globalisation of healthcare', *Irish Journal of Medical Science*, 178(2): 125–7.

Heng, B.C. (2007) 'Regulatory safeguards needed for the travelling foreign egg donor', *Human Reproduction*, 3571–2.

Hermans, H. (2000) 'Cross-border health care in the European Union, recent legal implications of Decker and Kohll', *Journal of Evaluation in Clinical Practice*, 6: 431–9.

Hopkins, L., Labonte, R., Runnels, V. and Packer, C. (2010) 'Medical tourism today: What is the state of existing knowledge?', *Journal of Public Health Policy*, 31(2): 185–98.

Inhom, M.C. (2011) 'Globalization and gametes: reproductive "tourism", Islamic bioethics, and Middle Eastern modemity', *Anthropology and Medicine*, 18(1): 87–103.

Jeevan, R. and Armstrong, A. (2008) 'Cosmetic tourism and the burden on the NHS', *Journal of Plastic, Reconstructive & Aesthetic Surgery*, 61(12): 1423–4.

Jesitus, J. (2006) Safari surgery', *Cosmetic Surgical Times*, 9: 1–14.

Johnston, R., Crooks, V.A., Snyder, J. and Kingsbury, P. (2010) 'What is known about the effects of medical tourism in destination and departure countries? A scoping review', *International Journal for Equity in Health*, 9(24).

Kangas, B. (2002) 'Therapeutic itineraries in a global world: Yemenis and their search for biomed-ical treatment abroad', *Medical Anthropology*, 21: 35–78.

Knoppers, B.M.and Lebris, S. (1991) 'Recent advances in medically assisted conception: legal, ethical and social issues', *American Journal of Law and Medicine*, 329.

Kokubo, A. (2009) 'The interaction of the international society concerning kidney transplants–A consideration of diseased kidney transplants in Japan and transplant tourism over the world', *Legal Medicine*, 11: S393–S395.

Kumarasamy, K.K., Toleman, M.A., Walsh,T.R. *et al.* (2010) 'Emergence of a new antibiotic resistance mechanism in India, Pakistan, and the UK: a molecular, biological and epidemiological study', *The Lancet Infectious Diseases*, 10: 597–602.

Leng, C. (2007) *Medical Tourism in Malaysia: International Movement of Healthcare Consumers and the Commodification of Healthcare*, Asia Research Institute, Working Paper Series No. 83. National University of Singapore. Available at <http:/ssrn.com/abstract=1317163> (Accessed 13 August 2012).

Malhotra, A. and Malhotra, R. (2009) 'Commercial surrogacy in India', *International Family Law*, March: 9–11.

Martin, L.J. (2009) 'Reproductive tourism in the age of globalization', *Globalizations*, 6(2): 249–63.

Mudur, G. (2003) 'India plans to expand private sector in healthcare review', *British Medical Journal*, 326: 520–5.

Newman, M.I., Camberos, A.E. and Ascherman, J. (2005) 'Mycobacteria abscessus outbreak in US patients linked to offshore surgicenter', *Annals of Plastic Surgery*, 55(1): 107–10.

Pachanee, C. and Wibulpolprasert, S. (2006) 'Incoherent policies on universal coverage of health insurance and promotion of international trade in health services in Thailand', *Health Policy Plan*, 21:310–18.

Pennings, G. (2007) 'Ethics without boundaries: medical tourism', in R.E. Ashcroft, A. Dawson, H. Draper and J.R. McMillan (eds) *Principles of Health Care Ethics*, 2nd edn, Chichester: John Wiley.

Pocock, N.S. and Kai Hong Phua. (2011) 'Medical tourism and policy implications for health systems: a conceptual framework from a comparative study of Thailand, Singapore and Malaysia', *Globalization and Health*, 7: 12.

Scheper-Hughes, N. (2002) 'The ends of the body–commodity fetishism and the global traffic in organs', *School of Advanced International Studies Review*, 22(1): 61–80.

Schrecker, T. and Labonte, R. (2004) 'Training the brain drain: a challenge to public health systems in Southern Africa', *International Journal of Occupational and Environmental Health*, 10: 409–15.

Shimazono, Y. (2007) 'The state of the international organ trade: a provisional picture based on integration of available information', *Bulletin of the World Health Organization*, 85(12): 955–62.

Snyder, J., Crooks, V., and Johnston, R. (2011a) 'Perceptions of the ethics of medical tourism: comparing patient and academic perspectives', *Public Health Ethics*, 11 December, 1–9. Oxford University Press.

Snyder, J., Crooks, V., Adams, K., Kingsbury, P., and Johnston, R. (201 lb) '"The patient's physi-cian one-step removed": the evolving roles of medical tourism facilitators'. *Journal of Medical Ethics,* 37: 530–4.

Snyder, J., Crooks, V., Johnson, R., and Kingsbury, P. (2012) 'Beyond sun, sand, and stitches: assigning responsibility for the harms of medical tourism', *Bioethics* online, Blackwell publishing: Wiley OnLine Publishing.

Turner, L. (2007) 'First world health care at third world prices: globalization, bioethics and medical tourism', *Biosocieties*, 2: 303–25.

— (2008) 'Medical Tourism' initiatives should exclude commercial organ transplantation', *Journal of the Royal Society of Medicine*, 101(8): 391–4.

Wibulpolprasert, S. and Pengbaibon, P. (2003) integrated strategies to tackle the inequitable distri-bution of doctors in Thailand: four decades of experience', *Human Resources for Health*, 1(12). Available at <http:// www.human-resources-health.com/content/l/l/12> (Accessed 12 May 2012).

Wibulpolprasert, S. and Pachanee, C.A. (2008) 'Trade in health services in the ASEAN context', in C. Blouin, J. Heymann and L. Drager (eds) *Trade and Health: Seeking Common Ground*, Quebec: McGill-Queens Open University Press.

Wolff, J. (2007) 'Passport to cheaper health care?', *Good Housekeeping*, 245: 190.

World Health Organisation (WHO) (2007) The social determinants of health, report (Kelly, M.P., Morgan, A., Bonnetoy, J., Butt, J. and Bergman, V.), Geneva: WHO.

— (2008) *Closing the Gap in a Generation: Health Equity through action on the Social Determinants of Health,* Final Report of the Commission on Social Determinants of Health, Geneva: WHO.

Zargooshi, J. (2001) 'Quality of life of Iranian kidney "donors"', *Journal Urology*, 166: 1790–9.

第 6 章 性旅游

"无论表现得最粗暴还是最浪漫,性旅游都堪称国际关系史上的一个经典时刻。在性欲、民族主义和经济权力奇特而多变的组合中,与享乐与危险相伴而行的,是对第一世界－第三世界、富有－贫穷、男性－女性(常常)、年老－年轻(常常)等各种权力边界的跨越。"[a]

学习目标

阅读本章后,你将能够:
- 批判性地评价性旅游相关的伦理和道德问题。
- 理解性、旅游、性旅游、儿童性旅游之间的关系。
- 理解为什么世界上某些地区会成为性旅游者主要的目的地。
- 应用各种伦理框架分析性旅游。

一、导言

浪漫和性爱的机会是许多旅游广告的核心:身着暴露海滩装束的人们紧紧相拥在夕阳西下的沙滩上,这样的情境常被用来促销这个目的地的"旅游"产品和此种消费的多样化可能性。但是,性经历不一定总是偶然事件。就道德和伦理而言,与旅游的其他领域不同,性旅游激起了相当大的争议、愤慨和道德谴责。然而,这种愤慨可能会蒙蔽我们批判性思考性旅游之本质的能力,影响我们探索性爱为什么、如何、在什么样的情况下被转变成旅游市场上那样一种利润丰厚的产品。对于性旅游的伦理探讨而言,情绪主义和直觉主义是一个糟糕的起点；我们所需要的是批判性地使用各种伦理框架，系统地探讨性旅游、儿童性旅游、为卖淫而贩卖女性和儿童的不平等根源。

本章介绍性旅游的一些重要问题，以及最近的伦理和道德关注。我们将考虑作为性旅游市场增长之决定性因素的社会经济基础，以及国内和国际贩卖女性和儿童与卖淫之间的关系。我们将探索各种各样的伦理框架可以如何帮助我们批判性反思旅游业中这一分支的增长，以及全球不平等如何维持和延续性旅游产业并使之不断增长。

二、旅游和性

性旅游可以被定义为至少部分旅行的主要目标或动机是为了达成性关系。

（Ryan and Hall 2001：ix）

在旅游研究中，性旅游直到二十世纪七十年代才引起严肃的研究关注。该行业由不同部门组成，从正式组织可以在旅行前预先安排的性服务供给，到非正式的旅游者在到达后自行安排的供给。人体可供出售，其他性爱商品则常常满足窥淫癖和或性幻想的要求。性市场可据此区分为国内市场和国际市场。对某些人来，是正式工作；对其他人而言，则是临时性工作。性工作者劳动力市场的供给是本地性的，也包含大量的移民工作者——有些是自愿的，其他人则是"被贩卖的"。移民和被贩卖工作者也总是女性和儿童。被贩卖劳动力的流动是非自愿的，他们遭到贩卖、胁迫，常常被强制进入性产业工作。取决于地点，卖淫可能是合法或非法的，在这两种情况下都经常存在严重的健康问题，对性工作者和客户都是如此。在发展中国家，性工作者毫无例外是穷人，获得教育、医疗卫生服务或适宜居所的机会非常有限。

随着艾滋病的传播，对于这一领域的研究兴趣在二十世纪八十年代和九十年代得以增长，有论称这一兴趣是艾滋病给男性旅游者带来严重健康影响的结果，或者艾滋病至少对于思考性旅游起到了催化剂的作用（Ryan and Hall 2001：48）。然而，对于那些已经与性旅游逐渐紧密相连的国家，艾滋病也带来了重大的经济威胁——就艾滋病发出警告可能也意味着吓跑客户和失去收入（更全面的关于艾滋病在泰国的影响的讨论，见 Cohen 1988）。一直以来，性传播疾病对于在旅游目的地购买性服务的人们都是一道风险。虽然性旅游通常被认为是男性旅游者在目的地国家向女性寻求性服务，它也可能包括男性卖淫，也就是说，女性旅游者从男性、男性从男性、男性从男童或女童那里获取服务（Ryan and Hall 2001：xii）。

已有大量文献探讨性旅游，包括人权与性旅游问题、公正与性旅游、女性和儿童的非法贩卖、性旅游与公共健康、性旅游与社会不平等、性旅游与浪漫、性旅游的政治经济学、性旅游与发展、性旅游 – 犯罪与其他非法交易。详细探讨所有这些领域超出了本章的范围——但是以上每一个领域与正在出现的伦理和道德讨论都有相当大的重叠。

图 6.1　在非洲，宣传预防性传播疾病意识的广告牌。照片：**Brent Lovelock**。

"性旅游"可被定义为部分目的是获取性服务的各种各样的休闲旅游（Wonders and Michalowski 2001：545）。它包括卖淫与旅游的合并，以

第6章 性旅游

及持续于地方和全球的性服务的生产和消费,如旺德斯和米哈洛夫斯基(Wonders and Michalowski 2001: 546)所观察的,性旅游是一项跨国业务,像任何其他旅游一样。流动性的增长对于性旅游也至关重要,此处所指的供给者和消费者是流动的,但通常是为了不同的原因而流动。旅游者可能在海外寻求新的体验,包括性,但相反的是性工作者可能因为这是他或她所能够获得的唯一一种工作而提供这项服务。移民逐渐变得女性化了,伴随这种女性化的不仅仅有各种驱使女性流动的因素(贫穷、发展中国家社会经济状况的恶化,以及在老家和它们移民所至的国家的就业障碍),而且还有旅游产业的拉动,后者是女性的主要雇佣者,雇佣她们从事各种各样的服务性工作——从酒店清洁工到妓女——其中,性服务的生产和消费是旅游业中重要的不断增长的部分。

性旅游是一个百万美元计的产业,估算价值"至少每年200亿美元"(Herman 1995: 5 in Wonders and Michalowski 2001: 549)。性旅游者主要是男性,性工作者中占压倒性数量的则是贫穷女性和贫穷儿童。性旅游不只是有性别倾向,也有种族倾向。性旅游与更一般的旅游并没有太大区别,如果旅游包含的是体验客源国促销的在目的地国家以消费为目标而提供的事物——而且该目的地也试图提供这些他们认为将会被消费的事物。性不过成为另一种旅游产品。而且,将"他者"客体化通常是旅游者体验的核心,同样,在性旅游中,将他者和他们的身体客体化——特别是女性和儿童的身体,在小一些的范围里是男性的身体——是商品化和最终消费过程的核心。

> 不管妓女是被展示于橱窗中(就像人体模特上的衣服),还是出现在酒店大堂里(仿佛她们是酒水互补品),人体越来越被当作模拟物,对于休闲旅游者而言,代表着"别的东西";妓女以"小妻子""女朋友""有异国情调的他人"或"性玩具"的身份出现。
>
> (Wonders and Michalowski 2001: 551)

在性旅游中,目的地成为"他者"的身体。很多人对卖淫的道德性有看法,而如霍尔(Hall 1996)所论,关于性旅游的关键伦理问题是各种性别和经济的不平等使得剥削关系成为可能并不断再生,并促成一个依赖于不平等的产业。对于出生于贫穷中的女性和儿童,他们的身体可能是他们能够在市场上销售的唯一"资产",这个市场要么并不看重其他形式的劳动,要么出卖他们劳动力的可能性非常有限或根本没有。客户和提供性服务者之间的关系常常是发展中国家和发达国家之间权力差异的微观反映(Hall 1996:119;Smith and Duffy 2003:92)。资本主义产生了巨大的全球不平等,与之相关,各种各样的身体被客体化为一个种族化和性别化的等级结构,这是性旅游产业的基础。如果性旅游者是在寻找差异,其目的地便是"异国情调的他人"的身体,这个"他人"毫无例外地在等级结构中处于劣势,不论是在本地还是在全球(Wonders and Michalowski 2001:551;Rojec and Urry 1997:17)。享有特权的旅游者能够承担得起去国外寻找特殊经历、实现他们的"幻想"——虽然如奥康奈尔-戴维森(O'Connell-Davidson 2004:40)所观察的,与那些在社会结构中处于劣势的人的特殊经历同样也可以在国内寻找,然而

我们很少看见正常的中年男女跟那些坐在路边讨零钱的无家可归的少年调情,或者邀请他们去吃大餐、然后回家上床……(这种明显差异使得我们必须)思考旅游、性和种族之间的关系,考虑在更普遍的旅游中被消费的到底是什么。

伦理问题:当一个货币价值被赋予人的身体,这个人的道德身份便被破坏了,因为他们被缩减为一件物品——能够被购买和销售,由此遭到控制、剥削和暴力对待。

三、社会不平等:性旅游的政治经济学

"旅游者的经济和政治地位与他们在发展中国家所接触到的当地人的经济和政治地位简直是天差地别。比如来自英国或德国的即使是劳动阶级、经济型旅游者,他们所处的地位也使得他们在一个泰国或加勒比海度假套餐上所花的钱差不多是当地大部分普通人和边缘人在正式或非正式的旅游经济中工作一年所赚的钱。这意味着旅游者既能够承担得起性服务的消费——如果他们这样选择的话,也能够自由地赠送礼物和款项,虽然这些对于他们来说微不足道,但对于

第6章 性旅游

当地普通人而言可是代表着重大的利益……这就难怪许多当地人，包括成年人和小孩，都想和旅游者交朋友，以及/或者跟他们发生性关系。"

（O'Connell-Davidson 2004：39）

性旅游在世界上所有国家都有发生，虽然亚洲地区通常被认为是寻性者的主要目的地，贩卖女性和儿童去卖淫却是一个全球现象。对性旅游和儿童性剥削的研究倾向于关注东南亚，特别是泰国和菲律宾，最近还包括越南和柬埔寨；还有南亚，特别是印度、尼泊尔和斯里兰卡；以及北亚。在西方，已有研究也记录了澳大利亚、加拿大、美国和西欧的性交易。世界其他地区的研究比较少见，但在东欧、拉丁美洲和非洲也都有一个巨大的性交易产业（Flowers 2001：148），与这个产业相联系的是贩卖女性和儿童。通常，贫穷国家和地区的性旅游目的地提供给旅游者一些他们在国内不能获得的东西，而且价格更便宜。有过这些性体验的旅游者将这些目的地描述为"性爱天堂"——然而，如奥康奈尔-戴维森和桑切斯·泰勒（O'Connell-Davidson and Sánchez Taylor 1999）所观察的，这些性爱之地/天堂是被创造出来的，毫无例外，与这些创造相关联的是全球经济关系、国际债务、经济发展政策（本地和国际）和许多发展中国家从仅能维持生存的经济转向完全工业化的经济体时必须作出的结构性调整。这些转变总是导致大规模的城市移民、高失业率、不充分或根本不存在的福利供给、货币贬值和廉价劳动力过剩。所有这些状况都会打击到穷人，其中许多人为了应对低工资就业（或根本没有）的状况，不得不寻找非正式经济领域的机会，而非正式旅游经济在其中扮演着越来越重要的角色（Beddoe 1998；O'Connell-Davidson 2004：38）。

性旅游也不是一个新现象；虽然这一产业在当代的规模毫无疑问得益于大众传播工具和民用航空，但可以说在世界上大多数地区这一产业都比那些新发展要早。对泰国性旅游的研究就提供了一个例证，挑战了这一认识：该产业是最近才出现的，是越来越多外国人到访泰国的一个结果。如蒙哥马利（Montgomery 2008）和其他人所观察的，性旅游在泰国有一段长得多的历史，与之相关联的是这个地区更为普遍的贩卖女性，不只是在国家之间，而且在国家内部（Truong 1990；Leheny 1995）。如果有什么区别的话，这个产业在越南战争期间及其后变得更加正式化、在国际上更知名了。越南战争带来了大量度假期间的美国军人，使面向外国人的性服务的供给得以发展和正式化（Taylor 2010）。战争结束、军人们离开之后，这一基础设施仍然存在，使得该产业得以继续，为本地人和外国人提供服务（就像它一直以来所做的），并可以说是在更大的规模上继续。此外，泰国女性在国际上广为人知的刻板印象是温顺的、服从的、美丽的，这些特征定义了在泰国可供消费的性产品（Montgomery 2008）。泰国性旅游产业可以让我们深刻了解该产业的性别化本质和对于女性性特征的一种特别观点，这种观点以服从、温顺和孩童般的天真无邪为中心，对于外国人来说，这与东方主义影响下对"异国情调的他者"的理解结合在一起（Said 1978）。这种女性化的刻板印象也确保了儿童性旅游既补充了成人性旅游，又不显得是"市场"上的一个异常现象。此外，卖淫在泰国的国内市场上早已确立其地位，据估计，有75%的泰国男人曾经与妓女发生过性行为（Sachs 1994）。那些消费者也并不总是恋童癖者，而是通常而言的妓女的客户（Glover 2006）。

更为普遍的是，东南亚的战争促进了"休息和休养"形式的娱乐，为这一地区现代的性旅游提供了基础，如泰勒（Taylor 2010：50）所观察的：

> 对许多东南亚国家来说，进入旅游市场依赖于利用已有的、美国军队创造的娱乐基础设施快速获取外汇。优厚的刺激政策给了外国投资者，结果是出现大量的国外投资经营的色情酒吧、裸舞酒吧、性表演节目。在游客中最有名的红灯区和妓院区是由这种"性外派者"（sexpatriates）参与和投资所开发的。

讨论点：性旅游与权利

性旅游有什么后果？有哪些成本？有什么收益吗？性旅游通过增加外汇促进经济发展。然而，这样做的代价是侵害人的尊严、健康和幸福，这个产业是世界上大部分人口贩卖的基础，因而是现代形式的奴隶制度。

在过去二十年里，性旅游以及旅游与卖淫的关系已经吸引了越来越多

第6章 性旅游

的研究关注。在很多方面，为了获取报酬而给旅游者提供性服务的女性和儿童的身体也可以从身体政治学的角度进行思考：身体成为一个场所，国际的和个人的在此汇合——有时是痛苦的汇合（Pettman 1997：93）。

性旅游的伦理受到的直接关注还相对较少，但通过对卖淫的道德性、与性交易相关的类似问题（即这是否只是另一种形式的劳动，还是对人权的践踏）的考虑，间接地对性旅游有讨论，如佩特曼（Pettman 1997：01）所观察的：

> 长久以来，各种争论就已泼向这些问题：妓女——或卖淫制度是否不道德；卖淫是否为女性受到压迫的一个例子，或者典型代表；卖淫是否为一种经济剥削、必需品，或机会；国家是否应该宣布卖淫为犯法行为，对其进行监管，或者保持距离。

但是，这些辩论与那些为了获取报酬而向旅游者提供性服务的女人们、儿童们、男孩们和男人们有怎样的关系呢？大多数辩论倾向以女性权利、人权、儿童权利为中心——但是，如张（Truong 1990）所论，权利话语并没有解决（在泰国和其他地方）性旅游涉及的诸多复杂问题，因为它经常忽视文化、经济、社会和政治等各方面问题的各种特殊性，未能解决各地方之间和内部的各种差异。

伦理思考需要认识到"特殊性存在于不断变化的普遍性中"（Plummer 2010：238）。西方思想和现代经济哲学强调一种个人主义的意识形态，个人被认为生活在一个有着无穷选择的世界里。那些给性旅游者提供性服务的女人们、儿童们、男孩们和男人们通常不是来自信奉个人主义的社会，而是生活在选择被认为是"恰当地"由集体决定和约束的。然而，我们需要问：什么样的差异有影响，如果我们让差异比寻求普遍的公正更为重要又会发生什么？

人的尊严是现代自由民主思想的核心，它通常被认为包括在各种人之间的平等价值：富裕与贫穷、农村与城市、女性与男性，所有人都同样值得尊重，仅仅因为其是人（Plummer 2010）。至于

> 讨论问题：
> 1. 性旅游涉及对任何人权利的侵犯吗？
> 2. 参加性旅游侵犯别人的权利吗？
> 3. 参加性旅游增进别人的权利吗？
> 4. 就公正伦理学而言，收益与成本是否平等地在所有参与方之间分配？

性旅游，社会公正和关怀伦理的框架可以怎样帮助我们解决各种伦理困境呢？

对于卖淫，有两个主要的道德立场（已应用于人口买卖）。

废除主义者的道德观认为卖淫是对人的身体本质上的侵犯，不管是自我选择还是同意的。它本质上被认为是暴力的、剥削性的。因此，任何形式的商业性行为都违背了这一条件：如果要符合道德，性行为必须是非工具性的、无害的（Peach 2005：115）。废除主义者强调，卖淫侵犯了人权，不应与人口买卖区别对待。废除主义者还主张，卖淫应该被认定为非法。

改良主义者的道德观主张卖淫应该被定义为"性工作"，通过如此定义，妓女们的工作变得清晰可见，在法律上受到承认，对于劳动法和人权都是如此。大部分改良主义者对非法交易和卖淫两者加以区分，但有些人对于强调"一个群体的人没有选择而另一个群体的人有各种选择"更加谨慎。改良主义者反对道德说教的方法，因为他们认为那只是将人们分裂，使得人们可以有理由惩罚那些卖淫的人，而自己不受惩罚（Peach 2005）。大部分改良主义者持自由主义观点，即认为卖淫并非本质上就是不道德的。

延伸阅读

Peach, L. (2005) '"Sex slaves" or "sex workers"? Cross-cultural and comparative religious perspectives on sexuality, subjectivity, and moral identity in anti-sex trafficking discourse', *Culture and Religion: An Interdisciplinary Journal*, 6 (1): 107–134.

四、儿童卖淫——儿童性旅游

儿童性旅游被定义为通过让儿童参与以下活动而出现的对儿童的性虐待和性剥削：(a) 卖淫和性旅游；(b) 恋童癖相关的虐待儿童；(c) 色情作品（Beddoe et al. 2001：11）。

1996年，第一届反对针对儿童的商业性剥削世界大会在斯德哥尔摩举行，大会达成的宣言和提出的行动方案强调如下内容：

第6章 性旅游

  针对儿童的商业性剥削是对儿童权利的根本违背。它包括成人对儿童的性虐待，以及以现金或实物之酬赏给付儿童或第三人。儿童被当作性对象和商品。针对儿童的商业性剥削构成针对儿童的一种强迫与暴力，等同于强迫劳动和一种现代形式的奴隶制。

（引自 Beddoe et al. 2001：17）

《伦理行为规范》（World Tourism Organization 1999）也讲道：

  对人的任何形式的不正当利用，特别是性方面，尤其是对儿童在性方面的利用，与旅游的根本目标相冲突，是对旅游的否定；根据国际法，这种行为应当在所有国家的通力合作下予以坚决打击，应当受到到访国家和这些行为实施者国家法律机构的严厉惩罚，即便这些行为发生在国外。

  儿童性旅游产业包括国内和国际游客以及有暂时居留权的外国人；它通常与当地性产业联合运行，可能受到当地人的支持和光顾（Beddoe et al. 2001）。与这个产业的接触可以被正式安排，但越来越多的安排是非正式的，发生于餐馆、酒吧、酒店、宾馆和其他住宿场所以为旅游者服务。针对儿童的商业性剥削与贫困有关系，儿童性旅游和非法交易通常与其他犯罪性社会活动一起发生。贫困儿童、来自农村背景而农村劳动不再提供就业机会的儿童、因为其性别而被边缘化的儿童（特别是在更加看重男孩的社会的女童）、残疾儿童、孤儿或者来自不再能够抚养他们的家庭的儿童都特别容易受贩卖、被引诱或被卖入性产业。男人是主要的消费者，但他们并不都是旅游者。消费者由各种各样的人组成，包括恋童癖、性旅游者和本地人以及妓女的客户（Beddoe et al. 2001）。

  二十世纪八十年代在泰国、菲律宾、斯里兰卡等地的早期研究记录了越来越多的儿童参与旅游相关卖淫。儿童性旅游和性旅游之间的关联意味着致力于消除儿童性旅游的人们需要与性旅游产业的人们建立联系。据估计，在亚洲，遭受性剥削的儿童至少有100万（注意数据搜集方法有争议；De Cock 2007）。

  为了制止儿童性旅游，国际上已多次发起运动，其中非政府组织禁止拐卖儿童和强迫儿童卖淫组织（NGO End Child Prostitution and Trafficking,

ECPAT）在提高关于儿童性旅游的全球意识方面扮演着关键性的角色。贯穿二十世纪八十年代和九十年代，ECPAT 在各目的地国家发起运动以提高认识，并对各外国政府施加压力制定域外法律，惩罚在国外所犯的儿童性犯罪（O'Connell-Davidson 2004）。到二十世纪九十年代末，20 个国家已经通过针对在国外所犯儿童性犯罪的域外法律，但是至今很少有违法者在这些法律框架下被起诉。历次运动也集中于安排正式儿童性旅游并从中获益的人。这些运动使得英国 1996 年通过了《性犯罪（共谋和煽动）》立法，处理性旅游的组织者；澳大利亚 1994 年也通过了《犯罪（儿童性旅游）修正案》，处理以在国外时与未成年人发生关系为目的、组织性旅游的责任人（O'Connell-Davidson 2004；Ryan and Hall 2001）。

然而，据观察，这些法律对什么是性旅游或儿童性旅游理解不足、定义不明（O'Connell-Davidson 2004；Ryan and Hall 2001）。如奥康奈尔-戴维森（O'Connell-Davidson 2004：35）所观察，并没有什么"恋童癖包价旅游运营商"，在儿童性旅游、性旅游或更广泛的旅游之间也不一定有明确的界线。运动发起者倾向将儿童性旅游从其他形式的性旅游中（通常前者是在后者范围内）分离出来，同时又使之脱离其赖以发展的社会、经济和政治状况。最终未能处理性旅游、旅游与儿童性旅游之间相当大的重合以及作为该产业之基础的各种根本性经济不平等，意味着这些运动未来成效有限（O'Connell-Davidson 2004）。单只是立法还不能促成合乎伦理的旅游；如史密斯和达菲（Smith and Duffy 2003）所论，更加丰硕的成果可能会出自向同情心伦理（responsive ethics）的转向，即旅游者学习理解、体恤"他者"，与"他者"保持一种合乎伦理的关系。

五、指导方针与宣言

作为反应，旅游业向旅游运营商提出了各种指导方针，发表了谴责儿童性旅游的宣言（Beddo et al. 2001）。联合国世界旅游组织（UNWTO）分别于 1996 年和 2001 年举行了两次大会，反对针对儿童的商业性剥削。1996 年，UNWTO 成立了一个工作小组应对旅游领域中对儿童的性剥削，

第6章 性旅游

自2000年来已经参与了多个项目。相关工作面临各种各样的问题：（1）处理儿童性剥削意味着处理多种多样的表现形式——犯罪者也包含不同群体：多种多样的种族、男性和女性（虽然男性一直占多数）、国内和国际游客、本地人、恋童癖圈子的成员、以性为目的的组团旅游者和看似独立活动者；（2）一些合法旅游企业充当儿童性旅游的掩护者；（3）儿童性旅游通常与有组织犯罪联系在一起；（4）这些儿童容易感染性传播疾病，包括艾滋病（Beddo et al. 2001：26；O'Connell-Davidson 2004；Montgomery 2008：910；Tepelus 2008）。

行业方案和计划

已有各种各样的行业计划，包括针对青年培训和国际酒店的方案，其中的培训提供给来自贫困背景的高中毕业生（Tepelus 2008）。比如青年挑战国际组织（Youth Challenge International，YCI）方案是由总部设在伦敦的国际商业领袖们与国际旅游合作伙伴联合实施的一个项目，目前在八个国家运行，包括巴西、埃塞俄比亚、泰国、菲律宾、印度尼西亚、澳大利亚、罗马尼亚和波兰。像这样的项目为处于风险中的年轻人提供进入旅游业的一条替代性路径。非政府组织童慧组织（ChildWise）提供了另一个例子，致力于通过关注澳大利亚人的旅行目的地消除儿童性旅游。他们与ECPAT一起，共同致力于消除针对儿童的性剥削。ECPAT发起于泰国，现在有62个国家加入反对儿童卖淫的运动。童慧组织的工作建立在这样一种假设之上：澳大利亚人的儿童性旅游通常发生在目的地国家正式的旅游结构之外，因此大多数行为规范对它鞭长莫及。作为一个以教育为基础的项目，童慧组织以旅游产业从业者为目标，使他们能够迅速发现遭到性剥削威胁的儿童。世界宣明会（World Vision）也实施了一项遏制运动，提高相关意识，强调儿童性旅游参与者所面临的法律后果。旅游业也制定了一个多部门的规范：《保护儿童免受旅行旅游领域性剥削行为规范》（Code of Conduct for the Protection of Children from Sexual Exploitation in Travel and Tourism）。该行为规范的支持者作出承诺，就儿童性旅游对其员工进行教育，在与供应商的合同中加入联合否定条款，与关键人物合作阻止儿童性旅游，并就他们实施的措施进行年度报告（Tepelus 2008：106）。

此外，还有很多政府领导的反儿童性旅游的活动。联合国儿童基金会（UNICEF）继续作为联合国负责倡导保护儿童权利的机构发挥作用。欧洲安全与合作组织（Organization for Security and Cooperation in Europe, OSCE，欧安组织）的工作从这一前提出发：旅游行业处在独特的位置上，能够起到提高相关意识、打击贩卖儿童和儿童性剥削的作用（Tepelus 2008）。诸多国际组织记录了儿童性旅游，制定了指导方针和教育材料，包括国际劳工组织（International Labor Organization, ILO）、联合国毒品与犯罪办公室（UN Office on Drugs and Crime, UNODC）和国际移民组织（International Organization for Migration, IOM）。很多组织更为广泛地指出了移民、非法交易、犯罪活动、劳动力供给和通过儿童性旅游和性旅游进行的剥削之间的相互联系，以及问题的国际性。

儿童性旅游不是在真空中出现的。蒙哥马利（Montgomery 2008）在泰国的民族志研究显示童妓参与卖淫是因为他们没有什么选择。毫无例外，他们在经济上处于边缘，在不断增长的旅游部门寻找工作，却发现卖淫支付的报酬要比任何其他形式的劳动都好。她的观察是：

> 泰国性旅游行业大都关心的是售卖年少稚气，鼓励男人们想象他们的性伴侣是年轻的、天真无邪的、孩子似的……在憎恶恋童癖的男人们和准备跟小孩发生性行为的男人们之间只有一条非常狭小的界线。
>
> （Montgomery 2008：914）

对比之下，泰国女性通常被认为与西方女性完全相反，"他者化"（othering）蕴含着这样一种断言：与西方女性不同，泰国女性是天真无邪的、柔软的、忠实的、美丽的、小巧的——以及孩子似的。如蒙哥马利（Montgomery 2008：914）所观察的：

> 许多性旅游者没有意识到的是，他们深深赞美的泰国妓女拥有的单纯、"新鲜"和孩子似的天真无邪完全是商业化的结果。这些女人们是在满足一个幻想，做她们被期望的事情，正是为此，跟为了性行为一样的程度，她们获得报酬。

这些问题并不只是存在于泰国；亚洲其他目的地和世界其他地区也有大量的童妓为旅游者服务。所有这些目的地都力图满足旅游者对所提供的性产品的各种期望,也都能够满足各种需求,因为系统化的贫困以及普通家庭满足他们日常需求的机会非常有限。

有用的网站

非政府组织禁止拐卖儿童和强迫儿童卖淫组织(ECPAT):一个由各种组织和个人构成的全球网络,目标在于消除儿童卖淫、儿童色情和为性剥削贩卖儿童。www.ecpat.net.ei

童慧组织(ChildWise)的主要目标是在虐待儿童发生之前将其制止。www.childwise.net/

联合国儿童基金会(United Nations Children's Emergency Fund)。www.unicef.org/

国际劳工组织(International Labour Organization)。www.ilo.org/

国际移民组织(International Organization for Migration)。www.iom.int/

联合国毒品与犯罪问题办公室(United Nations Office on Drugs and Crime)。www.unodc.org/

《保护儿童免受旅行旅游领域性剥削行为规范》(Code of Conduct for the Protection of Children from Sexual Exploitation in Travel and Tourism)可在此网站找到:www.thecode.org/

六、买卖女性和儿童

十九世纪末期以来,买卖女性和儿童被认为是一个全球关注的问题。非法买卖总是涉及非法买卖者欺骗或强迫女性和儿童去往另一个地区或国家——他们总是被许诺一个更好的生活,但从来不会实现。被卖者常常遭到强奸、殴打、恐吓和债务捆绑,使得他们依附于他们的买卖者,有时竟至多年。

人口贩卖被联合国大会(2000)定义为:

为剥削目的而通过暴力威胁或使用暴力手段,或通过其他形式的胁迫,通过诱拐、欺诈、欺骗、滥用权力或滥用脆弱境况,或通过授受酬金或利益取得对另一人有控制权的某人的同意等手段招募、运送、转移、窝藏或接收人员。剥削应至少包括利用他人卖淫进行剥削或其他形式的性剥削、强迫劳动或服务、奴役或类似奴役的做法、劳役或切除器官。

（UNODC 2006：7）

人口贩卖和儿童性旅游互相勾连，旅游企业可能被有意或无意地用于协助人口贩卖、为儿童性旅游提供场所。人口贩卖可能跨越国内和国际边界。国际法律框架规定，18周岁以下年龄的儿童不能作出有效的同意——为剥削目的而招募、运送、接收儿童都是在贩卖人口（UNODC 2007；Tepelus 2008）。据估计，每年有大约 120 万儿童被贩卖（UNICEF 2007）；儿童卖淫估计涉及 200 万儿童，就全世界而言，亚洲 16 周岁以下的女童妓最多，是儿童卖淫的中心（Glover 2006；UNICEF 2007）。在自然灾害或政治动荡期间，儿童处境特别脆弱；例如 2005 年袭击南亚的海啸导致很多儿童成为孤儿，结果被贩卖到儿童性行业（Cotter 2009：494）。地震之后的海地也发生了贩卖儿童，用于卖淫和非法收养；波斯尼亚和黑塞哥维那二十世纪九十年代后期的战争也导致成千上万的女人和儿童从东欧被贩卖到波斯尼亚被奴役卖淫（Ryan and Hall 2001：126）。

讨论点

人口贩卖估计每年价值超过 320 亿美元（ILO），被认为是世界上第二大产业。

- 80% 的被贩卖者是女人和女孩。
- 50% 的被贩卖者是未成年人。
- 42% 招募受害者以进行人口贩卖的人是女人。
- 进入卖淫或性剥削行列的平均年龄是 12 周岁。

有用的网站

http：//www.humantrafficking.org
以打击人口贩卖为目标的网络资源。

第6章 性旅游

既然有一系列国际公约和条约谴责人口贩卖及相关的各种剥削和奴役，为什么这一数百亿美元的产业还持续繁荣呢？

在反对以卖淫为目的而贩卖儿童和女性（以及那些最终在性旅游业工作的人们）的讨论中，大部分伦理讨论都是以权力为基础的讨论以及强调公正和负责任旅游的讨论。支撑较弱的讨论则是基于快乐主义（一个有价值的行动是提供快乐的行动，最大的善与个人所体验到的快乐有关）；或者自我主义（只有当帮助他人会给个人的最终目标带来某些利益时，才会提供帮助）。

国际法和人权法都禁止性贩运（sex trafficking）。人口被贩卖是为了达到各种各样的目的，包括：

1. 在血汗工厂强迫劳动
2. 提供农业劳动力
3. 用于武装冲突
4. 最后，也是最重要的：用于商业性剥削——因为这是所有人口贩卖中最主要的动机（Todres 2006：887）。

在人口贩卖的核心，存在三个关键系统性问题：种族主义、性别歧视和贫困。托德雷斯（Todres 2006：888）论称，如果要使预防工作起作用，这些系统性问题必须同时解决；这些问题通常解释为各种各样的权利，包括：

- 免受基于性别的暴力和歧视的权利；
- 免受其他形式的歧视的权利，包括基于种族、宗教和阶级的歧视；
- 出生登记的权利（未登记的女性和儿童更容易遭到人口贩子的侵害，更容易被保护机构忽视）；
- 医疗保健的权利；
- 接受教育的权利。

人口贩卖侵犯公民和政治权利、平等权利和免受奴役的权利——所有这些权利都被各种国际条约和联合国决议所确认，神圣而不可侵犯，其中第一条于1904年通过，此后经过多次修订，并作为其他法律的基础。

与性贩运相关的有四个核心人权条约：

1.《关于公民权利和政治权利的国际公约》(The International Covenant on Civil and Political Rights, ICCPR);

2.《消除对女性一切形式歧视公约》(The Convention on the Elimination of All Forms of Discrimination Against Women, CEDAW);

3.《关于经济、社会和文化权利的国际公约》(The International Covenant on Economic, Social and Cultural Rights);

4.《儿童权利公约》(The Convention on the Rights of Child)。

详细讨论见:

Farrior, S. (2006) 'The international law on trafficking in women and children for prostitution: Making it live up to its potential', *Harvard Human Rights Journal*, 10: 213–255.

思考问题

1. 国际社会一致同意涉及儿童的性旅游和性交易在道德上是错误的——为什么这种交易、这个行业仍然存在?

2. 什么样的伦理推理可用于分析旅行时从儿童那里获取性服务的旅游者?

3. 如果你使用普适性视角,什么样的问题会被揭示出来?例如如果有人论称儿童卖淫在新西兰是不对的,但在亚洲没问题,你会如何回复?此人可能加上这一点:因为那里的文化接受这种事情。你会如何回复?

4. 此时公正性原则可以如何帮助你进行分析?

5. 文化相对主义的核心问题是什么?

6. 如果歧视和贫困是这个行业赖以持续的核心,道德规范的主导性可以如何帮助那些致力于预防全球儿童性剥削的人?

七、没有性旅游者的性旅游——定义的问题?

当"西方"女性与第三世界的男性进行商业性行为,这通常被说成是"浪漫旅游"而不是"性旅游"(Pruitt and Lafont 1995; Dahles and Bras

1999；Herold et al. 2001）。这只是一个语义学问题吗？

如泰勒（Taylor 2001：750）所观察的：

"第一世界"女性旅行到贫穷国家与当地男性发生性关系，对这种行为的解读一般与对第一世界男性参加同样活动的解读非常不一样。女性旅游者为其当地性伴侣购买食物和礼物，是在享受"浪漫"，而不是在使用男妓。此外，这些女性还常常被描述为孤独的，容易陷于海滩男孩的追求，容易被利用。

（Momsen 1994：116）

女性性旅游变成"浪漫旅游"，这可能有一些积极的结果。此处的浪漫旅游与性旅游形成对比，有论称，性旅游维持男权的统治地位，而浪漫旅游则激发了对于性别化关系的新理解（Pruitt and LaFont 1995：423）。

但是，这种重新定义——"浪漫旅游"——掩盖了当女性在国外旅行并从当地人获取性生活时确实发生的性－经济交易。泰勒（Taylor 2001：757）质疑这种涉及"第一世界"女性时对性旅游的性别化定义，她研究了在牙买加和多米尼加共和国旅游、与当地男性有性行为的女性旅游者，发现有各种形式的经济交易发生。其中一些经济交易发生于女性旅游者返家之后——以每月汇款的形式。有时这些女性被"欺骗"付款，即海滩男孩将她带到其朋友拥有的酒吧或餐厅，在那里，女性被超额收费，事后海滩男孩和他的朋友则分享超额的部分。泰勒（Taylor 2001）和奥康奈尔－戴维森（O'Connell-Davidson 2001）发现，报酬可能就是在旅游者酒店房间的一次淋浴这么简单，虽然这些女性旅游者不一定认为那是报酬，这很大程度上是对这些男性生活的贫困程度缺乏了解的结果。虽然这些女性可能没有把这些相遇视为卖淫——而且很多当地男人也不这么认为——从性旅游到浪漫旅游的重新定义符合普遍接受的对性别化关系的理解，即女性不能是掠夺者，而男性不能是其掠夺的对象（Taylor 2001：758）。

在这一参考框架下，只有女性和同性恋男性可以是卖淫者，只有男性可以是顾客。但问题依然存在，因为这些女性和男性并不将他们的关系定义为性旅游或卖淫——而且淡化其中的性－经济交易——这是否意味着它就不是性旅游或卖淫？这种性别化重新定义的伦理影响又是什么呢？考虑到她们在帮助维持其他更为广泛的一些社会不平等之处，这是否就豁免了与当地男性发生性行为并提供了某种形式的经济补偿的女性旅游者？这是否意味着这些女性旅游者就免于思考这些互动和交易所引发的伦理和道德问题？

泰勒（Taylor 2001）和其他研究者（O'Connell-Davidson 2001；Garrick 2005）发现，（女性）浪漫旅游和男性性旅游之间的区分存在许多问题。男性也涉及与当地女性、男性和儿童的各种各样的性–经济关系；许多妓女扮演着旅游者停留该地期间"女朋友"的角色——没有接受现金支付，但接受"为她们的亲切友好"而赠送的礼物。许多男人也不将自己视为妓女使用者或性旅游者——即使这正是他们旅行到这个目的地的原因（Cohen 1988）。很多男性说，他们在寻找爱，很多在西方有失败的婚姻，很孤独，被他们自己的社会疏远，他们对性的渴望以及对性行业的涉足部分是为了巩固他们的吸引力，将自己重新定位为一个潜在的伴侣（Cohen 1993；Garrick 2005：506）。

相反，也有一些男性可以被定义为"核心"性旅游者，他们致力于重新获得一种依赖于在性方面将他人客体化的控制性地位——当中的"他人"来自不同种族，在现代世界居于经济上的弱势地位（O'Connell-Davidson 2001：21）。虽然我们可能不愿将这些男人分类为"浪漫旅游者"，那我们是否接受将那些通过性交易寻找爱和归属感的男人定义为"浪漫旅游者"呢？

女性在性方面可能有掠夺性的，的确涉足明显的商业性关系，的确通过付款以获得特定年龄、体型甚至气味的男人或男孩（Taylor 2001：759），虽然比起她们的男性同类在数量上要少得多。男女之间性别差异的本质化支撑着这一观念：女性是脆弱的，男性，即便是男妓，则通过进入女性的身体获得超过报酬之外的利益。泰勒（Taylor 2001：760）还发现，对所谓的"性别差异"的强调弱化了女性旅游者在国外寻求"他者"时两者之间互动的种族化本质。这些女性旅游者，就跟男性旅游者一样，对于性方面的事情也持有种族主义的观念。这里，种族主义的固有成见使得黑人男性被感知为"过于性感"——这无意中讽刺性地解释了为什么他们通常想要跟超重的、年长的白人女性旅游者进行性行为。另一个被忽视的方面是,女性旅游者和当地男性之间通常存在显著的经济差异。

> 就像男性性旅游者,能够控制"健康的"和具有性吸引力的身体——这本来可能是她们被拒绝的——重新肯定了女性旅游者对于她们作为"第一世界"公民之特权地位的感觉……然而,她们大部分人所做的是将种族主义异国情调化,而不是对其进行诋毁,并利用她们的经济力量,以她们对国内男人绝对无法做到的方式控制这种关系。
> （Taylor 2001：760）

这些女人所体验到的主观上的获益与男人归功于在国外与妓女之间性关系的获益没有太大差异。

二者虽然有一些相似之处,也存在不同之处。为男人和女人提供的市场就有明显差异：正式的商业性市场为男性旅游者存在,但它们很少为女性旅游者存在,后者更多地依赖于非正式的商业性市场。男人们也一直是寻求商业性行为的主要游客群体。在暴力方面也有区别,女性旅游者对她们的海滩男孩施以暴力的可能性比较小,相对于对当地妓女采取的行动,当地警察也比较少找海滩男孩的麻烦（Taylor 2001：761）。然而,二者还是有很多相似之处；如泰勒（Taylor 2001：761-762）所发现的,了解以下情况很重要：

> 性别并非是铁板一块,缺乏阶级或种族差别的分类,因此异性之间的接触所涉及的权力关系并不总是完全相同,即使关于异性之间浪漫的话语体系将它们建构成一样。当地男性与女性旅游者之间的性关系通常都是在经济和政治权力方面有着巨大不平等的个体之间的关系,而且常常在种族化权力方面也不平等。在女性旅游者和当地男性之间还经常有很大的年龄差距。

然而,如杰弗里斯（Jeffreys 2003）所论,如果把这种权力差异看作固定不变的,那就错了——它会变化,而且在某些情况下还会完全反转,如果女性旅游者与当地男性建立起更为固定的关系并定居当地的话。泰勒（Taylor 2001 in Jeffreys 2003）指出,建立这种更为固定关系的女性会损害她们的外部人地位，其中很多人发现，一旦自己在当地安顿下来，就会陷入虐待关系中。不像男人可以成为"性外派者"，对于女人们来说，如果她们决定将度假变成定居，看起来就不可能维持她们的种族和经济特权。此时，性别等级制度占据主导，作为外国人的性质和经济优势对于双方关系的性质便成为次要的。白人女性被本地化了——然后就会落入当地针对女性的暴力行为习惯的影响之下。

杰弗里斯（Jeffreys 2003）的话"女人也做这事"是思考这是否意味着她们所做的就是性旅游的一个有用起点。很清楚，在做这事的男性和做这事的女性之间存在权力差异，正如与他们一起做这事的人之间也存在权力差异。在当前所有研究中，出现了围绕着以下概念的一些核心问题：意向，即性接触可能是偶然事件（当旅游者在那里出差时，或在外面散步时）；选择、关于什么因素影响可用选择范围的重要问题（对于当地人和旅游者双方而言），以及以性为目的的经济交易的性质会如何掩盖意向。通常来说很清楚的一点是，关于性旅游的研究中的参与者很少称自己是恋童癖、性旅游者，或习惯性的妓女的客户；但他们对于这种经历的主观看法和自我定义对于实际所发生的事情是否提供了一个精确或客观的看法？或者，此处的主观性被用来掩盖一种可能在国内被人"侧目而视"的消费行为，使之在道德上更可以接受？如果强调主观性，这是否只是掩饰所发生交易之工具性和功利性的一种手段而已（Padilla 2007b）？有意思的是，蒙哥马利（Montgomery 2008）研究中经常与当地儿童进行性行为的性外派者并不愿意见到她或者参与这个研究项目。

> 讨论问题：
> 1. 当"女人也做这事"时，它是性旅游吗？
> 2. 为什么意向是重要的？
> 3. 自我定义如何掩盖围绕着性旅游的伦理问题？

延伸阅读

关于性旅游和浪漫旅游

Jacobs, J. (2009). 'Have sex will travel: romantic "sex tourism" and women negotiating modernity in the Sinai', *Gender, Place & Culture*, 16 (1): 43–61.

Herold, E., Garcia, R. and De Moya, T. (2001) 'Female tourists and beach boys:

Romance or sex tourism', *Annals of Tourism Research*, 28 (4): 978–997.
销售合乎伦理的旅游：
Lovelock, B.A. (2007) 'Ethical travel decisions: Travel agents and human rights', *Annals of Tourism Research*, 35: 338–358.

八、性倾向与性旅游

同性恋性旅游也常常被概念化为"浪漫旅游"这一措词。这部分是因为已有探讨称同性恋旅游者作为旅游者经历各种各样的歧视：从不接纳他们、加重其边缘性的目的地，到对同性恋的憎恶导致的刻板想法，即所有同性恋旅游都一定是性旅游（Ryan and Hall 2001）。男同性恋及女同性恋旅游市场价值估计达433亿美元，而且男同性恋及女同性恋者比他们的异性恋同类更有可能去旅游（Ryan and Hall 2001：104）。

帕迪利亚（Padilla 2007a）的民族志研究关注多米尼加共和国圣多明各（Santo Domingo）和波奇卡（Boc Chica）旅游经济中的男性性工作者。对同性恋旅游者性-经济交易的研究比对同性关系的研究要少，这部分归因于同性恋性产业通常具有的秘密性。帕迪利亚（Padilla 2007b）研究中的"西方联盟爸爸们"（Western Union daddies）是给他们旅游期间与之发生性关系的年轻男性汇款的年长男性。对这些性工作者而言，他们更偏好外国顾客，因为他们更有可能支付汇款。汇款的重要性应该放在这样的情境中理解：经济上靠断断续续的工资生存，极具不稳定性；汇款，主要来自国外家庭成员的汇款，在多米尼加经济中普遍占有重要的地位。如帕迪利亚所写：

> 经常性顾客，不管是来自国外还是本地，通常给没有稳定工资或者其收入不能满足其基本需要的男人们提供了一张安全网。性工作者常常对我解释说，这些更为长期的关系比简单的一夜情要更为可靠。……来自"西方联盟爸爸们"的支持常常包括现金或经常性月度汇款，通常用于帮助性工作者支付日常家庭生活开支，包括建筑材料、汽车或摩托车、衣服、儿童用品、家具、大学学费和费用、手机和食

物等项目。另外值得注意的一点是，性工作者常常在他们对经常性顾客所给的各种帮助的描述中强调给孩子们的支持，这一模式与多米尼加女性性工作者所言很相似。

（Padilla 2007b：256）

那些为同性接触提供汇款的人通常将这种关系描述为长期性的、具有情感联系的（O'Connell-Davidson and Sánchez Taylor 1999）。帕迪利亚研究中的同性恋性旅游者也是如此。然而如帕迪利亚所强调，一直有一种核心的紧张状态，其由旅游者和性工作者之间明显的经济不平等所决定。

如奥康奈尔-戴维森和桑切斯·泰勒（O'Connell-Davidson and Sánchez Taylor 1999）所论，在全球性旅游中，性工作者-顾客之间交易的商业本质基本上将相互性从性关系中完全剥离出去，"为顾客提供了一个现成方便的、非人化的性对象"（p.40）。然而，在"浪漫旅游"的情境中——或者"西方联盟爸爸们"持有的更为长期、更亲密的关系中——必须解决这种非人化倾向，其基于它被认为与真正的亲密和情感的相互性背道而驰的程度。因此，虽然例如多米尼加共和国等地区的性旅游打开了一些通路，由此西方人通过"他者"可以重新塑造他们的身份，它也可能给他们创造困境：他们挣扎于把自己想象成在各种不平等中有价值的人，但这些不平等永远不可能从他们的意识中完全抹去。

（Padilla 2007b：256）

本章回顾

本章探讨了性旅游中的一些关键问题以及影响性旅游市场增长和再生产的社会经济因素。我们考虑了在旅游和性旅游之间划出清晰的界线常常有怎样的困难，以及围绕着性旅游和浪漫旅游也经常存在定义的问题，因为研究者们挣扎于该群体的异质性以及顾客和供给者两者都有的主观体验的多样性。但概念性问题并不改变这一事实：旅游市场、性旅游市场，以卖淫和性奴役为目的贩卖女性和儿童，它们都是互相联系的。这并非单纯

第 6 章 性旅游

的巧合：有些主要的性旅游目的地是欠发达社会，贫困是这里大部分人口所面临的严重问题。这也不是偶然事件：女性和儿童是主要的被买卖对象、卖淫者、现代世界里经济边缘化的公民；以及与前面所讲的关联，他们更有可能是流动的。阶级、种族和性别决定着性旅游产业中显然存在的各种关于性别和性的等级结构，而全球经济不平等则处于性旅游和旅游领域性产品的核心。

关键术语小结

性旅游（sex tourism）：可以被定义为至少部分旅程的主要目标或动机是为了达成性关系（Ryan and Hall 2001：ix）。

儿童性旅游（child sex tourism, CST）：是外国人对儿童的商业性剥削。它通常涉及为了与儿童进行性行为从自己国家旅行到另一个国家的人，或者在国外是为了与儿童进行性行为的外国人。儿童性旅游通常包括一个第三方，后者从当地社区获取儿童（人口贩卖）。

性贩运（sex trafficking）：是一种现代形式的奴役，其中包含通过暴力、欺骗或强迫达成的商业性行为，或者被引诱做出这一行为的人年龄在 18 周岁以下。

贩卖女性和儿童（trafficking of women and children）：联合国大会（2000）将人口贩卖定义为"为剥削目的而通过暴力威胁或使用暴力手段，或通过其他形式的胁迫，通过诱拐、欺诈、欺骗、滥用权力或滥用脆弱境况，或通过授受酬金或利益取得对另一人有控制权的某人的同意等手段招募、运送、转移、窝藏或接收人员。剥削应至少包括利用他人卖淫进行剥削或其他形式的性剥削、强迫劳动或服务、奴役或类似奴役的做法、劳役或切除器官"（UNODC 2006：7）。

性外派者（sexpatriates）：前性旅游者，在目的地定居下来，借此利用他们在家可能难以获得的商业性关系（通常是与未成年人）。

思考问题

1. 性旅游发展的基础性因素有哪些？

2. 当人们说贫困、种族和性别对性交易和性旅游有系统性影响时，所指的是什么意思？

3. 文化相对主义被用来为性旅游辩护吗？如果是，它有什么样的伦理含义？

4. 实用主义的取向会强调为大多数人带来社会福利。对于性旅游而言，这一取向的问题是什么？

5. 意向重要吗？如果只是与卖淫者偶然接触——旅游者与之相处非常好——这是性旅游吗？

6. 为什么有论称旅游和性旅游之间差异很小？

7. 为什么认识到"性旅游和儿童性旅游这两种形式之间是多么的模糊"很重要？

8. 一个人的性取向是否在改变性旅游的伦理性和道德性？

练习

1. 选择三个知名的性旅游目的地，在网络上搜索看这些目的地是怎样被营销的。性作为一个产品是否被用来增强这些地方的吸引力？

2. 你的国家有什么法律允许对在国外时与未成年人发生的性行为进行域外起诉？

延伸阅读

O'Connell-Davidson, J. (2001) 'The sex tourist, the expatriate, his ex-wife and her "other": the politics of loss, difference and desire', *Sexualities*, 4(5): 5–24.

Padilla, M.B. (2007a) *Caribbean Pleasure Industry: Tourism, Sexuality and Aids in the Dominican Republic,* Chicago, IL: University of Chicago Press.

—(2007b) '"Western Union Daddies" and their quest for authenticity: An ethnographic study of the Dominican gay sex tourism industry', *Journal of Homosexuality*, 53(1–2): 241–75.

第6章 性旅游

注释

a J. J. 佩特曼（Pettman, J. J.）.《身体政治学：国际性旅游》（Body politics: international sex tourism），选自《第三世界季刊》（*Third World Quarterly*），1997，18（1）：93-108。

参考文献

Beddoe, C. (1998) 'Beachboys and tourists: links in the chain of child prostitution in Sri Lanka', in M. Opperman, M. (ed.) *Sex Tourism and Prostitution: Aspects of Leisure,* Recreation and Work, New York: Cognizant Communications, pp. 45–59.

Beddoe, C., Hall, C.M. and Ryan, C. (2001) *Incidence of Sexual Exploitation of Children in Tourism.* A report commissioned by the World Tourism Organization, Madrid: World Tourism Organization.

Cohen, E. (1988) 'Tourism and Aids in Thailand', *Annals of Tourism Research*, 15: 467–86.

—— (1993) 'Lovelorn farangs: the correspondence between foreign men and Thai girls', *Anthropological Quarterly*, 59(3): 115–27.

Cotter, K.M. (2009) 'Combating child sex tourism in South East Asia', *Denver Journal of International Law and Policy,* 37(3): 493–512.

Dahles, H. and Bras, B. (1999) 'Entrepreneurs in romance: tourism in Indonesia', *Annals of Tourism Research*, 26: 267–93.

De Cock, M. (2007) *Directions for National and International Data Collection on Forced Labour,* Geneva: International Labour Organization.

Flowers, R. (2001) 'The sex trade industry', *Annals of the American Academy of Political and Social Science,* 575(1): 147–57.

Garrick, D. (2005) 'Excuses, excuses: rationalisations of Western sex tourists in Thailand', *Current Issues in Tourism,* 8(6): 497–509.

Glover, K. (2006) 'Human trafficking and the sex tourism industry', *Crime &*

Justice International, 22(92): 4–10.

Hall, C.M. (1996) 'Gender and economic interests in tourism prostitution', in Y. Apostolopoulos, S. Leivadi and A. Yiannakis (eds) *The Sociology of Tourism: Theoretical and Empirical Investigations,* New York: Routledge.

Jeffreys, S. (2003) 'Sex tourism: do women do it too?', *Leisure Studies*, 22: 223–38.

Leheny, D. (1995) 'A political economy of Asian sex tourism', *Annals of Tourism Research*, 22(2): 367–84.

Momsen, J. (1994) 'Tourism, gender and development in the Caribbean', in Kinnaird, V. and Hall. D. (eds) *Tourism: A Gender Analysis*, Chichester: Wiley, pp. 106–20.

Montgomery, H. (2008) 'Buying innocence: child-sex tourists in Thailand', *Third World Quarterly*, 29(5): 903–17.

O'Connell-Davidson, J. (2004) 'Child sex tourism: an anomalous form of movement?', *Journal of Contemporary European Studies*, 12(1): 31–46.

O'Connell-Davidson, J. and Sanchez Taylor, J. (1998) 'Fantasy islands: exploring the demand for sex tourism', in K. Kempadoo (ed.) *Sun, Sex, and Gold: Tourism and Sex Work in the Caribbean*, Lanham, MD: Rowman and Littlefield.

Peach, L.J. (2005) '"Sex slaves" or "sex workers"? Cross-cultural and comparative religious perspectives on sexuality, subjectivity, and moral identity in anti-sex trafficking discourse', *Culture and Religion: An Interdisciplinary Journal*, 6(1): 107–34.

Pettman, J.J. (1997) 'Body politics: international sex tourism', *Third World Quarterly*, 18(1): 93–108.

Plummer, K. (2010) 'The square of intimate citizenship: some preliminary proposals', *Citizenship Studies*, 5(3): 237–53.

Pruitt, D. and LaFont, S. (1995) 'Tor love and money: romance tourism in Jamaica', *Annals of Tourism Research*, 22: 422–40.

Rojec, C. and Urry, J. (1997) *Touring Cultures:Transformations of Travel and Theory*, London: Routledge.

Ryan, C. and Hall, C.M. (2001) *Sex Tourism: Marginal People and Liminalities*, London: Routledge.

Sachs, A. (1994) 'The last commodity: child prostitution in the developing world', *World Watch*, 7(4): 24–30.

Said, E. (1978) *Orientalism*, London: Penguin.

Sánchez Taylor, J.S. (2001) 'Dollars are a girl's best friend? Female tourists' sexual behaviour in the Caribbean', *Sociology*, 35(3): 749–64.

Smith, M. and Duffy, R. (2003) *The Ethics of Tourism Development,* London: Routledge.

—— (2010) 'Sex tourism and inequalities', in Cole, S. and Morgan, N. (eds) *Tourism and Inequality: Problems and Prospects*, Wallingford: CABI, pp. 49–66.

Tepelus, C.M. (2008) 'Social responsibility and innovation on trafficking and child sex tourism: morqhing of practice into sustainable tourism policies?', *Tourism and Hospitality Research*, 8(2): 98–115.

Todres, J. (2006) *The Importance of Realizing 'Other Rights' to Prevent Sex Trafficking*, New York University Public Law and Legal Theory Working Papers. Paper 32. Available at <http://lsr. nellco.org/nyu_plltwp/32> (Accessed 13 June 2012).

Truong, T. (1990) *Sex, Money and Morality: Prostitution and Tourism in Southeast Asia,* London: Zed Books.

UNICEF (2007) 'Poverty reduction–the pro-growth and pro-poor strategy', *International Journal of Development Studies,* 2(3): 73–8.

UNODC (United Nations Office on Drugs and Crime) (2006) *World Drug Report, Vol. 2: Statistics*. Available at <http://www.unodc.org/pdf/WDR_2006/wdr2006_volume2.pdf > (Accessed 4 August 2011)

—— (2007) *Annual Report*. Available at <http://www.unodc.org/pdf/annual_

report_2007/AR06_full- report.pdf> (Accessed 10 August 2011).

Wonders, N. and Michalowski, R. (2001) 'Bodies, borders, and sex tourism in a globalized world: a tale of two cities-Amsterdam and Havana', *Social Problems*, 48(4): 545–71.

第 7 章　旅游与原住民

"家不是你所住的地方,而是有理解你的人的地方。"

——克里斯蒂安·摩根斯特恩[a]

"游客们过来了,往我们帐篷里看。那些可是我们选择生活其中的家,可这一点也没有让他们感到不安。他们开了门,掀开了门帘,直接就冲进去了,摸我们的东西,戳弄我们的铺盖卷,检视每一件东西。这真是让我困惑:游客们觉得他们有上帝给的到处乱闯的权利。"

——拉塞尔·米恩斯[b]

"它看起来像世界上许多其他旅行目的地,在那里很多人饿得快死了,旅游者却吃得很好,受到过分的关心。"

——保罗·泰鲁[c]

学习目标

阅读本章后,你将能够:

- 找出各种与旅游和原住民相关的伦理问题。
- 找出并讨论与文化的商品化相关的伦理问题及其对原住民群体的影响。
- 定义"扶贫"旅游,解释这个概念和行为为什么会出现。
- 描述后殖民国家对原住民群体不断改变的角色和责任,以及作为结果出现于旅游领域的伦理问题。
- 解释为什么公正旅游及其关键目标对于批判性评价各种替代性旅游模式是有用的。

一、导言

> （原住民）旅游越来越被视为不仅仅是给边缘化民族制造刻板印象的一种力量，而且是这些民族可以用以追求经济和政治权力、促进自我发展的一种手段，以及在不同世界观之间和之内开展对话的一个地方。
>
> （Ryan 2005：4）

二十世纪七十年代学者们强调了理解旅游对于原住民族群所扮演角色的重要性，强调旅游既剥削又帮助原住民族群的可能性。随后研究的核心问题是：文化商品化的影响，旅游者和旅游业所施加于原住民文化的文化变迁，更确切地说，对文化价值的侵蚀——或者本真性（authenticity）——以及造成原住民族群进一步边缘化的可能（Smith 1977，Altman 1989 and Johnston 1990 in Hinch and Butler 1996：6）。最近，旅游在发展中社会被采纳为一个发展战略，研究则主要关注当原住民被期望呈现一个真实的过去，同时又正在过渡到一个更加繁荣的现在和未来时所引发的紧张状态。有人强调旅游促进对原住民族群更多理解的潜力，更多人现在关注的是原住民族群如何参与旅游企业、什么样的过程和因素对于在后殖民时代为原住民族群实现更加公正的社会、经济和政治结果是必不可少的。

在这一章我们将探讨特别与原住民旅游相关的一系列新出现的问题，以及更普遍地探讨旅游在促进发展和减轻贫困方面被认为能够起到的作用。本章的核心是批判性思考各种社会群体（本地化的旅游运营商、跨国产业运营商和投资者、政府）参与原住民旅游的伦理意义，以及对原住民运营商和原住民族群的意义。原住民族群占世界人口的5%，占世界土地面积的大约一半，在70个国家有分布。在不同程度上，旅游已经影响了原住民族群，原住民族群也越来越多地参与原住民旅游事业（Weaver 2010：43）。

原住民旅游系统是多层面的，由许多因素及其相互关系组成，扼要表示于图7.1 原住民旅游框架（Butler and Hinch 2007：7）。

第 7 章 旅游与原住民

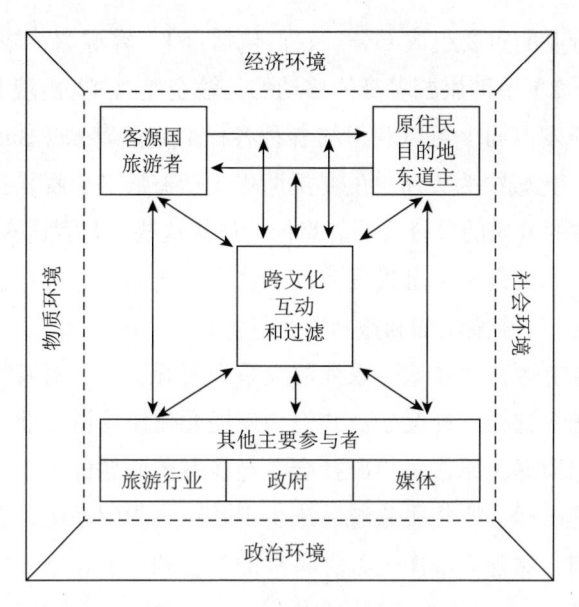

图 7.1　原住民旅游框架

来源：Butler and Hinch（2007）。

该模型强调旅游者向目的地移动的流动，以及资本（金融资源）、信息和观念的流动。这些流动不一定是平等的，特别是对于资本而言，而且正是各种交易的不平等性产生了争议、举起了伦理的旗帜。其他各种旅游系统与以图形表现于此的这个系统相似，但原住民旅游系统的核心是强调"文化"、强调差异或"他者"的商品化，其经常处于东道主吸引旅游者的事业的核心（Butler and Hinch 2007：8）。

但是，在任何一个原住民旅游目的地，都不是只有一种"文化"，而总是有众多的观点、信念和实践活动支撑（促进、阻碍、嵌入）其事业起步和发展的方式及其所带来的影响。然而，总揽这一多样性的是一个主导性的文化视角；正是这个主导性文化视角塑造了原住民旅游运营商必须与之互动的各种制度、法律和国家政治体系的本质。最终，他们的国家如何处理与其他国家的关系、全球旅游业如何影响原住民企业，也要与之斗争，有时候是以公开的方式，有时候则是隐蔽的（Butler and Hinch 2007：8）。除这些具有文化多样性特征的关系之外，还有多个影响力团体和运营商是原住民旅游行业的重要组成部分。它们包括:(1)客源国(旅游者的国家)的旅行中介;(2)协助旅游者身体移动的运输企业;(3)出境和入境旅游运营商,它们开发市面上可以获得的各种各样的旅游套餐(Butler and Hinch 2007:8-9)。比较少为人所见的是运营以上所有服务、提供这个产业的功能性先决条件的公司的投资者们。然而,虽然这些参与者比较少为人所见,但他们的需求、视角和金融投资保证了这个行业的全球分布性、各种社会联结的多面性,一个复杂的利益网络亦包含其中。

原住民旅游运营商在这一系列的关系中展开工作并对其作出反应;他们也常常工作于这样的社会中:政府为发展原住民旅游产业提供了大量的支持,以此作为解决原住民族群社会-经济贫困问题的一个手段。跟其他任何旅游系统一样,原住民旅游系统也不是一个封闭系统,它受到所有这些关系的影响,对各个层次上各种各样的机会和限制作出反应,包括各层次之间和之内。

图7.2　梅萨维德(Mesa Verde),科罗拉多,公园服务管理员正在为游客解说一个古代原住民遗址。照片:**Brent Lovelock**。

二、"原住民"与"文化"

如韦弗（Weaver 2010：43）所观察的，并没有对原住民的正式定义，这个术语：

> 被联合国用来在以下因素的共同基础上描述族群：自我认同、与前殖民者社会的历史连续性、与特定领土及其自然资源的紧密联系、独特的社会经济体系和问题、在社会中的非主流地位以及作为独特的社群保持和延续其祖先文化和生活方式的各个方面的决心。
>
> （Xanthaki 2009）

国际上有过数次社会运动，引发了关于旅游行业所扮演角色的争议：是关注还是忽视原住民族群的权利。国际劳工组织 1989 年第 169 号公约——《原住民和部落人民公约》——为保护原住族群提供了最低标准。随这一公约之后的是 1999 年联合国《原住民权利宣言》，该宣言显示出放在原住民权利上的重要性越来越大，最终将会影响到行业、政府和原住民社群之间如何互动及这种互动会出现什么样的结果（联合国大会 2007；Higgins-Desbiolles 2008）。原住民权利伴随着二十世纪人权运动一起出现，但与后者不同的是原住民权利关注的是社群公共权利，而非个人权利（Higgins-Desbiolles 2007：87）。这份宣言最引起争议的部分是主张自我决定权的原则（第 3 条），这是宣言中所有其他原则的基础。

希金斯－德比奥勒（Higgins-Desbiolles 2007：89-90）列出了与旅游业有关的一些原则，包括：

（i）将原住民文化与未经允许的外来者的经济利用隔离开。

（ii）要求赔偿对原住民文化和知识的不当侵占。

（iii）保护原住民圣地，禁止非原住民进入。

（iv）有权要求进入在其他人所有权下的圣地（sacred sites）。

（v）禁止或限制非原住民使用原住民的词汇和名字。

（vi）提倡就"他们的（原住民的）文化、传统、历史和追求的多样性和尊严"给非原住民提供公共教育和信息。

（vii）原住民参与影响到他们的所有层次的决策。

（viii）提倡原住民保持和管理其自身发展和生计的权利，当这一权利受到影响时，要求给予补偿。

（ix）对他们的总体环境（土地、水、空气、沿海海域、海冰、植物和动物）的所有权和管理权的声明。

（x）它提供了保持、恢复和保护其总体环境的权利的基础（因此可以阻止开发项目）。

（xi）陈述对"……文化和知识产权的完全拥有、控制和保护"的权利。

（xii）决定发展策略的权利；针对影响到他们土地和资源的发展项目，国家应该取得他们的同意。如果没有做到这些，有获取补偿的权利。

（xiii）通过他们自己的制度和结构，原住民有自我决定的权利，等同于自治或在所有事务上自我治理——文化、宗教、社会、经济和资源。

延伸阅读

Higgins-Desbiolles, F. (2003) 'Reconciliation tourism: tourism healing divided societies', *Tourism Recreation Research*, 28 (3): 35–44.

— (2004) 'Reconciliation tourism: challenging the constraints of economic rationalism', in Ryan, C. and Aicken, M. (eds) *Indigenous Tourism: The Commodification and Management of Culture,* Amsterdam: Elsevier，pp. 223–245.

Johnston, A. (2000) 'Indigenous peoples and ecotourism: bringing indigenous knowledge and rights into the sustainability equation', *Tourism Recreation Research,* 25 (2): 89–96.

Johnston, A.M. (2003) 'Self-determination: exercising indigenous rights in tourism', in Singh, S., Timothy, D.J. and Dowling, R.K. (eds) *Tourism in Destination Communities,* Wallingford: CABI, pp. 115–134.

人对其他人怀有好奇之心。然而，好奇心并不是一种良善的状态——它深嵌于权力关系之中，而这种权力关系是关于"他者"的各种历史性观念的推动者和塑造者。这些观念不只是想法而已，它们是人们致力于发现、征服

第 7 章 旅游与原住民

和毫无例外地在全球各地获得领土的重要组成部分。正是这一历史和这些观念构成现代旅游及其所在的各地域、人们寻求观看和体验之对象的基础。这些观念和行为也从根本上影响着许多原住民社群在获取经济和社会资源方面所处的位置。一种"贫困的文化"在许多原住民社区都很常见，它是帝国主义、殖民主义和后殖民主义的一个结果——经由这些过程，原住民族群成为"他者"，被殖民者们发现、征服、开化，最终在社会上和经济上被边缘化。

旅游的历史绊陷于帝国主义的历史中。旧时英国贵族子弟遍游欧洲大陆的大旅行（grand tour）展示了受过良好教育的阶层如何旅行国外、观览和学习其他"文化"。自大旅行以来，旅游产业利用围绕着发现的迷思和阴谋创造了各种各样的旅游产品。作为对大众旅游的反应，现代旅游越来越地寻求被认为是依然原始古朴、相对还"没有受到影响的"目的地（Hinch and Butler 1996: 3），在他们的自然环境中发现"他者"——接近于他们的"原始状态"。然而，要使得后者可能的话，原住民族群必须重新包装他们自己或者被重新包装——他们的文化成为被追求的商品。结果，旅游被贴上"新殖民主义"的标签，在这个过程中，原住民族群实际上"被再度殖民化"了——被一个依赖于他们的存在而获取对一个假象的人类的过去消费。殖民统治以来，原住民族群过得很不好，在后殖民时代，他们越来越多地寻求能够应对经济、社会和文化边缘化的途径。

旅游产业对原住民族群是一把双刃剑。一方面，它为原住民族群提供了营销自己、利用文化商品化所能够带来的经济收益的可能。然而，另一方面有许多因素削弱了旅游产业作为灵丹妙药以应对原住民社群所面对各种挑战的可能性。如欣奇和巴特勒（Hinch and Butler 1996: 6）所观察的，对于旅游可能如何为原住民族群促进更好的人生机会和生活体验，有很多假想，包括：

- 旅游实践为提升意识和促进理解提供了机会；
- 意识的提升引起行为的改变，行为最终更加公正；
- 原住民族群对于营销自己的过程有控制权，能够控制体验的本质；
- 参与原住民旅游会帮助提高社区能力和经济独立性。

然而，批评者已经正确地指出，旅游产业通常被"外部利益"所主导，所有权和控制权都掌握在生活在其他地方的人手里，收益也通常回流。此外，意识的提升并不总是会导致行为的改变，旅游者的行为也并不直接地或线性地影响这个产业所处的更为广阔的经济关系。简而言之，我们需要质疑关于意识的政治学、意识是否改变行为、原住民族群对原住民旅游有多少控制、原住民旅游是否真的提高社区能力和经济独立性。这样的批判性思考使得我们能够探索围绕着原住民旅游的各种伦理问题，公正框架于此特别有用。

三、文化——概念、实践、"物"

我们也需要探讨跟原住民旅游以及可以说所有旅游实践相关的一些核心概念。如果文化处于原住民旅游的核心——什么是文化？有些民族比其他民族拥有更多的"文化"吗？围绕这一概念有什么样的伦理问题，以及当这一抽象概念具体化之后，又会出现什么伦理问题？

文化是一个棘手的概念，在我们开始考虑围绕着旅游业和原住民族群之间关系的伦理问题之前，需要澄清这一概念。文化是一个特别容易被具体化的概念。当一个文化被具体化后，它就变成了一个"物"（'thing'），比如，约翰的"文化"迫使他按照他行动的那个方式行动。作为一个概念，文化已经被给予各种定义，有人将其定义为塑造一群人行为方式的观念和信念的集合，另有人将其定义为将不同群体的人彼此区分开来的行为的集合。前者被称为对于文化的观念性定义，后者被称为对文化的物质性定义。最近，文化被定义为两者兼具——也就是扎根于日常生活之物质现实的信念、观念和行为的集合；某些人可能称之为一种"生活方式"。鉴于本章的目的，我们将使用对文化的后一种定义。文化不是一个"物"，它是我们用来解释和理解在任何给定情境下人类生活的一个概念。

出现于旅游和原住民旅游的文化商品化实际上是文化的具体化：概念成为物，作为一个绊陷于一个具体生产过程、产业和资本主义经济体系中的物／对象，它是一个物＝商品。这样对象化为商品，意味着它可以被评价（定价），被交易以获得利润。当然，所有民族都生产各种被交易的物——

盆罐、汽车、轮船、纸张。但这些物没有一个是作为一种"生活方式"而产生的——相反，它们是物体，是某种"生活方式"的产出。这些物很可能作为一个"想法"而开始，但它们实现了一种可视的、可触摸的、从物质中通过人的开创精神/劳动制作出来的物质。这里，文化的概念使得你可以思考这些物生产于其中的各种条件、情况，这些条件和情况如何塑造生产和消费这些物的主观体验。当文化的概念——包括人类生活主观和物质两方面的现实——被具体化，社会生活中许多原本"无形"的价值变成了有形的（具体化的），而一旦被具体化，就能够被以各种方式操控，这就产生了各种各样的伦理困境。第一民族（First Nations）、因纽特人（Inuit）和美洲原住民（Native Americans）拒绝被拍照。不只是担心面部或身体的复制，而且还担心对其精神的捕捉（对象化），以及可能施加给其精神（无形的存在）一种物质性，这种物质性可能然后被利用——被传递、被操控——好像跟这个人完全独立一样。此外同样重要的是商品化（具体化）的过程掩盖了社会生活"有形的"方方面面——文化做了这个，是因为她的文化所以她做了 x 或 y。文化成了这个无所不能的、做事情的物（无法解释）。具体化是有问题的，因为它通过隐藏一个概念所指对象的具体细节消解了这个概念的解释力，这些具体细节包括扎根于日常生活物质现实的各种信念、观念和行为。这个"概念现物"（'concept now thing'）成了行为者、行动者、制造者，不再是一个促进解释和理解的概念工具，而成了一个泛泛的、"理所当然的"术语——结果丧失了它的解释力。

就民族及其信念和观念而言，文化的商品化把通常是无形的存在做成了物。对于许多人类群体而言，无形是强大的、有价值的（令人畏惧的和令人钦慕的），是社会和文化生活结构的核心。而且，经常是无形提供意义、传递道德。具有讽刺意味的是，当商品化将无形做成有形，它同时也使得有形变成无形。因此它可能削弱无形的力量，同时赋予已经是有形的力量（通过隐藏它的动力机制和特征）。这个过程不是无害或良善的，文化商品化的过程处在围绕着原住民（以及可以说所有）旅游的伦理关注的核心。对于原住民族群或在社会、经济上被边缘化的少数民族群体来说，这个过程并不总是有益的。

文化商品化的过程涉及以一种合意的方式将文化打包，而合意性（desirability）是由对"什么构成价值"的理解而决定的。文化作为商品变得简单化了，使得原住民导游/运营者必须合作进行自我的异国情调化。如邦顿（Bunten 2008：386）所观察的：

>被展示的文化转化成标志性的可视物（比如传统服饰）、可消化的一小段发音（比如以土著方言表示欢迎）、在旅游过程中介绍的标准化民族志信息。自我异国情调化要求土著导游做一个简单化版本的自我介绍，这个介绍要符合西方概念中的"他者"，而这个概念已经在电视、电影、书籍、博物馆和旅游运营商的市场营销工作中广为普及了。

然而，如邦顿（Bunten 2008）继续论证的，原住民导游并没有站在这个过程之外。相反，他们能够并经常控制对他们人物角色的商品化，这能够起到赋权的作用。通过有意识地包装和传递这一自我展示，导游能够对他们的文化进行有意识的展示——其曾经是——从而能够主张和控制关于历史缺失的叙述（Clifford 2004：6；Bunten 2008：392）。然而，如诺茨克（Notzke 2004：47）在南阿尔伯塔省（South Alberta）所观察的："将文化元素纳入其旅游产品的原住民东道主们时常面临着分享其文化而又不损害其完整性的挑战。"

至此，我们已经讨论了文化概念的具体化、文化的商品化，及其对原住民族群的影响，但我们回避了原住民旅游这一本身有问题的类别。如霍尔（Hall 2007：315）所论，原住民旅游这一类别很有问题——主要是因为它还没有被其使用者问题化。如我们在第2章所讨论的，位于伦理决策之核心的，是批判性思考的能力。一系列的问题都已有探讨，包括原住民族群是如何被旅游业所呈现的，以及原住民族群与主流社会群体之间的权力关系。然而，原住民群体内部的权力关系和异质性通常没有被考虑到——影响原住民族群经济、社会-文化和政治福祉的宏观因素（在旅游业之外）也缺乏考虑。霍尔（Hall 2007）强调，旅游产业并没有通过其参与创造利益集团、价值观和权力，相反，它利用已建立的政治经济，后者在全球导致了原住民族群的边缘化。正是作为这些过程的一个结果，我们才能够鉴别原住民群体为在某些方面与其他社会群体截然不同。我们能够这样做，尽管大规模的移民过程已经使得他们现在居住的土地实际上在文化上很多样,尽管原住民族群事实上跟新的或不那么新的定居者已经通婚很多代了。然而,在这个鉴别的过程中,我们必须非常小心,不要将原住民族群隔离为独特的、独立的实体,因为如果我们这样做,我们就犯了霍尔(Hall 2007)所警告不要做的事情——在一个没有权力的真空里进行思考,未能考虑原住民性(indigeneity)和原住民旅游是如何成形的——其不仅是在与其他旅游活动的关系中成其形,而且在与一个更大的政治经济的关系中成其形。

图 7.3　中国原住民族群的乐队正在为旅游者提供娱乐。照片:Brent Lovelock。

原住民旅游与其他旅游活动具有共同特征——特别是在任何给定社会中试图为特定群体解决社会–经济边缘性和贫困问题的旅游计划。虽然有一组特定的权力动态机制和历史相互作用是原住民族群特有的,旅游作为解决边缘性的一种手段也是其他群体参与越来越多的一种实践——这些群体经由相联系但是稍微不同的各种过程也被剥夺了权利。这些旅游形式包括扶贫旅游、贫穷旅游(poorism)、访问贫民窟(slumming)和乡镇旅游。与原住民旅游具有共同特征和实践的还有文化或民族旅游(Benett and

Blundell 1995；Pitchford 2008）及遗产旅游——这里的"文化和遗产"是指主流文化，但其体验、包装和交付都遵循一种非常相似的模式，这一模式也被模仿用来包装原住民性作为原住民旅游中的商品（Bunten 2008）。

但是，欣奇和巴特勒（Hinch and Butler 1996）将原住民旅游与其他旅游形式区分开来，他们强调这种旅游形式可以根据以下情形辨认：原住民族群有直接的参与，通过对旅游运营的控制，以及/或者他们的文化就是吸引物，它嵌在一个被非原住民个人或组织控制的产业中（Hinch and Butler 1996：11）。我们也可以在这里强调，自我决定是原住民旅游的关键——原住民族群不是"利益相关者"，而是集体权利和个人权利的持有者，包括自我决定的权利（McLaren 2003：3 in Higgins-Desbiolles 2007：93-94）。与原住民族群的历史交往塑造了旅游产业和旅游者经历的本质，权力关系的时间维度使得对原住民旅游事业的控制并不总是明确、公正或符合伦理的。然而，跟所有的文化政治一样，它总是受到争议。

如佩普森（Papson 1981：225）所观察的：

> 旅游决定于对地方和民族事先形成的定义。这些定义被政府和私营企业的市场营销部门创造出来，目的是引诱旅游者到访特定地区……政府和私营企业不仅定义社会现实，而且为了符合这些定义，对它进行再创造。这个过程既是相互作用的，也是辩证的。如果这个过程发生，日常生活这一类别就被消灭了。

四、作为经济独立性促进者的旅游

世界上大部分的原住民群体在经济上都处于边缘，虽然旅游产业可能有助于解决这一边缘性，对某些群体来说，它能够而且已经涉及将边缘性本身商品化（Azarya 2004）。阿扎亚（Azarya 2004）在对马赛族（Maasai）的记述中探索了商品化的过程，以及边缘性怎样将文化商品化的驱动因素及边缘性本身成为"商品"。这并不一定是有意为之的结果，相反，它是边缘性作为大部分（如果不是所有）原住民群体当代文化之主要特征的结果。原住民群体在寻求经济融入的过程中（以及当他们被鼓励这么做时），他们进入一个展示他们"文化"的过程中，为了将这件事做得更有说服力，他们必须对它非常熟悉——他们必须至少部分地活出这种文化。在"销售他们自己的边缘性"的过程中（Azarya 2004：961），他们被迫与新经济和社会打交道，但同时继续生活在他们的文化边缘性中。

因此，这种展示的结果是更大程度地融入新经济和社会，但另一个结果就是文化边缘性的延续（Azarya 2004：962）。

图 7.4　萨米人帐篷，挪威，萨米人在这里为游客提供"文化的沉浸"游览项目。
照片：Brent Lovelock。

为了维持对旅游者的吸引力和商业价值，他们必须保持他们的差异。但是，原住民群体并不是独自进行这一过程。地方和全球的政府和私营企业为了生产原住民旅游展览而展开合作，用阿扎亚（Azarya 2004）的话来说。在新西兰，霍尔（Hall 1996）记述了 1870 年以来新西兰旅游行业对毛利人的展示拥有的显著控制。这种控制越来越受到争议，但尽管如此：

对于在推销和广告中利用原住民文化，新西兰白种人的动作从来都不慢——他们的方式常常引起毛利人的反对。曾经有一段时间，外国人的这种想法可以被原谅——他们依据他们看过的海报和视频，认为新西兰只存在穿着亚麻裙子的毛利人在热气腾腾的温泉池里跳进跳出。

（Barber 1992：91 in Hall 1996：157）

发展中国家的原住民旅游呈现出一些其他问题和关注点。旅游被采纳为促进发展的一种手段，原住民群体通过展示和表现"一个消失的世界"（Azarya，2004：964）作出贡献，但对一些人来说，这要求他们绝不能完全被纳入，因为他们必须维持至少是没有"被开发"的外在表象。同样是记述东部非洲的马赛人，莫福斯和芒特（Mowforth and Munt）将他们在发展中的角色描写为一种"被强化的原始状态"，在这种状态中，如果他们希望适应他们被保护起来的土地，他们必须以遵循传统刻板形象的方式付出代价（1998：273 in Azarya 2004：964）。或者如麦肯奈尔（MacCannell 1992：18）所观察的：

表演的或舞台化的原始状态已经被确立为社会和经济交换之世界体系中一个很小的、但很稳定的部分。许多以前是原始状态的群体通过向游客开放他们的神圣之地、仪式表演和或多或少"人种学化"的日常生活，藉此收取门票而谋生。

然而，虽然在很多目的地这种人种学化的原住民性就是吸引物，但也有一个倾向于"保护"原住民群体免受旅游入侵的转变，这也是围绕着这一理念："保存"被认为是"以前的生活方式"。下面的故事出现在美联社（Associated Press）2012 年 7 月的报道：

印度最高法院取缔安达曼群岛部落栖息地附近的旅游和商业活动

新德里 – 印度最高法院取缔了该国位处印度洋中遥远的安达曼（Andaman）和尼科巴（Nicobar）群岛上一个古老部落的栖息地附近所有的商业和旅游活动。

印度高等法院本周发出的法令禁止酒店和度假区在加洛瓦（Jarawa）保护区五公里（三英里）缓冲区范围内开展经营活动，这个保护区是古老的加洛瓦部落民族的家。

这份高院法令意味着多个已经在原住民安达曼人部落的保护区附近营

第7章 旅游与原住民

业的度假区将要关门。

然而，一个本部在伦敦、以原住民族群为对象的国际权利组织敦促印度也要叫停穿过该保护区的巴士狩猎旅行。

加洛瓦是世界上最古老的民族之一，其中许多人依然使用弓箭狩猎，通过摩擦石块生火。

来自 <http：//www.news1130.com/article/print/379358>
（访问于2012年7月5日）

旅游业已经遭到原住民群体的抵制，在某些情况下还遭到公开的、活跃的抗议。虽然我们已经考虑了很多政府都鼓励旅游作为达到发展目标的一个手段，但国家旅游发展项目并非毫无争议。果阿（Goa）提供了一个很好的例证来说明什么是被认为不受约束的旅游发展的地方抵制（Lea 1993：708）。到二十世纪九十年代早期，果阿已经成为一个旅游目的地，沿着果阿海岸线开发有69家酒店。这些开发项目被一群工人、学生、专业人士以及自称为Jagrut Goencaranchi Fauz（JGF）的人士公开反对。该群体发表了一份含五个部分的宣言，指出果阿被五星级度假区过度开发（Lea 1993：708）。JGF于二十世纪八十年代后期发起了这个运动，最终在二十世纪九十年代扰乱了该地的旅游发展项目，获得了国际媒体报道，确保开发商们因违反当地环境法律受到成功的法律制裁。果阿的抵制是反旅游（anti-tourism）的一个例证，也是伦理关注点的一个转移：不仅仅大众旅游对原住民文化的社会和文化影响被坚持作为重要的考虑，而且旅游相关的环境影响，特别是在已经面临资源稀缺问题的目的地对水资源和能源的消耗，都要纳入考虑（Lea 1993：710）。

旅游为原住民群体解决经济和社会边缘性的希望实现了吗？看起来，虽然很多政府鼓励原住民参与旅游，以此作为解决边缘性的一个战略，但很多企业并没有实现长期生存，许多企业在作为一个整体的这个产业里仍然处于边缘地位（Butler and Hinch 2007：324）。与此有关的是教育和培训（能力）越来越被认为是这类企业成功的核心，其中教育和培训所做的是训练一个社区，使之成功地参与旅游运营。然而，大部分的培训和教育项目依然没有为原住民受众做预先准备，通常没有针对性地定制他们的项目

(Butler and Hinch 2007：325)。

　　与旅游业的其他企业一样，为了获得成功，原住民旅游运营商需要能够与国际旅游市场建立联系。这并不总是一件容易的事情，特别是对那些基于殖民划定地域的运营商来说，这些地域通常在地理上是孤立的，基础设施（道路、铁路、航空、有限的住宿）薄弱。因此，在国际旅游者能够"到那里""住在那里"以及"在那里消费"之前，有许多的障碍要跨越；所有这些障碍都会削弱一个企业的生存能力。在这些情况下，通常依赖中介建立联系——而这些中介对原住民的经营可能有正面影响，也可能有负面影响。

图 7.5　亚利桑那州的"好印第安人"标牌：鼓励旅游者停下来去购买手工艺品。
照片：**Brent Lovelock**。

被延续的是什么？

　　旅游业一直以来靠形象来传达给潜在旅游者他们可能在目的地遇到什么。用于这个目的的原住民群体的形象一直是旅游业市场营销的一部分。如其他人已经指出的，这些形象历史上通常是被非原住民摄影师、艺术家和市场营销代理人准备的，它们常常反映对于普遍的原住民性和特定的原住民群体的种族主义、性别歧视和刻板印象的理解（Albers and James 1988；Cohen 1993；Hollinshead 1996）。毫无例外，原住民群体的形象被纳入或被建构于国家认同的措辞中，如霍尔（Hall 2007）所指出的，这些形象就是被生产出来的产品，绊陷于原住民旅游更为广阔的政治经济当中。

> 影响原住民旅游所有各个方面的决策：原住民旅游中政府参与的性质；负责原住民旅游发展的公共机构的结构；在政策形成和执行过程中的参与；在各原住民社群中对原住民旅游资源和吸引物（比如遗产）的鉴定和展示——所有这些决策都出自政治过程。这个过程涉及在对权力的竞争中各行动者（个人、利益团体、公共和私营机构）的各种价值观念。
>
> （Hall 2007：306）

在任何社会、社区或家庭中，权力都不是平均分配的。因此，对那些处于社会和经济边缘的人（不管是原住民还是其他）来说，他们不可能在一个公平竞争的环境中参与这一事业。分配公正框架可能如何帮助我们解决实践中的这些问题？

与原住民旅游相关的大部分核心问题的基础是不平等及毫无例外的贫困。我们现在将考虑一些替代性旅游模式与贫困。

讨论点：替代性旅游模式

作为对大众旅游各种过度行为和旅游业各种负面影响的反应，出现了各种替代性旅游模式，包括柔性旅游、新旅游、低影响旅游、特殊兴趣旅游、绿色旅游、利他旅游、义工旅游、负责任旅游、公正旅游和扶贫旅游（Scheyvens 2007；Higgins-Desbiolles 2008），所有这些替代性旅游模式的基础是可持续生计的观点（Wheeller 1991；Poon 1993；Goodwin 1998；Wearing and Neil 1999；Sharpley 2000；Douglas et al. 2001；Mowforth and Munt 2003）及促进社会变革的目标（Higgins-Desbiolles 2008：347）。

对于这些追求，已经有很多问题被提出来。核心问题包括：这些旅游模式是否只是旅游部门转移注意力的策略，实际上跟往常还是一样；可持续性措辞实际上是否为了维持这个产业本身（Wheeller 1991）；这些旅游模式是否能够最终为社会变革和公正作出实实在在的贡献。例如惠特福德和鲁哈宁（Whitford and Ruhanen 2010：491）对澳大利益原住民旅游政策的发展和可持续性议题的回顾发现，它们大都集中于经济议题，其代价就是对社会-文化和环境问题缺乏任何仔细的考虑。此外，还存在对原住民文化中的多样性和复杂性不够重视的倾向，以及对原住民旅游发展采取自上而下策略的倾向。这些做法都没能让原住民群体参与政策的制定；没能解决原住民社群能力建设的问题；以及普遍没能认识到为了实现可持续性，原住民群体必须是他们自己能力发展的主体。这些作者的结论是：

> 政府只是单纯地制定和发布原住民旅游政策是不够的。这些信奉可持续性益处的政策之存在并不一定会转变成原住民旅游实实在在的、可持续的实施和发展。

（Whitford and Ruhanen 2010：492）

作为对这些问题和批判性评价的反应，有人论称，公正旅游比较不那么容易受到操控，从而达到产业的目标，而不是达到它本身打算促进的目标（Scheyvens 2002；Smith and Duffy 2003；Higgins–Desbiolles 2008）。

公正旅游（如之前在第4章的讨论）提供了一个有益的空间对原住民旅游和其他寻求影响社会变革的替代性旅游模式进行思考。斯彻文思（Scheyvens 2002：104）区分了公正旅游的四个特征：

1. 在访客和受访者之间建立团结关系。
2. 促进相互的理解和基于平等、分享和尊重的关系。
3. 支持当地社群的自给自足和自我决定。
4. 最大化当地的经济、文化和社会收益。

此外，从目的地社区的角度来看，公正旅游提供了这样的希望（Scheyvens 2002：104）：

1. 旅游者将会是来与他们分享的人们，而不是来控制他们的生活。
2. 本地接待设施和基础设施将被利用。外资所有和经营的企业提供的服务将会被尽可能地避免使用。

3. 贬低或有辱本地文化的旅游场所和表演节目将被避免。机会将赋予当地人，以发展对他们文化真实的、自豪的、有尊严的展示。

> **讨论问题：**
> 应用罗尔斯的原则怎样的行动提供给所有人平等的自由和机会，同时尽最大可能帮助那些需要帮助的人？

4. 旅游者会被要求遵守得体的行为规范，如果他们的存在冒犯本地人，将不被容忍。

五、扶贫旅游

旅游者学习贫困问题被认为是公正旅游的五种形式之一（Scheyvens 2002）。扶贫旅游（pro-poor tourism, PPT）是一种替代性旅游模式，它受到可持续性讨论的影响，关注人、贫困、环境。旅游能减轻贫困吗？认为旅游业能够在减轻贫困方面起到重要作用的人们参加被称为扶贫旅游的活动；然而，对于如何成功地实现贫困的减轻，不是所有人都达成了一致意见（Harrison 2008；Chok et al. 2007）。

旅游助力发展的可能性在二十世纪七十年代已经受到认可，在二十世纪九十年代一系列的项目启动之后，千年发展目标在 2000 年被联合国大会采纳。致力于根除极端贫困和饥饿，旅游被选择为减轻贫困的一种手段，助力各种以社区为基础的发展计划（Harrison 2008：852；Scheyvens 2007：235）。2002 年联合国世界旅游组织发起了"可持续旅游 – 消除贫困项目"（Sustainable Tourism-Eliminating Poverty program，ST-EP）。这个项目有来自各方面的买进，包括由世界上最重要的 100 个公司组成的世界旅行及旅游理事会（Chok et al 2007：145）。此外，亚洲发展银行和世界银行也支持一系列的"扶贫增长"项目（Sofield et al. 2004 in Chok et al. 2007）。一系列国际发展组织在扶贫旅游中发挥作用，包括英国国际发展部（Department for International Development，DFID），海外发展研究所（Overseas Development Institute，ODI）——它也是扶贫旅游伙伴组织（Pro-Poor Tourism Partnership）的成员之一，后者又与国际负责任旅游中心

（International Centre for Responsible Tourism，ICRT）、国际环境与发展研究所（International Institute for Environment and Development，IIED）及ODI参与了一项合作研究计划（Chok et al. 2007：145；Scheyvens 2007：236）。因此，从公司到银行、援助机构、研究所和政府部门，都有众多利益相关者参与扶贫旅游。

这样，扶贫运动必然由各种各样的观点和立场组成，其中有一些还互相冲突。各种扶贫计划由于其本身的性质充满了道德意味，引发各种各样的伦理问题。扶贫旅游的核心宗旨是：(1) 旅游为穷人产生净收益（文化的、社会的、经济的和环境的）；(2) 旅游是一个穷人可以积极参与并从中获益的产业。有一系列的原则构成扶贫旅游的基础，它们都意识到贫困的多层面性。表7.1列出了这些原则。

表7.1　扶贫旅游原则

扶贫旅游原则
参与。如果贫困人口的生计重点要被反映于旅游发展的途径内，他们就必须参与旅游决策。
整体性生计策略。认识到穷人各种各样的生计关注点（经济的、社会的和环境的；短期的和长期的）。狭隘地只关注现金或工作是不够的。
平衡策略。从微观到宏观层面，行动的多样性是必要的。跟更广阔的各种旅游体系的联系是至关重要的。互补性产品和部门（比如交通和市场营销）需要支持扶贫计划。
广泛应用。扶贫原则适用于任何旅游部门，虽然策略可能在各部门之间有所不同（比如在大众旅游和野生动物旅游之间）。
分配。促进扶贫旅游要求分析收益和成本两者的分配——以及如何影响这种分配。
灵活性。蓝图的方法不可能最大化穷人的收益。发展的节奏和规模可能需要随机应变；合适的策略和积极的影响需要时间进行发展；各种情况大相径庭。
商业现实主义。扶贫旅游策略需要在商业可行性的限制下发挥作用。
跨学科学习。因为很多东西都未经检验，从经验中学习是至关重要的。扶贫旅游也需要从贫困分析、环境管理、有效的治理和小企业发展等吸取经验教训。

来源：Chok et al. 2007：147（资料来源：Ashley et al. 2000；Roe and Urquhart 2004）。

除这些原则外，还有众多核心领域，涉及各种各样的策略。其所寻求的是经济和非经济收益和政策制定与贫困人口的能力建设联合进行，以加强决策中的参与（Roe and Urquhart 2004）。

有论称，旅游能够帮助减轻贫困，因为它已经是发展中国家的一个重要部门，提供了农业之外的各种小型机会，是一个具有多样性的产业，是一个为女性提供各种机会的产业和在非正式部门提供机会的产业（Chok et al. 2007：148）。扶贫旅游不是一个"产品"，而是旅游发展和管理的一个路径或取向（Harrison 2008）。扶贫旅游关注的是目的地——作为当地经济的一个组成部分——从家庭层面到国家和国际层面。扶贫旅游鉴别带给穷人的净收益，各种环境关注点通过瞄准这一整体目标也得到处理。扶贫旅游与各种一般旅游策略开展合作，致力于拓展非正式网络，以满足目的地穷人生产者和居民的需要。这是有人所称的以人为本的发展（Haysom 2005 in Chok et al. 2007）。

扶贫旅游面临很多挑战。首先，需要存在许多的结构性因素，包括支持性的政策、有利的位置、态度上的支持和足够的能够参与劳动密集型路径的人员（Roe and Urquhart 2004）。扶贫旅游还必须在商业上是可行的，地方上必须有能力——如果没有商业可行性和人力资源能力，这些必须从其他地方获取。这里的核心问题是，为了可行，有些时候在最广泛意义上的外国投资成为必要，但最终这个投资威胁在这个地方的增权目标，为合作者之间的不平等的权力关系提供原料、促其再生产。在这种情况下，发展中国家的人们相对具有较弱的谈判能力，可能对投资决策有较少的控制。

在"净收益是否足够"上出现了许多问题。扶贫旅游并不基于分配公正这一原则，因此富人可能变得更富有，某些穷人能够获益——但不是所有穷人。技术水平和能力较低的穷人跟有相对更高技术和能力水平的穷人相比，获益程度不会一样高。简言之，穷人不是一个同质性群体，就像扶贫旅游提倡者或旅游运营商都不是同质性群体。如果商业可行性是一个目标，那么其他利益集团在决策方面也会发挥其影响，企业的异质性将在很大程度上决定谁及为什么某些人会比其他人获益更多。因此，扶贫旅游在政治上并不是中性的（Chok et al. 2007）：在运营层次存在着互相竞争的视角和解读（Scheyvens 2007）。

扶贫旅游涉及的不只是关注社会和经济，也包括环境。扶贫旅游倾向于在已经在经历生态脆弱性的地区出现。据观察："濒危的生物多样性热点地区、边缘化的原住民族群、脆弱的经济体和扩张的旅游发展有很强的重合"（Chok et al. 2007：154）。

此外，我们现在正处在一个交叉路口，受到威胁的生物多样性、百万计的人口的基本生存和旅游产业于此交汇（Christ et al. 2003 in Chok et al. 2007）。在一些旅游目的地，水资源是一种稀缺商品，旅游者则加重了这一状况。穷人所需要的自然资源的退化是旅游在贫穷目的地产生的一个重大问题（Richter 2001：50；Scheyvens 2007）。一旦将环境问题与旅游产业和贫困人口联系起来进行考虑，这就很清楚了：旅游业的高度污染和资源密集特性不应该在扶贫旅游的讨论中被视为一个次要问题。此外，它质疑扶贫旅游作为一个策略能否做到大规模实施，并展示了它脆弱的可持续性（Mastny 2002 in Chok et al. 2007）。

此外，将环境降为一个次要考虑只有在这种情况下才可能：减轻贫困的道德立场预示着这样一个现实，即扶贫旅游是发生于一个"一切如常的环境"，在这个环境中，支撑"一切如常"的是这样一个观念，即自然资源是无限的。要让扶贫旅游满足它的所有原则的话，就必然要让旅游者（们）支付社会、经济、文化和环境成本，如赛（音译）等人（Chok et al. 2007：115）所观察的："在很大程度上，扶贫旅游的成功依赖于非贫困的旅游者利益相关者的利他主义去推动该产业为穷人增加收益、减少成本"。这将要求态度上有显著的改变——同时要求行动上有改变。生态旅游研究发现，踏上这种旅游线路的旅游者展现出跟大众旅游者相同的行为类型——如此看来，运营者的目标并不总是跟消费者的目标同步（Chok et al. 2007）。

已有论称，扶贫旅游（跟更广泛的旅游一样）为穷人提供就业机会，但如我们在第13章所见，围绕着这个部门的劳动力、劳动环境、就业和失业存在重大问题。在发展中国家，许多劳动者依然生活在脆弱状态中，缺乏安全网。全球市场上的突然变化能够导致，而且已经导致旅游领域劳动者大规模的失业。对那些在经济上处于边缘位置的人们来说，就业的不稳定性导致他们有限资产的侵蚀及贫困的循环："底线是：纵容剥削性劳动条件和收入不稳定性的任何产业或商业活动都不能被视为扶贫"（Chok et al. 2007：160）。

扶贫旅游互惠互利的说辞非常有问题。在扶贫旅游中，有赢家和输家，穷人被拉入一个政治上和经济上都不对称的事业中（Chok et al 2007）。赛（音译）等人（Chok et al. 2007）论称，将利他主义作为一个毫无商量余地的原则及完全抛弃互惠互利这种虚饰可能会更好。对商业性企业感兴趣的人所面临的风险是：它将是道德责任强而利润率低的旅游（Chok et al 2007）。此外，扶贫旅游主要出现在农村地区，但是世界上大部分最贫穷的国家正在快速城镇化。在今天的发展中世界生活在城市地区的人口中，大约80%生活在贫民窟。据预测，到2033年每三个人中就有一个生活在城市贫民窟（Chok et al 2007：159）。考虑到农村地区扶贫旅游可以用到的吸引物，很难想象未来城市贫民窟的市场营销材料看起来会是怎样以及可能会获得什么样的互惠互利。扶贫旅游实践者已经提高了关于贫困的认识，但如哈里森（Harrison 2008）所论，如果要通过扶贫旅游之类的发展计划更为系统地解决贫困问题的话，实践者和学者需要开展更为紧密的合作。

旅游与贫困的关系揭示的问题与原住民旅游面临的问题相似。如恩洛（Enloe 1990：31）所观察的：

> 现在，旅游被宣扬为这样一个产业：它能够将贫困国家的贫困——正是贫困——转变成吸引急需外汇的磁石。因为，在二十世纪晚期，一个贫困的社会就是一个"未受破坏的"社会。

六、贫民窟旅游

贫民窟旅游已经作为一种替代性旅游模式出现，其目标是提升对于目的地国家城市贫困状况的认识。在发展中国家，穿过大城市中贫困部分的游览项目开始于二十世纪九十年代中期（Rolfes 2009）。这种游览在一个合理的规模上运营，比如在约翰内斯堡、开普敦、里约热内卢、加尔各答、孟买和德里。国际旅游者是参加这些游览项目的主要群体。这种游览的市场营销各不相同，有的强调这种游览是"现实"游览的理念，其他则有强调"不走寻常路"、本真性，将这种旅游称为民俗旅游，以及强调这种游览所扮演的教育功能（Rolfes 2009：2）。另有人追溯了旨在观看或与城市生活的黑暗面进行互动的游览项目的起源。例如这种形式的旅游也被称为访问贫民窟（slumming），据发现，它可以追溯到十九世纪的英国，那时维多利亚时代的中产和上等阶层的成员们游览了伦敦的贫穷地区，以观看这一"现实"（Koven 2004）。这样说来，最近的访问贫民窟游览活动符合已有的传统。这一领域的研究倾向于关注参加这种游览活动的动机，已经确定旅游者的动机主要是了解该国的文化和居民的生活状况（Rolfes 2009：3）。贫民窟旅游也与棚户区旅游或小镇旅游并立。

讨论点：贫民窟旅游

弗莱雷-梅代罗斯（Freire-Medeiros 2009：587）写道：

> 棚户区旅游是……一个已经达到意想不到规模的全球现象的一部分，这一现象可被用来作为更广泛讨论的基础，比如在全球化和不平等性的背景下地方、文化和民族的商品化的政治学。深陷于贫困之中和被隔离的区域有一种灌输恐惧和厌恶的能力，它们在世界各地被转变为国际旅游者高度推崇的吸引物。……如果旅游可能致力于为棚户区及其居民建设一种新的可见度政治、一种挑战其盛行污名的政治，这个例子也并不意味着经济发展真的在发生。

贫民窟旅游和贫困就是吸引物的理念——伴随着观看悲惨、绝望、失业、饥饿和疾病等人类状态和体验——引发了一些争议和道德愤慨。这种愤慨以将悲惨和贫困商品化的伦理学（Freire-Medeiros 2009：582）和与这种旅游形式相联系的窥视欲的道德可疑性为核心。

> 讨论问题：
> 1. 将贫困商品化会产生怎样的伦理问题？
> 2. 将悲惨和苦难商品化会产生怎样的伦理问题？
> 3. 穷人是新的"有异国情调的他者"吗？如果是，将这种他者性作为消费对象会引发什么情况？
> 4. 旅游收入重新投资到棚户区/贫民窟/贫困社区了吗？

有用的资源

<http://www.smithsonianmag.com/people-places/10024016.html> 'Next Stop, Squalor: Is poverty tourism "poorism", they call it exploration or exploitation?'

推销现实旅游的网站

<http://globalexchange.org>

<http://realitytoursandtravel.com/history/>

延伸阅读

Medina, L.K. (2003) 'Commoditizing culture: tourism and Maya identity', *Annals of Tourism Research,* 30 (2): 353–368.

Notzke, C. (2004) 'Indigenous tourism development in southern Alberta, Canada: tentative engagement', *Journal of Sustainable Tourism,* 12 (1): 29–54.

Ruiz-Ballesteros, E. and Herandex-Ramirez, M. (2010) 'Tourism that empowers? Commodification and appropriation in Ecuador's Turismo Comunitaro', *Critique of Anthropology,* 30 (2): 201–229.

本章回顾

本章探讨了原住民旅游和几种替代性旅游模式，包括扶贫旅游、公正旅游和贫民窟旅游。本章的目标是辨明与旅游和原住民族群相关的各种伦理问题，探索这种旅游模式和其他以根除贫困为目标的几种替代性旅游模式之间的共同之处。主要问题取决于这些旅游模式能否真的解决贫困问题，以及对那些参与旅游并以此作为解决其在本地和全球的社会文化和经济边缘性的社区的长期影响是什么。公正和分配公正框架在考虑与这些旅游模式相联系的各种问题时很有用。

关键术语小结

原住民旅游（indigenous tourism）：这一术语表示"被联合国用来在以下因素的共同基础上描述族群：自我认同、与前殖民者社会的历史连续性、与特定领土及其自然资源的紧密联系、独特的社会经济体系和问题、在社会中的非主流地位以及作为独特的社群保持和延续其祖先文化和生活方式的各个方面的决心"（Xanthaki 2009）。

公正旅游（justice tourism）：作为一种替代性旅游模式，其目标在于：（1）在访客和受访者之间建立团结关系；（2）促进相互的理解和基于平等、分享和尊重的关系；（3）支持当地社群的自给自足和自我决定；（4）最大化当地的经济、文化和社会收益（Higgins-Desbiolles 2008：362）。

扶贫旅游（pro-poor tourism）：一种替代性旅游模式，受到可持续性讨论的影响，关注的是人、贫困和环境。扶贫旅游的核心宗旨是：（1）旅游为穷人产生净收益（文化的、社会的、经济的和环境的）；（2）旅游是一个穷人可以积极参与并从中获益的产业。构成扶贫旅游之基础的一系列原则亦在本章得以解释。

贫民窟旅游（slum tourism）：一种旅游形式，其目的地和游览活动位于贫困的地方——通常是在大城市中心，主要在发展中世界——而旅游者则主要来自国外。贫民窟旅游也与棚户区旅游或乡镇旅游并立。贫民窟旅游引起对于悲惨和贫困的商品化以及与这种旅游模式相关的窥视欲的道德影响之道德关注。

思考问题

1. 原始状态商品化的含义是什么？
2. 对原住民族群来说，文化商品化的影响是什么？
3. 原住民性和旅游的结合会引发一些什么样的重要伦理紧张状况？
4. 旅游能够帮助消除贫困吗？
5. 什么样的替代性旅游模式明确关注贫困？
6. 扶贫旅游的成功需要具备什么样的结构性因素？
7. 分配公正的原则并不是扶贫旅游的基础——这对于目的地社区有什么影响？
8. 为什么考虑扶贫旅游相关产业的资源密集特性是很重要的？

练习

浏览以下网站，该网站探讨了旅游者是否可以攀爬澳大利亚的乌卢鲁岩（艾尔斯岩）：<http://www.outback-australia-travel-secrets.com/climbing-ayers-rock-uluru.html>

应用舒曼的道德原则框架（第2章），讨论公正旅游相关联的问题。你会攀爬乌卢鲁岩吗？为什么爬？或者为什么不爬？

第 7 章 旅游与原住民

延伸阅读

Butler, R. and Hinch, T. (eds) (2007) *Tourism and Indigenous Peoples: Issues and Implications*. London: International Thompson Business Press.

注释

a 《绞刑架歌集》(*The Gallows Songs*)。引自克里斯蒂安·摩根斯特恩（Christian Morgenstern）的 *Galgenlieder*，由马克斯·奈特（Max Knight）翻译成英文，Berkeley：University of California Press，1964。

b 拉塞尔·米恩斯（Russell Means，1939-2012），一位奥格拉拉苏（Oglala Sioux）部落致力于争取美洲原住民权利的活动家。引自《白人害怕涉足的地方：拉塞尔·米恩斯自传》(*Where White Men Fear to Tread: The Autobiography of Russell Means*)，New York：St Martin's Press，1995。

c 保罗·泰鲁（Paul Theroux，1941- ），美国旅行作家、小说家。引自《河流下游》(*The Lower River*)，New York：Houghton Mifflin Harcourt，2012。

参考文献

Albers, P. and James, W. (1988) 'Travel photography: a methodological approach', *Annals of Tourism Research,* 15(1): 1134–58.

Ashley, C., Boyd, C. and Goodwin, H. (2000) 'Pro-poor tourism: putting poverty at the heart of the tourism agenda', *Natural Resource Perspectives,* 51 (March).

Azarya, V. (2004) 'Globalization and international tourism in developing countries: marginality as a commercial commodity', *Current Sociology*, 52: 949–67.

Bennett, T. and Blundell, V. (1995) 'Introduction: first peoples', *Cultural Studies*, 9(1): 1–10.

Bunten, A.C. (2008) 'Sharing culture or selling out? Developing the commodified persona in the heritage industry', *American Ethnologist,* 35(3): 380–95.

Butler, R. and Hinch, T. (eds) (2007) *Tourism and Indigenous Peoples: Issues and*

Implications, Amsterdam: Butterworth–Heinemann.

Chok, S., Macbeth, J. and Warren, C. (2007) 'Tourism as a tool for poverty alleviation: a critical analysis of "Pro–Poor Tourism" and implications for sustainability',*Current Issues in Tourism*, 10(2&3): 144–65.

Clifford, J. (2004) 'Looking several ways, anthropology and native heritage in Alaska', *Current Anthropology,* 45(1): 5–30.

Cohen, E. (1993) 'The study of touristic images of native people: mitigating the stereotype of the stereotype', in Pearce, D. and Butler, R.W. (eds) *Tourism Research: Critiques and Challenges*, London: Routledge, pp. 36–69.

Douglas, N., Douglas, N. and Derrett, R. (eds) (2001) *Special Interest Tourism,* Brisbane: Wiley.

Enloe, C. (1990) *Bananas, Beaches and Bases: Making Feminist Sense of International Politics,* Berkeley: University of California Press.

Freire-Medeiros, B. (2009) 'The favela and its touristic transits', *Geoforum,* 40(4): 580–8.

Goodwin, H. (1998) *Sustainable Tourism and Poverty Elimination.* Available at <http://www. haroldgoodwin.info/resources/dfidpaper.pdf> (Accessed 19 February 2011).

Hall, C.M. (1996) 'Gender and economic interests in tourism prostitution', in Apostolopoulos, Y., Leivadi, S. and Yiannakis, A. (eds) *The Sociology of Tourism: Theoretical and Empirical Investigations,* New York: Routledge.

—— (2007) 'Politics, power and indigenous tourism', in Butler, R. and Hinch, T. (eds) *Tourism and Indigenous Peoples: Issues and Implications,* London: International Thompson Business Press, pp. 305–18.

Harrison, D. (2008) 'Pro-poor tourism: a critique', *Third World Quarterly,* 29(5): 851–68.

Higgins-Desbiolles, F. (2003) 'Reconciliation tourism: tourism healing divided societies', *Tourism Recreation Research,* 28(3): 35–44.

—— (2004) 'Reconciliation tourism: challenging the constraints of economic rationalism', in Ryan, C. and Aicken, M. (eds) *Indigenous Tourism: The Commodification and Management of Culture,* Amsterdam: Elsevier, pp. 223–45.

—— (2007) 'Hostile meeting grounds: encounters between the wretched of the earth and the tourist through tourism and terrorism in the 21st century', in Bums, P., and Novelli, M. (eds) *Tourism and Politics: Global Frameworks and Local Realities,* Amsterdam: Elsevier, pp. 309–32.

—— (2008) 'Justice tourism: a pathway to alternative globalisation', *Journal of Sustainable Tourism,* 16(3): 345–64.

Hinch, T. and Butler, R. (1996) 'Indigenous tourism: a common ground for discussion', in Butler, R. and Hinch, T. (eds) *Tourism and Indigenous Peoples,* London: International Thompson Business Press, pp. 3–19.

Hollinshead, K. (1996) 'Marketing and metaphysical realism: the dis-identification of Aboriginal life and traditions through tourism', in Butler, R. and Hinch, T. (eds) *Tourism and Indigenous Peoples,* London: International Thompson Business Press, pp. 308–47.

Johnston, A. (2000) 'Indigenous peoples and ecotourism: bringing indigenous knowledge and rights into the sustainability equation', *Tourism Recreation Research,* 25(2): 89–96.

Johnston, A.M. (2003) 'Self-determination: exercising indigenous rights in tourism', in Singh, S., Timothy, D.J. and Dowling, R.K. (eds) *Tourism in Destination Communities,* Wallingford: CABI, pp. 115–34.

Koven, S. (2004) *Slumming: Sexual and Social Politics in Victorian London,* Princeton, NJ: Princeton University Press.

Lea, J.P. (1993) 'Tourism development ethics in the Third World', *Annals of Tourism Research,* 20: 701–15.

MacCannell, D. (1992) *Empty Meeting Grounds: The Tourist Papers,* London: Routledge.

Mowforth, M. and Munt, L. (2003) *Tourism and Sustainability: Development and*

New Tourism in the Third World (2nd edn), London: Routledge.

Papson, S. (1981) 'Spuriousness and tourism: politics of two Canadian provincial governments', *Annals of Tourism Research,* 8(2): 220–35.

Pitchford, S.R. (2008) *Identity Tourism: Imaging and Imagining the Nation,* Bingley, UK: Emerald Group Publishing.

Poon, A. (1993) *Tourism, Technology and Competitive Strategies,* Wallingford: CABI.

Richter, L.K. (2001) 'Tourism challenges in developing nations: continuity and change in the millennium', in Harrison, D. (ed.) *Tourism and the Less Developed World: Issues and Case Studies,* New York: CABI, pp. 47–59.

Roe, D. and Urquhart, P. (2004) 'Pro–poor tourism: harnessing the world's largest industry for the world's poor; turning the rhetoric into action for sustainable development and poverty reduction', in Bigg, T. (ed.) *Survival for a Small Planet-The Sustainable Development Agenda,* London: Earthscan, pp. 309–25.

Rolfes, M. (2009) 'Poverty Tourism: theoretical reflections and empirical findings regarding an extraordinary form of tourism', *GeoJournal,* 26 September, pp. 421–42.

Ryan, C. (2005) 'Tourist–host nexus: research considerations', in Ryan, C. and Aicken, , M. (eds) *Indigenous Tourism: The Commodification and Management of Culture,* Amsterdam: Elsevier, pp. 1–11.

Scheyvens, R. (2002) *Tourism for Development: Empowering Communities,* Harlow: Prentice Hall.

—— (2007) 'Exploring the tourism-poverty nexus', *Current Issues in Tourism,* 10(2&3): 231–54.

Sharpley, R. (2000) 'Tourism and sustainable development: exploring the theoretical divide', *Journal of Sustainable Tourism,* 8: 1–19.

Smith, M. and Duffy, R. (2003) *The Ethics of Tourism Development,* London: Routledge.

United Nations General Assembly (UNGA) (2007) *Declaration on the Rights of*

Indigenous Peoples. Available at <http:www.iwgia.org/sw248.asp.> (Accessed 2 June 2012).

Wearing, S. and Neil, J. (1999) *Ecotourism: Impacts, Potentials and Possibilities,* Oxford: Butterworth-Heinemann.

Weaver, D. (2010) 'Indigenous tourism stages and their implications for sustainability', *Journal of Sustainable Tourism,* 18(1): 43–60.

Wheeller, B. (1991) 'Tourism's troubled times: responsible tourism is not the answer', *Tourism Management,* 12(2): 91–6.

Whitford, M.M. and Ruhanen, L.M. (2010) 'Australian indigenous tourism policy: practice and sustainable policies?', *Journal of Sustainable Tourism,* 18(4): 475–96.

Xanthaki, A. (2009) 'Indigenous rights in international Law over the last 10 years and future devel-opments', *Melbourne Journal of International Law,* 10(1): 3.

第8章　旅游与残疾群体

"除非普通大众都能对他人之福祉心怀责任,否则社会公正就是天方夜谭。"

——海伦·凯勒[a]

"人类的团结意识是道德进化的第一步。"

——阿尔贝特·施韦泽[b]

"要评价政府的道德水准,就看看它如何对待生命之曙光……儿童;如何对待生命之夕阳……老人;如何对待阴影中的生命……生病的人……贫困的人……以及身有残疾的人。"

——休伯特·H.汉弗莱[c]

学习目标

阅读本章后,你将能够:
- 定义"残疾"并讨论残疾与旅游的关系。
- 介绍旅游中与残疾相关的政策与法律环境。
- 理解残疾人旅游体验的本质。
- 探讨不同的残疾模型以及它们如何影响社会对残疾人群体的看法。
- 思考有关残疾问题的主要伦理观点。
- 讨论为残疾人士提供"合理的便利措施"(reasonable accommodation)的问题。

第 8 章 旅游与残疾群体

一、导言

近年来,关于"无障碍旅游"(Accessible Tourism)的讨论日益兴起,这也反映出旅游中对残疾人士的关注越来越多。这在某种程度上是由于助力公平获得旅游服务及产品的利他精神的推动。不过,该领域的发展速度还较为缓慢,尚未赶上市场的需求,因此对于目的地及其经营者来说,仍旧存在诸多机遇(Var et al.2011)。从残疾现象的规模上看,"每个人在一生中都有可能经历永久或暂时的残疾状况"(Green 2011:219)。目前,全世界共有大约 6.5 亿名残疾人——约占全球总人口的 8%(UNWTO 2011)。在美国,有 5400 万人受到《残疾人法案》的保护,占全美人口的 21%(Israeli 2002)。总体来说,未来可被归为残疾人的人数将会上升——其原因不仅在于世界人口的增加,也源于不断变化的人口特征,尤其是西方发达国家人口老龄化的加深。不断增长的老年人口也面临着与残疾人士相似的不便(Var et al. 2011)。因此,残疾人士,他们的护理人,家属与友人,在残酷的市场中组成了一个兼具规模与重要性的尚待开发的利基市场(niche market),潜在地蕴含着"数十亿欧元的旅游业"之价值(Var et al.2011:602)。对为这个"世界上最大的少数群体"(Etravelblackboard.com 2010)创造无障碍旅游的目的地来说,"这不是一个慈善事业,而是良好的商机"(Rains 2007 in UNESCAP 2007)。

虽然这一市场充满诱惑,但与其他市场相比,"残疾人市场仍旧是最被忽视的市场"(Burnett and Bender Baker 2001)。虽然有越来越多的旅游研究开始关注旅游业中的残疾人,但产业方面还尚未针对这一市场进行开发,绝大多数的残疾人也未能参与旅游活动中。实际上残疾人群体不仅"和其他人一样拥有旅游的需求和欲望"(Yau et al. 2004:946)——这种需求和欲望甚至更为强烈。与此同时,旅游体验对该群体还具有特殊的意义,他们能暂时从"被照顾的对象"的角色中解放出来,克服自我质疑,建立自信,并且有可能获得一定的技巧和能力,并将其应用于此后的日常生活之中(Blichfeldt and Nicolaisen 2010; McAvoy et al.2006)。

然而,残疾人士真正开始旅游时,却面对着复杂的情况。例如一项针对法国蔚蓝海岸的研究发现，为残疾人提供的服务中夹杂着复杂的成分，包括良好的意愿、法律上的责任，以及"残疾人应被视为一个独立的群体而非真正的客户，不能将他们与身体健全的客户一视同仁"（Christofle and Massiera 2009：97）的观点等。不过，研究者指出了无障碍旅游与可持续旅游之间的联系，认为满足残疾人旅游者的需求至少有三重益处，因此他们提倡用一种"完整生命"（whole of life）的旅游方式来迎接不断变化的人口特征所带来的挑战（Darcy et al. 2010；Darcy and Dickson 2009）。

二、残疾

根据世界卫生组织的定义，残疾是指"（由于损害）而导致的与正常人相比在行为能力上的障碍或缺失"（WHO 1980）。类似的是，英国《残疾歧视法案》将残疾人解释为"任何在生理或心理上受到损伤而导致在日常行为上产生了永久或长期不利影响的人"（英国公共部门资讯办公室 1995）[损伤是指身体功能或结构上的问题，例如重大的偏差或缺失（WHO 2002：10）]。

残疾可被划分为四种：听力残疾、视力残疾、生理残疾以及智力缺陷（Daniels et al. 2005）。《联合国残疾人权利公约》相应指出，残疾人包括"长期在生理、精神、智力或感官上存在损伤的人，这些损伤会导致他们与其他人相比在进行完全或有效社会参与时存在着障碍"（United Nations 2006：3，Article 1）。

三、政策与法律环境

如上文所述，研究已经指出了残疾人士进行旅游的好处（例如 Daniels et al. 2005）。不仅有关基本人权，旅游还能够增强残疾人之福祉的观点也指出了有效政策与法律框架在解决残疾人旅行需求上的重要性。《世界人权宣言》（1948）指出，人人生而自由，生而平等地享有尊严和权利，无差别地拥有同样的权利与自由。在这一宣言的指导下，已经出台了针对残疾人旅游的制度框架。以《世界人权宣言》为基础，联合国《残疾人权利公约》（2006）旨在促进、保护以及确保所有的残疾人士都能够完全且平等地享有人权和基本自由，并促进对残疾人群体的尊重。

如果在该问题中对旅游权利加以考虑，能够发现《世界人权宣言》特别指出了移动自由的权利与享有休闲与娱乐的权利（United Nations 1948）。类似的是，联合国《残疾人权利公约》第20条的标题为"个人移动性"，该条款指出"应采取有效措施以确保身有残疾的人最大可能地获得个人移动的独立性"，具体如下：

1. 以适时、适当且经济的方式为残疾人士的移动提供便利；

2. 为残疾人士提供高质量的协助、设施、无障碍技术以及实时与交互设备，并保证其价格合理可负担；

3. 为残疾人士及护理人士提供有关移动技能的培训；

4. 鼓励生产移动协助设备的企业和从事无障碍技术开发的企业对残疾人士的移动性问题进行各个方面的考虑。

我们所使用的"移动性的各个方面"这一概念就包括旅游。不过，专门的残疾人旅游政策则由联合国世界旅游组织（UNWTO）进行负责，它同时"确保所有负责任旅游和可持续旅游发展都将残疾人旅游设施视为关键的组成部分"（UNWTO 2011）。2005年，联合国世界旅游组织正式通过了名为"全民无障碍旅游"的决议，在该领域提出了一系列建议，包括必须提供有关无障碍旅游的明确信息，目的地应为残疾人士提供便利的支持性设备，以及针对雇员进行有关该群体之特殊需求的培训。2009年，联合国世界旅游组织进一步通过了"旅游者旅行便利化宣言"。虽然它只具有"单纯的推荐性特征"，但是它切实地提出了建议："应确保旅游政策和实践对残疾人士进行关照"（UNWTO 2011）。

上述宣言和公约皆为"软性法律"的例子，在其通过审核、制定和立法过程转变为"硬性法律"之前，其效力仍旧主要是激励性与建议性的。不过，残疾人的权利已经日益通过立法和政策获得强制性，例如《美国残疾人法案》（1990）、英国的《残疾歧视法案》（1995）、澳大利亚的《残疾歧视法案》（1992），以及新西兰的《公共健康与残疾人法案》（2000）等。

近期，欧盟实施了一项法规（EC）[1107/2006]，规定"残疾人士和缺乏移动性的人士与其他公民一样享有自由移动的权利"（in Richards et al. 2010）。

立法和政策有用吗？

虽然许多目的地都有包罗万象的政策与法律环境试图为残疾旅游者（或潜在的残疾旅游者）提供便利，但证据显示，想要实现"残疾人友好型的"旅游产业，我们还有很长的路要走。米勒和柯克（Miller and Kirk 2002）在《残疾人法案：惩戒措施势在必行》一文中讨论了立法在促进残疾人无障碍旅游中的有效性（1995年引入英国）。该法案规定了以下行为属于违法：拒绝为残疾人士提供服务；为残疾人士提供低标准的服务；或以不当方式为残疾人士提供服务。英国的残疾人市场具有60亿英镑的市场价值（在1996年）。虽然证据表明高比例的残疾人士认为假期对自己来说至关重要，但实际上很大比例的残疾人群体并不进行度假。为了评估旅游业对残疾人群体之需求的回应，研究人员进行了一个盲人"神秘购物者"的特殊需求实验。结果显示，大多数旅游经营者都严重缺乏水准，并且普遍展示出"在满足简单需求时极端低下的组织能力"（Miller and Kirk 2002：82）。研究者总结称，价值60亿英镑的"诱饵"并不足以吸引旅游经营者去关照残疾人群体的需求，而"惩戒"的威胁（立法中的惩罚措施）则有助于这一目标的实现。

案例研究：一项关于忽视、提供资源与意愿的法案：公共政策领域的旅游、残疾与可进入性——西蒙·达西（Simon Darcy）

2012年9月13日，周四，澳大利亚代总理韦恩·斯万（Wayne Swan）、反对派首领托尼·艾伯特（Tony Abbott）、议员简·麦克卢卡斯（Jan McLucas）、残疾人与照管者政务次官、国家残疾事务部部长以及诸多重要人士为归来的残奥会运动员举行了欢迎会。澳大利亚队员们在残奥会上表现卓越，欢迎会表彰了他们的佳绩，赞扬了他们展现出的激励力量与运动精神。会议对他们在世界舞台上的表现致以了敬意，也表达了全体澳大利亚人民对他们的支持。然而，与这些运动健儿相比，其他残疾的澳大利亚人却难以在国内外的旅游活动中享有平等的机遇。为何如此？

一项针对澳大利亚旅游局（澳大利亚联邦旅游营销机构）的网站调查显示，其并未关注残疾人或无障碍旅游——除了一份人力资源招聘通知有如下内容：

> 澳大利亚旅游局致力于消除对雇主因性别、婚姻状况、怀孕状况、亲子关系、种族（包括肤色、国籍或民族）、年龄、性取向、残疾、宗教或政治倾向而对雇员进行的不当对待。

（Tourism Australia 2011）

在消费者网页中，有单独的一段作出如下陈述：

> 无障碍旅行：如果你身有残疾并想要来澳大利亚旅游，我们有东道主服务和特别款项来满足你的需求。充分的行前准备对旅游的结果非常重要，请向你的旅行代理说明你的特殊需求。更多有关澳大利亚无障碍旅游的信息请前往 NICAN 或 AustraliaForAll 的网站。

（Tourism Australia 2011）

澳大利亚旅游局积极鼓励两个小型的非营利组织为无障碍旅游提供信息支持，然而一个资金雄厚（价值1.8亿澳元）的政府实体却未建立任何专门的项目。澳大利亚旅游局官方网站上所列出的目标市场划分（包括澳大利亚游轮业、青年市场、家庭市场、度假者市场以及蜜月市场）并没有考虑到所有的市场中都有残疾人群体的一席之地，反而要求人们提供自己是否能够参与的具体信息。目前在澳大利亚旅游数据库中可看到澳大利亚的产品和服务的信息，却找不到任何详细的无障碍旅游信息（澳大利亚旅游数据库 2012）。澳大利亚旅游部门的这一重大疏漏是在国内外残疾人旅游事务上的失败。以下是一个更令人失望的事实：2011年，NICAN（一个为运动和旅游提供无障碍信息的组织）与政务次官简·麦克卢卡斯议员将残疾与旅游事业的相关人士召集一起，在国会大厦举办了一场国家旅游对话。该对话促成了一项公报，相关人士承诺提升残疾人旅游的便利性。麦克卢卡斯议员举办了一场新闻发布会表达了对该公报的支持（McLucas 2011; NICAN 2011）。然而，18个月过去了，联邦政府却并未跟进任何促进残疾人旅游便利性的后续举措。

上述事实表明，澳大利亚的残疾人旅游政策在历史上表现为一系列全面记录的政策通知（Darcy et al. 2012），而这些政策却并未得到足够的资金支持。联邦层面缺乏领导力量，这也是对本章所介绍的旅游中残疾人歧视现象的一个反映。旅游局作为一个旅游的信息协调机构，一个宣传与促销机构，需要对这一产业进行领导，为旅游信息中的全面兼容确立基准以便利行程计划的制订；澳大利亚《残疾歧视法案》适用于所有公共服务，规定服务提供者必须为残疾人提供同等的机会。然而事实上，正如此案例所展示的，即使在最基本的旅游功能层面（信息服务），法律面前的残疾人都面对着巨大的不平等。英美的情况与澳大利亚类似，残疾人群体被忽略，缺乏关照，为他们提供信息的动力亦有不足。

截至2008年，共有超过150个国家加入了联合国《残疾人权益公约》。这为政府的旅游营销机构带来了巨大的挑战，条款30明确指出了旅游产业在为残疾人群体提供平等化旅游体验中所负有的责任。其不仅仅停留在政治口号层面，更要求巨大的资金支持以保证旅游链中残疾人能够享有普通人习以为常的机会（World Health Organization and World Bank 2011：179）。旅游链始于提供制订旅游计划所需要的信息，进而包括交通、住宿、吸引物和其他目的地体验。

因此，随着2012年伦敦奥运会和残奥会的闭幕，我们可以发现在过去三年"参观英国"项目在大规模活动中所取得的新成果，包括研究、政策、工业合作、认知塑造以及奥运会和残奥会对英国旅游普遍可进入性的提升（VisitEngland 2012）。我们谨希望，其他目的地营销机构也以同样的方式做好平等性的工作。现在全世界都在期待里约2016年的奥运会与残奥会，我们希望未来的政治家们能真诚地欢迎残奥会健儿的归来，为他们提供与高级别的运动体验同样水准的旅游体验。

> 讨论问题：
> 1. 为什么国家（政府）在领导残疾人旅游信息和服务过程中应该承担特殊的角色？
> 2. 如果某一旅游信息需要付费才能获得，那么该信息也应向残疾人群体收取费用吗？
> 3. 你认为在政府为残疾人群体提供平等机会这一过程中的最大障碍是什么？
> 4. 请列出在旅游中针对上述问题的解决方案。

参考文献

Australian Tourism Data Warehouse. (2012) *About us-a brief explanation*. Available at<http//www.atdw.com.au/aboutus.aspx> (Accessed 12 July 2012).

Darcy, S., Cameron, B., and Schweinsberg, S. (2012) 'Accessible Tourism in Australia', in Buhalis, D., Darcy, S. and Ambrose, I. (eds) *Best Practice in Accessible Tourism: Inclusion, Disability, Ageing Population and Tourism*, Bristol: Channel View, pp.79–113.

McLucas, J. (2011) *Media release: Increasing Access to Tourism for People with a Disability*. Available at <http: //www.janmclucas.fahcsia.gov.au/ mediareleases/2011/Pages/increase_access_tourism_20062011.aspx> (Accessed 25 June 2011).

Nican (2011) *Communiqué: National Tourism Dialogue*. Available at <http: // www. nican.com.au/news/communique–national–tourism–dialogue> (accessed 1 September 2012).

Tourism Australia (2011) *HR 33 Recruitment*, Sydney: Tourism Australia.

— (2012) *Useful tips*. Available at <http: //www.australia.com/plan/before–you–go/useful–tips.aspx> (Accessed 13 September 2012)

VisitEngland (2012) *Accessible Tourism*. Available at <http: //www.visitengland. org/busdev/bussupport/access/index.aspx> (Accessed 11 September, 2012).

World Health Organization and World Bank (2011) *World Report on Disability*. Available at <http: //www.who.int/disabilities/world_report/2011/report/en/ index.html> (Accessed 12 September 2012).

四、残疾人的旅行体验

旅游学术界不乏对残疾人旅游障碍与困难的研究（例如 Israeli 2002；Takeda and Card 2002；Daniels et al. 2005；Shaw and Coles 2004；Poria et al. 2009，2010；Freeman and Selmi 2010）。研究发现，通常上残疾人的旅

游参与度都比较低（例如 Packer et al. 2002）。而即使残疾人进行旅行，他们的体验也"高度受限于物理障碍，例如交通工具的限制、住宿设施和旅游景点缺乏的可进入性以及信息上的障碍"（Pühretmair and Buhalis 2008：969）。

关于残疾人旅行故事的可用资源

<http: //www.e-bility.com/articles/index.php>
<http: //www.disabledtravelers.com/articles.htm>
<http: //www.d-ability.org/travel.php?subcat_id=206>
<http: //www.miusa.org/ncde/stpries/blog>（包括残疾学生进行旅游或参加交换项目的例子）

　　包括上述例子在内的大量事实都表明，残疾人能够感知旅行中包含的巨大个人风险（Yau et al. 2004）。在邱（音译）等人（Yau et al. 2004）的研究中，脊髓伤者会担心例如膀胱控制这种尴尬的现实问题。此外还会担心航空公司弄丢自己的轮椅。如果感到上述风险过高，那么他们就不会出行。

视觉障碍者的体验

　　除了操作上的现实问题，旅行中还包含着社会和心理挑战。邱（音译）等人在其研究中描述了视觉障碍的参与者在陌生和不熟悉的环境中体验到的脆弱感，他们会为个人安全担心。帕克等人（Packer et al. 2008）针对视觉障碍者的旅游体验进行了一项有益的研究，发现他们在获取信息、探索物理环境之安全性以及与导盲犬共同出行时会遇到重大挑战。同时，该群体还要面对旅行中可能遇到的来自某些人的冒犯。一些研究者提出了"不好客的旅游空间"的存在，视觉障碍者需要在其中进行交涉协商（Richards et al. 2010）。

　　博物馆和画廊是许多目的地重要的旅游吸引物，它们是有视觉障碍的参观者在获取满意的体验时所遇到种种困难的范例。通过触摸来为视觉障碍者提供有意义的体验是博物馆和画廊面对的重大挑战（Hetherington 2000；Hills 2005）。然而，目前的博物馆却在基本的可进入性上存在巨大问题，

第 8 章 旅游与残疾群体

视觉障碍者"不像过去那样能够找到他们想要的东西,这无疑是对该群体的拒绝"(Hetheringtong 2000:461),要实现对残疾人群体用户友好型空间的转变,这些博物馆还有很长的路要走。赫瑟林顿(Hetheringtong 2000:461)认为,视觉障碍者在博物馆中处于一个很模糊的地位,"一种延迟的回应"。他指出,这种延迟同时也意味着对相关道德问题的拖延,包括对视觉障碍者参观博物馆的需求的回应,根据他们的需求对展品的可体验性进行最佳设计——解决"不可触摸"的问题等。波里亚等人(Poria et al. 2009:117)在以色列也发现了类似的残疾人参观体验,指出该群体在"获取全面的博物馆体验"上存在"重大困难"。在他们的研究中,非物理性的因素(员工与其他参观者的态度)与博物馆的物理环境有着同样重要的影响。

一些观点认为,旅游产业和共同体应该对旅游体验进行重新概念化,要超越"视觉凝视",理解旅游体验的多感官本质。在这一过程中,无论视觉能力如何,旅游者的体验都能够得到增强(Small et al.2011)。

讨论点:飞机与轮椅

瑞安航空公司把一个坐在轮椅上的乘客留在了卢顿机场,根据法官的说法,因为"它只在乎飞机是否能准时起飞"。

乔·希斯(Jo Heath)患有多发性硬化症,只能依靠自己的丈夫保罗(Paul)用一个消防升降机将自己送到机场。北安普敦县法庭裁决,由于航空公司的工作人员在 2008 年 6 月拒绝为该夫妇提供帮助,因此违反了残疾人歧视法律,同时也违反了与希斯的合同,应赔偿该夫妇 1750 英镑。

丈夫保罗说:"瑞安航空想要把事情压下来。他们提出支付给我们比法庭裁决金额更高的赔款以换取我们签署保密

> **讨论问题:**
> 上述案例说明,虽然在促进残疾人权益的过程中,立法程序至关重要,但是它对于敦促企业发展残疾人服务的作用仍旧有限。此案例中的服务提供者是一个廉价航空公司(Low Cost Carrier, LCC),其主要特点是服务水平低于标准航空公司,一些标准航空公司提供的正常服务在廉价航空服务中则须乘客支付额外的费用。那么,残疾人是否能够要求廉价航空公司提供与标准航空公司同样水平的服务呢?请讨论。

条款，但是我们拒绝了。"

乔·希斯说："虽然我并未对这一结果感到特别吃惊，但这并不是钱的问题，这是一个为残疾人群体发声的问题。"

法官保罗·麦克黑尔（Paul McHale）裁定："我发现事实上，任何会影响飞机按时起飞的因素都会被选择忽视。被告在乎的仅仅是（让飞机）准时起飞。"

瑞安航空认为，根据欧盟法律，卢顿机场也应该负责协助乘客。该夫妇曾提出申请要求机场提供液压升降机，但是机场未能在当天提供该设备。

来源

Ryanair found guilty in disability discrimination case. Available at <http：//www.travelweekly.co.uk/>（15 April 2011）

图8.1　航空公司在满足残疾人群体的需求中是否有道德义务？
照片：Brent Lovelock。

讨论点:"合理的满足"

2002年,瓦莱里娅·史密斯(Valerie Smith)向新西兰人权协会投诉称新西兰航空向她的飞行收取了额外的氧气费用,她认为这是一种歧视行为。瓦莱里娅患有先天性呼吸道疾病,因此她飞行时需要吸入更多的氧气。她向人权审裁法庭提出申诉,认为新西兰航空对她进行了歧视,这违反了人权法案保护下应该对她的诉求进行"合理满足"的要求。法庭认为新西兰航空因为瓦莱里娅的残疾而对她进行了不公正的对待,但是对额外的氧气进行收费则是合理的。

瓦莱里娅·史密斯对法庭关于收费合理的裁定表示不服,向高等法院进行了上诉,新西兰航空也针对歧视的裁定进行了交叉上诉。高等法院认可了新西兰航空的申诉,裁定并不存在针对瓦莱里娅·史密斯的歧视。

该案件继而被送往上诉法院,裁决驳回了瓦莱里娅·史密斯关于航空公司对于氧气进行不当收费的指控,但根据人权法案(Human Rights Act)第44章重新判定航空公司存在歧视行为。根据人权法案规定,服务提供者在提供服务时,必须对残疾人一视同仁,并满足其合理性要求。

新西兰人权委员会指出,与预想相反,满足残疾人群体的义务有时设定过高,超出服务提供者能兑现的合理范畴。

> **讨论问题:**
> 1. "合理性要求"的含义是什么?
> 2. 这一概念是以谁的视角定义的?
> 3. 在要求旅游服务商满足残疾人群体的需要时,到何种程度就会变得"不合理"?
> 4. 列举一些航空公司和其他旅游业部门中满足残疾人"合理"或"不合理"要求的例子。

来源

New Zealand Human Rights Commission. Available at <http: //www.hrc.co.nz/2011/human-rights-case-update>(Accessed 12 February 2012)。

对于残疾人群体来说,可进入性的问题涉及一系列的障碍,物理层面上的可进入性仅仅是其中之一,他们在此之外还要面对其他更严重的困难:

> 对于残疾人来说,在物理层面上消除其可进入性的障碍仅仅解决

了部分问题。对他们来说，度假难很大程度上是出于经济原因。因为对于该群体来说，要在这个世界上找到一份工作并非易事。

（Shaw and Coles 2004：402）

有人将残疾人视为边缘群体，而这一群体在欣欣向荣的旅游业中所蕴含的经济机遇早已超越了旅游边缘群体所具有的力量（Shaw and Cole 2004；Shaw 2007）。因此，必须从根本上解决对残疾人群体可进入性之拒绝的结构性问题，这不仅仅是消除物理性的进入障碍（Shelton and Tucker 2005）。一言以蔽之，实现"积极旅游"需要解决的是物理障碍之外的更多问题（Yau et al. 2004）。

正如肖（Shaw 2007）指出的，虽然通常上例如英国《残疾歧视法》（UK Disability Discrimination Act 1995）这样的立法手段有助于促进对残疾人需求的关注，但实际上为低收入的边缘残疾人群体所提供的帮助非常有限。肖进一步建议说社会旅游的政策或许是为该群体赋权的唯一出路。

社会旅游的定义为"在旅游领域中，经济能力低下或其他条件不佳的社会群体参与旅行所产生的各种关系与现象"（Hall 2000：141）。残疾人则是旅游活动中遭受社会排斥的主要社会群体（McCabe 2009），因此也最有可能从这一实践中获益。虽然对许多国家来说，社会旅游的概念还很鲜见，但是这一概念在欧洲已经有一定的历史了。

早在1956年，亚瑟·奥洛（Arthur Haulot）（前达豪集中营的囚犯），发起了一项运动，并推动了国际旅游社会局（Bureau Internationale du Tourism Sociale）的诞生。到2000年，该机构的分支在全世界遍地生花。该机构倡导带薪休假，并资助低收入群体参与旅行。

（Ryan 2002：18）

在英国，曾经有项目旨在帮助单身父母和残疾人群体（Ryan 2002），"所有人的旅行"慈善工作则通过创造旅游机会来创造平等，尤其关注老年人和残疾人群体（McCabe 2009）（参见 Tourism for All<Http：//www.tourismforall.org.uk>）。麦凯布（MaCabe 2009）对英国社会旅游资助需求进行了研究，在他的研究对象中，只要家庭成员中有人身有残疾，无论是成人还是孩子，该家庭都会被纳入分析的范围。他研究发现，度假参与度会正向影响人们的幸福感、生活体验和视野。麦凯布强调了假期具有的"通过工作、态度和行为转变而帮助（弱势）群体对广泛社会作出积极贡献并使其消费实践正常化的引擎作用"（McCabe 2009：684）。不过，他同时指出，旨在消除社会排斥现象的社会旅游活动"要求政府和社会都给予特定的道德关照"（McCabe 2009：670）。

五、残疾的社会模型

虽然可进入性已得到更广泛的概念化，旅游业"对可进入性的关注过度地集中于其物理性"（Shleton and Tucker 2005：211）。以自然景观目的地为例，其主要关注的是提升残疾人士的物理可进入性（Burns et al. 2009）。造成这种情况的一个原因是通常残疾人被等同于身体上有物理残缺的人（例如轮椅的使用者），而其他残疾人士更广泛的需求则受到忽略（Burns et al. 2009）。

不加批判地对医疗的或个人中心化的残疾模型的全盘接受也是造成人们对物理可进入性过度关注的原因之一（Shelton and Tucker 2005）。而作为旅游业则应采用一种新的社会模型，即不仅仅将残疾等同于医疗问题，而是以一种残疾旅游环境产品的视角来进行思考（Shelton and Tucker 2005；Darcy and Pegg 2011）。残疾社会模型将残疾视为"一个残疾环境的产品，它是由社会和态度障碍共同造就的个体障碍，妨碍着个体（完全地）参与社会"（Darcy and Pegg 2011：470）。该模型强调社会变迁的重要性，并不要求个体去适应残疾环境：残疾并非来自个体的身体残缺，而是环境设计或服务态度中的社会排斥所造成的结果（Darcy and Pegg 2011：470）。具体来说，一个有移动障碍的人若处在这样一个环境：他能与其他人一样自由地使用公共交通工具，能顺利进入各种建筑，可使用各种设备，那么他就不算残疾人（Barner et al. 2010 in Darcy and Pegg 2011）。将"伤残"（impairment）与"残疾"（disability）划分开来是社会残疾模型的基础（Morris 2001）。而残疾的医学模型则持有相反的观点，认为伤残等同于残疾，这一观点将导致旅游产业对可进入性长期的狭隘视角，从而减少的是"参与的机会"（Shelton and Tucker 2005）。

必须指出，针对社会模型也存在批判的声音，反对者认为它存在重大缺陷，因为若依照该模型只需要消除残疾的社会维度，那么就不存在真正的残疾特征了（Harris 2001）。分开来看，这两个模型都有一定的道理，但都不完全准确。站在世界健康组织的角度上，残疾一直以来都关乎这些人的特征及其与总体世界的互动（WHO 2002：9）。因此，从医疗角度出发的定义和从社会角度出发的定义对残疾的解释都有适当性。人们提倡一个残疾模型，能够将医疗与社会两个角度综合起来，可称其为"生物心理社会模型"（biopsychosocial model）（WHO 2002）[参见史密斯（Smith）在2009年对残疾之社会和医学模型的全面讨论]。

图8.2全面展示了一个有关残疾（disability）和残障（disablement），以及相关社会责任的划分模型（Rioux and Valentine 2006：49）。作者指出了四种有关残疾人的社会和科学模型，包括法律、政策、社会项目和人权政策工具（Rioux and Valentine 2006：49）。

个体病理学	
生物医学视角 （生物特征结果）	**功能视角** （功能性的能力和素质结果）
• **治疗**：通过医学和生物科技 • **预防**：通过生物或基因干预和扫描 • **社会责任**：消除或治愈	• **治疗**：通过康复服务 • **预防**：通过早期诊断和治疗 • **社会责任**：通过改善和提供舒适性
社会病理学	
环境视角 （环境因素和服务设置的结果）	**人权视角** （社会组织和个人与社会关系的结果）
• **治疗**：通过提高个人对服务和支持的控制 • **预防**：通过消除社会、经济和物理障碍 • **社会责任**：消除系统障碍	• **治疗**：通过重塑经济、社会和政治政策 • **预防**：认识到残疾状况为社会所固有 • **社会责任**：提供政治和社会权利

图8.2 关于残疾的社会和科学模型

来源：Rioux and Valentine（2006）。

六、旅游产业和残疾人环境

要解决残疾人面对的大环境问题并扫除他们面对的一系列障碍，旅游产业还面临着挑战。例如在一项关于澳大利亚接待业经理的研究中，达西和佩格（Darcy and Pegg 2011：475）发现"接待业忽视残疾人的现象大量存在，大环境还远远谈不上关爱残疾人"。这种忽视包括缺乏针对残疾人细分市场的推广；较低水平的关照残疾人的意识/培训；对何为适宜的残疾人可进入性设施缺乏理解；缺乏针对残疾人的材料、市场以及信息推广（也可参见 Daruwalla and Darcy 2005；Eichhorn et al. 2008）。总而言之，在残疾人"市场"的特定需求方面，存在着一系列的共性（Buhalis and Michopoulou 2011：159）：

- 物理/建筑环境的无障碍性。
- 信息的可得性。
- 在线信息可得性。

然而，正如已指出的，"可进入性市场并非是均质的，它包含着不同的细分市场，各自有着不同的需要和要求"（Buhalis and Michopoulou 2011：145）。这两位作者提出了一个需求类型的金字塔，该金字塔以能力的连续谱（continuum）为基础，指出每个个体都拥有特定的特长和缺陷，因此也存在着特定的一系列需求。他们指出了七种残疾的细分类型，概括了各个类型在旅行中获得信息的重要性："残疾的类型不同，在旅行上对于各个标准的看重程度就不同，而特长/缺陷的程度则决定了这些标准对于个体旅行者的重要性程度"（Buhalis and Michopoulou 2011：160）。肖（Shaw 2007）也提出了一个伤残影响的连续谱，但与前者的模型不同，该模型强调伤残的不同类型可能对度假结果的影响更为重要（图8.3）。

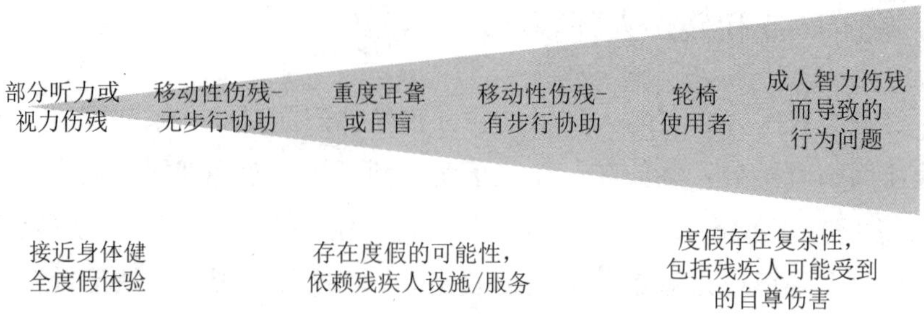

| 部分听力或视力伤残 | 移动性伤残-无步行协助 | 重度耳聋或目盲 | 移动性伤残-有步行协助 | 轮椅使用者 | 成人智力伤残而导致的行为问题 |

| 接近身体健全度假体验 | | 存在度假的可能性，依赖残疾人设施/服务 | | | 度假存在复杂性，包括残疾人可能受到的自尊伤害 |

图8.3　残疾人度假影响程度的连续谱

来源：Shaw（2007）。

毫无疑问，残疾的多样性与复杂性带来了挑战，潜在残疾所涉及的范围如此之广泛，也使得关于"人们在讨论类似残疾这样的群体之特征时很容易就滑进了先入为主的偏见，从而局限于排斥或接纳这一局部主题"（Devlin and Pothier 2006：14）。这也是人们在讨论具有"交叉性"特征的群组时所具有的普遍问题，即将残疾人群体过于概化，忽略了他们在残疾人身份认同之外其他的特征，包括种族、性取向或是阶级（Devlin and Pothier 2006：14）。

尽管情况复杂，但通过类型和水平将残疾进行细分仍旧是理解和满足残疾人需要的有效手段（Buhalis and Michopoulou 2011；Burnett and Bender Baker 2001）。

虽然来自行业的报告远非完美，但仍有证据显示，一些目的地（例如南美、芬兰以及澳大利亚的维多利亚州）已经开始采取更为积极的措施，在目的地层面上着手解决残疾人问题了（Darcy and Pegg 2011）。

让你的旅游业务"无障碍"

想要成功的同时满足人权要求与增长的市场要求，旅游业首先应该明确残疾人旅行中的一些主要障碍，包括：

- 物理障碍，例如难以进入的建筑和难以使用的设备。
- 无法访问的信息，例如字体过小的印刷品。
- 缺乏关爱残疾人的意识和消极的员工态度。

● 对现有无障碍服务和设施的推广不足。

有用的资源

Be Accessible (New Zealand) <http：//www.beaccessible.org.nz/>

Tourism Victoria: Accessible Tourism <http：//www.tourism.vic.gov.au/industry-resources/industry-resources/accessible-tourism/>

Tourism Victoria's Accessible Tourism Plan 2010-2013 <http：//www.tourism.vic.gov.au/images/stories/Documents/StrategiesandPlans/final-accessible-tourism-plan-2010-2013.pdf>

七、解决残疾人问题的道德律令

解决残疾人群体的需求，既是旅游法律与人权方面的要求，也有市场经济驱动的原因，除此二者之外，它是否也是社会道德律令（moral imperative）呢？更具体的，旅游业是否也有满足残疾人需求的道德责任呢？针对旅游中的残疾人关怀进行伦理辩论时存在一个问题，即一些伦理理论和社会公正理论将身体有残疾的人视为"边缘群体"。西方道德哲学认为身体有残缺的人"在道德上也不如常人"（Vehmas 2004：218）。这显示出传统伦理可能并不适于残疾人旅游的需求。

这一问题清晰地反映在价值论之父亚里士多德（公元前384—公元前322）的观点之中。在残疾人问题上，他的观点并不鼓舞人心，尤其是在他的《政治学》一书中，希腊人会抛弃"畸形的"婴儿，任其自生自灭。不过，考虑到古希腊时代人们对人体结构还没有普遍的理解，这种行为或许可以被原谅（Merriam 2010）。

实用主义与残疾

当代生物伦理中也出现了类似的情形，不过还要更具挑战性。此处我们尤其指出生物伦理学家彼得·辛格（Peter Singer）的观点。辛格（Singer 2000）提倡杰里米·边沁（Jeremy Bentham）具有极端特征的实用主义哲学，认为一切可提升社会总体福祉或降低总体痛苦的行为都是道德的。对于实用主义来说，人权的概念并不重要，虽然一些实用主义者也认为提倡人权可作为一种提升总体福祉或降低总体痛苦的途径（McPherson and Sobsey 2003）。如我们将在第 10 章所讨论的，与动物权利的一种提倡观类似，"道德考量"是一种内在的自我意识，在辛格看来，存在重大认知障碍的人并不具备这种能力。因此我们在道德理论中无需对其加以考虑。辛格认为应该将存在重大残疾的人排除在人的概念之外，甚至允许其生存在道德上都是错误的，因为我们在延长他们的痛苦，并在他们身上浪费了其他更可能获得高质量生活的人的资源（Singer 2000；McPherson and Sobsey 2003）。批评者认为残疾人群体评价自身生活质量的标准与健全人并无差别，他们认为辛格的观点带有纳粹色彩，因为他认为通过处决残疾人和少数群体可以降低全社会总体的痛苦程度，提升世界的总福祉（McPherson and Sobsey 2003）。

然而，也有观点认为实用主义实际上有助于推动社会对残疾事业的积极响应。腾舍（Tännsjö 2010）应用了经典的快乐主义实用论来讨论残疾问题（因为边沁的"效用"概念包含快乐与痛苦，因此伦理学家称其为快乐论的实用主义者——快乐主义的观点认为最好的生活是追求愉悦的最大化。参见第 2 章）。腾舍认为，由于快乐主义要求我们最大化全世界的总体福利（快乐），因此我们需要理解残疾人的"快乐状态"——他们的伤残和由此带来的不便在多大程度上影响其快乐感，这在某种程度上指引着旅游研究去发现不同的伤残水平和类型以及其如何影响不同的旅游者体验（参见 Buhalis and Michopoulou 2011；Shaw 2007）。腾舍指出了一系列残疾特征，包括"微"残疾：不影响快乐感；"简单"残疾：只要社会能采取措施以便利该类残疾人的生活，那么该类残疾者的快乐感则不低于健全人；"问题"残疾：影响该类残疾人的快乐状态；以及最后一类"悲剧性"残疾：该类残疾比较严重，"它剥夺了人们生存的价值"（Tännsjö 2010：96）。腾舍认为快乐主义的理论会针对不同类别的残疾人问题提出不同的解决方案。

重要的是，从实用主义视角看，腾舍认为残疾人群体有权获得稀缺资源。不过腾舍讨论的焦点在于医疗资源，我们可以将该实用主义观点扩展至旅游资源——例如交通、住宿和活动。"经典快乐主义实用论似乎'正确地'回答了社会应如何对待残疾的问题"(Tännsjö 2010),因此向我们说明了旅游资源该如何在残疾和非残疾群体之间分配。

应该指出的是,在解决残疾问题的过程中还存在着大量的其他道德观点,本书受篇幅所限无法尽数列举。不过,读者还应了解平均主义[egalitarianism,该理论认为快乐应该在所有人身上平均分配——即便要引发一些成本——并且也要从快乐总量的视角进行思考(Tännsjö 2010:100)]。此外也要了解优先主义(prioritarianism,实用主义的变形),该理论提出"快乐的边际道德重要性逐渐递减"(Tännsjö 2010:100)。后者认为相比那些已经很快乐的群体来说,更应注重提升那些快乐程度较低的群体的快乐程度。阿尼森(Arneson 2000)指出,优先主义可能号召我们优先帮助那些经济地位低下的残疾人,而非那些经济条件较好的残疾人。因此,优先主义与那种在定义残疾时以社会要素为核心的残疾社会模型相一致,并在定义旅游体验中的可进入性和协助性时也采用同样的视角。然而,腾舍(Tännsjö 2010)既没有采用平均主义,也未认可优先主义,他认为这两种理论在解决残疾人的社会问题时都不如实用主义观点更有力度。

虽然亚里士多德所支持的观点和上文所述的辛格学派的观点都具有极端性特征,仍旧有人相信"无论残疾的程度或高或低,都意味着较低的道德、政治或伦理状态、价值和重要性"(Harris 2001:383)。因此,应提倡对残疾人的伦理关怀。尤其对于服务业来说,塔克达和卡德(Takeda and Card 2002)提出了向所有人提供旅游服务的法律和道德责任。然而,提供该类服务存在着成本问题,这正是对残疾人问题进行投资的主要障碍,究竟谁应该为这些投资买单——公众、政府、产业、供应商,还是使用这些服务的残疾人?两位里克特(Richter and Richter 1999)曾冒天下之大不韪,质疑通过对残疾人进行补助以实现他们的机遇平等是否合理。用他们的实用主义视角看,残疾旅游者应该为提供额外服务而产生的旅行成本买单,这些服务包括手语服务、盲文信息、轮椅通道以及个人助手等。不过他们也指出,这些问题会引发有关公平与分配公正的道德问题。

分配公正

分配公正指的是社会机构保证利益与责任在社会成员之间以公平公正的方式分配的程度。根据斯坦（Stein 2006）的观点，残疾人事务是对分配公正理论的绝佳考察。斯坦通过观察残疾人事务来考察分配公正的实用主义理论与平均主义理论。他认为残疾会降低福祉，由于实用主义追求福祉的最大化，因此它会号召改善残疾的状况。然而，实用主义的理论中的分配公正"告诉我们去帮助那些能最多收益的人，即那些在福祉上能获得最大提升的人"（Stein 2006：5）。平均主义理论下的分配公正告诉我们去帮助那些境况最差的人。斯坦支持实用主义理论，认为它比平均主义理论更有助于解决分配问题。他从实用主义的角度对平均主义提出了批评，讨论了例如约翰·罗尔斯（John Rawls）等人的平均主义论。

不过，马尔霍特拉（Malhotra 2006）则指出了罗尔斯的理论可被用于改善残疾人士的状况。罗尔斯的分配公正理论受到康德理论的影响，提倡建立一个注重公平的社会。帕蒂斯（Parties）提出了一系列原则，罗尔斯将其描述为"原始状态"。在原始状态中，"互不关心的立约者作为接近平等的双方出于各自利益而做出决策，他们并不知道自己的社会经济特征，也不知道自己的种族、性别或残疾状态"（Malhotra 2006：74）。罗尔斯理论流派主张"聚焦于社会基本产品对社会最弱势阶层的再分配，以满足其生存计划，实现目标"（Malhotra 2006：76）。社会基本产品包括自由权、机遇和收入。而在残疾问题上，罗尔斯理论流派却不再适用，因为该理论要求所有该模型下的个体都有"正常范围内的物理需求和心理能力"，而对有严重物理或心理残疾的人来说，"可怜的人"可能会影响我们做出精确的道德判断（Malhotra 2006：76）。因为这点与其他不足，一些人批评罗尔斯的框架无助于解决残疾人问题（例如 Brighouse 2001 in Malhotra 2006）。虽然马尔霍特拉指出了罗尔斯理论中的不足，但仍认为若使用批评理论和残疾的社会模型对其进行修补，该理论就能够更好地适用于解决残疾人问题。他认为通过调整，罗尔斯的模型尤其有助于在就业领域（以及可扩展至其他生活领域，例如休闲-旅游空间）确立关照残疾人群体的责任。

第 8 章　旅游与残疾群体

权利运动

如上文所述，其他一些道德途径也有助于我们理解旅游产业该如何参与残疾人事业的问题。特别是残疾人权利运动（以及其他权利运动）就符合康德关于平权的普世价值观（Smith 2005）。康德道德论中的普世主义认为，存在适用于所有人的普遍的道德原则。人权宣言——例如本章开头介绍的联合国《残疾人权利公约》（2006）——"具有典型的普世特征，它为所有境况和所有社会与文化条件下的人提出了共同的道德原则"（Smith 2005：559）。因此，一些评论者从康德派的论点出发，认为满足个体的需求（包括残疾的个体）具有合理性。

然而，上述的传统伦理观点也存在问题，尤其是它们用来区别不同个体时所使用的假设和标准——以及从而产生的人们对社会该如何对待残疾人的期待（Vehmas 2004）。韦赫马斯（Vehmas）提出了一个新的有关残疾问题的伦理观，该理论认为至少要考虑基于美德、基于责任及基于结果的

图 8.4　可进入性的新发展让轮椅使用者有机会体验历史遗产，例如罗马斗兽场。

照片：**Simon Darcy**。

伦理观。这样的理论也"要求理解不同的伤残以及它们在不同问题中是如何影响人们的福祉"(2004：219)。美德伦理强调拥有美好品格的重要性和道德的文化本质，该伦理很好地符合了残疾的社会模型，即将残疾视为"社会建构的、文化塑造与生产的"(Vehmas 2004：220)。

八、遗产旅游地、接待和残疾

虽然在元伦理学层面针对残疾问题存在着不同的伦理观点，但它们都面对着一个基本的事实，即残疾人的日常生活仍处于在一个广泛的不便环境之中。政策和立法试图通过满足残疾人的需求来改善这一现实。联合国《残疾人权利公约》(2006)要求当事国采取适当措施以确保能够提供合理的设施："合理的设施意味着必要和适当的调整和改造，而非强加（于他者身上）的失调的和过度的负担"。在各个旅游目的地，例如新西兰，加于供给方的接待残疾人的责任达到了一个"不合理的"程度（New Zealand Human Rights Commission 2011；也可参见上文中新西兰航空的例子）。但是对于何谓合理和不合理，在法律的解释上仍存在模糊性和主观性。

在为残疾人改造特定环境时，无论是自然还是遗产旅游地，合理接待的问题都尤其令人困惑。虽然通用设计［也称包容性设计、全适用型设计或生命值设计（Green 2011）］的原则和针对所有残疾和非残疾使用者的友好型设计非常重要，古代的历史遗迹在建立时并未考虑残疾人的可进入性，因此对于遗产目的地的供给方来说，在改善可进入性的同时保存历史遗迹的完整性是一个很大的挑战。古多尔等人（Goodall et al. 2004）对残疾和英国遗产地的关系问题进行了完善的讨论，该讨论在复杂的法律环境中协调了遗产保存和可进入性开发的关系。英国1995年出台的《残疾歧视法》对残疾人的利益进行了保障，要求服务提供者"移除、改造或避免采用任何会导致残疾人无法或难以使用该服务的物理障碍"（Goodall et al. 2000：347）。然而，对于受保护的建筑，改善残疾参观者的可进入性可能会与文物保护的目标产生冲突，因为文物保护的范围通常包括建筑的内外两部分。而保护历史建筑完整性的规划立法可能要优先于残疾人歧视的立法。

有趣的是，英国《残疾歧视法案》实际上允许采用其他合理的方案来提供服务。古多尔等人（Goodall et al. 2004）指出，当遗址保护的重要性大于满足残疾人需求的重要性，和/或带来的成本远高于利益时，人们就会采取其他方案，例如"智慧进入"就是一种可接受的方案。研究者列举了莎士比亚出生地（位于英格兰埃文河畔斯特拉福德）的例子。该建筑为一级保护建筑，使用了照片级真实的虚拟现实复制了二楼的景观，使残疾参观者能够通过触摸屏来环游房间，打开衣柜，观察其质感。不过，与实地游相比，虚拟游览的价值和意义仍有待讨论。

案例研究：接待业和可进入性

有一个经典的法律案例：一位残疾人通过起诉一家苏格兰酒店未能提供恰当的无障碍设施而获得了3000英镑的赔款。

艾萨克·柯伦（Isaac Curran）将拉纳克郡阿丁斯顿的红石酒店告上了法庭，这是1995年出台的《残疾歧视法案》保护下的第一个案件，原因在于红石酒店未能采取恰当的措施保证实现合理的调整，因此未能实现无障碍设施的使用。

柯伦最初从酒店获得了价值50英镑的现金券的补偿，但是在诉诸法庭后，他现在获得了3000英镑的补偿，2000英镑的法律支出也得到了赔付。

昨日柯伦告诉《先驱报》的记者："我并不认为无障碍设施是理所当然的，但是这是一家大公司，他们有能力做出这种有必要的改变。本来只用花几千英镑就可以完成的事，现在导致他们多花了很多钱。"

在酒店居住期间，柯伦需要参加一位亲属的生日午餐，餐厅位于五层台阶之上，而由于没有斜坡，柯伦只能靠别人背入餐厅。此外，餐厅只在女士卫生间内设置了一个唯一的残疾人卫生设备。

酒店目前正在申请手续来改善其残疾人设施。

> 讨论问题：
> 1. 从伦理视角出发，讨论上例中不道德现象中的残疾人体验。
> 2. 从伦理视角出发，补偿款能否真的补偿残疾人体验到的不公正？

来源

Manson, E. (2006) *Disabled man wins landmark case against Scottish hotel*. Available at <http：//www.caterersearch.com/>（Accessed 30 October 2011）

九、残疾与自然和野外的可进入性

自然遗产型目的地面对着独特的挑战，原生态风景的拥护者坚定地维护着未经加工的自然与其"野性"。在美国国家公园体系中，残疾人可进入性的管理需要在不大幅改变项目或服务的本质的前提下满足"合理调整"的要求。这是一个令人苦恼的问题，尤其是人们通常认为，正是残疾人群体所面对的现实和受到的限制，因此与自然的接触对于他们来讲"才显得尤为珍贵"（McAvoy 1996 in Jaquette 2005：9）。研究也显示了残疾人在野外游览的其他好处，包括他们可以将行程的收获转换到日常的生活中（MvAvoy et al. 2006）。

然而，由于缺乏合适的设备（以及其他限制），残疾人士相比非残疾人士在参与户外休闲时面临着更多的限制（Williams et al. 2004）。针对这种情况，自然区域的经营者能否萌生责任感，为残疾人士提供合理的接待设备？在这个问题上，残疾人士自己的看法似乎至关重要。在为数不多的研究中，有一项研究发现了残疾人对进入野外地区进行参观的需求。洛夫洛克（Lovelock 2010）以新西兰为案例地，调查发现残疾人群对进入偏远自然区域表现出比健全人群更强烈的欲望。同时，他们对这一发展的潜在影响评价也更加温和，而健全人士则更多地指出此类开发的消极影响。不过，调查样本中不足半数的残障人士赞成使用机动设备来提高可进入性。没有人支持在偏远自然区域中引入大体量的（例如缆车、轨道交通）交通设施。

虽然有这些证据存在，商业开发者及其支持者仍旧利用不能歧视残疾人的论点来支持野外旅游的此类开发计划。有指责认为他们以关爱残疾人为借口，实际上是为了追求自身的开发利益。在新西兰，一个名为"天帆"的机动设备横穿自然保护公园，其支持者声称"该设备使老年人和残疾人有机会体验通向（世界遗产地）米尔福德峡湾的野外景观"（Skytrail 2001 in

Lovelock 2010：357）。人们认为这是一个"假命题，其推广者及其支持者极少或根本不关心残疾人的福祉"（Bricker 1995：12）。

图 8.5 大体量的机动性野外进入设备（例如缆车）使残疾人的进入成为可能——但这是对野外的最佳开发方式吗？照片：**Brent Lovelock**。

讨论点：野外、可进入性和残疾人

　　位于纽约州的阿迪朗达克公园（Adirondack Park）占地面积 25,000 平方公里，是全地形机动车（All-Terrain Vehicles）的流行之地。不过，自然资源保护论者则指出应该限制全地形机动车在公园的使用，因为它们会带来一系列环境和社会影响。无论是公园的管理者还是纽约州环境委员会，都承认这些影响的存在。然而，1998 年一个残疾人群体提起了诉讼，认为本州关于全地形机动车的法律构成了公共服务中的歧视，因此违反了《美国残疾人法案》。由于残疾人可能因此而有权在包括野外在内的小路上使用机动设备，该案件将会对全美国的全地形机动车使用产生影响（Karasin 2003）。法庭最初认为，当作为原告的残疾人在公园机动车禁行区域被限制使用全地形机动车时，他们的权利受到了侵害。法院裁定，公园必须提供"有效的进入方式","其余待开发的区域也不能只满足健全人的需要"（Skidmore n.d）。然而，小道最终并没有被拓宽，不过持有许可证的残疾人士可以在野外森林中的65条特定道路上驾驶全地形机动车。

以下是一位使用了全地形机动车的残疾人发表在公园用户网站上的帖子，以及来自一个健全人士的回复（Williams 2011）：

"Bob"：我患有卵泡刺激素不良症，几乎不能走路，摔倒了无法站起。我可以驾驶（全地形机动车）。我尊重这片土地，坚持谨慎驾驶。凭什么健康人有权在10英里长的小道上远足而我不能？你可以说我违法了，但我现在就是要自私一次。

回复："Jim"：我对你的残疾感到抱歉，我会和你站在一起为你争取权利，确保无论患有何种残疾的人都能够进入公共建筑。遗憾的是，我们无法让每个人都能到达所有地方。我们需要为前往公园里每一片湖泊的区域都铺上道路吗？我可以到达那里，是否也意味着我需要为坐轮椅的人提供可进入性？我们要为每一个高峰建造升降梯吗？要是根据你的权利观点，以上那些就都要实现。

> 讨论问题：
> 从不同的伦理观出发（包括实用理论与分配公正论），谁更有道理——全地形机动车残疾人驾驶者或是野外环境保护者？

参考文献

Karasin, L.N. (2003) *All-terrain vehicles in the Adirondacks: Issues and option*, Wildlife Conservation Society Working paper No.21.

Skidmore, M. (n.d.) *Disabled rights to the wilderness: Whose water fall is it anyway?* Available at <http: //law.fordham.edu/publications/articles/700flspub226.pdf> (Accessed 13 June 2009).

Williams, S. (2011) *ATVs still running amuck*. Available at <http: //www.adirondackexplorer.org/stories/2011/08/22/atvs-still-running-amuck/> (Accessed 22 August 2011).

第8章 旅游与残疾群体

本章回顾

本章讨论了残疾人在旅游业中所遇到的问题。虽然兼容性政策和法律环境都在日益改善，但是许多旅游业供给者仍旧未能履行自己的义务，为旅行中的残疾人提供合理的设施。我们围绕着"合理的"设施这一概念进行了讨论。我们指出了该领域的研究集中于物理上的可进入性，而更为重要的是，我们认为有责任为在社会和经济上处于劣势的残疾人提供与健全者同样的旅游机会。此外，本章也指出了社会旅游的潜在角色及其理论可作为纠正这种不平衡的一种方式。

虽然许多目的地已经明确了在法律上满足残疾人旅游者需求的必要性，也因该市场的规模而产生了经济上动机，但道德上的必要性则仍在争论之中。在道德层面存在一系列不同的理论来讨论该如何处理为残疾人提供服务的问题。实用主义是用来回答该问题的一个重要理论；在一个极端上，围绕道德考量的概念及其在残疾人身上的应用产生了一些问题。然而，实用主义的其他概念化，尤其是快乐主义理论，认为应该向残疾人提供特殊服务。我们也讨论了分配公正论在处理社会及旅游业该如何对待残疾人的问题上所具有的作用。最终，我们指出了一些"特殊的"旅游资源所面对的多重需求以及由此产生的问题——尤其是人文和自然类型的遗产地。这类目的地所产生的问题是该如何保证在野外或历史遗产地提供有价值体验的同时，不对遗产地和其他参观者产生消极影响。

关键术语小结

残疾（disability）：（因伤残而导致的）与一般人正常行为能力相比而具有的一切能力上的限制或缺乏（United Nations 2006）。

伤残（impairment）：身体功能或结构上存在问题，例如重大的偏差或丧失（WHO 2002）。

合理性要求（reasonableness requirement）：合理的设备意味着服务提供者有责任采取合理措施为残疾人提供接待服务，只要该措施的成本和行为都处于合理的范围内。

残疾的社会模型（social model of disability）：残疾的社会模型将残疾视为一个社会问题："产生于环境、社会和态度障碍，这些构成了一个人的伤残，妨碍他们（完全地）参与社会"（Darcy and Pegg 2011：470）。

残疾的医学模型（medical model of disability）：残疾的医学模型将残疾视为人的问题，源于疾病、创伤或其他健康问题。残疾的医学模型认为伤残等同于残疾。

无障碍旅游（accessble tourism）：无障碍旅游旨在提供一系列服务与设备以保证有特殊需求的人群能够无障碍地享受度假和休闲时光。

社会旅游（social tourism）：经济状况不佳或其他社会资源较少的群体对旅游的参与。

道德考量（moral considerability）：具有道德考量的主体是指在道德上存在被伤害可能性的主体。对于一些伦理学家来说，有严重认知障碍的人并非处于人的完整状态，因此不需对其进行道德考量。

优先主义（prioritarianism）：优先主义是实用主义的一个现代变体，认为个体的境遇越糟糕，赋予该个体利益的道德价值就越大。因此该理论认为我们应该给予境况较差的人以优先权。

快乐主义（hedonism）：快乐主义认为愉悦是唯一的价值，也是伦理、道德和对错的衡量与判断标准。因此我们最基本的道德责任是追求愉悦或快乐的最大化。这种观点与古希腊哲学家伊壁鸠鲁（公元前342—公元前270）的观点具有一致性。

分配公正（distrbutive justice）：分配公正的原则是用来指导经济活动中利益和责任之分配的规范性原则。分配公正的第一个原则是平均主义，提倡在全体社会成员之间平均分配物质资料。约翰·罗尔斯提出了另一种分配原则，即差别原则，认为当不平均比严格的平均能更好地改善社会中的弱势群体的状况时，就不必坚持严格的平均分配。

> **问题思考**
> 你认为社会旅游模型适用于残疾人问题吗？
> 1.你认为谁应该为残疾人的度假买单？政府？慈善机构？
> 2.请为残疾人群体的社会旅游提供道德论点。
> 3.旅游吸引物和旅游活动应该为残疾人提供价格优惠吗？

练习

1. 思考一下你家乡的一些旅游地，根据它们针对残疾人的"无障碍性"将其类型归类。

2. 思考无障碍性的多重解释，不同的解释如何影响你的分类？

3. 思考不同的残疾类型（听力残疾、视力残疾、身体残疾和智力不足），它们如何影响你对无障碍性的分类？

4. 在你的分类中，是否有一些目的地尤其有必要为残疾人提供无障碍设施？如果有，请解释原因。

延伸阅读

Buhalis, D.and Darcy, S. (2011) *Accessible Tourism: Concepts and Issues*, Bristol: Channel View.

Buhalis, D., Darcy, S. and Ambrose, I. (2012) *Best Practice in Accessible Tourism: Inclusion, Disability, Ageing Population and Tourism*, Bristol: Channel View.

注释

a 海伦·凯勒（Helen Keller，1880–1968），美国作家、教育家，盲人与聋人。

b 阿尔贝特·施韦泽（Albert Schweitzer，1875–1965），德国神学家、哲学家、医学传教士。Available at <http：//en.wikiquote.org/wiki/Talk：Albert_Schweitzer>（Accessed 12 September 2012）。

c 休伯特·H. 汉弗莱（Hubert H. Humphrey，1911–1978），美国副总统（1965–1969）。本引文来自他 1977 年 11 月 4 日在华盛顿市休伯特·H. 汉弗莱大厦揭幕仪式上的演讲。

参考文献

Arneson, R.J. (2000) 'Disability, discrimination and priority', in Francis, L.P. and Silvers, A. (eds) *Americans with Disabilities: Exploring Implications of the*

Law for Individuals and Institutions, New York: Routledge, pp. 18–33.

Blichfeldt, B.S. and Nicolaisen, J. (2010) 'Disabled travel: not easy, but doable', *Current Issues in Tourism,* 14(1): 79–102.

Bricker, J. (1995) 'Wheelchair accessibility in wilderness areas: the nexus between the ADA and the Wilderness Act', *Environmental Law,* 25(4): 1243–70.

Buhalis, D. and Michopoulou, E. (2011) 'Information-enabled tourism destination marketing: addressing the accessibility market', *Current Issues in Tourism,* 14(2): 145–68.

Burnett, J. and Bender Baker, H. (2001) 'Assessing the travel-related behaviors of the mobility- disabled consumer', *Journal of Travel Research,* 40(1): 4–11.

Bums, N., Paterson, K. and Watson, N. (2009) 'An inclusive outdoors? Disabled people's experiences of countryside leisure services', *Leisure Studies,* 28(4): 403–17.

Christofle, S. and Massiera, B. (2009) 'Tourist facilities for disabled people on the French Riviera: a strategic model of the controversial plans to develop the seafront areas', *Journal of Coastal Conservation,* 13(2): 97–107.

Daniels, M.J., Drogin Rodgers, E.B. and Wiggins, B.P. (2005) '"Travel Tales": an interpretive analysis of constraints and negotiations to pleasure travel as experienced by persons with physical disabilities', *Tourism Management,* 26(6): 919–30.

Darcy, S. and Dickson, T. (2009) 'A whole-of-life approach to tourism: the case for accessible tourism experiences', *Journal of Hospitality and Tourism Management,* 16(1): 32–44.

Darcy, S. and Pegg, S. (2011) 'Towards strategic intent: perceptions of disability service provision amongst hotel accommodation managers', *International Journal of Hospitality Management,* 30(2): 468–76.

Darcy, S., Cameron, B. and Pegg, S. (2010) 'Accessible tourism and sustainability: a discussion and case study', *Journal of Sustainable Tourism,* 18(4): 515–37.

Daruwalla, P. and Darcy, S. (2005) 'Personal and societal attitudes to disability', *Annals of Tourism Research,* 32(3): 549–70.

Devlin, R. and Pothier, D. (2006) 'Introduction: toward a critical theory of dis-citizenship', in Pothier, D. and Devlin, R. (eds) *Critical Disability Theory: Essays in Philosophy, Politics, Policy and Law,* Vancouver: UBC Press, pp. 1–24.

Eichhom, V., Miller, G., Michopoulou, E. and Buhalis, D. (2008) 'Enabling access to tourism through information schemes?', *Annals of Tourism Research,* 35(1): 189–210.

Etravelblackboard.com (2010) *Australia misses the plane on accessible tourism,* 12 October. Available at <http://www.etravelblackboard.com/article/109845/australia-misses-the-plane-on- accessible-tourism> (Accessed 12 November 2011).

Freeman, I. and Selmi, N. (2010) 'French versus Canadian tourism: response to the disabled', *Journal of Travel Research,* 49(4): 471–85.

Goodall, B., Pottinger, G., Dixon, T. and Russell, H. (2004) 'Heritage property, tourism and the UK Disability Discrimination Act', *Property Management,* 22(5): 345–57.

Green, R.J. (2011) 'An introductory theoretical and methodological framework for a Universal Mobility Index (UMI) to quantify, compare, and longitudinally track equity of access across the built environment', *Journal of Disability Policy Studies,* 21(4): 219–29.

Hall, C.M. (2000) *Tourism Planning: Policies, Processes and Relationships,* Harlow: Prentice Hall.

Harris, J. (2001) 'One principle and three fallacies of disability studies', *Journal of Medical Ethics,* 27: 383–7.

Hetherington, K. (2000) 'Museums and the visually impaired: the spatial politics of access', *Sociological Review,* 48(3): 444–63.

Hillis, C. (2005) 'Talking images: museums, galleries and heritage sites',

International Congress Series, 1282: 855–9.

Israeli, A. (2002) 'A preliminary investigation of the importance of site accessibility factors for disabled tourists', *Journal of Travel Research,* 41: 101–4.

Jaquette, S. (2005) 'Maimed away from the earth: disability and wilderness', *Ecotone,* Spring, 8–11.

Lovelock, B. (2010) 'Planes, trains and wheelchairs in the bush: attitudes of people with mobility-disabilities to enhanced motorised access in remote natural settings', *Tourism Management,* 31(3): 357–66.

McAvoy, L., Holman, T., Goldenberg, M. and Klenosky, D. (2006) 'Wilderness and persons with disa-bilities: transferring the benefits to everyday life', *International Journal of Wilderness,* 12(2): 23–31.

McCabe, S. (2009) 'Who needs a holiday? Evaluating social tourism', *Annals of Tourism Research,* 36(4): 667–88.

McPherson, G.W. and Sobsey, D. (2003) 'Rehabilitation: disability ethics versus Peter Singer', *Archives of Physical Medicine and Rehabilitation,* 84: 1246–8.

Malhotra, R. (2006) 'Justice as fairness in accommodating workers with disabilities and critical theory: the limitations of a Rawlsian framework for empowering PWD in Canada', in Pothier, D. and Devlin, R. (eds) *Critical Disability Theory: Essays in Philosophy, Politics, Policy and Law,* Vancouver: UBC Press, pp. 70–86.

Merriam, G. (2010) 'Rehabilitating Aristotle: a virtue ethics approach to disability and human flourishing', in Ralston, D.C. and Ho, J. (eds) *Philosophical Reflections on Disability,* New York: Springer, pp. 133–54.

Miller, G.A. and Kirk, E. (2002) 'The Disability Discrimination Act: time for the stick?', *Journal of Sustainable Tourism,* 10(1): 82–8.

Morris, J. (2001) 'Impairment and disability: constructing an ethics of care that promotes human rights', *Hypatia,* 16(4): 1–16.

New Zealand Human Rights Commission (2011) *What does the Human Rights*

Act mean by disability? Available at <http://www.hrc.co.nz/enquiries-and-coniplaints-guide/what-can-i-complain- about/disability> (Accessed 2 September 2011).

Packer, T.L., McKercher, B. and Yau, M.K. (2002) 'Understanding the complex interplay between tourism, disability and environmental contexts', *Disability and Rehabilitation,* 29(4): 281–92.

Packer, T., Small, J. and Darcy, S. (2008) *Tourist experiences of individuals with vision impairment,* Gold Coast, Australia: Sustainable Tourism Cooperative Research Centre.

Poria, Y., Reichel, A. and Brandt, Y. (2009) 'People with disabilities visit art museums: an explora-tory study of obstacles and difficulties', *Journal of Heritage Tourism,* 4(2): 117–29.

Poria, Y., Reichel, A. and Brandt, Y. (2010) 'The flight experiences of people with disabilities: an exploratory study', *Journal of Travel Research,* 49(2): 216–27.

Pühretmair, F. and Buhalis, D. (2008) 'Accessible tourism introduction to the special thematic session', in Miesenberger, K., Klaus, J., Zagler, W. and Karshmer, A. (eds) *Computers Helping People with Special Needs: 11th International Conference 1CCHP 2008 Proceedings,* Berlin: Springer–Verlag, pp. 969–72.

Richards, V., Pritchard, A. and Morgan, N. (2010) '(Re)Envisioning tourism and visual impairment', *Annals of Tourism Research,* 37(4): 1097–116.

Richter, L.K. and Richter, W.L. (1999) 'Ethics challenges: health, safety and accessibility in international travel and tourism', *Public Personnel Management,* 28(4): 595.

Rioux, M.H. and Valentine, F. (2006) 'Does theory matter? Exploring the nexus between disability, human rights and public policy', in Pothier, D. and Devlin, R. (eds) *Critical Disability Theory: Essays in Philosophy, Politics, Policy and Law,* Vancouver: UBC Press, pp. 47–69.

Ryan, C. (2002) 'Equity, management, , power sharing and sustainability: issues of the "new tourism"', *Tourism Management,* 23: 17–26.

Shaw, G. (2007) 'Disability legislation and the empowerment of tourists with disabilities in the United Kingdom', in Church, A. and Coles, T. (eds) *Tourism, Power, and Space,* London: Routledge, pp. 83–100.

Shaw, G. and Coles, T. (2004) 'Disability, holiday making and the tourism industry in the UK: a preliminary survey', *Tourism Management,* 25(3): 397–403.

Shelton, E. and Tucker, H. (2005) 'Tourism and disability: issues beyond access', *Tourism Review International,* 8(3): 211–19.

Singer, P. (2000) *Writings on an Ethical Life,* New York: Harper Collins.

Small, J., Darcy, S. and Packer, T. (2011) 'The embodied tourist experiences of people with vision impairment: Management implications beyond the visual gaze', *Tourism Management,* 33(4): 941–50.

Smith, S.R. (2005) 'Equality, identity and the disability rights movement: From policy to practice and from Kant to Nietzsche in more than one uneasy move', *Critical Social Policy,* 25: 554–76.

—— (2009) 'Social justice and disability: competing interpretations of the medical and social models', in Kristiansen, K., Vehmas, S. and Shakespeare, T. (eds) *Arguing About Disability,* Abingdon: Routledge, pp. 15–29.

Stein, M.S. (2006) *Distributive Justice and Disability: Utilitarianism against Egalitarianism,* New Haven, CT: Yale University Press.

Takeda, K. and Card, J. A. (2002) 'U.S. tour operators and travel agencies: barriers encountered when providing package tours to people who have difficulty walking', *Journal of Travel & Tourism Marketing,* 12(1): 47.

Tännsjö, T. (2010) 'Utilitarianism, disability and society', in Ralston, D.C. and Ho, J. (eds) *Philosophical Reflections on Disability,* New York: Springer, pp. 91–108.

United Kingdom Office of Public Sector Information (1995) *Disability Discrimination Act 1995,* National Archives.

United Nations (1948) *Universal Declaration of Human Rights.* Available at <http://www.un.org/ en/documents/udhr/index.shtml> (Accessed 27 July 2011).

—— (2006) *Convention on the Rights of Persons with Disabilities.* Available at <http://www.un.org/ disabilities/default.asp?navid=12&pid=150> (Accessed 22 November 2007).

United Nations Economic and Social Commission for Asia and the Pacific (UNESCAP) (2007) *Promoting Tourism for People with Disabilities* (Press release 22 November). Available at <www.scoop.co.nz/stories/wo0711/s00956.htm> (Accessed 27 November 2007).

United Nations World Tourism Organization (UNWTO) (2011) *Ethics and Social Dimensions of Tourism* Available at <http://ethics.unwto.org/en/content/accessible-tourism> (Accessed 4 October 2011).

Var, T., Yesiltas, M., Yayli, A. and Özturk, Y. (2011) 'A study on the travel patterns of physically disabled people', *Asia Pacific Journal of Tourism Research,* 16(6): 599–618.

Vehmas, S. (2004) 'Ethical analysis of the concept of disability', *Mental Retardation,* 42(3): 209–22.

Williams, R., Vogelsong, H., Green, G. and Cordell, K. (2004) 'Outdoor recreation participation of people with mobility disabilities: selected results of the national survey of recreation and the environment', *Journal of Park & Recreation Administration,* 22(2): 85–101.

World Health Organization (WHO) (1980) *International Classification of Impairments, Disabilities and Handicaps,* Geneva: WHO.

—— (2002) *Towards a Common Language for Functioning, Disability and Health: International Classification of Functioning, Disability and Health,* Geneva: WHO.

Yau, M.K., McKercher, B. and Packer, T.L. (2004) 'Traveling with a disability: more than an access issue', *Annals of Tourism Research,* 31(4): 946–60.

第9章 自然旅游

"所有的自然之物都有绝妙之处。"

——亚里士多德[a]

"深入观察自然,你会对万事万物有更好的理解。"

——阿尔伯特·爱因斯坦[b]

"人类最无知的一句话莫过于在谈到一个动物或植物说:'这东西有什么好?'"

——奥尔多·利奥波德[c]

"我们不是从祖先那里继承了地球,而是从后代那里先借用着。"

——纳瓦霍民谚[d]

学习目标

阅读本章后,你将能够:
- 指出和讨论不同的人类—非人类自然之间的关系。
- 定义人类中心论和生态中心论,讨论它们在旅游产业与自然世界的相互影响中扮演着何种角色。
- 讨论旅游利益相关者对公地资源的使用。
- 思考文化相对论以及它如何影响不同目的地旅游吸引物和旅游活动的发展。
- 从环境伦理的角度出发,理解与可持续发展相关的伦理问题。

第 9 章　自然旅游

一、导言

发布于《超限生活》的《新千年生态系统评估》是超过 1000 位科学家历时四年所完成一项复杂的分析,指出:"人类活动正给地球的自然功能施以巨大压力,我们星球的生态系统维持未来人类生存的能力已经受到威胁"(MA WEB 2005:5)。目前,地球上一半的陆地表面已在人类活动的影响下发生了改变,自从工业革命以来,大气中的二氧化碳含量升高了 30%,可及表面的新鲜水源有超过一半已被人类利用,四分之一的鸟类濒临灭绝(Vitousek et al. 1997),这些信息都清楚地说明,人类需要重新协调自身与自然的关系,同时我们也需要新的环境伦理来指导这一协调过程。

自然是旅游业一个关键的组成部分——它是一种吸引物,提供了旅游环境和生态服务(新鲜的空气、新鲜的水源),这些都是旅游业的重要资源。赫拉尔多·巴道斯金(Gerardo Budowski)是国际自然和自然资源保护联盟(International Union for the Conservation of Nature and Natural Resources,IUCN)的总理事,在过去的三十年间一直著述讨论旅游与自然的关系。他指出了旅游推广者与环境保护者之间三种可能的关系:冲突、共存、合作;在大多数情况下,旅游与保护的关系会从共存逐渐转向冲突。他指出:

> 最终结果是自然资源和旅游业的共同倒退和下降……许多旅游地有着脆弱的生态系统,它们无法承受过量的干扰……在超过了"饱和点"或关键阈值之后,将不可避免地走向迅速衰落。
>
> (Budowski 1976:27)

诚然,旅游是一个大规模的产业,因此当旅游业大幅增长时(国际到达数量从 1976 年的 2.2 亿人次增长到 2011 年的 9.8 亿人次),其对自然和自然系统的影响也相应增长——引发了未来旅游和环境是否能协调发展的问题(Romeril 1989)。一个潜在的问题是旅游的产业地位尚未得到认可。像其他许多产业一样,旅游业也需要发展基础设施,它会消耗资源,产生垃圾。但是与其他产业不同的是,旅游的产业过程常常发生在地球上生态最脆弱的地区(Williams and Ponsford 2009)。认识到这种环境悖论——

旅游为了促进增长和提高竞争力而需要对自然资源的生态完整性进行保护——旅游业已经开始以非常谨慎的方式来对环境进行反馈了，例如绿色旅游、生态旅游及可持续旅游。

本章将探索我们和自然，以及自然旅游之间关系的伦理问题；分析可替代旅游的形式问题，例如生态旅游；探讨该如何建立更具伦理的旅游与自然之关系。

二、自然旅游——范围、规模、影响

自然旅游是指所有以自然环境为主要吸引物或旅游目的地的旅游类型（TIES 2012）。这种类型的旅游正在经历"爆炸式的增长"（Newsome et al. 2002），前往自然区域的旅游者在休闲旅游者中所占的比例已经从二十世纪八十年代后期的2%增至21世纪开端时的20%（Weaver and Oppermann 2000）。

自然旅游的年增长率为10%—30%，是增长最快的旅游领域。自然旅游占据了当前世界旅游市场20%的份额（Kuenzi and McNeely 2008）。联合国环境规划署（United Nations Environmental Programme，UNEP）和保护国际（Conservation International）报告称，旅游产业的扩张主要发生在世界仅存的自然区域及其周边地区（TIES 2006）。

然而，虽然人们已经认识到旅游对这些敏感环境所产生的影响，但是经济的驱动使得这些地区的旅游依旧存在并强势增长。自然旅游是整体旅游市场的重要组成部分——例如，它在2006年为美国旅游市场贡献了1223亿美元的产值（UNWTO 2010）。在欧洲，自然旅游占欧洲国际旅游的42%。在澳大利亚这一比例则更是高达75%（UNWTO 2010）。

自然旅游的影响

自然旅游的影响广泛且多样化，本书篇幅有限，因此无法尽数展开。读者们可阅读其他研究者在该领域的专门研究，包括纽瑟姆等人（Newsome et al. 2002，第3章）、梅森（Mason 2008，第6章）、沃尔和马西森（Wall and Mathieson 2006，第5章）、霍尔登（Holden 2008，第3章）

以及希尔和盖尔（Hill and Gale 2009）等。可以说，从高山环境到海洋珊瑚礁，从沙漠到热带雨林，旅游广泛地影响着生态系统的方方面面。令人不安的是，旅游影响已经扩展到以往较为隔绝的、以往不可进入的区域和栖居地。例如，极地曾是世界上长久以来只有科考与探险者进入的区域。随着不断提升的可进入性和游客安全保障，以及媒体报道的提升和可支配收入的增长，该类体验的需求也日益增长。正如霍尔登（Holden 2008）所指出的，随着科技发展，对于旅游来说，已经不存在遥远的或不可进入的地区了（详细的极地旅游的影响研究可参见 Hall and Saarinen 2010）。

总体来说，存在一系列要素决定着旅游对自然系统的影响类型和程度——包括外显的因素，例如游览程度（游客数量）、游客的空间和时间集中度、游客活动以及对目的地改造的需求程度（例如道路、建筑和其他基础设施）。然而，游客行为会对自然地产生不同程度的影响，毫无疑问，行为与态度相关，而态度则与个体（和群体）对自然的观念和人们对待非人类自然的方式有关。

三、环境伦理

环境伦理讨论的是人类与非人类自然之间的关系。此处应指出，该领域的一些研究者（例如 Curry 2006）更倾向于使用"生态伦理"而非环境伦理这一说法，因为他们认为后者会导致两种误解：第一，只有人是重要的；第二，其他万物的价值均在于其在多大程度上能够"有助于人类继续狂欢"（Curry 2006：4）。基于本章目标，我们将使用更为普遍的"环境伦理"一词；不过，此处更以生态为中心的，对这一概念更具整体性的阐释。

基督教与自然

在许多环境的道德的讨论中（至少在西方），当下环境问题的源头实际上可追溯至《圣经》中的内容。怀特（White 1967）相信，基督教是当下生态危机的首要历史原因。怀特指出，当下人类统治权的观点就来自《圣经》的《创世记》（英文标准版 1：26，28）中的描述，人类应该"管理海里的鱼、空中的鸟，和地上各样行动的活物"。人们认为基督教视人类而非地球上的其他生物为神圣,从而给非人类的自然带来了消极的影响。不过,这种观点仍有待讨论。例如有证据显示生态破坏在前基督时代就已经出现了,而生态危机直到19世纪才开始出现——这距离基督教建立已经有几乎两千年的时间了(Curry 2006)。非基督教徒中也存在生态破坏的情况。虽然其他宗教(例如印度教、佛教、道教)可能并不像基督教一样过分地以人类为中心,但这些宗教影响下的文化中也同样存在着环境破坏的问题(Holden 2003)。

基督教观点的辩护者也会指出,对圣经中的内容存在着不同的解读方式。例如管家理论认为"上帝将那人安置在伊甸园,使他修理看守"。毫无疑问,管家理论不仅存在于基督教之中,其他许多文化和社会信仰体系中也有着类似的描述。例如,新西兰的土著毛利人就有一个管家或"kaitiangitanga"的概念,该概念在立法(尤其是旅游政策)中有着清晰的表述。"kaitiangitanga"是指"为了当代与后代人的共同利益而对自然、建筑和文化资源进行守护和可持续的管理"(Ministry of Tourism et al. 2007:77)。这一概念和管家理论异曲同工,而环境道德家也在探索它所潜含的理论,尤其是它与可持续性(详见下文)的关系以及该伦理下人类中心性的问题。

道义论、实用主义和自然

在西方社会,十七世纪中期的世俗道德兴起后才产生了上述挑战。人本主义的出现让人们开始重点关注人类,挑战神作为生活中心的地位(Curry 2006)。这一时期出现的伦理思潮可划分为三类:美德伦理(virtue ethics)、道义论(deontology)和实用主义(utilitarianism)——三者在环境问题的解决中都存在着诸多不足之处。尤其是道义论或基于"伦理"的伦理观,被称为"明显的人类中心说"(Curry 2006:35)。道义论的支持者,例如康德,认为权利与义务都只是人类的专利。在康德哲学的基础中,自然是非神圣的,因此需要人类来对其进行统治(Holden 2008)[需要指出的是,美国哲学家约翰·罗尔斯(John Rawls,1921-2002)甚至认为"在宪法的本质和公正的基本问题中,并不需要讨论自然世界的状态与我们的恰当关系"(Curry 2006:35)]。可见,道义论典型地强调人类的权利,对环境伦理缺乏认可：第一，它将权利与义务分离开来；第二，它强调个人主义，并不关注（重要的！）共同利益的问题，这是一种"危险的做法"（Curry 2006：35）。

虽然存在这些内在问题，但一些环境伦理学家依旧用道义论来看待非人类的动物。其中，里甘（Regan 1984）应用该理论提出的动物权利观最为突出。也有其他人尝试将理论应用于自然的其他非人类部分——例如个体植物（例如 Taylor 1986）。不过总体来看，正如柯里（Curry）所指出的，"如果以道义论为指导，很难发展出一套完整的生态伦理学"（2006：36）。

实用主义作为一种环境伦理观也存在一些不足，最突出的是按照该理论，"行为的对或错，善或恶，取决于它们如何影响有感受能力的生物的体验"（Wenz 2001：85）。因此，在将实用主义应用于无情感的生物、物种、生态或地理区域（Curry 2006）时，就会产生一些问题。不过，仍旧有研究者将实用主义理论应用于动物领域，其中最有名的研究者是彼得·辛格（Peter Singer）（见第10章）。

四、人类中心论和生态中心论

一些环境哲学家认为，如今并还没有建立起适当的环境伦理（Sylvan and Bennett 1994）。而正是人类中心论导致了这种问题——我们所建立起的伦理系统采用的都是以人类为中心的视角。人类中心论的前提是：对于人类来说，所有的价值都是以人类为中心的，产生于人类经验；因此人类中心论是"以损失其他生物为代价的……人类不正当的特权"（Curry 2006：43）。生物中心论是另一个有力的伦理观，它被视为一种过渡的理论，而生态中心论则包含更广泛的概念和价值。不出所料的是，后者被批评为仅仅是人类中心论的反面，是一种遁世的观点，目的在于维护柏拉图主义、基督教和笛卡尔哲学中的人类/自然二元结构（Curry 2006）。

柯里（Curry 2006）提出了一个关于环境伦理观的范围段，或说一个谱，其范围从"浅绿"（light green）或低度（shallow）伦理（人类中心论）到"中绿"（mid-green）或过渡（intermediate）伦理，再到"深绿"（dark green）或深度（deep）伦理（生态中心论）。在左端只间接关注非人类的世界，其重点是人类的福祉。评论家试图将可持续发展纳入该范围之内（见下文讨论）。如今，旅游政策和管理越来越关注可持续的概念，因此这无疑是旅游学者需要考虑的一个重要问题。虽然并非完美，但是在这一伦理下，旅游若具备生态性需要满足以下特征（Curry 2006：48）：

● 有力的预防性措施（承认我们无法全面了解自身行为可能产生的影响，因此谨慎行事）。

● 可持续的定义所涵盖的对象必须具有永久的可持续性，而非短期的实践。

● 坚持宁多勿少的理念来保护自然。

"中绿"伦理的一个重要的让步是它否认"单一价值假设"——唯独人类具有所有内在价值。相反，该伦理承认"广泛价值假设"，即自然物也有其内在价值，但是当其与人类利益相冲突时，应首先保证后者的利益。例如野生保护地应处于中绿的区域，但是当出现例如石油或矿物需求的其他

图9.1 旅游带给自然的消极影响常常是无意识的。此处，旅游者没有意识到他们近距离地挡在海狮和海洋中间，而这正威胁着它的生命。照片：**Brent Lovelock**。

"至关重要"需求时，那么野外地的价值必须让位（Curry 2006）。这无疑也引发了问题，即何为"至关重要"的人类需求——在旅游情境中，许多人会（从生态中心论的视角）提出大多数旅游业的利益并不符合"至关重要"的标准。

案例研究：环境伦理问题和旅游对野生资源和自然的利用——安德鲁·霍尔登（Andrew Holden）

在国际大众旅游和利基旅游市场从二十世纪中期开始的增长过程中，自然已经成为一种"资源"，通过旅游发挥着经济价值。自然与旅游之间日益增加的互动引发的伦理问题已不能简单地通过"对"与"错"来进行回答。根据纳什（Nash 1989）的观点，人与自然关系的理念引发的道德命题代表了近来知识史中最为卓越的发展之一，对未来思想与行为的影响可与18世纪民主革命中人权思想的重要性相媲美。该案例研究展示了我们能够如何使用环境伦理来判断旅游和自然的互动中产生的问题，或许是认可自然的固有权利，亦可能是认可它的独立存在。

或许有时候，在人与自然的关系问题上我们也能够就什么是"对"、什么是"错"找到一些共识。例如在一个宣传厄瓜多尔热带雨林的"生态旅游"广告中，如果向水中投掷炸药，让水面浮起鱼尸，无疑大多数人都会认为这是错的。在当下，保护伦理指导着人类如何与自然相处的哲学和政策，它所提倡的是定义宽泛的可持续性，上述例子无疑与这种伦理观相冲突，它会给鱼类带来伤害，侵犯了它们生存的权利，给生态系统造成了威胁。

不过，用环境伦理学来判断某种旅游与野生物之间的互动是否合理要比想象中困难得多。例如以下这些夸张的标题描述了旅游者在北极圈与海豹的互动。

"杀海豹度假，旅游者趋之若鹜"和"旅游者的新运动：杀死小海豹"

这两个充满感情色彩的标题起源于澳大利亚和挪威政府出台的新政策，

即允许旅游者参与年度小海豹捕杀项目。该行为存在着其合理性，因为海豹的大量繁衍会导致鱼类数量的下降。在政府的监管下，旅游经营者决定以海豹捕杀为亮点进行促销。加拿大在二十世纪九十年代初推出了该项目，美国包价旅游市场的游客只需支付3000美元就可以购买在纽芬兰的年度宰杀项目中捕杀海豹的"权利"。该项目一度非常流行，正如加拿大海豹联盟的执行主席迈克·基欧（Mike Kehoe）所说的："人们想要出来体验杀生，这对我们来说是一个巨大的市场"（Evans 1993）。

在挪威，NorSafari公司从2005年1月开始进行网络宣传捕杀之旅，开启了游客对挪威海豹捕杀的参与。乔维特和索尔达尔（Jowit and Soldal 2004：3）评论道："公司的网站展示了捕杀者拿着猎物的照片，提供的服务不仅包括食宿，还包括帮助游客将海豹尸体切块分装。"虽然专业的海豹猎人使用棍子，但是游客可以通过射击来捕杀，这更人道一些，但是成本也更高。

若从"工具性的"视角来利用环境伦理的框架对游客参与海豹捕杀进行评判，那么人类"利用环境"就是理所应当的，因为作为一种情感动物，人类可以从杀戮中获得愉悦，因此这种行为具有合理性。旅游中的此种伦理观由来已久，可以追溯至二十世纪早期在英属东非地区开始的狩猎旅游。例如，在西奥多·罗斯福（Theodore Roosevelt）和他的儿子进行的探险中，70多个种类的5000只动物遭到捕杀，包括一只在东非稀有的白犀牛（Monbiot 1995）。

然而，如果我们用"生态整体论"的伦理来评判游客对海豹捕杀的参与，关于对错的判断可能出现更多问题。生态整体论强调整个生态系统的保护及其存在的权利，而非关注个体动物。某个行为的"对"或"错"取决于它对"更高的福祉"的意义，它强调大多数，而非个体的利益。在这个意义上，整体生态论与约翰·斯图尔特·密尔（John Stuart Mill）影响深远的"实用主义"道德原则有些类似，因为在实用主义中，道德行为的准则是最大化大多数人的快乐，它与本案例的区别在于，此处所强调的总体福祉也包括非人类的福祉。

自然独立存在的权利观体现在斯通（Stone 1972）开创性的成果之中。

他在《树有资格吗？》一书中讨论了有感觉的物种与无感觉的物种所拥有的权利：

> 认为自然物没有权利代表自己要求补偿，这既不必然，也不明智。河流与森林不能说话，但并不代表它们没有资格。
>
> （Stone 1972：450）

用后一种道德伦理作为环境法律的基本原理，可能导致旅游发展的巨大问题，会给当下以人类权利为中心的法律体系带来挑战。"野外法律"或"地球法律体系"的概念承认"地球共同体"的权利，人类作为共同体的一部分不能忽视其他部分的权利（Thornton 2007）。例如在这种法律下，酒店经营者可能会因为通过下水道向海洋中排放污水而遭到起诉，因为珊瑚礁也拥有权益，而排污可能给它们的生物多样性带来损害。

总而言之，旅游与野生物和自然的互动是一系列充满挑战的问题，而环境伦理在判断和定义利益相关者行为的对错时，则扮演了重要的角色。

参考文献

Evans, G. (1993) 'Tourists rush for kill a seal pup holiday', *Evening Standard*, London, 5 July, p.10.

Jowit, J. and Soldal, H (2004) 'It's the new sport for tourists: Killing baby seals', *The Observer,* London, 3 October, P.3.

Monbiot, G. (1995) 'No man's land,' *Tourism in Focus*, 15: 10–11, London: Tourism Concern.

Nash, R.F. (1989) *The Rights of Nature: A History of Environmental Ethics*, Madison: University of Wisconsin Press.

Stone, D.C. (1972) 'Should trees have standing? Towards legal rights for natural objects', *Southern California Law Review*, 25: 450–501.

Thornton, J. (2007) 'Can lawyers save the world?', *The Ecologist*, June, pp.38–46.

五、道德延伸主义

上例中的道德延伸主义（moral extensionism），或者将道德关怀拓展至非人类的对象，可能会引起极大的争论。至于在道德上对非生物共同体进行考量，或在"石头也有权利"这样的提法上，很多人可能会同意贾米森（Jamieson）的说法，将其视为"难以接受的疯癫之语"（2008：153）。

人类中心伦理观的支持者认为，道德考量的对象应该是"道德能动者"（道德能动者知晓自己对他人的道德义务）。这种看法也招致了批评，因为按照该理论，我们就不应该对婴儿、儿童、有感觉的动物、无感觉的动物、植物、无生命之物、物种、生态系统、风景和地方以及生物圈进行道德考量。

道德延伸主义最为极端的理论是洛夫洛克（Lovelock 1979）的盖亚理论（Gaia Theory），该理论认为应将地球视为一个有生命的超级器官，由高度复杂的相互作用的生态系统构成。它虽然本身并不是一个道德理论，但是在这种生态整体论下，无生命的组成部分不可避免地也成为道德考量的对象。

在这一点上，深绿或深度伦理观（生态中心论）则有所不同，它认为整体和个体都是道德考量的对象，而这些整体可能包括生物和非生物。这种伦理否定了单一价值假设和大多数人价值假设，"生态共同体形成了道德共同体"（Sylan and Bennett 1994：91）。

奥尔多·利奥波德（Aldo Leopold，1887-1948）提出的大地伦理（Land Ethic）处于"深绿"伦理的范畴之内，甚至可被视为其基础。利奥波德是一个美国护林人、野生生物学家和环保主义者，关于自然主题最为著名的作品是《沙乡年鉴》（*A Sand County Almanac*）。在这本书中，他提出：

> 大地伦理扩大了共同体的范围，它应该包括土壤、水、植物、动物，或者整体地说，"大地"……大地伦理中不再将智人视为大地共同体的征服者，而是将其视为其中普通的一个成员、一个公民。
>
> （Leopold 1949：239，240）

对于利奥波德来说，只要自然中的人类活动能够"保护完整性、稳定性和生物共同体的美好"（Leopold 1949：262），它就是正确的。重要的是，大地伦理标志了一个从个体主义到整体观的范式转变（Keller 2010）。虽然大地伦理听起来合情合理，然而它也同样面对着批判，动物权利倡导者汤姆·里甘（Tom Regan）就将其称为"环境法西斯主义"（1984：362），因为该理论将个体的权利置于集体之下。

挪威哲学家阿恩·纳斯（Arne Naess 1989）在深层生态学方面影响深远。纳斯提出了八项"平台原则"来识别自然的内在价值，说明了在维持"人类与非人类生命的繁荣"过程中人类思维与行动的转变。个体和机制化的转变在深绿理论中也得到了证明（Sylvan and Bennett 1944）。该理论认为，无论是传统还是当下，都缺乏适当的生态伦理观（Curry 2006）。在这种理论下，所需要的是"为干预环境寻找理由，而非为不干预寻找理由"（Sylvan and Bennett 1994：147）。这些研究者呼吁"不要像收银机一样思考，而要'像高山一样思考'"（Sylvan and Bennett 1994：182）。

总而言之，环境伦理基于这样一个前提，即人类作为道德能动者，不仅应对自己负责，更应该对其他的存在负责（Keller 2010）。根据不同"品牌"的伦理理论，这些存在可能是有感觉的动物、生物或整个生态系统。环境伦理应该帮助人们尽可能生活得最好，让人们意识到我们处于"生态关系的网络"之中（Keller 2010：19）。

凯勒（Keller 2010）将环境伦理的发展描绘为一系列向外扩散的同心圆，以传统的人类中心论为核心，该模型向外发散，包含着道德共同体中的各个成员（图9.2）。

重要的是，在大多数与旅游（或其他大多数开发自然的产业）相关的、从"浅绿"到"中绿"的伦理理论中，环境都存在着工具价值，它不被看作本身即目的，而是一种人们获取愉悦和/或利润的方式（Holden 2000）。

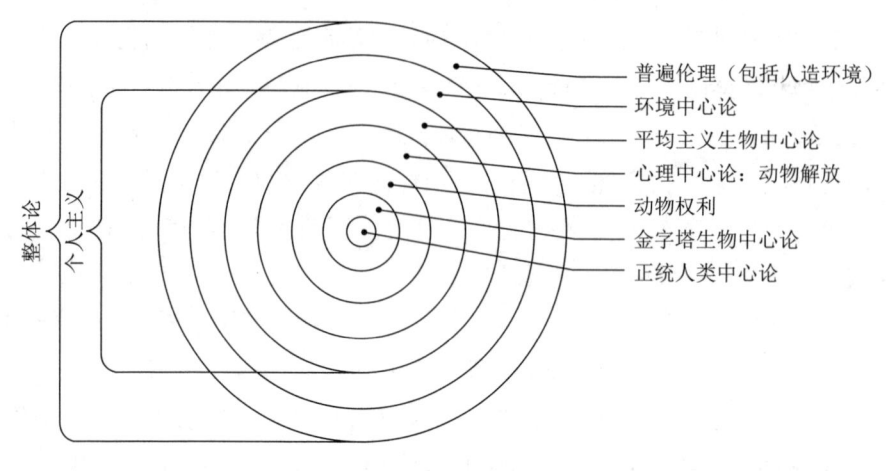

图中标注（由外到内）：
- 普遍伦理（包括人造环境）
- 环境中心论
- 平均主义生物中心论
- 心理中心论：动物解放
- 动物权利
- 金字塔生物中心论
- 正统人类中心论

外框标注：整体论、个人主义

图 9.2　道德考量的同心圆

来源：Keller（2010）。

讨论点：加拉帕戈斯群岛

"如果要在世界上选一处禁止入内，就选加拉帕戈斯群岛吧。"

［美国科学家迈克尔·莱蒙尼克（Michael Lemonick）发表于《时代》杂志，1995，引自 Honey（2008）］

在本章开始，我们介绍了巴道斯金（Budowski 1976）的研究，他发现了环境保护与旅游利益所具有潜在共生关系。他指出，加拉帕戈斯群岛很好地展示了这一实践。加拉帕戈斯群岛由一条火山链构成，位于厄瓜多尔以西约 1000 公里处的太平洋之上。达尔文在十九世纪三十年代关于近化的研究中将其比喻为"伊甸园"，该地也因此而出名。近来，该地作为自然旅游目的地而享有盛名，它拥有独具特色的野生动植物，包括乌龟、鬣蜥蜴以及多种多样的鸟类和海洋哺乳动物。加拉帕戈斯群岛是联合国教科文组织世界遗产保护地和生物圈保护区，被誉为世界旅游管理的模范（Hohl and McLaren 2003）。然而出乎意料的是，在巴道斯金发出称赞仅仅几年之后，德格鲁特（de Groot）就指出："除非能在近期采取重大措施，加拉帕戈斯群岛将成为一个危险的居住地，一个人类因短期经济收入而破坏长期生态和经济利益的典型"（1983：291），并将其称为"失落的天堂"。

这一担忧来自游客数量和居民数量的增长——自然旅游的增长带来的机遇吸引着他们前往定居。1959年加拉帕戈斯国家公园建成，旅游因此从二十世纪六十年代开始大规模发展。自此，陆上游客和游轮游客的数量都迎来了大幅增长。1972年，该岛群只有一艘游轮，而到了1997年，游轮数增至84艘；这期间的游客数量则从5000人次增至60,000人次（Hohl and McLaren 2003），如今，年度游客量已经超过了170,000人次（Gardener and Grenier 2011）。岛上居民的数量也从最初（旅游前）的不到1000人增至20,000人。旅游对当地经济和厄瓜多尔的总体经济具有重要价值，因此当地并不对其进行限制；旅游是该国第三大外汇来源，加拉帕戈斯贡献了大约三分之一的国民收入（Honey 2008）。正如芬内尔指出的，"旅游者的欲望和相关的旅游花费太过强力了"（Fennell 2008：205）。

因此，旅游发展带来的环境问题也日益突出。格雷尼尔（Grenier 1996 in Gardener and Grenier 2011）指出，"生态正以惊人的速度遭受破坏；人、旅游者、船、水泥都在增长，动植物不断被引进"。2007年，联合国教科文组织将该群岛划入"濒危世界遗产"名录之中，特别指出"无节制的旅游"所带来的负面影响。然而，2010年该群岛从这一名单中移除，这得益于厄瓜多尔旅游局所采取的措施，包括承诺限制游客数量和活动、限制新的旅游许可证的发放数量等。

而当地采用人类中心论视角的观点，认为不应该限制游客数量，这种看法在世界许多依靠开发自然而发展旅游的"保护地"很有代表性。事实上，加拉帕戈斯群岛的旅游已经在成千上万的当地人中引发了多种思考，例如自然旅游在社会和经济中扮演着什么角色？或者政府和私人（企业）部门应该在多大程度上将自身利益置于个体的非人类存在、非人类物种和生态系统之上？

加拉帕戈斯的情况也引发了旅游对公地资源使用的伦理问题。对于公地资源来说，使用者的开发会降低他人对该资源可使用的程度（消减性），同时很难或无法阻止新用户的加入（不可排斥性）（注：第11章的全球环境变化讨论中会对公地资源概念进行详细介绍）。哈丁（Hardin 1968）关于

"公地悲剧"（Tragedy of the Commons）的论文使公地资源的问题开始受到重视，他在该模型中描述了不可持续资源在个体对自身利益的追逐中的使用状况（Holden 2005）。正如布莱斯乌利斯（Briassoulis 2002）指出的，公地资源在旅游中扮演着核心的角色，因此对该类资源的管理也是可持续旅游发展的重要组成部分。在加拉帕戈斯，既有陆上的，也有海洋的公地资源，包括它的景观、生态系统以及环境中的野生物种。

典型的公地资源，例如旅游景观，都面临着开发利用、"搭便车"和过渡使用等问题（Healey 1994）。

埃丽诺·奥斯特罗姆（Elinor Ostrom）是2009年诺贝尔经济学奖得主，认为公地问题是"社会陷阱"的一个集中展示。该陷阱是指个体会持续追求自身的利益，甚至不惜破坏集体资源，最后将会导致自己（和他人）无法再获利的状况（Platt 1973 in Fennell 2008）。芬内尔认为，加拉帕戈斯是一个社会陷阱现象的典型例子，"政策制定者过于强调游客数量的提升而忽略了应该在该敏感区域对旅游影响进行控制"（Fennell 2008：205）。类似的是，在游轮产业中，芬内尔指出由于谁也无法拥有海洋，因此谁也无法管理发生在海洋上的活动，"游轮产业可以随意排放废水"（Fennell 2008：205）。

已经有人指出了公地悲剧的解决方案，包括私有化、政府管理或集体/企业管理。加拉帕戈斯已经在某种程度上开始了政府管理，但是这需要政府能够认识到资源的内在价值，并将其置于外在价值之上（例如经济回报）——目前这方面仍有欠缺。虽然这类资源管理机构的角色至关重要，不过霍尔登（Holden 2005）也提出了另一个解决公地悲剧的方案。他认为人们忽略了哈丁（Hardin 1968）"公地悲剧"研究中的一个方面。霍尔登支持哈丁的观点，"只有通过道德上的转变才能彻底地建立起人类需求与公地资源之间的均衡模型"（Holden 2005：340）。因此，他认为应通过强有力的环境道德倡导来解决旅游中的公地资源问题。

讨论问题：
1. 私有化能够帮助加拉帕戈斯国家公园这样的地区解决公地资源的问题吗？
2. 在实践中，上文中霍尔登所提倡的"道德转变"该如何实现？

有用的资源

Epler, B. (2007) *Tourism, the Economy, Population Growth, and Conservation in Galapagos*, Ayora, Galapagos Islands: Charles Darwin Foundation. Available at <http: //www.eastue.org/media/100519_Galapagos/news/Epler_Tourism_Report-en_5-08.pdf>

Honey, M. (2008) *Ecotourism and Sustainable Development: Who Owns Paradise?* Washington: Island Press. Chapter 4, 'The Galapagos Islands: Test site for Theories of Evolution and Ecotourism', pp. 121–159.

六、文化相对主义和环境

在有关人类与非人类的关系如何概念化的问题上，我们的讨论是以西方视角为中心的。目前为止，我们尚未讨论种族划分在何种程度上影响这种关系、环境道德的含义，以及自然旅游在非西方目的地的发展。虽然对广泛研究的探索超出了本章范畴，但仍需要指出的是研究者已经发现了不同文化群体可能对不同类型的环境有着不同的关注度。总而言之，传统的东方（亚洲、非洲）和美洲原住民认为人类与自然处在一种和谐的关系之中（Altman and Chemers 1980 in Johnson et al. 2004）。但是对"东方"的均质化和区别对待不同民族的环境价值中存在着问题。不过尽管如此，如果一个西方旅游者前往东方的国家公园——例如中国——可能会对公园内旅游商业化的发展感到惊讶，因为对西方的保护区管理者和推广者来说，这种商业化正是他们所尽量排斥的。

这引发的是文化相对性及其与环境伦理的相关问题。相对主义是指某些主题在"在认知上、道德上或审美主张上对真实性、意义性、正确性、理性程度、适当性、得体性的判断与其所处的文化环境相关"（Krausz 1989: 1）。换句话说，文化相对主义中道德的基础是所处社会的认可（见第 2 章）。相反的观点及道德绝对主义认为所有的道德问题都可以通过超越文化差异的普遍标准来进行判断。用文化相对主义的观点看，中国公园管理者、参观者和旅游企业家在保护区内发展旅游业的做法是正当的，即使环境具有脆弱性，或该区域内的某种动植物濒临灭亡。不过这也存在一个问题，即自然吸引物具有世界性的重要意义。

讨论点：中国武陵源世界遗产保护区

2002 年，世界最高的室外电梯在中国的张家界景区投入运营。1070 英尺高的百龙天梯矗立在巨大的张家界悬崖侧面，创造了三项吉尼斯世界纪录：世界最高的全光照户外电梯，世界最高的双层观光电梯和世界最快、载客量最大的客运电梯。

不过，也有人担心该电梯会对周围的景观产生影响，因为武陵源正是因其本身独特的自然风光而被联合国教科文组织认定为世界遗产保护区的。该电梯从建设伊始就引发了广泛的争议和批评。批评者认为在世界遗产地挖掘隧道、搭起钢架、建造钢构建筑无疑违反了世界遗产的原则。此外，也有观点认为景区的旅游已经过于饱和（2000 年的游客数量为 500 万），目前应减少游客数量以保护景区（Beijing Review 2010）。

一些批评者指出，很难想象在西方国家的自然保护区会出现这样的发展，因此也对中国的环境伦理和环境责任提出了质疑。

问题在于，中国官方对世界遗产区的此类开发表示认可，这合乎道德吗（宣称是为了保护世界遗产，为全球人口和全球参观而建造）？韩（音译）（Han 2008）指出，在中国传统的儒家和道家哲学观中，对人类与自然的关系持有的是人文的和整体的态度，这并不同于传统西方人与自然相分离的观点。在中国人的观点中，自然从未与人类活动相分离。历史上，野外的自然是中国审美的核心，中国人追求"人文化的"自然，因为这样的自然比原始状态更为美丽。对于中国人来说，"像西方人那样常去自然中体验孤独，只带走照片，只留下脚印的观点是很陌生的"（Han 2008：256；Lovelock et al. 2011）。中国人在景区旅游中会追求三件事：

- 美丽的风景；
- 风景的文化加工；
- 可增强旅游舒适性和享受度的便捷的交通与配套设施（例如酒店、商

第9章　自然旅游

图9.3　百龙天梯，中国武陵源世界遗产保护区。照片：Pin Ng。

店、餐馆）。

令人难过的是，这些需求导致了"对这类地区严重的环境影响"（Han 2008：256）。因此，当中国的保护区经营者在参考当下西方环境哲学（包括可持续性）主导下的世界遗产保护原则时，他们就会感到一种"跨文化的困惑"（Han 2008）。例如百龙电梯这类发展的争议（将自然人文化的例子），实际上是"国际普遍价值观和传统中国价值观之间的矛盾"（Han 2008：258）。在此案例中，这样的观点获得了胜利，即自然保护的意识可以影响文化，但不能决定文化。因此，该建设项目对于大多数中国人来说都是可以接受的。

　　Wang Zhe（游客）："对自然环境进行保护并不意味着非要保持它原来的样子，就像我们不能总生活在过去。问题是，我们可以在多大程度上改变它，又应该用什么方式改变它……因此我们必须对环境的改变保持开放的思维。"

　　Sun Delong（百龙电梯管理者）："我不同意专家的看法。他们说建造电梯对山造成了伤害。但是我们都知道，这座山是没有生命的。电梯的成功运营给其他景区提供了示范效用。"

（Beijing Review 2010）

来源

Beijing Review (2010) 'Construction in scenic spots protection or destruction?' Beijing Review, 6 September. Available at <http://www.bjreview.com/Cover_Story_Series_2010/2010-09/06/content_296545.htm> (Accessed 9 October 2011).

Han, Feng (2008) 'Cross cultural confusion: the application of World Heritage concepts in scenic and historic interest areas in China', in Nelson, M.P. and Baird Callicott, J. (eds) The Wilderness Debate Rages On: Continuing the Great New Wilderness Debate, Athens: University of Georgia Press, pp.252–263.

Lovelock, Kirsten, Lovelock, Brent, Jellum, Carla and Anna Thompson (2011) 'In search of belonging: immigrant experience of outdoor nature based settings in New Zealand', Leisure Studies 30 (4) : 513–529.

> 讨论问题：
> 1. 世界遗产区是否应该允许百龙景区的这种开发行为？
> 2. 如果该地不是世界遗产，你对上一个问题会有不同的答案吗？
> 3. 随着来自例如中国地区的出境游客数量的增长，对于其他对人与自然关系持有不同观点的保护区来说，这个例子有什么启示？

七、可持续旅游

可持续旅游发展是一种既能解决旅游产业、游客和社区需求，又能保护其赖以生存的资源的发展方式，因此广受推崇。它被视为一个有益的框架，能够为资源基础比较脆弱的自然旅游提供指导。而这一概念的批评观点认为，可持续旅游发展有可能损害保护与发展之间的和谐关系（见第1章）。虽然许多争论都在试图定义或完善这一概念，但很少有人注意到可持续旅游与伦理旅游之间的关系（Pawlowski 2008）。

可持续发展

广义上看，可持续发展有两种路径——弱可持续性和强可持续性——这可能源于不同的伦理概念："自然主宰"和"自然的内在权利"（Jabareen 2008）。弱可持续性在人与自然关系上持有人类中心论的观点：人类与自然相互分离；自然是一种"资源"，人类可出于自身利益而对其加以利用；人类有权主宰自然——就这一点而论，它并不质疑人类主宰自然的态度与核心价值观（Williams and Millington 2004）。它的另一个特点是"科技中心论"，即认为可以通过科技解决环境问题。而"较强的"可持续性则对人与非人类自然的关系持有另一种看法，即自然有其生物权利，它采用以生物为中心的平等论而非人类中心论（Williams and Millington 2004）。这种观点质疑的是经济发展的基础原则，它提出应该将"财富"重新定义为"福祉"。

贾巴里（Jabareen 2008）进一步研究了可持续发展和环境伦理之间的关系，提炼了可持续发展的概念基础。他认为，可以将可持续发展解释为"伦理观的论述"，它清晰地表达了人类行为的善与恶。实际上，《我们共同的未来》总结道："人类的生存和福祉依赖于全球伦理观下可持续发展的成功"（WCED 1987：308）。然而，可持续发展背后的伦理观也面对着质疑，例如，科塔里（Kothari）认为这一概念具有生态毁灭性，因为它是"道德空虚的——它没有基本的价值观的驱动，也没有权利或责任这样的概念支撑"（1990：28）。诺顿（Norton 2007）指出，关于可持续发展的伦理之争实际上是工具价值与内在价值观的争论，经济学家和环境伦理学家实际上在说着不同的语言。因为伦理学家拒绝用经济（人类中心论）框架来分析环境问题，因此他们并没有完全领会当下的可持续发展战略。

有观点认为，可持续发展的维度不仅限于三种（经济的、生态的、社会文化的）。帕夫洛夫斯基（Pawlowski 2008）指出了至少可能的七个维度，其中之一是道德（伦理）维度。他将德国哲学家汉斯·约纳斯（Hans Jonas 1984）的"伦理（或必要）责任"与可持续发展的原则联系起来，指出由于人类已经拥有足以摧毁全球环境的科技理论，因此"旧伦理"在时间和空间上的局限性都使其不再具有适用性。

可持续旅游的伦理

在讨论可持续旅游的伦理之前，我们首先需要回答的问题是能否简单地将可持续发展的概念用于旅游。对于大多数人来说，这样的拓展是顺理成章的——然而，也有些人质疑其中的逻辑。沙普利（Sharpley）认为在可持续旅游和可持续发展的概念之间有着重大的区别——这意味着可持续发展的原则和目标不能被移用至旅游的特定情况中。他警告"'真正的'可持续旅游发展是无法实现的"（2000：23），这个概念的目的在于转移人们的视线，让人们忽略了旅游发展的现实——这个现实与可持续旅游的原则存在诸多矛盾。霍尔登（Holden 2000）也对这一概念提出了批评，他区分了以顾客与产业为核心的"可持续旅游"和作为一种获取可持续发展方式的旅游之间的区别，后者包含的是更广泛的社会和环境目标。他也指出，所谓的可持续旅游的目标不一定等同于可持续发展。

不过，可持续旅游伦理和道德适当性的讨论也存在着局限（Butler 1991）。麦克贝思（Macbeth）认为，"如果没有清晰和有效的道德立场，它（可持续旅游）就只能服务于短期的发展和利益"（2005：980）。可持续旅游的主要实现方式是技术、理性和科学——这些都使得伦理变得黯然失色（Hughes 1995）。休斯（Hughes）提出一个可持续旅游的理念："它形成于人、游客、目的地居民和社区发展的伦理利益之中"（1995：49）。

旅游者对可持续旅游的参与

对可持续旅游个体支持者的兴趣（旅游者、开发者、当地人）印证了贾马尔（Jamal 2004）有关可持续旅游潜在目标或"终极目的"的观点。根据亚里士多德的美德论，事物的价值取决于其实现自身目标的程度，以此为基础，贾马尔分析了可持续旅游、"好的"旅游以及引领美好生活之间的关系。她指出可持续旅游通常关注的是宏观层面的结果——例如在社会和生态层面。当下的概念化中很少在微观层面探讨可持续旅游如何促进好的旅游和好的行为的问题："在有益于'好的生活'的个体特征和习性方面，可持续旅游的终极目的非常不清晰"（Jamal 2004：535）。她认为可持续旅游主要受到当下道德哲学的影响，聚焦于公正、责任和义务（例如代际和代内平等）。贾马尔认为新亚里士多德观点的有益之处在于它"更关注我们应该成为怎样的人，而非做出怎样的行为"（Jamal 2004：543）。通过将这种美德观与"行为正当"的道德观联系起来，我们就能够在可持续旅游的框架内同时解决宏观和微观问题。

为了更好地理解和实现可持续旅游发展，需要研究者、规划者、开发者更好地理解环境伦理——并找到自己在人类中心论—生态中心论之连续谱上的位置（Macbeth 2005）。从而，他们能够更好地理解对可持续旅游发展多样化的解读。麦克贝思建议采取一种非人类中心的伦理观，认为从伦理角度出发，我们可以发起"……不旅游"的号召（Macbeth 2005：98）。

讨论点：生态战士与旅游

1998年10月19日晚上，地球解放阵线（Earth Liberation Front，ELF）的生态激进分子在科罗拉多的韦尔（Vail）滑雪场用炸弹袭击了一家旅馆、一个滑雪救护队的总部和四架滑雪缆车，造成1200万美元的损失。地球解放阵线声称其目标是"利用经济破坏和游击战来阻止对环境的开发和破坏"。他们的一份声明如下：

> 韦尔公司已经是北美最大的滑雪企业了，如今它试图继续扩张。12英里长的道路和885英亩大的土地划割会使科罗拉多州最后一片最好的猞猁栖居地荡然无存。用野生动物的生命换取经济利益，这是不可接受的。
>
> （Earth First！2011）

类似这样的行为使他们背上了"生态恐怖分子"的名号，美国联邦调查局将其称为美国国内顶级恐怖威胁之一。"地球解放阵线,地球最重要!"等类似的运动试图通过破坏性行为来保护生态,即生态型破坏(ecological sabotage),或称"eco-tage"。戴夫·福曼(Dave Forman)是"地球最重要!"(Earth First!)活动的组织者之一,他这样解释该活动背后的哲学(参见生态战士的告白):"个体人类生命的内在价值并不高于个体灰熊……我们的生态观将地球视为一个共同体。"

据推测,通过破坏性行为来保护生态的战略受到了《扳手帮》(*Monkeywrench Gang*, 1975)一书作者爱德华·阿比(Edward Abbey)的启发,该书描述了"用扳手或其他方式摧毁环境不友好的工业项目"[阿比在《孤独的沙漠》(*Desert Solitaire*, 1968)一书中讨论了"工业旅游"对自然的影响]。"地球最重要!"活动甚至出版了《守卫生态:扳手帮的实战指南》(*Ecodefense: A Field Guide to Monkeywrenching*)一书(Foreman and Haywood 1985)。

通过破坏性行为来保护生态有着复杂的伦理——但是可以通过综合若干研究者的观点来获得一些洞见,例如《环境伦理》杂志的编辑尤金·哈格罗夫(Eugene Hargrove)、爱德华·阿比和1975年的戴夫·福曼(Keller 2010)。哈格罗夫对通过破坏性行为来保护生态持批评态度,他认为这种行为"是一种犯罪,在正常标准和道德标准上都应该受到谴责"(Keller 2010:336)。阿比则在其小说中对这种行为进行了辩护,指出(Keller 2010:335):

> 只有在特定情况下,当保护土地和生命的其他措施都无效时——这种最终手段——才是正当的。不仅正当,而且是一种道德责任,就像人们在暴力侵害面前保卫自己的生命、自己的家人、自己的家和自己的自然一样。

此处的道德困境可以归结于是否只要目标正当,手段就正当这一问题。我们可以根据所追求的目的来判断行为的合理性吗,还是要根据其他道德标准,又或是都要考虑?在《通过破坏性行为来保护生态的道德性》一文中,扬(Young)分析了反对以毁坏财物为手段来维护环境的观点,认为通过破坏性行为来保护生态的行为具有结果主义的正当性。具体来说,例如"有限实用主义"('constrained utilitarianism')这一概念就至少可以在原则

第 9 章 自然旅游

上，说明在一个民主社会中战略性通过破坏性行为来保护生态的行为所具有的正当性（Young 2001）(也可参见 Martin 1990; and Welchman 2001，从非暴力反抗的角度对通过破坏性行为来保护生态进行了分析）。

> **讨论问题：**
> 1. 通过破坏性行为来保护自然价值免受旅游发展的损害在道德上是否正当？
> 2. 如果一种濒临灭绝的动物可能由于旅游的发展而灭绝，你对上述问题的答案会有不同吗？
> 3. 如果通过破坏性行为来保护生态可能造成人身伤害，你对上述问题的答案会有不同吗（例如 1987 年激进分子在果阿机场用牛粪袭击游客）？
> 4. 如果一种行为是非法的，那么它如何具有道德合理性呢？

参考文献

Abbey, E. (1968) *Desert Solitaire*, New York: McGraw-Hill.

—— (1975) *The Monkey Wrench Gang*, Philadelphia, PA: Lippincott. (The Monkey Wrench Gang. Facebook http://www.facebook.com/…Monkey-Wrench-Gang/108463352514329)

Foreman, D. (1991) *Confessions of an Eco-Warrior*, New York: Crown Publishing.

Foreman, D. and Haywood, B. (eds) (1985) *Ecodefense: A Field Guide to Monkey Wrenching*, http://theanarchislibrary.org/HTML/Various_Authors-Ecodefense-A_Field_Guide_to_Monkeywrenching.html

Martin, M. (1990) 'Ecotage and civil disobedience', *Environmental Ethics*, 12 (4): 291-310.

Wlchman, J. (2001) 'Is ecotage civil disobedience?', *Philosophy and Geography*, 4 (1): 97-107.

Young, T. (2007) 'The morality of ecosabotage', *Environmental Values*, 10: 385-393.

八、生态旅游

生态旅游，这一概念类似可持续旅游，二者皆被用来解决旅游在敏感的自然环境中产生消极影响的问题。生态旅游的定义是"前往自然区域的负责任的旅游,在保护环境的同时提升当地人的福祉"[国际生态旅游协会（The International Ecotourism Society, TIES）1992]。霍尼（Honey 2008: 29-31）对国际生态旅游协会的定义进行了扩展，描述了生态旅游的七个特征：

- 涉及前往自然目的地的旅游；
- 最小化影响；
- 树立环境意识；
- 为保护提供直接的资金支持；
- 为当地居民提供资金支持有赋权；
- 尊重当地文化；
- 支持人权和民主运动。

然而，也有人质疑生态旅游的真实性，怀疑它不过是一个新的"漂绿"概念，不过是营销策略中一个时髦的口号，旨在吸引毫无辨别能力的游客（例如 Wheeler 1995）。当下，各式各样的冠以生态旅游之名的产品开始出现，而其中一些显然有悖于生态旅游的原则，例如新西兰河流上的"生态-喷水快艇"。正如麦克拉伦（McLaren）指出的，"几乎每一个旅行产品，只要行程中有一点绿色的东西，都敢使用这一概念"（2003: 91）。霍尼（Honey 2008）对"简化版的生态旅游"提出了批评，认为它带来的是微不足道的经济收益，而导致的常常是严重的环境和社会问题。芬内尔关于生态旅游的著作认可了这一观点，认为这种旅游实际上和其他侵入式的旅游形式一样，都是不可持续的。他认为生态旅游需要一个更为有力的哲学基础，其指导思想要能够"超出人类自身的直接利益而考虑大局"（Fennell 2008: 226）。虽然生态旅游产品也有很多积极的例子（例如 Higham and Carr 2003），但是它的实现似乎仍需要更为道德的路径，才能避免成为巴特勒（Butler 1992）所描述的又一个用来治疗旅游发展的"狗皮膏药"。

> 讨论问题：
> 1. 作为具有伦理性的旅游方式，可持续旅游与生态旅游相比有什么异同？
> 2. 生态旅游如何与环境伦理相关——它处在人类中心论—生物中心论连续谱上的何处？
> 3. 从伦理角度看，生态旅游要如何解决同时满足社会和自然目标这一难题？

练习

进行一项网络调查，找到你认为真正的生态旅游产品，这些产品的哪些特征符合真正的生态旅游？

有用的资源

Fennell, D. (2008) *Ecotourism* (3rd edn) , Routledge: London.

Higham, J. (ed.) (2007) *Critical Issues in Ecotourism: Understanding a Complex Tourism Phenomenon*, Oxford: Elsevier.

Honey, M. (2008) *Ecotourism and Sustainable Development: Who owns Pradise?* Washington: Island Press.

本章回顾

本章描绘了自然世界对于旅游的重要性，指出了人类与非人类互动中存在的消极影响。这在很大程度上源于以人类为中心来看待非人类自然的观点。在西方世界，这种思想可追溯至受主宰理论所影响的基督教的源头之中。同时，我们介绍了一些当代关于人与自然关系的更具有生态中心论色彩的概念。

本章指出了主流伦理框架中的道义论和实用主义在处理自然问题中各自具有的不足之处。此外也论述了道德延伸在解决旅游及其发展所带来的环境问题中所具有的进步性。在此基础上，我们介绍了更为"激进的"伦理方法，包括整体论和深绿伦理观，例如"盖亚假设"。本章亦讨论了旅游依赖公地资源的问题，并通过对世界遗产地加拉帕戈斯群岛的案例检视及说明了其中的伦理。

虽然可持续发展和可持续旅游作为更具生态中心论色彩的环境伦理，被认为可用来解决旅游与环境矛盾之中的诸多复杂问题，但是从一个更具生态中心色彩的环境伦理观来看，可持续发展的概念却存在许多问题。类似的是，生态旅游作为旅游顽疾处方的地位也面临着挑战。本章强调了在自然区域挑战旅游发展的必要性，同时讨论了以破坏为手段来保护生态的方式所具有的伦理争议。

虽然本章的讨论主要局限于西方环境伦理，但是也指出了不同的文化可能对自然持有不同的看法。这会导致对什么是"对"的旅游发展方式和目的地活动的不同理解。这种文化相对主义的问题在于，一些吸引物属于"全球资产"。

关键术语小结

人类中心论（anthropocentrism）：一种以人类为中心的伦理或世界观。人类是宇宙中最重要的存在，只有人类拥有道德考量（或道德优先性）。

公地资源（common pool resource）：一种可以造福于集体的资源，但是如果每个个体都只追求自我利益，那么每个人的可得利益就会下降。因为资源是有限的，过度使用会削减公地资源的价值，当使用量超过补给量时，就会产生不足。过度使用公地资源会导致"公地悲剧"。

文化相对主义（cultural relativism）：文化（或道德）相对主义认为，好与坏，或"道德真实"，取决于文化。因此道德原则不是客观的，而是取决于我们的社会规范（与道德普遍主义相对应）。

生态中心论（ecocentrism）：是一种以自然为中心的伦理或世界观。这种伦理强调生态整体，而非单个的植物或动物。是一种整体而非个体的伦理。

生态旅游（ecotourism）：一种前往自然区域的负责任的旅行，在保护环境的同时提升当地人的福祉（国际生态旅游协会）。

大地伦理（Land Ethic）：源于奥尔多·利奥波德（Aldo Leopold 1949）。认为共同体不仅包括人类，还应包括自然世界的所有元素，例如土壤、水、植物和动物；或者整体地说，"大地"。关于利奥波德的《沙乡年鉴》（*A Sand County Almanac*），节录可见 http：//www.waterculture.org/uploads/Lepord_TheLandEthic.pdf

道德延伸主义（moral extensionism）：道德（或伦理）延伸扩展了道德共同体的范围，认为非人类也应该具有道德资格（例如动物、植物、物种或整体的地球）。

可持续发展（sustainable development）：根据世界环境与发展委员会的定义（《布伦特兰报告》，WECD 1987），可持续发展是指当代人在满足自身需求的同时不损害未来人类满足其需求的能力。

可持续旅游（sustainable tourism）：可持续旅游在解决游客、产业、环境和东道主社区需求的同时，充分考虑自身在当下和未来所具有的经济、社会和环境影响。

公地悲剧（Tragedy of the Commons）：源于哈丁（Hardin 1968）。如果一种资源可供所有人使用（公地资源），那么该资源最终会因为个体从中追求自身利益的最大化而遭到毁坏。这一概念可以追溯至亚里士多德，其指出"被最多数人所共有的东西，最不被珍惜"。

问题思考

1. 可持续发展和可持续旅游是否提供了新的伦理框架，以帮助我们思考旅游如何与自然互动的问题？
2. 你作为一个旅游者，在另一个文化的旅游中遇到在你看来是滥用自然的行为时，若对东道主进行批评，是否道德？
3. 自然旅游常常依赖公地资源——私有化是否能够解决公地资源使用（和滥用）中的伦理问题？

练习

1. 进行一项关于生态旅游吸引物/活动的网络调查。找到最具有生态中心论特征的吸引物/活动，试分析这种环境伦理背后的论据。在一个蓝-绿环境伦理谱系上，找到该吸引物/活动的位置。
2. 作为一个个体，如果你想要预防自然区内不合理的旅游发展，可以采取哪些措施？描述每一种措施可能存在的伦理问题及其"可接受性"。
3. 思考不同宗教，例如伊斯兰教、佛教、印度教和道教可能认可的人类—非人类关系。它们与基督教可能有何不同？在不同目的地的旅游业实践中，这些信仰在多大程度上决定着人们对该关系的不同看法？

注释

a 亚里士多德（Aristotle，约公元前384—公元前322），古希腊哲学家、科学家。引自 *Parts of Animals* I.645a16。

b 阿尔伯特·爱因斯坦（Albert Einstein，1879-1955），理论物理学家。

c 奥尔多·利奥波德（Aldo Leopold，1887-1948），作家、生态学者、环境保护主义者。引自《沙乡年鉴》（*A Sand Country Almanac*），New York：Oxford University Press，1949。

d 美国原住民古谚语，见 <htto：//www.ilhawaii.net/stony/quotes/html>。

参考文献

Briassoulis, H. (2002) 'Sustainable tourism and the questions of the Commons', *Annals of Tourism Research,* 29(4): 1065–85.

Budowski, G. (1976) 'Tourism and environmental conservation: conflict, coexistence, or symbiosis?', *Environmental Conservation,* 3(1): 27–31.

Butler, R.W. (1991) 'Tourism, environment, and sustainable development', *Environmental Conservation,* 18(3): 201–9.

— (1992) 'Alternative tourism: the thin edge of the wedge', in Smith, V. L. and Eadington, W.R. (eds) *Tourism Alternatives: Potentials and Problems in the Development of Tourism,* Philadelphia: University of Pennsylvania Press, pp. 31–46.

Curry, P. (2006) *Ecological Ethics: An Introduction,* Cambridge: Polity Press.

de Groot, R.S. (1983) 'Tourism and conservation in the Galapagos Islands', *Biological Conservation,* 26: 291–300.

Earth First! (2011) 'Earth First! accused of burning down Colorado ski resort', in '98 https:// earthfirstnews. wordpress.com/2011/06/08/earth–first–accused–of–burning–down–colorado–ski–resort–in–98/

Gardener, M.R. and Grenier, C. (2011) 'Linking livelihoods and conservation: challenges facing the Galapagos Islands', in Baldacchino, G. and Niles, D.

(eds) *Island Futures and Development Across the Asia-Pacific Region,* Tokyo: Springer, pp. 73–85.

Hall, C.M. and Saarinen, J. (eds) (2010) *Tourism and Change in Polar Regions: Climate, Environments and Experience,* Abingdon: Routledge.

Hardin, G. (1968) 'The Tragedy of the Commons', *Science,* New Series, 162(3859): 1243–8.

Healey, R. (1994) 'The "common pool" problem in tourism landscapes', *Annals of Tourism Research,* 21: 596–611.

Higham, J. and Carr, A. (2003) 'Defining ecotourism in New Zealand: differentiating between the defining parameters within a national/regional context', *Journal of Ecotourism,* 2(1): 17–32.

Hill, J. and Gale, T. (eds) (2009) *Ecotourism and Environmental Sustainability: Principles and Practice,* Burlington, VT: Ashgate.

Hohl, N. and McLaren, D. (2003) 'The Galapagos Islands: tourism in (the lack of) a social setting', in McLaren, D., *Rethinking Tourism and Ecotravel,* Bloomfield, CT: Kumarian Press, pp. 12–124.

Holden, A. (2000) *Environment and Tourism* (1st edn), London: Routledge.

—— (2003) 'In need of new environmental ethics for tourism?', *Annals of Tourism Research,* 30(1): 94–108.

—— (2005) 'Tourism, CPRs and environmental ethics', *Annals of Tourism Research,* 32(3): 805–7.

—— (2008) *Environment and Tourism* (2nd edn), Abingdon: Routledge.

Honey, M. (2008) *Ecotourism and Sustainable Development: Who Owns Paradise?* Washington: Island Press.

Hughes, G. (1995) 'The cultural construction of sustainable tourism', *Tourism Management,* 16(1): 49–59.

Jabareen, Y. (2008) 'A new conceptual framework for sustainable development', *Environment, Development and Sustainability,* 10(2): 179–92.

Jamal, T.B. (2004) 'Virtue ethics and sustainable tourism pedagogy: phronesis, principles and prac-tice', *Journal of Sustainable Tourism,* 12(6): 530–45.

Jamieson, D. (2008) *Ethics and the Environment: An Introduction,* New York: Cambridge University Press.

Johnson, C., Bowker, J. and Cordell, H.K. (2004) 'Ethnic variation in environmental belief and behavior: an examination of the New Ecological Paradigm in a social psychological context', *Environment and Behavior,* 36: 157–86.

Jonas, H. (1984) *The Imperative of Responsibility. In Search of an Ethics for the Technological Age,* Chicago, IL: University of Chicago Press.

Keller, D.R. (2010) 'Introduction: What is environmental ethics?', in Keller, D.R. (ed.) *Environmental Ethics: The Big Questions,* Chichester: Blackwell, pp. 1–24.

Kothari, R. (1990) 'Environment, technology and ethics', in Engel, J.R. and Engel, J.G. (eds) *Ethics of Environment and Development: Global Challenges, International Response,* Tucson: University of Arizona Press, pp. 27–35.

Krausz, M. (ed.) (1989) *Relativism: Interpretation and Confrontation,* Notre Dame, IN: University of Notre Dame Press.

Kuenzi, C. and McNeely, J. (2008) 'Nature-based tourism', in Renn, O. and Walker, K.D. (eds) *Global Risk Governance: Concept and Practice Using the IRGC Framework,* International Risk Governance Council Bookseries, Dordrecht: Springer, pp. 155–78.

Leopold, A. (1949) *A Sand County Almanac,* New York: Oxford University Press.

Lovelock, J. (1979) *Gaia: A New Look at Life on Earth,* Oxford: Oxford University Press.

Macbeth, J. (2005) 'Towards an ethics platform for tourism', *Annals of Tourism Research,* 32(4): 962–84.

McLaren, D. (2003) *Rethinking Tourism and Ecotravel,* Bloomfield, CT: Kumarian Press.

Mason, P. (2008) *Tourism Impacts: Planning and Management,* Oxford: Elsevier.

MAWEB (2005) *Living Beyond Our Means: Natural Assets and Human Wellbeing: Millenium Ecosystem Assessment.* Available at <http://www.maweb.org/documents/document.429.aspx. pdf> (Accessed 4 September 2011).

Midgely, M. (1992) *Science as Salvation: A Modern Myth and its Meaning,* London: Routledge.

Ministry of Tourism, Tourism New Zealand and Tourism Industry Association (2007) *New Zealand Tourism Strategy 2015,* Wellington, NZ: Ministry of Tourism.

Naess, A. (1989) *Ecology, Community and Lifestyle,* Cambridge: Cambridge University Press.

Newsome, D., Moore, S. and Dowling, R. (2002) *Natural Area Tourism: Ecology, Impacts, and Management,* Clevedon: Multilingual Matters.

Norton, B. (2007) 'Ethics and sustainable development: an adaptive approach to environmental choice', in Atkinson, G., Dietz, S. and Neumayer, E. (eds) *Handbook of Sustainable Development,* Cheltenham: Edward Elgar, pp. 27–44.

Pawlowski, A. (2008) 'How many dimensions does sustainable development have?', *Sustainable Development,* 16: 81–90.

Regan, T. (1984) *The Case for Animal Rights,* Berkeley: University of California Press.

Romeril, M. (1989) 'Tourism and the environment–accord or discord?', *Tourism Management,* 10(3): 204–8.

Sharpley, R. (2000) 'Tourism and sustainable development: exploring the theoretical divide', *Journal of Sustainable Tourism,* 8(1): 1–19.

Sylvan, R. and Bennett, D. (1994) *The Greening of Ethics: From Anthropocentrism to Deep Green Theory,* Tucson: University of Arizona Press.

Taylor, P. (1986) *Respect for Nature,* Princeton, NJ: Princeton University Press.

The International Ecotourism Society (TIES) (1992) *Uniting Conservation and Travel Worldwide,* North Bennington, VT: The Ecotourism Society.

— (2012) *What is Ecotourism? The International Ecotourism Society.* Available at <http://www.ecotourism.org/what-is-ecotourism> (Accessed 23 February 2012).

United Nations World Tourism Organisation (UNWTO) (2010) *2010 Statistics and TSA Programme,* Madrid: World Tourism Organisation.

—— (2010) *Tourism and Biodiversity: Achieving Common Goals Towards Sustainability,* Madrid: World Tourism Organisation.

Vitousek, P.M., Mooney, H.A., Lubchenco, J. and Melillo, J.M. (1997) 'Human domination of Earth's ecosystems', *Science,* 277(5325): 494–9.

Wall, G. and Mathieson, A. (2006) *Tourism Change Impacts and Opportunities,* London: Prentice Hall.

Weaver, D. and Oppermann, M. (2000) *Tourism Management,* Brisbane: Wiley.

Wenz, P. (2001) *Environmental Ethics Today,* Oxford: Oxford University Press.

Wheeler, M. (1995) 'Tourism marketing ethics: an introduction', *International Marketing Review,* 12(4): 38–9.

White, L. (1967) 'Historical roots of our ecological crisis', *Science,* 155: 1203–7.

Williams, C.C. and Millington, A.C. (2004) 'The diverse and contested meanings of sustainable development', *Geographical Journal,* 170(2): 99–104.

Williams, P.W. and Ponsford, I.F. (2009) 'Confronting tourism's environmental paradox: transitioning for sustainable tourism', *Futures,* 41: 396–404.

World Commission on Environment and Development WCED (1987) *Our Common Future,* Oxford: Oxford University Press.

第 10 章　动物与旅游

"从一个民族对待动物的态度，就能看出这个国家及其道德的进步程度。"

——莫罕达斯·甘地[a]

"我对人权和动物权益一样重视，这也应是全体人类该有的共识。"

——亚伯拉罕·林肯[b]

"我们不应该问：它们能讲道理吗？它们能说话吗？而应该问：它们也会受苦吗？"

——杰里米·边沁[c]

学习目标

阅读本章后，你将能够：
- 讨论重要的道德理论及其如何与动物和旅游相关。
- 指出和讨论人与动物关系的不同概念化。
- 定义"动物权利"和"动物福利"，并解释与这些概念相关的重要伦理观。
- 指出和解释与动物相关的内在价值与工具价值的不同。

一、导言

从古到今，人与动物的关系都非常紧密，人与动物的互动也是人类重要的基本需求（Orams 2002）。在当代世界，动物已经成为旅游产品不可缺少的一部分，一些人甚至认为，动物有时也是重要的旅游体验的消费者（Carr 2009）。尤其随着自然旅游和野外旅游重要性的增长，动物及其在旅游业中的处境更是成为人们日益关注的问题。

近年来，许多旅游研究都在探求旅游对动物的影响，尤其是针对自然生态系统中的动物——野生动物。不过近来，圈养动物也引起了一些研究者的关注，因为动物园、野生动物园和相关吸引物对于国内外的旅游者来说依旧是重要的吸引物［参见例如 Frost（2011）*Zoos and Tourism*，以及 *Current Issues in Tourism* 的特刊："Animals in the Leisure and Tourism Experience" Volume 12（2009），Issues 5-6］。毫无疑问，动物在旅游产业中拥有着广泛的多样化角色，从旅游凝视的被动对象到活跃的劳动力（例如驮兽、载客大象）。一些动物甚至做出了"终极的牺牲"，出现在餐厅的菜单上，盛放在游客的盘子中。

在人类食肉的问题上，主要的道德讨论仍旧围绕着野生动物景观、食用观赏动物的影响以及"消耗性野生动物旅游"的问题。这种旅游包括捕猎和捕鱼——虽然对于大多数国际旅游目的地来说这只是一个很小的利基市场，却是一个至关重要的区域性或当地性的旅游/休闲活动。对于一些发展比较落后的非洲国家来说，这更是一项重要的经济活动。不过，捕猎仍旧是一个充满争议的话题，对动物权利运动比较常见的地区来说尤为如此（例如欧洲和北美）。

虽然总体来说，人们已经对人与动物互动的伦理问题有所讨论，但是在旅游背景下对这一问题的关注仍然较少。不过近来，芬内尔（Fennell 2012）针对他所指出的，对旅游和动物伦理关注严重不足的问题提供了一个较为完善的研究，论述了动物的承载力、旅游服务、竞争和搏斗、运动、生存以及野生动物观光等诸多问题。

本章首先介绍有关支持或反对动物作为一种旅游产品的主要伦理观点，进而介绍动物权利和动物福利的概念。接下来，本章将讨论旅游和野生动物，论述野生动物观光所带来的影响和利益。旅游和圈养动物的问题也将被讨论，最后我们将重点关注消耗性野生动物旅游的相关伦理问题。

第 10 章 动物与旅游

图 10.1 野生动物和圈养动物都是流行的旅游吸引物。照片：Brent Lovelock。

二、动物和旅游

广义上，为观赏当地动物和为了与当地动物进行互动的旅游都可以定义为野生动物旅游。纽瑟姆等人（Newsome et al. 2005）指出，这种旅游有多种形式，包含圈养、半圈养和野生等，也包含从被动观察到投食和抚摸的不同互动程度。不过此外，我们还会讨论消耗性互动的问题，这也符合雷诺兹和布雷斯韦特（Reynolds and Braithwaite 2001）对野生动物旅游（wildlife-based tourism，WBT）进行的描述，即其包含消耗性（例如捕猎和捕鱼）与非消耗性（生态旅游）（见图10.2）两种形式。弗里兹（Freese 1998）将消耗性野生动物旅游（consumptive wildlife tourism，CWT）定义为：在这种旅游中，人们刻意地杀害或迁移动物，或使用其某个身体部位。不过，也有人对这种消耗性/非消耗性的二分法提出了批评（例如 Tremblay 2001；Lemelin 2006），指出它造成了一种误解，即如果旅游活动没有捕杀动物或没有将其从栖居地迁移出去，就不会产生任何影响。特伦布利

（Tremblay）认为非消耗性的旅游和生态旅游同样可能对生态系统和动物栖居地造成重大伤害，从长远来看对动物本身也有重大伤害（2001：85）。

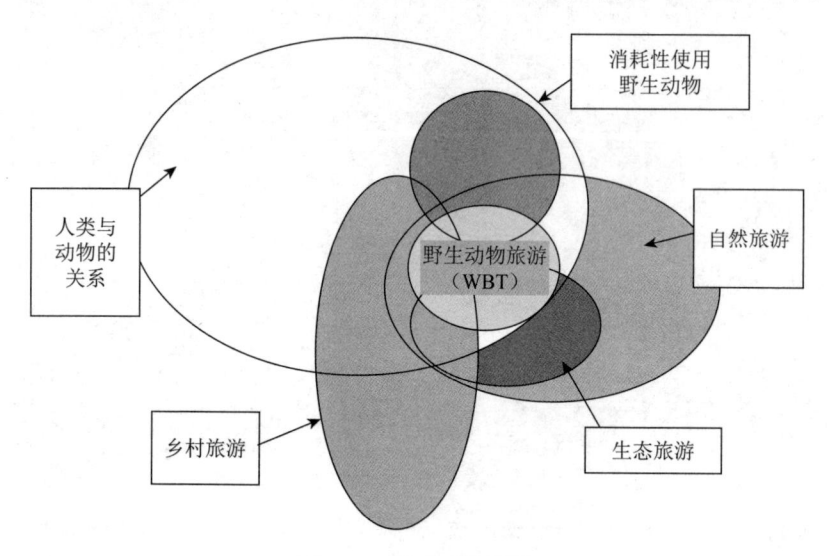

图 10.2　野生动物旅游

来源：Reynolds and Braithwaite（2011）。

芬内尔（Fennell 2012）（图 10.3）举出鱼的例子来说明：由于动机的不同，与动物互动的方式也有不同，野生动物旅游活动存在着广泛的形式。

据估计，如今全球野生动物旅游市场的年度旅游量为 1200 万人次，并且以每年 10% 的速度增长（Mintel 2008）。在这一数据中，非洲占据了大约半数，其中南非、肯尼亚、坦桑尼亚以及博茨瓦纳是最主要的目的地。此外，许多国家还拥有巨大的国内野生动物旅游市场。例如根据美国鱼类及野生动植物管理局（US Fish and Wildlife Service）的研究，鸟类观察者在 2006 年为美国经济贡献了 360 亿美元，有五分之一的美国人都将自己视为鸟类观察者。观察鸟类已经成为美国增长最快的室外活动，有 5130 万美国人都声称自己观察鸟类（US Department of the Interior 2006）。在英国，鸟类保护皇家学会（RSPB）拥有超过 100 万名会员。

互动类型							
a. 群体钓鱼运动	b. 旅游业提供的钓鱼服务	c. 个体钓鱼运动	d. 个体钓鱼运动	e. 旅游业提供的钓鱼服务	f. 为生存捕鱼	g. 为生存捕鱼	h. 赏鱼
竞争	猎物和愉悦	猎物	愉悦	为客户提供食材	为长期需求而大量捕猎	满足个体的当下需求	学习/欣赏
通常捕后再放生	刻意捕杀或者捕后再放生	刻意捕杀	捕后再放生	刻意捕杀	刻意捕杀	刻意捕杀	没有直接的物理伤害

消耗性/非伤害性 ←——————————————→

其他自然旅游 ←—————————————————————————→

增强的人类中心观	增强的生物中心观
人类伦理	普遍伦理
人类生命尊严	所有生命尊严
人类利益优先	自然利益优先
为人类利益而伤害生命	不刻意伤害生命

图 10.3　人类在与鱼类的娱乐互动中的优先权和活动

来源：Fennell（2012）。

　　而捕猎和捕鱼旅游的数据则比较模糊。虽然对于大部分目的地来说，这仅是国际旅行的一个利基市场。不过从国内方面看，捕猎和捕鱼旅游的市场规模则比较大：例如在美国，2006 年捕猎和捕鱼旅游的相关花费高达 180 亿美元（US Department of the Interior 2006）。毫无疑问，野生动物旅游带来了庞大的经济利益，一些发展中国家目的地高度依赖野生动物旅游所带来的收益。例如肯尼亚的野生动物旅游带来了约 5 亿美元的经济收入，占 GDP 的 14%。加拉帕戈斯群岛这样的目的地也尤其依赖野生动物旅游，其野生动物旅游每年可为当地带来 1 亿美元的经济收入（One Caribbean 2011）。在英国，垂钓是最为流行的运动，每年这项活动的花费为 27.5 亿英镑，为 2 万人提供垂钓相关的就业。野生动物旅游也带来了非经济收益，例如提供在自然环境中观察野生动物的亲身体验，产生环境保护和教育上的意义。研究者也指出了海洋野生动物旅行所间接产生的的环保效益，例如教育性与环保结果的提升（在场和不在场）（例如 Zeppel and Muloin 2008）。一些研究认为，野生动物旅游能促进参观者为环保组织作出贡献，帮助提升人们对物种的环保理念，鼓励游客采取积极措施以帮助保护濒危物种。例如一项对昆士兰利普斯保护公园的游客所进行的调查显示，在自然环境中参观海龟能促进游客为海龟保护提供资金支持（Tisdell and Wilson 2002）。这项研究也指出，如果参观的环境是非自然栖居地，例如动物园，就不会产生这样的效果。

然而，野生动物旅游的可持续性也受到了挑战。海厄姆和贝贾德（Higham and Bejder 2008）指出，全世界在旅游和环境保护之间真正拥有共生关系的目的地寥寥可数，尤其对于野生动物旅游来说更是如此。更令人担心的是，一些正在兴起的野生动物旅游目的地，例如南极（鲸、企鹅、海豹），其环境都非常脆弱，因此也对这类旅游的可持续性提出了挑战（参见第 9 章）。

一些研究者针对野生动物旅游提出了框架，通常描述的是旅游对动物、物种、栖居地和生态系统所产生的影响。雷诺兹和布雷斯韦特（Reyolds and Braithwaite 2001）提出的模型就展示了旅游对野生动物影响的广泛性（图 10.4），包括习性的改变、饮食结构的扭曲、社会行为的反常以及捕杀和死亡等。最终，许多人类与野生动物之间的旅游互动都对动物的繁殖与再繁殖（production and reproduction）产生了消极的影响。

许多旅游研究者都提出了模型来划分旅游—野生动物的互动。奥拉姆斯（Orams 1996）的模型使用了"圈养""半圈养""野生"三个分类。虽然模型并未指出，但每个种类（例如动物园、野生动物公园、自然栖居地）和活动（例如被动观察、投食、捕获/猎杀）都会对旅游业和旅游者引发不同的、特定的伦理问题。不过，旅游研究者还未能对与广泛野生动物旅游互动相关的挑战进行系统化梳理。表 10.1 展示了一系列旅游者—动物互动，指出了每种活动所具有的伦理问题以及潜在利益。

第 10 章 动物与旅游

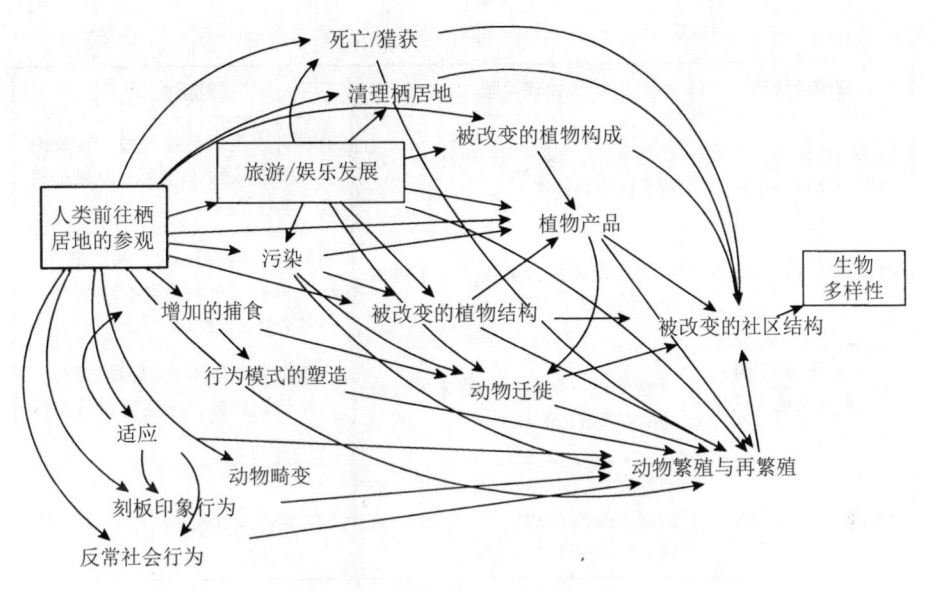

图 10.4 旅游对野生动物的影响

来源：Reynolds and Braithwaite（2001）。

表 10.1 旅游者—动物互动的伦理问题和利益

旅游者活动	伦理问题	利益？
在野生区域观赏动物	个体动物层面（繁殖与再繁殖）物种，生态影响	游客愉悦，环保知识和益处，对物种和生态系统的益处
在野外向动物投食	动物习性，行为改变，对个体动物的健康影响，群体多样性	游客愉悦，人与动物的深度互动，环保知识和益处，对物种和生态系统的益处
在圈养环境中观赏动物，喂食动物	个体动物权利，利益损失，对繁殖与再繁殖的影响	有益于环保项目（对濒危物种进行圈养繁育），参观者愉悦，教育或环保目的地，促进环保集资
动物表演，圈养环境	动物在训练中的伤害，失去个体利益	支持野外生长，为动物保护获取资金收益
捕猎和捕鱼——捕杀野生动物	动物死亡，剥夺动物的未来，动物个体权利侵害	捕猎者/捕鱼者愉悦，获取肉类/海鲜，紧密人际关系，深度猎人—动物体验

续表

旅游者活动	伦理问题	利益?
捕猎和鱼猎——作为环保项目的一部分	动物死亡,剥夺动物的未来,动物个体权利侵害	对物种或生态系统有益,获取肉类/海鲜紧密人际关系,深度的猎人—动物体验
捉鱼并放生,"绿色捕鱼"	给动物带来痛苦和压力(不过对鱼的感受能力存在争议)	捕猎者/捕鱼者愉悦,深度猎人-动物体验,有益于环保(例如,捕鱼是为了做标记)
作为文化旅游的一种,观看当地人的生计捕猎活动	动物死亡,剥夺动物的未来,给动物带来痛苦和压力	当地人获取肉类/海鲜,旅游收入,文化知识传播,深度自然与文化体验
游客食用野生动物	动物死亡,剥夺动物的未来,给动物带来痛苦和压力,过度捕杀会影响物种和生态系统	游客愉悦,当地人收入

传统上,旅游体验设计的目的在于满足人类的需求,因此会将动物作为一种产品来使用,而非将其视为"该过程中拥有个体'权利'和'需求'的有感觉的生物"(Carr 2009:409)。若干世纪以来,无论在神学还是哲学教条中,动物皆不存在任何心理生活——它们是无意识的有机物而已(Jamieson 2008)。七世纪的法国哲学家马勒伯朗士(Malebrache)写道:"它们不会因进食而愉悦,不会因悲伤而哭泣,它们无所求,它们无所惧,它们一无所知"(Jamieson 2008:189)。相反,英国哲学家杰里米·边沁(Jeremy Bentham,1748-1832)是第一位动物权利倡导者,他持有相反的观点,提出:"我们不应该问:它们能讲道理吗?它们能说话吗?而应该问:它们也会受苦吗?"(Fennell 2006:184)。

在其他产业和活动(例如农业)中,也存在着动物虐待的问题,因此产生了一系列道德论题,旨在维护动物的利益与幸福。我们也可以将这些论点应用到旅游中来。在反对捕猎(以及动物养殖/屠宰)上存在两个主要的道德观点,即动物福利和动物权利,虽然在观点上有所差异,但二者的相似点是都将之前只应用于人类的道德价值应用到了动物身上。这符合柏拉图的观点,即不能将生物区分为人类和非人类,就像不能将生物区分为仙鹤和非仙鹤一样（柏拉图《政治家篇》）。实际上，不承认所有或一些非人类物种的道德价值的观念被称为"物种歧视"——根据物种所属而进行的歧视（Noske 1999 in Lemelin 2009）。在旅游中，动物权利或动物福利的观点意味着动物与人的权利和利益具有同等地位，因此所有可能给动物带来伤害的活动都需要在道德上证明自身的正当性（Cahoone 2009）。

动物福利

彼得·辛格（Peter Singer）[主要在《动物解放》（2001）一书中]通过应用边沁的实用主义理论，支持了动物福利的观点。实用主义（见第2章）的道德观认为，能够最大化好的结果的行为就是正确的行为。辛格的理论基础是"获得利益"。能够获得利益的生物就能够被纳入其道德考量的范围之内。而能够感受快乐与痛苦的能力（通常被称为感觉能力）就是能够获益的充分且必要条件。如果一种生物无法感受快乐或痛苦，那么它就是无法获益的，而如果它有感觉能力，那么它至少能从避免痛苦中获益（Dickson 2009）。道德上，所有有感觉的生物都有此资格，因此辛格将道德环的范围从人类扩展到包括（一些）动物在内。

如上文所述，实用主义者追求最大化地满足最多数对象的利益，无论这利益属于谁（或属于"什么"），都具有同等的效力。因此，动物的痛苦与人的痛苦须同等对待。不过，辛格区别了生物中的"人"和非人。但这与人类/非人类的划分并不相同。"人"是指拥有理性和自我意识的存在。一些非人类的动物也属于辛格语境中"人"的范畴，而另一些（即便它们有感觉能力）则不属于该范畴。大多数哺乳动物都属于"人"，鸟则不算。在这方面，一些伦理学家可能会指出感觉能力的重要性遭到了忽视，认为有必要把当下人—动物休闲和旅游叙事中对温血动物的特殊关注也扩展至冷血动物的种类（Lemelin 2009）。

暂且搁置这一争论，杀死一个人要比杀死一个非人更为糟糕，因为被杀死的人通常都拥有尚未实现的对未来的期待。而非人则不将自己视为一个拥有未来的存在，也鲜有对未来的期待。但是杀死一个有感觉的生物同样也是错误的，因为它的生命可能是快乐的，而死亡则为这种快乐的体验画上了句号。

辛格的理论在道德上并不考虑例如物种和生态系统这样的存在，因为它们并没有感觉，因此也没有获益的能力。不过，他也认为我们还是要保护物种和生态系统，因为这种保护通常对于避免个体成员的伤害具有重要意义，而这些个体则是拥有获益能力的。

动物权利

权利理论家、康德学派以及实用主义论者皆认为许多非人类的动物都拥有权利。动物权利观（Regan 2004）认为，一些类型的动物是"生命的主体"——如果它们能感知和记忆，如果它们有欲望和爱好，如果它们能够有意识地行动，如果它们对未来有所感觉。这样的动物就拥有整体的"心理存在"（例如哺乳动物）。里甘（Regan）认为生命主体有平等的内在价值，任何拥有同等内在价值的主体都应该在价值上被平等地对待。其中，最重要的是不被杀害的权利。例如，捕猎就侵犯了这一权利，因此是一种错误的行为。里甘也指出，我们应该将其他动物也视为权利主体——因此捕杀动物（例如鱼和鸟）的行为应该被禁止。

动物福利和动物权利理论的主要区别在于，前者会对后果的总和进行计算。以游猎为例，动物福利理论会计算这一行为对猎人的利益、个体猎人与自然接触的价值、捕猎为物种和栖居地带来的有利影响以及贫穷社区因此获得的经济与社会价值，等等。动物权利理论则拒绝这样的计算，认为侵害个体权利的行为并不因此而获得正当性。不能通过牺牲小我来换取大我的利益（例如物种、生态系统或人类共同体）。动物权利倡导者所推崇的是深度生态的哲学观点。这种观点"在看待自然的过程中明确且努力地脱离人类中心论、普遍的实用主义观以及后果论的伦理观"（Reis 2009：576）。深度生态观赞成生命形式自身拥有价值——人类无权减少生命的丰富性和多样性，"除非是要满足维持生命的基本需要"（Devall and Sessions 1985：70 in Reis 2009：576）。

美德伦理

虽然动物问题中的两种基本思路是动物权利和动物福利观，不过美德伦理也在该领域中有着一席之地。美德伦理（源于亚里士多德——见第2

章）以人（或代理）为基础，并非以行动为基础。它认为人的品德决定行为，应该用一个有道德的人该做什么来评价行为的道德性，而非该行为或义务的后果。在这种理论下，大多数旅游捕猎都是错误的，因为人们是为了乐趣而做，参与者的行为是自私的，因此在道德上是错误的。然而，也有人质疑这种理论。例如猎狐曾经是一个常见的"国内"旅游活动，但是2004年在英国被定为非法，这其中就有用美德伦理来对该活动是否可以持续所进行的判断。斯克鲁登（Scruton 1996）指出，猎狐带来的愉悦并不一定来自狐狸的受苦或死亡，而更来自相关活动。他相信猎狐显示了传统社会团结的美德，对猎物的尊重和对乡村的关怀——因此是道德上可以接受的活动。

三、工具价值和内在价值

旅游和休闲中对动物的利用面对着很多争论，而这实际上是动物的内在价值与工具价值之争。与动物福利和动物权利观不同，在环保主义者的观点中，例如克里考特（Callicott 1980）论称，只有作为生物共同体的整体才具有内在价值——个体动物仅在为整体作出贡献时才具有价值。这种理论下旅游活动具有了正当性，因为虽然它会影响物种中的个体成员（例如捕猎、喂食野生动物、将动物关在动物园里），但是可能有益于整体种群（例如提升环保意识、为环保项目募集资金等）。

总而言之，在旅游的"动物问题"上，没有一种理论能够单独提供完美的道德框架。正如安德森（Anderson 2004）所指出的，这三种主要理论（动物权利、动物福利和环保主义）都具有各自的道德关怀，但没有任何一个能单独解释人与动物互动中的相关的价值来源。不过，讨论仍在持续，就像如今芬内尔（Fennell 2006）所指出的，我们可以认为动物拥有权利，即便它们无法主张自己的权利（Regan 1983 in Fennell 2006）。

讨论点：捕猎可以是生态旅游吗？

生态旅游的标准定义是"前往自然区域的负责任的旅游，在保护环境的同时提升当地人的福祉"（TIES，2012）。大约在10年前，研究者们针对旅游和野生动物的问题进行了一场辩论，争论的焦点是垂钓能否被视为生态旅游。霍兰德等人（Holland et al. 1998，2000）认为，对旗鱼（例如枪鱼、剑鱼）"捕出又放回"是一种有道德的对待鱼的方式，因此可算作一种生态旅游。芬内尔（Fenell 2000）则认为，任何钓鱼形式都不能真的算作生态旅游，因为这项活动具有消耗性本质。他指出捉鱼又放鱼只比纯粹的消耗性捕鱼略有缓和，它并没有显示出对作为生态旅游之基础的植物和动物的尊重。正如洛夫洛克（Lovelock 2008）指出的，虽然是暂时的，但是该实践的确会导致目标物种在其自然环境中被移动（或消费）时的压力（或死亡）。在图10.3中芬内尔描绘了旅游中人和鱼互动的多种道德内涵。

尽管动物权利倡导者认为捕猎是最不可接受的野生动物利用方式（Cohen 1999），但是在某些情况下它仍被视为一宗生态活动。一些研究者认为，生态旅游可以包括对生态、环境和当地社区有益的对野生动物的消耗性活动（Novelli et al. 2006）。类似于新西兰这种热门的捕猎旅游目的地，已经引进了所有的游戏物种（一些甚至在法律上被定义为害虫），捕猎可以被视为生态系统管理中的一种恢复方式（Lovelock 2007），也被延伸为生态旅游的一种形式。实际上，克里考特（Callicott 1980）认为，"在一些地区伤害或杀死白尾鹿不仅仅在道德上可接受，甚至是一种道德要求，是保护当地环境的一种必要措施"（1980 in Dickson 2009：68）。

巴克利（Buckley 2009）虽然承认这一点，但是也指出捕猎通常不被视为生态旅游的一种。其他研究者更是认为捕猎（和捕鱼）已经不属于野生动物旅游的范畴。例如纽瑟姆等人（Newsome et al. 2005：20）在关于野生动物旅游的书中提出："（我们）在野生动物旅游的定义中排除了任何会导致野生动物杀戮的活动，因为它们不符合以生态为中心的世界观，违背了尊重生物生命的原则。"

奈特（Knight 2005）认为关注群体而非个体动物是捕猎者将动物福利主义者针对娱乐性捕猎所提出的道德质疑进行中立化的一种方式。然而，赖斯（Reis 2009）提出，捕猎实践是一种文化意识，其部分意义是在自然环境中让人与动物重新凝聚，因此是一种值得称颂且被广泛认可的生态旅游。其他研究者更是指出，捕猎（或捕鱼）的具身体验（embodied experience）是参与自然世界的终极形式（例如 Franklin 2001；Marvin 2005）。

虽然动物福利的倡导者从关心动物的受苦出发来主张动物福利，但是他们也认为，与其他杀动物的行为相比，捕猎存在可能的道德价值。例如辛格（Singer）认为"为什么以吃肉为目的而射杀鹿的人要比去超市买火腿的人承受更多的批评呢？那些精心培育的猪实际上遭受了更多的痛苦"（1995 in Dickson 2009：62）。那么，我们也应该同样看待为了获得猎物而进行的旅游捕猎吗？

虽然争论愈演愈烈，捕猎作为一种旅游形式将会持续遭受动物权利组织的强烈攻击，但其同样受到捕猎者和捕猎经营者的坚定维护。压力正在逐渐显现，类似于纳米比亚和博茨瓦纳这样的国家面对着禁止捕猎的压力。博茨瓦纳从 2000 年起已经开始禁止捕杀狮子，并在考虑针对其他一些物种的禁杀令。博茨瓦纳政府希望鼓励摄影旅游，虽然没有完全禁止野生动物捕猎，但已经开始对其进行限制。

在既保证动物福利又维护野生旅游体验质量的努力中，实践章程（参见第 14 章）将扮演重要角色。

> **讨论问题：**
> 某些形式的捕猎（或捕鱼）是否比其他形式更道德？

练习

为不同的消耗性野生动物旅游活动列一张表，并对它们从"最不道德"到"最道德"进行排序。

图10.5　因纽特人对一名旅游者猎杀的北极熊进行剥皮。照片：Martha Dowsley。

案例研究：加拿大努勒维特地区，因纽特人对北极熊保护性狩猎的道德观点——玛莎·道斯雷（Martha Dowsley）

保护性狩猎，是指狩猎运动作为一种促进对目标物种进行短期和长期保护的手段，通过它可获得对保护区的项目和当地经济的财政支持，是一种在世界贫困乡村，通常是原始地区保护存活种群的重要机制。虽然保护性狩猎在保护野生动物种群上获得了很多成功，但是仍旧存在关于狩猎作为一种旅游形式是否道德的争论。无论是为了获得猎物还是追求运动，狩猎通常被认为通过杀戮动物来进行娱乐，在众多文化中，这并不是一种道德行为。

在加拿大极地的努勒维特（Nunavut）地区，土著因纽特社区人可以带领非土著游客进行保护性狩猎，并为其提供装备，不过对捕猎的数量存在着严格的限制来保证北极熊种群的长期健康。每年都会对针对每个生物学上确定的北极熊种群分配猎杀定额。位于特定北极熊栖居地的社区会被分配特定的数额，并将这些数额在运动猎杀和传统捕食猎杀之间进行分配。

对因纽特人来说，关于保护性捕猎的道德议题非常复杂，并且已经超越了运动捕猎的动机问题，涉及有关人与北极熊关系的问题，他们设计的配额系统旨在对经济收入和就业机会进行适当的分配，保证既能满足今天的捕猎者，也能保证未来的狩猎活动。

在因纽特的文化传统中，动物被视为非人类的人，它们拥有感受能力，也有自己的生活方式。北极熊被认为具有尤其强烈的意识，能够判断人的动机、想法和过去的行动，并以此为基础来选择性地和人互动。如果北极熊根据不同的行动和想法认为猎人尊重自己，那么它就能够将自己奉献出来。例如，能获得北极熊青睐的猎人不会对北极熊心怀恶意或者口出恶语，他/她愿意分享捕获的肉食或其他副产品（包括金钱），并曾分享过肉食。熊和人之间的关系也超越了个体捕猎者和个体北极熊之间的关系，涉及他们各自所属的社区。人，作为一个群体，应该分享动物的肉食，因为这些动物把自己分享给了猎人。人们认为北极熊知道人类是如何对待其他北极熊的，也知道人们是如何参与自身群体的分享的。基于这些信息，北极熊可能会通过献出自己来选择维护这种分享关系、退出这段关系、离开该区域，或攻击人类和人类物品。

在这种文化传统中，旅游者对运动狩猎的参与对于东道主社区的人—熊关系来说具有重要影响，因为它可能伤害这一关系，减少该社区未来狩猎的成功率。然而，传统上对人—熊关系的概念化能够在两个方面将捕猎游客纳入其中。首先，因为人们通常认为北极熊具有感受能力，因此运动捕猎的成果在部分上取决于熊在多大程度上愿意奉献自己。质疑熊的决策是一种不尊重的行为，因此因纽特人并不过分考虑猎人的动机。对动机进行评价是熊的事情。第二，捕猎游客通常不是为了从运动捕猎中获取北极熊肉，而是为了获得躲藏的体验和头骨标本。因此，因纽特捕猎导游能够在社区的社会网络中对捕获的肉进行分配，这有助于维护人类分享的责任。因此，运动捕猎有助于维系人和熊之间的关系。

许多因纽特社区担心一个更大的道德问题，即配额系统的使用。该系统的实施旨在控制捕猎规模，实现保护性捕猎，但是一些因纽特人开始担心它对人—熊关系的影响。首先，设置一个捕猎定额显示出的是人的高傲，他们将自己视为规定每年猎杀多少北极熊的单方决策制定者。一旦该定额得以实现，人们会停止猎杀那些已经准备奉献出自己的北极熊。这些问题以及为个体猎人分配猎杀目标的实践一起，降低了北极熊在捕猎决策制定过程中的重要性。定额的存在意味着动物仅仅是一种资源，并不具有因纽特传统中认为的它们所拥有的意识。一些因纽特社区已经制定出一个系统，能够在保护捕猎的原则和传统因纽特世界观之间找到一条折中的道路。

为北极熊的保护性猎杀提供装备和引导还能带来经济回报，不过这已经属于另一道德议题了。在使用其定额时，社区必须决定如何补偿因纽特猎人（个体或群体），因为他们把自己的捕猎目标让位于运动捕猎，并要受雇为游客提供装备和指导。这些讨论通常会考虑一个道德背景，即不因拒绝分享而冒犯北极熊。

> **讨论问题：**
> 1. 不考虑动物的死亡，保护性狩猎如何符合生态旅游的定义？
> 2. 讨论因纽特人关于北极熊和人类关系的观点。
> 3. 在因纽特人看来，在北极熊运动捕猎中存在哪种伦理冲突？
> 4. 因纽特人在保护性狩猎模式中有哪些伦理议题？
> 5. 因纽特人采用了哪两种方式来保证北极熊捕猎的未来发展？

对北极熊的保护性狩猎强化了因纽特人的文化传统，给努勒维特带来了经济机遇，但是也给因纽特社区带来了一些道德问题，他们并不希望用我们的社会话语来解释运动狩猎。传统因纽特世界观重视分享，将北极熊视为有情感能力的存在，相信它们能够决定与人类的交往行为。对于因纽特人来说，保护性狩猎的伦理之关键不在于个体运动捕猎者，更多的是在于如何让保护性狩猎适应他们的文化世界观，在这种观念中，动物和人类都被视为人，他们通过分享而彼此尊重。

参考文献

Dowsley, M. (2009) 'Inuit organized polar bear sport hunting in Nunavut Territory, Canada', *Journal of Ecotourism,* 8 (2) : 161–175.

—— (2010) 'The Value of a polar bear: Evaluating the role of multiple use resource in the Nunavut mixed economy', *Arctic Anthropology,* 47 (1) : 39–56.

Freeman, M.M.R. and Wenzel, G.W. (2006) 'The nature and significance of polar bear conservation hunting in the Canadian Arctic', *Arctic*, 59 (1) : 21–30.

Freeman, M.M.R and Foote, L. (eds) (2009) *Inuit, Polar Bears, and Sustainable Use: Local, National and International Perspectives*, Edmonton: CCI Press.

Sandell, H. and Sandell, B. (1996) 'Polar bear hunting and hunters in Ittoqqortoormiit/Scoresbysund, NE Greenland', *Arrctic Anthropology*, 33 (2): 77–93.

Schmidt, J.J. and Dowsley, M. (2010) 'Hunting with polar bears: problems with the passive properties of the commons', *Human Ecology*, 38: 377–387.

Wenzel, G.W. (1983) 'Inuit and polar bears: cultural observations from a hunt near Resolute Bay, N, N.W.T.', *Arctic*, 36 (1) : 90–94.

四、野生动物和旅游

随着与动物的交往越来越具有深度，野生动物旅游的持续增长也将会使"动物问题"越发重要。因此，有必要理解我们在旅游情境中如何"观看"野生动物。本特拉普鲍姆（Bentrupperbaumer 2005）总结了四个她认为对于理解我们的野生动物观看具有重要意义的价值评价指标：控制（人类主宰观）；使用（实用的）；权利和责任（道德的）；保护（保护主义的）。我们看待野生动物的方式反映了交往如何被推广和管理、对动物的影响以及旅游体验的本质和质量。

奥拉姆斯（Orams 2002）指出，野生动物旅游业（实际上在大多数西方文化中）的基本哲学观点认为动物从属于人类，因此，人类有权为了自身利益对其加以利用。人类主宰观（Kellert 1996）以犹太教与基督教的信仰为基础，是当下大多数西方文化的主宰观念。这种观念在例如狩猎和捕鱼这样的活动中尤为明显，在动物园或野生动物公园这样高度人造的、动物成为游客凝视之对象的环境中更是显而易见。动物必须行为适当，并以固定的方式表演，这些都展示出人类对动物的统治、控制和主宰（Bentrupperbaumer 2005：94；Kellert 1996）。

实用的观点（并非上文讨论的实用主义伦理观）反映了人类的利益。

它看重野生动物旅游活动对经营者和/或社区具有的经济价值，或是对个体旅游具有的精神生理价值［有证据显示接触动物对健康有很大益处，能对心理状态、精神和自我价值的感知带来积极影响（Rowan and Beck 1994）］。本特拉普鲍姆（Bentrupperbaumer 2005）指出虽然许多涉及动物的旅游活动包含众多观点，但实用主义的观点最为常见。不过她也指出，精神生理价值也具有高度的可变性。

旅游提供者为了游客的愉悦和获得经济收入而对动物进行操控——他们在旅游业中具有的是工具价值而非内在价值（Hughes 2001）。上文提到的道德观会指出这一问题，如本特拉普鲍姆（Bentrupperbaumer 2005：95）所说的"产业层面对动物福利、动物权利和旅游者与旅游提供者之责任的道德考量的不足"。这意味着野生动物旅游领域正在发生变化，一些旅游经营者已经意识到了动物权利。例如野生动物旅游中行为准则和实践准则的提出就是一个进步的标志——虽然该领域也存在一些问题（Malloy and Fennell 1998；也可参见第 14 章）。这些进步可能意味着对动物道德的更多认可，但也存在其他可能：对这一情况进行判断的关键是看动物是否被赋予了个体道德价值（Hughes 2001）。然而，有证据显示在旅游产品中呈现野生动物的方式发生了结构上的转变。这在圈养动物中尤为明显，例如动物园和水族馆（参见 Frost 2011；Hughes 2001；Beardsworth and Bryman 2001）。

讨论点：海豚和水族馆

2001 年，休斯（Hughes）讨论了为何在英国再无海豚馆的问题，如今旅游者只能在野生环境中才有可能邂逅海豚。这其中的部分原因是公共性的和动物权利非政府组织的宣传，例如动物园监察（ZooCheck）和鲸鱼与海豚保护协会。随着人们对动物圈养态度的变化，"动物园凝视"（zoological gaze）也发生了变化（Franklin 1999）。当人们越来越意识到圈养动物的消极影响时，动物园和水族馆也就变得不合时宜了。

然而，与英国相反，凯特（Cater 2010）指出水族馆已成为全球增长最快的产业部门。例如，美国的海洋世界在 2006 年吸引了 2200 万参观者，盈利2.33亿美元（Anheuser-Bush 2006 in Cater 2010）。英国的游客会前往其他动物权利和动物福利运动尚未形成力量的国家参观水族馆（Hughes 2001）。

虽然研究者已经提出警告，有必要管理游客近距离接触海洋野生动物的欲望（例如 Higham and lück 2008; Zeppel and Muloin 2008），但游客依旧通过进入水族馆来追求与野生动物的"亲密和私人的"接触（Cater 2010）——这一行为与许多参观者表达的动物福利关怀背道而驰。此外，最近对"本真的"和"具身的"旅游互动的需求使得动物园和水族馆越来越多地提供亲密体验（Cater 2010）。这些体验可能会伤害野生动物，因此也存在诸多观点反对圈养海豚并将其作为旅游吸引物：

● 海豚被捕捉，被迫离开野生环境；
● 它们为了食物而被迫进行反天性的表演；
● 它们的寿命大大折损；
● 它们可能因压力而患病。

它们的表演反映了人类中心主义的观点，也会造成人们对海豚行为的错误理解（Curtin and Wilkes 2007: 133）。面对这一情况，水族馆开始将自己的行为从娱乐转向教育、保护和饲养项目。但是"在狭窄的空间中圈养大量海洋生物，让它们为了获得食物而进行表演，并以教育和研究之名对该过程进行伪装，这些行为已经引发了人们在道德上的质疑"（Curtin and Wilkes 2007: 133）。从更广泛的范围上来看，几乎没有证据支持水族馆里的这些研究和保护项目对于海豚和其他海洋哺乳动物的生存作出了贡献（Wearing and Jobberns 2011）。例如海洋世界（Sea World）赚取了上亿美元的利润，但只有400万美元被用于保护和搁浅救助项目。

从道德视角看，旅游业中的再定位是否真的反映了道德观念，抑或是水族馆和海豚馆在人类中心观点（例如经济的）下为了自身生存而采取的战略（Bentrupperbaumer 2005）。因此，同样基本的对个体动物福利与权利进行的道德讨论和考量仍未解决（Hughes 2001）。

从积极的一面看，旅游者与圈养的、受训的动物进行互动或许能够缓解野生动物的压力（Deng et al. 2002）——关于旅游对野生动物的影响有很多研究（例如 Constatine 1999; Lusseau et al. 2006）。在英国，关闭水族馆和海豚馆的一个结果是海豚船的运营商、陆上的海豚游客中心以及岸上观测点的讲解中心数量上升（Hughes 2001）。不过实际上，无论圈养吸引物是否存在，未被捕获的"野生"海洋哺乳动物旅游都将迎来增长。

图 10.6　旅游者骑大象，尼泊尔。照片：**Andrea Farminer**。

有用的资源

World Society for the Protection of Animals <http://www.wspa-international.org/helping/animalfriendlyliving/captivedolphins.aspx>

将物种的保护和保存视为旅游活动之首要原则的服务提供者和消费者（旅游者）也表达了野生动物保护主义的观点（Bentrupperbaumer 2005）。迎合这种观点的旅游活动可能出现在圈养和野生环境之中——例如动物园和野生动物公园会使用游客的门票收入来建立繁殖项目。在野生环境中，通过购买公园门票，或对导游特许活动的参与，游客可能为保护繁衍或栖居地改善项目作出贡献。保护主义观点以生态或生物中心价值导向为基础，这种价值观承认野生动物的内在价值，认为它独立于人类的价值体系（Bentrupperbaumer 2005）。

韦尔林和乔本斯（Wearing and Jobberns 2011）认为野生动物旅游和生态旅游不符合辛格（Singer）等动物权利（或福利）倡导者所提出的原则。他们认为生态旅游"在哲学上符合环境伦理，是一种可替代的旅游形式，它必须包含一些引入动物权利的意愿"（2011：57）。他们认为要实现包含这种伦理的生态旅游，还有很长一段路要走。

讨论点：大象和旅游

大象是最受喜爱的"魅力巨兽"。它们寿命很长，组成强大的家庭族群，保护幼象，展示出许多游客钟爱的"人类"特征。因此，旅游产业自然而然地对大象加以广泛利用，从对野外大象的观察和摄影，到动物园里的大象喂食，不一而足。不过，骑大象是最有争议的一种用法——虽然大多数旅游者对此并不了解。实际上，象背旅游中对大象的使用"充斥着有关动物权利和动物福利的道德问题"（Duffy and Moore 2010：759）。国际爱护动物基金会和美国人道协会都对旅游产业中一切形式的大象骑乘提出了强烈反对，认为其过于残忍。

最近的研究（例如 Kontogeorgopolous 2009；Duffy and Moore 2010）指出了该产业中使用大象所面临的矛盾。骑大象在非洲和亚洲许多目的地都是一项非常普遍的活动，泰国尤其因此而出名。孔托吉奥戈波洛斯（Kontogeorgopolous 2009）指出大象构成了旅游业中一个非常残忍的部分，在泰国，几乎每一只大象都被用于旅游活动。大多数大象在一个半圈养的"大象集中营"中工作，虽然这种处境要比那些在伐木场和马戏团生活的大象好一些，但是仍旧存在动物福利的问题。值得注意的是，在对大象进行训练或教化来驮载游客的过程中存在很多问题，它们要承受暴力胁迫或身体上的痛苦；常常被迫过度驮载，或工作时间过长；大象被锁链控制；食物和营养有时供应不足；此外还存在人造兽群的问题，这导致了大象之间的攻击性。亚洲旅游中使用的 70% 的幼象都可能抓自野外，因此也具有高度危险性（Thai World View 2012）。

讽刺的是，虽然马戏团大象和大象骑乘在很多西方国家都被禁止或受到善待动物组织（PETA）等机构的强烈反对，但是在类似泰国和博茨瓦纳这样的目的地，象背旅游不断增加的需求却主要来自西方旅游者。

然而，对该活动的简单的禁止或将大象放归自然并不能有效解决问题。泰国的大象饲养有着悠久的历史和文化背景，上千名象夫（及其家庭）也依赖大象工作获取经济来源，此外将大象放归自然也存在问题——此举的成本过高，也缺乏适宜的栖居地。

简·克劳奇（Jane Crouch）是 Intrepid Travel（www.intrepidtravel.com）公司负责任旅行部门的经理，负责包括大象骑乘在内的旅程：

> 在 Intrepid Travel，我们致力于在大象福利与客户的教育及需求之间找到平衡。提供大象服务的目的地数量众多，它们为大象提供的环境质量也参差不齐，从非常坏——糟糕的饲养条件或使用残忍的方式为违反天性的表演进行训练——到非常好，例如动物可以在自然环境中漫游。

有用的资源

Wemmer, C. and Chiristen, C.A. (eds) (2008) *Elephants and Ethics: Toward a Morality of Coexistence*, Baltimore, MD: Johns Hopkins University Press.

> 讨论问题：
> 1. 以本章总结的道德观点为基础，参观大象集中营是否道德？
> 2. 与之类似，骑大象是否道德？

Duffy, R. and Moore, L. (2011) 'Global regulations and local practices: the politics and governance of animal welfare in elephant tourism', *Journal of Sustainable Tourism,* 9 (4–5): 589–604.

网站

Wanderlust <http://www.wanderlust.co.uk/magazine/blogs/would–you–/is–it–ethical–to–go–elephant–trekking> 提供关于骑乘大象的不同观点。

Elephant Nature Foundation < http://www.elephantnaturefoundation.org> 是一

个非营利组织，为泰国的亚洲象权利进行宣传和行动。
Animals Asia < http://www.animalsasia.org/> 提供旅游中多样化动物利用的信息。

五、圈养动物和旅游

弗罗斯特（Frost 2011a）近年对动物园进行了广泛考察，指出了其本质中所存在的问题，并频繁且广泛地呼吁废除动物园。动物园是旅游业中一个重要的吸引物，虽然主要吸引着本地和国内旅游，但国际游客的数量也相当庞大。例如在澳大利亚，每年800万名动物园参观者中有300万名来自海外（Tribe 2004）。超过一半（53%）的澳大利亚国际游客都会参观动物园、野生动物公园或水族馆（Frost 2011a）。

人们已经研究了动物因禁的影响——尤其是大型的野生食肉动物，例如老虎和北极熊。许多动物已经因压力过大展现出反常行为，纽约中央公园的北极熊格斯（Gus）就是一例。它患有抑郁症，成为第一个要通过服用抗抑郁药来接受治疗的动物（Newkirk 1999 in Wearing and Jobberns 2011）。许多其他研究者也指出了因禁的压力，包括异常行为，例如踱步和"动物精神病"的症状以及动物园引发的动物精神问题（Clubb and Mason 2003）。

然而，把动物关在动物园里在某些情况下可能被视为对动物福利的正当侵犯，例如"如果囚禁它们的目的是为了保护或最终将它们放归自然，或在展示中具有一定教育目的，比如告诉人们该如何尊重动物种群"（Hughes 2001: 324）。但是一些环境伦理学家并不认可这一观点，认为在其自然栖居地之外圈养动物是"无意义的"——被关在动物园里的秃鹰已经不再是秃鹰了，因为它无法进行在野外所进行的活动（Hughes 2001）。从动物权利的角度看，应该完全禁止对动物的囚禁。然而，存在一个灰色地带，即仿造自然（或重构自然）的动物保护区，它们通常位于游客可进入的区域，理念是向游客宣传物种和栖居地保护的重要性。这种保护区通常因其和城市的距离不远而吸引着大量游客。在这些例子中，将濒临灭绝的物种迁移到保护区中似乎是一种道德行为［例如将鹬鸵重新安置在新西兰惠灵顿城的西兰蒂亚（Zealandia）保护区——参见 <http：//www.visitzealandia.com>]。

虽然有关保留动物园的争论大多数以其教育和保护价值为论点（也有成功的例子，例如 Catibog-Sinha 2011），但关于它们真正实现了物种保护的记录着实惨淡（Frost 2011b）。只有五个物种因动物园的保护而免于灭绝（Hancocks 2011 in Frost 2011c）。更糟糕的是，动物园反而给一些濒危物种带来了痛苦或死亡——最后一只塔斯马尼亚虎在霍巴特动物园里失去了生命，因为管理员在寒冷的冬夜忘了将它放回围场（Frost 2011b）。更宏观地看，全世界 10,000 个动物园中只有 12% 在注册时标明存在圈养繁育和保护目的（Schackley 1996）。此外，有充足的证据显示动物园的首要目的是娱乐（Tribe 2004；Frost 2011；Linke and Winter 2011）。卡萨米特哈那（Casamitjana 2004 in Frost 2011）在一项关于英国水族馆的研究中发现实际上教育对话、教育活动、教育包装等相关设置很少。即便有些地方提供解说，也很少有游客会真

图 10.7 动物园里的熊，挪威——教育还是娱乐？ 照片：Brent Lovelock。

的去阅读解说牌。更令人不安的是，一些员工提供给游客的动物信息甚至是错误的。他总结称，公众可以通过观看纪录片获得更好的教育。

讨论点：斗牛

斗牛作为一种旅游吸引物常常引发两极化的争论，是体现文化"仪式"与动物权利和福利之间冲突的范例。如今，全世界仍有九个地区可以观看斗牛活动，它们以文化旅游吸引物的身份得以存在。许多国家的法律已经禁止了斗牛，最近一个禁止斗牛的地方是西班牙的加泰罗尼亚地区。在一个激烈的争论（引发了180,000个关于"搏斗够多了！"的请愿签名）之后，斗牛于2010年被禁止。禁令的反对者认为应将该活动作为一项文化地标加以保护——甚至要为其争取世界遗产地位（Keeley 2007）。他们也认为禁令会产生负面的经济后果，包括失业等（Chu 2010）。

> 讨论问题：
> 1. 哪些国家有斗牛？
> 2. 斗牛产业的现状如何——参观人数、形象、影响？
> 3. 旅行公众对斗牛进行了何种支持？
> 4. 为什么动物权利和福利的倡导者认为斗牛是一个残忍的产业？
> 5. 在何种程度上斗牛是一种文化旅游吸引物？它证明了保留斗牛的正当性吗？
> 6. 有符合道德的形式以替代斗牛吗？
> 7. 旅游中还有其他动物搏斗活动吗？在哪里？

有用的资源

Yates, R. (2009) 'Rituals of dominionism in human–nonhuman relations: Bullfighting to hunting, circuses to petting,' *Journal for Critical Animal Studies,* 7（1）：132–171.

CAS International（comité Anti Stierenvechten）<http: //www.cas-international.org/en/news/>

Stop our Shame<http: //www.stopourshame.com/en/home.htm>

For a bullfighting free Europe <http: //www.bullfightingfreeeurope.org/>

World Society for the Protection of Animals < http: //www.wspa-international.org/helping/animalfriendlyliving/travel.aspx>

League Against Cruel Sports <http: //www.league.org.uk/>

The Humane Society <http: //www.humanesociety.org/>

本章回顾

本章总结了一些涉及非人类动物的旅游产品/体验。动物被视为旅游产品的重要组成部分，但是人们逐渐认识到了它给动物带来的诸多消极影响。本章讨论了目前在旅游中用以解决"动物问题"的主要理念：动物权利和动物福利。本章引入了感受能力的概念，介绍了当下的一种理念，即美德伦理，讨论了工具价值和内在价值的议题。本章还探讨了人类对野生动物的"观看"和四种决定该观看的普遍价值观。进而着重讨论了消耗性野生动物旅游（捕猎和捕鱼）以及旅游中的圈养动物问题（动物园、水族馆）。

关键术语小结

动物权利（animal rights）：动物权利观认为人类无权为了自己的利益而利用动物，无论是将其作为劳动力或娱乐对象（例如动物园、动物表演），还是在野生环境中对其加以利用。这是一个野生动物是否被人道对待的问题。人类将动物当作一种资源的做法违反了动物的"道德的不可侵犯性"。

动物福利（animal welfare）：动物福利观提倡对动物的人道利用，要保证动物福利，不进行残忍对待。动物能够为人类福祉作出贡献（例如提供娱乐），人类也有道德责任来保护动物的福利，为其提供福祉。动物福利倡导者认为动物应和人享有平等的权利。

工具价值（instrumental value）：在实现另一个目标或价值的过程中具有的手段价值。包含目标价值，包括物理目标和抽象目标，自身并不作为目的，而是一种实现其他目的的手段（例如，动物作为动物园的吸引物，用于创造利润）。金钱具有工具价值，但几乎没有内在价值。有时也被称为外在价值。

内在价值（intrinsic value）：某物"自身的"价值，"出于本身目的"或"在其本质之中"，例如动物的内在价值可被定义为物种本质所具有的价值，与人类赋予的金钱、工具或实践价值无关。内在价值是动物伦理的核心，是以感受能力和/或利益为论点来保证动物特定权利的基础。

感受能力（sentience）：感受、感知、有意识或获取主观体验的能力；大致可定义为情感、愉悦或痛苦的能力。在动物权利哲学中，感受能力通常被视为体验痛苦的能力，它是拥有利益以及应该被道德考量的充分必要条件。

思考问题

本章开端指出了动物对旅游业具有的经济重要性。你能描绘出少了动物的旅游业会是怎样吗？它会是更好的旅游业吗？

1. 我们是否可以在个人生活的其他方面采取某些措施来使我们对动物旅游的参与更具道德？例如从当地收容所领养一只流浪狗，或成为一个素食主义者是否能让你有资格观看鲸鱼表演？

2. 你同意感受能力的观念吗——你认为"高等"动物（例如哺乳动物）应该比其他动物（如爬行动物、昆虫）拥有更高的道德地位吗？

练习

本章介绍了有关动物的主要道德观念，例如动物权利和动物福利。探讨其他能有效解释人与动物关系的道德理论，哪些可被用于旅游？

1. 针对你的家乡/地区的动物与旅游的吸引物/活动的关系进行一项非正式的网络"调查"。看看你能否找到符合道德的经营行为。

2. 想象自己是一名野生动物旅游经营者。如果你接受动物权利的观点，你会在自己的旅游经营中采取哪些政策和实践来保证道德性？

延伸阅读

Fennell, D.A. (2012) *Tourism and Animal Ethics*, London and New York: Routledge.

Frost, W. (2011) *Zoos and Tourism: Conservation, Education, Entertainment?* Clevedon: Channel View.

Newsome, D., Dowling, R. and Moore, S. (2005) *Wildlife Tourism*, Bristol:

Channel View.

Regan, T. (2004) *The Case for Aniaml Rights*, Berkeley: University of California Press.

Singer, P. (2001) *Animal Liberation*, New York: Harper Collins.

注释

a 莫罕达斯·甘地（Mohandas Gandhi，1869-1948），印度民族主义领导人。
b 亚伯拉罕·林肯（Abraham Lincoln，1809-1865），美国第16任总统。
c 杰里米·边沁（Jeremy Bentham，1748-1832），英国哲学家和社会改革家。来源：An Introduction to the Pricnciples of Morals and Legislation（1823），Ch.17:'Of the Limits of the Penal Branch of Jurisprudence'。

参考文献

Anderson, E. (2004) 'Animal rights and the values of nonhuman life', in Sunstein, C. and Nussbaum, M. (eds) *Animal Rights: Current Debates and New Directions,* Oxford: Oxford University Press, pp. 277–98.

Beardsworth, A. and Bryman, A. (2001) 'The wild animal in late modernity: the case of the Disneyization of zoos', *Tourist Studies,* 1(1): 83.

Bentrupperbaumer, J.M. (2005) 'Human dimension of wildlife interactions', in Newsome, D., Dowling, R. and Moore, S. (eds) *Wildlife Tourism: Ecology, Impacts, and Management,* Clevedon: Channel View, pp. 82–112.

Buckley, R.C. (2009) *Ecotourism: Principles and Practices,* Wallingford: CABI.

Cahoone, L. (2009) 'Hunting as a moral good', *Environmental Values,* 18(1): 67–89.

Callicott, J. Baird. (1980) 'Animal liberation: a triangular affair', *Environmental Ethics,* 2: 311–38.

Carr, N. (2009) 'Animals in the tourism and leisure experience', *Current Issues in Tourism,* 12(5&6): 409–11.

Cater, C. (2010) 'Any closer and you'd be lunch! Interspecies interactions as nature tourism at marine aquaria', *Journal of Ecotourism,* 9(2): 133–48.

Catibog-Sinha, C. (2011) 'Zoo tourism and the conservation of threatened species: A collaborative programme in the Philippines' in Frost, W. (ed.) *Zoos and Tourism: Conservation, Education, Entertainment?* Bristol: Channel View, pp. 13–32.

Chu, H. (2010) 'Catalonia is first region in mainland Spain to ban bullfighting', *Los Angeles Times,* 29 July. Available at <http://articles.latimes.com/2010/jul/29/world/la-fg-spain-bullfight-ban-20100729> (Accessed 9 September 2011).

Clubb, R. and Mason, G. (2003) *Captivity effects on wide-ranging carnivores.* Retrieved from ZooCheck Canada. Available at <http://www.zoocheck.com/articlepdfs/Carnivore%20Mason. pdf> (Accessed 17 August 2011).

Cohn, P. (ed.) (1999) *Ethics and Wildlife,* Lewiston, NY: Edwin Mellen Press.

Constantine, R. (1999) *Effects of Tourism on Marine Mammals in New Zealand,* Wellington: Dept, of Conservation.

Curtin, S. and Wilkes, K. (2007) 'Swimming with captive dolphins: current debates and post-experience dissonance', *International Journal of Tourism Research,* 9(2): 131–46.

Deng, J., King, B. and Bauer, T. (2002) 'Evaluating natural attractions for tourism', *Annals of Tourism Research,* 29: 422–38.

Dickson, B. (2009) 'The ethics of recreational hunting', in Dickson, B., Hutton, J. and Adams, W.M. (eds) *Recreational Hunting, Conservation and Rural Livelihoods,* Chichester: Blackwell, pp. 59–72.

Duffy, R. and Moore, L. (2010) 'Neoliberalising nature? Elephant–back tourism in Thailand and Botswana', *Antipode,* 42(3): 742–66.

Fennell, D.A. (2000) 'Comment: ecotourism on trial–the case of billfish angling as ecotourism', *Journal of Sustainable Tourism,* 8(4): 341–5.

— (2006) *Tourism Ethics,* Clevedon: Channel View.

— (2012) *Tourism and Animal Ethics,* London: Routledge.

Franklin, A.S. (1999). *Animals and Modern Culture: A Sociology of Human-Animal Relations in Modernity,* London: Sage.

— (2001) 'Neo-Darwinian leisures, the body and nature: hunting and angling in modemity', *Body* & Society, 57–76.

Freese, C. (1998) *Wild Species as Commodities: Managing Markets and Ecosystems for Sustainability,* Washington, DC: Island Press.

Frost, W. (ed.) (2011a) *Zoos and Tourism: Conservation, Education, Entertainment?* Bristol: Channel View.

— (2011b) 'Rethinking zoos and tourism' in Frost, W. (ed.) *Zoos and Tourism: Conservation, Education, Entertainment?* Bristol: Channel View, pp. 1–8.

— (2011c) 'Zoos and tourism in a changing world', in Frost, W. (ed.) *Zoos and Tourism: Conservation, Education, Entertainment?* Bristol: Channel View, pp. 227–35.

Higham, J. and Luck, M. (eds) (2008). *Marine Wildlife and Tourism Management: Insights from the Natural and Social Sciences,* Wallingford: CABI.

Higham, J.E.S. and Bejder, L. (2008) 'Commentary: managing wildlife-based tourism: edging slowly towards sustainability?', *Current Issues in Tourism,* 11(1): 75–83.

Holland, S.M., Ditton, R.B. and Graefe, A.R. (1998) 'An ecotourism perspective on billfish fisher- ies', *Journal of Sustainable Tourism,* 6(2): 97–116.

Holland, S.M., Ditton, R.B. and Graefe, A.R. (2000) 'A response to "ecotourism on trial-the case of billfish angling as ecotourism"', *Journal of Sustainable Tourism,* 8(4): 346–51.

Hughes, P. (2001) 'Animals, values and tourism-structural shifts in UK dolphin tourism provision', *Tourism Management,* 22(4): 321–9.

Jamieson, D. (2008) 'The rights of animals and the demands of nature', *Environmental Values,* 17: 181–99.

Keeley, G. (2007) 'Bullfighting fans in plea for World Heritage Status', *The Independent,* 27 April. Available at <http://www.highbeam.com/doc/lP2-

5880895.html> (Accessed 14 December 2011).

Kellert, S.R. (1996) *The Value of Life: Biological Diversity and Human Society,* Washington, DC: Island Books.

Knight, J. (ed.) (2005) 'Introduction', in Knight, J. (ed.) *Animals in Person: Cultural Perspectives on Human-Animal Intimacies,* Oxford: Berg, pp. 1–13.

Kontogeorgopoulos, N. (2009) 'Wildlife tourism in semi-captive settings: a case study of elephant camps in northern Thailand', *Current Issues in Tourism,* 12(5 & 6): 429–49.

Lemelin, R.H. (2006) 'The gawk, the glance, and the gaze: ocular consumption and polar bear tourism in Churchill, Manitoba, Canada', *Current Issues in Tourism,* 9(6): 516–34.

—— (2009) 'Goodwill hunting? Dragon hunters, dragonflies and leisure', *Current Issues in Tourism,* 12(5): 553–71.

Linke, S. and Winter, C. (2011) 'Conservation, education or entertainment: What really matters to zoo visitors?', in Frost, W. (ed.) *Zoos and Tourism: Conservation, Education, Entertainment?* Bristol: Channel View, pp. 69–82.

Lovelock, B.A. (2007) '"If that's a moose, I'd hate to see a rat!": Visitors' perspectives on natural-ness and the consequences for ecological integrity in peripheral natural areas of New Zealand', in Muller, D.K. and Jannson, B. (eds) *Tourism in Peripheries:Perspectives from the North and South,* Wallingford: CABI, pp. 124–40.

—— (ed.) (2008) *Tourism and the Consumption of Wildlife: Hunting, Shooting and Sportfishing,* London: Routledge.

Lusseau, D., Slooten, L. and Currey, R.J.C. (2006) 'Unsustainable dolphin-watching tourism in Fiordland, New Zealand', *Tourism in Marine Environments,* 3(2): 173–8.

Malloy, D.C. and Fennell, D.A. (1998) 'Codes of ethics and tourism: an exploratory content analy-sis', *Tourism Management,* 19(5): 453–61.

Marvin, G. (2005) 'Sensing nature: encountering the world in hunting', *Etnofoor,*

18(1): 15–26.

Mintel (2008) *Wildlife tourism-International,* June.

Newsome, D., Dowling, R. and Moore, S. (2005) *Wildlife Tourism: Ecology, Impacts, and Management,* Clevedon: Channel View.

Novelli, M., Barnes, J.I. and Humavindu, M. (2006) 'The other side of the ecotourism coin: consumptive tourism in Southern Africa', *Journal of Ecotourism,* 5(1/2): 62–79.

One Caribbean (2011) *Wildlife Tourism.* Available at <http://www.onecaribbean.org> (Accessed 12 July 2011).

Orams, M.B. (1996) 'A conceptual model of tourist-wildlife interaction: the case for education as a management strategy', *Australian Geographer,* 27(1): 39–51.

— (2002) 'Feeding wildlife as a tourism attraction: a review of issues and impacts', *Tourism Management,* 23(3): 281–93.

Plato (1992) *The Statesman,* translated by J.B. Kemp, edited and with an introduction by M. Oswald, Indianapolis, IN: Hackett.

Regan, T. (2004) *The Case for Animal Rights,* Berkeley: University of California Press.

Reis, A.C. (2009) 'More than the kill: hunters' relationships with landscape and prey', *Current Issues in Tourism,* 12(5/6): 573–87.

Reynolds, P.C. and Braithwaite, D. (2001) 'Towards a conceptual framework for wildlife tourism', *Tourism Management,* 22(1): 31–42.

Rowan, A.N. and Beck, A.M. (1994) 'The health benefits of human-animal interaction', *Anthrozoos,* 7(2): 85–9.

Scruton, R. (1996) *Animal Rights and Wrongs,* London: Demos.

Shackley, M. (1996) *Wildlife Tourism,* London: International Thomson Business Press.

Singer, P. (2001) *Animal Liberation,* New York: Harper Collins.

Singer, P. (ed.) (2006) *In Defense of Animals,* Malden, MA: Blackwell.

Thai World View (2012) *Elephants.* Available at <http://www.thaiworldview.com/

animal/animal2. htm> (Accessed 8 July 2012).

The International Ecotourism Society (TIES) (2012) *What is Ecotourism?* Available at <http://www. ecotourism.org/what-is-ecotourism> (Accessed 10 October 2011).

Tisdell, C. and Wilson, C. (2002) 'Ecotourism for the survival of sea turtles and other wildlife', *Biodiversity and Conservation,* 11: 1521–38.

Tremblay, P. (2001) 'Wildlife tourism consumption: consumptive or non-consumptive?', *International Journal of Tourism Research,* 3: 81–6.

Tribe, A. (2004) 'Zoo tourism' in Higginbottom, K. (ed.) *Wildlife Tourism: Impacts, Management and Planning,* Victoria, Australia: Common Ground, pp. 35–56.

US Department of the Interior, Fish and Wildlife Service, and US Department of Commerce, Census Bureau (2006) *National Survey of Fishing, Hunting, and Wildlife-Associated Recreation,* Washington, DC: USDOI.

Wearing, S. and Jobbems, C. (2011) 'Ecotourism and the commodification of wildlife: animal welfare and the ethics of zoos' in Frost, W. (ed.) *Zoos and Tourism:Conservation, Education, Entertainment?* Bristol: Channel View, pp. 47–58.

Zeppel, H. and Muloin, S. (2008) 'Conservation benefits of interpretation on marine wildlife tours', *Human Dimensions of Wildlife,* 13(4): 280–94.

第 11 章　气候变化

"如果你的哥哥要在布宜诺斯艾利斯举办婚礼,你要乘飞机去参加婚礼会加重气候变化的负担,有点不道德,但不去又非常不礼貌,也同样不道德。"

——乔治·蒙博[a]

"我们会发现气候变化等问题……都非常复杂。"

——查尔斯王子[b]

"我们必须趁早尽全力减缓全球变暖。科学事实非常清晰,无需再对全球变暖进行争论。"

——阿诺德·施瓦辛格[c]

学习目标

阅读本章后,你将能够:
- 理解气候变化的概念中所具有的伦理问题。
- 讨论旅游和航空业在气候变化中的责任。
- 使用"囚徒困境"和"公地悲剧"的理论来解释航空飞行与气候变化关系中的伦理问题。
- 针对每个减少旅游航班碳排放的方案,指出其可能蕴含的的伦理问题。
- 批判性地讨论旅游飞行的环境、社会和经济影响。

第 11 章 气候变化

一、导言

作为研究者，我们的一个任务是参加国际会议交流成果。很多会议在欧洲举办，因此从我们的家新西兰飞过去要很长的时间。通常，我们要先从新西兰飞 10 个小时，经过一个亚洲的中转站，例如中国香港或新加坡。然后再飞 12 个小时到欧洲中转站，例如法兰克福，继而再飞 2—3 个小时的短途，到达会议地点。一个会议报告虽然基于几个月的研究计划、数据收集和分析，但在会议上的展示也就短短 20 分钟。我们会在会议期间（通常 2—3 天）逗留在主办地，有时参加一些小型的会后游览（例如一天），然后返回家中。向参会者做报告是这项工作的重点。但是每次我们给自己的旅行代理打电话预定机票时，都感觉 44 个小时的飞行所产生的碳排放已经远远超了 20 分钟的报告所具有的价值。

根据 chlimatecare.org 网站的计算，上述共计 24,000 英里（38,000 公里）的行程所产生的二氧化碳排放量是 6.52 吨。在这个已经饱受碳排放之苦的世界上，这一排放量远远超过了气候研究者认定的人均应有量。我们通过购买"碳补偿"来"中和"旅行所带产生的二氧化碳量可以给自己带来心理上的安慰，甚至用这种计算法将我们的净排放量减少到零。我们自己（因为学校不会为其员工支付旅程中的碳补偿）为每吨二氧化碳的排放支付 12.69 美元，共计约 82 美元（ClimateCare 2012）（需要指出的是这不包括在会议举办地的当地旅程所产生的碳排放，也不包括因会议或住宿而产生的碳排放）。

我们到底应该出发还是停留？这实际上是一个二十一世纪的旅游伦理问题。本章会探索空中旅程与全球环境变化关系中的伦理问题。我们将在复杂而具有高度不确定性的环境中应用伦理原则来衡量空中旅行的优与劣——这种高度不确定性是指旅行者会顾虑其个人旅行对气候变化的影响，也会思考他们的飞行所带来的积极影响（尤其是在世界目的地发展方面）的价值是否高于其负面的环境影响。基本的伦理问题是个人的旅行自由和对环境与社会作为一个整体的广泛影响之间所具有的矛盾。塞杰（Sager 2006 in Graham and Shaw 2008）指出流动性是一种"权利"，但也指出这些个体的权利必须与社会中其他人（以及其他非人元素）的权利相平衡。

二、全球环境变化

对人为引起的世界气候变化的细节讨论已经超出了本章的范围。我们在拥有大量可靠证据的前提下将其视为讨论的基础，有关问题读者可以参阅政府间气候变化专门委员会（IPCC）的报告（http://www.ipcc.ch/）。政府间气候变化专门委员会从1990年至今的报告显示，二十世纪的地表平均温度可能是过去一千年中最高的。目前大气中的二氧化碳浓度是过去42万年，甚至可能是2000万年中最高的（IPCC：2001：155）。二氧化碳含量的持续升高很可能加快全球变暖的速度，导致冰层的减少、海平面的升高以及一系列其他生物和地理上的变化。

对旅游与全球气候变化之间复杂的物理、社会和经济关系的讨论已超出了本章的范围，我们将重点讨论旅游飞行对全球环境变化的影响。可以说，目的地、东道主社区、旅游业和旅游者体验所受到的积极和消极影响都是无法估量的。据估计，"以现在的速度，到2065年，气候变化带来的损失将会超过全球 GDP"（Dlugolecki 2004：n.p）。地势较低的国家，例如孟加拉国和图瓦卢等所受到的影响最为严重，甚至全球变暖已经被形容为"气候大屠杀"（Timmons Roberts and Parks 2007）。以下专业书籍有助于读者理解这一主题：

Becken, S. and Hay, J.E. (2007) *Tourism and Clmate Change: Risks and Opportunities,* Clevedon: Channel View.

Gössling, S. and Hall, C.M. (eds) (2006) *Tourism and Global Environmental Change: Ecological, Social, Economic and Political Interrelationships,* Abingdon: Routledge.

Hall, C.M. and Higham, J.E.S. (eds) (2005) *Tourism, Recreation, and Climate Change,* Clevedon: Channel View.

United Nations World Tourism Organisation and United Nations Environment Programme (2008) *Climate Change and Tourism: Responding to Global Challenges,* Madrid: UNWTO and UNEP.

三、全球环境变化的伦理议题

对大多数人来说，全球环境问题（下文简称为"气候变化"）都是一个科学问题，人们也知道关于这一议题的广泛政治争论。但是，该领域的作家和研究人员开始将气候变化视为一个伦理议题。在电影《难以忽视的真相》(*An Inconvenient Truth*)中，诺贝尔奖获得者阿尔·戈尔（Al Gore）认为气候变化"不仅是一个政治问题，更是一个道德问题"（2006）。类似的是，英国前首相戈登·布朗（Gordon Brown）指出了发展中国家在解决气候变化问题中所具有的"道德责任"（in Gardiner 2010）。

经济学家可能会将气候变化问题视为一个（在治理过程中产生的）成本问题，道德哲学家可能将其视为价值观问题。环境哲学家戴尔·贾米森（Dale Jamieson）认为，我们当前的价值体系是近来才发展形成于低人口密度和低科技水平的社会中的。在二十世纪的后半期，随着人口数量、健康、工业和科技的发展，我们改变地球环境的能力也史无前例地得到了增长——正如贾米森所说的，我们人类正在"与魔鬼共舞"（2010：82）。不幸的是，我们从人类种族之成功经验中所建立起的主导价值体系"不足以且不适宜指导我们对全球环境变化的思考"（Jamieson 2010：83）。

以责任为基础是当下价值体系的一个特点。但这一概念要发挥作用，必须有明确的伤害缘由和引发伤害的个体，其责任要在当下时空中能够被确定。贾米森举了一个例子，琼斯闯进了史密斯家的房子，偷走了史密斯的电视机。琼斯的动机非常明确：她想要史密斯的电视机。史密斯的损失也非常明确，他因为失去电视机而产生了损失。琼斯要对史密斯的损失负责，因为她是给史密斯带来损失的唯一责任人。在这个例子中，我们可以清晰地界定损失，确定责任。我们因琼斯违反了社会规范，对她进行惩罚并/或要求琼斯补偿史密斯的损失。

这种范式无法应用于全球环境问题，因为气候变化问题中存在无罪过的行为（例如乘飞机旅行）所带来的毁灭性后果；原因和伤害可能很分散；原因和伤害也可能存在于不同的时间和空间之中（Jamieson 2010：83）。因此，气候变化问题产生了道德（和政治）上的困惑，虽然能指出它（给环境和人类生活）带来的伤害，但在传统道德的指导下很难找到始作俑者。没有人刻意使坏，没有人独自引发这个问题，也没有人能预见到这一后果（Jamieson 2010）。然而，贾米森认为，虽然存在这些复杂性，气候变化仍旧是我们要共同解决的伦理问题——无论是政治行动者，还是个体的日常道德行动者。

囚徒困境

但是，日常道德行动并非看起来那么简单。加德纳（Gardiner 2010）应用囚徒困境（Prisoner's Dilemma）[1]理论分析了道德代理人在考虑是否要参与有污染性的活动（例如乘飞机度假）时的决策过程。囚徒困境是一个比喻，假设有两个囚徒因犯罪而被捕，他们被单独审问，每个人都有机会告发另一个，告发者会获得减刑，而被告发者则会被判重刑。两个囚徒面对的困境是，无论对方如何选择，对自己来说告发对方都是比保持沉默更好的选择。然而，两人互相告发的最终结果并不如两人都守口如瓶。这个困境展示了个体理性和群体理性之间的矛盾。如果每个群体成员都以追求理性的自我利益的方式行事，那么最终的结果可能不如每个成员都违背理性的自我利益而行事。更普遍地说，群体成员都理性追求自我利益的结果不如群体成员都非理性地各自追求自我利益（Stanford Encyclopedia of Philosophy 2012）。

囚徒困境因此成为一个典型的例子，展示了自我利益驱动下的行动并不能促成群体最佳利益的实现。申克（Schenk 2011）指出，囚徒困境可能会受到英国哲学家托马斯·霍布斯（Thomas Hobbes, 1588–1679）的推崇。霍布斯将个体作为社会分析的起点，即以自我利益为驱动而做出行为决策的人（即，人行为的首先原则是利己主义）。霍布斯认为对个人利益无限制的追求会导致混乱，政府有责任对个体进行规范，这也是解决混乱、创造秩序的必然要求。

在污染环境的行为和气候变化之间的关系上，加德纳（Gardiner 2010）指出，虽然集体理性可以协调和限制总体的污染，个体理性却不限制个体产生的污染。在第9章，我们讨论了旅游活动与自然关系上的公地悲剧（Hardin 1968）问题；加德纳指出公地悲剧实际上是涉及公共资源（例如气候）的囚徒困境。

加德纳也指出，气候变化问题实际上要比囚徒困境更复杂，因为它还包含**代际伦理**（intergenerational ethics）。人为引起的气候变化是一个延时

第 11 章 气候变化

性的现象。一个二氧化碳分子会在大气中存在 5—200 年，而大量的二氧化碳则会存在成千上万年（Gardiner 2010）。矿石燃料二氧化碳的平均寿命为 30,000—35,000 年（Archer 2005）。因此，我们今天所采取的行动影响的是未来世代的人类。这种代际问题更加复杂，囚徒困境的一般解决方案已经不再适用——我们无法利用互惠互利的原则，也无法采用互惠主义的思想，因为"这是一个重要的道德问题……代际问题成为气候变化中公地悲剧的主要问题"（Gardiner 2010：92）。加德纳指出气候变化问题具有"道德上的乘数效应"——即当代人并不是简单地将问题传递给下一代，而是将问题增加给下一代，其危害是加倍的（2010：92，93）。当下公正和时间距离因此成为这一问题的关键。一些哲学家认为，相比未来很远的后代，我们应该更关心较近的未来几代人。然而，一些人则推崇当下公正的原则——即伤害出现的时间不影响对其危害的评价（Broome 2008）。不过，人们对当下的碳排放对未来人的影响并不存在争议，厄里（Urry 2008）将整个二十世纪称为"免费的午餐"，认为当下人的享受是以未来人的损失为代价的。

图 **11.1** 航空旅行为发展中国家目的地带来了益处。照片：**Brent Lovelock**。

责任

目前，在解决气候变化问题的过程中困扰人们的争论是谁引起了气候问题，以及谁要负责。彼得·辛格（Peter Singer）（动物伦理研究权威——参见第 10 章）举了一个例子来帮助我们理解这一问题：

> 与头发颜色或长短不同的人结婚的一个好处是，当浴室下水管道堵住时，很容易知道是谁的头发。"把浴缸里你的头发清理干净"是一条公平公正的家庭规范。

（Singer 2010：189）

他指出，美国的人口占全世界的 5%，从 1950 年到 1986 年产生了世界 30% 的的碳排放（Hayes and Smith 1993 in Singer 2010）。

> 就像在一个只有 20 人的小村里，大家都是用同一个浴缸，而其中有个人的头发在 30% 的情况下都是堵塞浴缸的元凶……那谁该付钱疏通下水道？

（Singer 2010：189）

案例研究：气候变化和旅游发展——斯蒂芬·戈斯林（Stefan Gössling）

联合国世界旅游组织（UNWTO）(2006)、世界旅行及旅游理事会（WTTC）(2004)、世界经济论坛（WEF）(2008)等组织以及许多促进和援助发展的政府机构都强调旅游在消除贫穷上具有的重要作用。从旅游为国民生产总值作出的贡献来看，这一经济部门还应该继续发展："合理地支持旅游发展，它将帮助最不发达国家在解决经济和社会问题时'快速制胜'，也有助于促进这些国家快速融入世界经济"（UNWTO 2005：3；关于旅游发展对最不发达国家的益处的详细论证可见 UNWTO 2006；更多兼论利弊的观点可见 Hall and Lew 2009；Telfer and Sharpley 2008 等）。

虽然国际旅游大部分发生在发达国家，但发展中国家的新兴市场在过去几年的发展速度已经超过了发达的工业化国家，例如从 1996 到 2006 年，最不发达国家的旅游到达量的增长率达到了 9%（UNWTO 2008）。尤其是在热带岛国，游客消费已经成为国民经济总值的重要组成部分（一些国家已经超过了 50%），

第 11 章 气候变化

这些国家的旅游业已成为关键的经济部门（Hall et al. 2009）。由于当下没有任何国家限制或控制其游客数量，因此世界旅游经济在未来仍会继续增长。

2005 年，旅游活动在人类活动引起的全球变暖中所占比例为 5.2%-12.5%（通过"辐射强迫"进行测量），虽然这一比例目前还较小，但是持续的增长已使其成为全球变暖一个重要的因素（Scott et al. 2010）。这是因为科技有望减少某些能源的使用——大约每年 1.5%—2.0%——但是效率增益的速度仍旧落后于旅游数量的增长约 4%（Airbus 2011；Boeing 2011）。据估计，全球旅游的排放将在 2005 至 2035 年间增长 130%（UNWTO-UNEP-WMO 2008）。

交通和相关的温室气体排放因此成为全球旅游中的一个持续性问题；尤其对于遥远的岛屿来说，其旅游依赖的是远距离的高价值市场和来自这些市场的长距离飞行（Hall et al. 2009）。与来自/到达这些国家的空中运输相关的排放通常包括高能源消耗性的游轮旅游，这已赶上甚至超过其他经济体所产生的排放。例如在马尔代夫，65 万名国际游客的空中旅程所产生的排放量与 31 万名当地居民和游客产生的排放量相同（BeCitizen 2010）。从人均值上看，许多较不富裕国家的旅游系统产生的排放量已经超过了发达国家的排放量。

大量报告已经对持续性的温室气体排放可能为人类带来的危害提出了警告（例如 Stern 2006；也可参见 Stern 2009）。全球人道论坛（GHF 2009：1）强调，例如，气候变化已经严重影响了 3 亿 2500 万人的生活，每年会引起 30 万例死亡和 1250 亿美元的经济损失。40 亿人受到气候变化的威胁，5 亿人处在高度危险之中——在二十一世纪三十年代之前，他们中大约会有 50 万人因气候变化而死亡。旅游业根据排放量，也要相应地为气候变化而引起的死亡和经济损失负责。而矛盾的是，旅游是一个依赖长距离飞行

> **讨论问题：**
> 1. 谁应该为旅游中的温室气体排放负责——客源国、目的地国，还是二者一起？
> 2. 有个体需要为温室气体的排放负责吗？一些个体，例如频繁出行的旅行者——他们产生的温室气体量要高于其他人。这合理吗？
> 3. 通过特定的能源密集型经济部门，例如旅游，来消除贫困，这合理吗？
> 4. 如果目前没有足够的科技方案来解决航空和航海中的污染问题，那么是否应该等待这样的方案在未来（可能）出现，还是应该采用预防性措施对航空和航海旅游加以限制？

的能源密集型产业，因此它带来的气候变化可能会使一些国家穷人的生活条件恶化，但与此同时，这些国家又高度依赖旅游所带来的经济收入。

从这些观察中，我们会发现矛盾的结论，虽然旅游有益于消除贫困，但它同时因加剧气候变化而损害了人类生活的其他方面。《京都议定书》（Kyoto Protocol）使得这一问题更加复杂，虽然它以全球为基准进行了排放量上的管理，但是它忽略了很多国家的国民活动实际上产生了大量的排放这一事实。

参考文献

Airbus (2011) *Airbus Global Market Forecast 2010-2029.* Avaiable at <http://www.airbus.com/company/market/gmf2010/> (Accessed 3 April 2011)

BeCitizen (2010) *The Maldives' 2009 Carbon Audit,* Paris: BeCitizen

Boeing (2011) *Current Market Outlook 2010–2029.* Available at <http://www.boeing/com/commercial/cmo/> (Accessed 3 April 2011)

四、旅游和全球环境变化

航空业是元凶之一，就像上个例子中那个总是堵塞下水道却从不清理的人。航空旅行，至少到目前为止，一直是温室气体排放的隐藏罪人。在旅游所引起的温室气体排放中，交通占据了 75% 到 90% 的比例，而在交通部门中（虽然旅游交通以汽车为主），航空产生了 75% 的旅游相关交通排放，也是人均每公里最具环境破坏性的交通方式（Graham and Shaw 2008）。据推测，这一比例到 2020 之前会上升至 80%—90%（Peeters et al. 2006）。从二十世纪六十年代开始，全球空中交通每年的增长率为 9%（Barnett 2009），42% 的国际到达通过空中运输而实现（Gössling et al. 2007）。今天，全球航空业拥有 1600 个航空公司、27,000 架飞机，为 3700 多个机场提供服务。2010 年，世界共发出了 3000 万次航班，运送了 20 亿名乘客（IATA 2011）。航空旅行（至少对于世界上大部分人来说）进入了史上最便捷或最廉价的时代。按实值计算，今天的航空飞行费用比 10 年前便宜了 42%（Barnett 2009）。

第11章 气候变化

航空旅行每年向大气中排放7亿吨的二氧化碳，这一数量还在以每年5%的速度增长。总体上看，这构成了大约全球排放量的3%（Barnett 2009）。全球航空业试图指出这一数据很低，然而，长距离的国际飞行直接排放在高空的温室气体产生了更严重的温室效应——实际上，航空排放的伤害可能高达地面排放的两倍（Adam 2007）。

虽然目前航空业的温室气体排放量所占比例还并不高，但一些气候专家担心它是影响气候变化的增长最快的因素（Holden 2008）。随着飞行需求量的日益增加，飞机排放的二氧化碳将会在2025年达到12亿至14亿吨（Adam 2007）。在英国，出现了其他产业部门需要大幅度减少其碳排放以支持航空业的增长的情况（Bows et al. 2006）。从目前旅游业碳排放快速增长的趋势来看，如果其他部门能够大幅减少排放量，那么旅游业就可能成为未来温室气体的主要来源；要在旅游中大幅度减少排放很大程度上需要"航空旅行中重大的政策和实践变动"（Scott et al. 2010：393）。

航空业的伦理问题主要存在于两个层面：产业层面与个体层面。在产业层面，缺乏的是严肃的行动来解决当下和未来的排放问题。非政府组织旅游事业协会是旅游产业中一个重要的组织，它指出："旅游业对自身在气候变化和环境问题中所负责任的认识要落后于其他产业"（Barnett 2009：47）。航空部门尤其受惠于不公平的税收政策，却未参与任何排污权交易计划（Peeters et al. 2006）。

虽然在解决温室气体排放的过程中已经取得了一些进步，但是《京都议定书》依旧没有确认航空业的责任（至少在自由主义的国家和发达国家）。《京都议定书》已经在1997年11月被联合国缔约国大会认定为《气候变化框架公约》，自2005年2月16日起开始执行，要求发达国家（附件一缔约国）通过国际民航组织（ICAO）限制或减少"航空燃料"造成的温室气体的排放（议定书条款2.2）

国际航空运输协会（IATA）是一个国际贸易团体，它由掌握93%的国际飞行的230家航空公司组成，指出在解决碳排放的过程中需要的是"全球部门协作"。

对于一个典型的飞行来说，二氧化碳可能排放在数个不同的国家、公海，甚至不同大洲上空……对于政府来说，要在本国界内确定排放来源很简单，但是要确定流动性的排放源，例如国际航空业中的飞机，就会有难度。

（IATA 2009）

因此，本国减碳的目标通常不考虑国际航空排放（Anderson et al. 2008 in Smith and Rodger 2009）。但实际上存在多种方法来解决飞行中的碳排放问题：减少排放量（例如通过飞机 / 发动机 / 燃料技术 / 需求 / 高效的线路安排）、碳补偿以及碳交易等。

图11.2　我们应该对这个景色感到惭愧吗？照片：Brent Lovelock。

讨论点：飞行的产业论点

在航空旅行的社会表征下，飞行问题中的矛盾变得更加严重了（Beckon 2007）。对航空旅行之效率和利益的公开宣传促使旅游者参与全球旅行的欲望愈发增强（Gössling and Peeters 2007）。一共存在四种主要观点（2007：402）：

- 航空旅行具有节能特征，只排放有限的二氧化碳；
- 航空旅行的经济和社会重要性不允许对其进行限制；
- 燃料消耗量一直在减少，新的科技能够解决问题；
- 与其他交通形式相比，航空旅行受到了不公正的对待。

练习

对航空公司的网站进行一项抽样调查，看看它们是否 / 如何解释其碳排放问题。

讨论点：廉价航空

航空运输不断的自由化与廉价航空（LCC）的扩张孕育了"过分繁荣"的假日飞行（Graham and Shaw 2008；Cohen et al. 2011）。格雷厄姆和肖（Graham and Shaw）指出"这个商业领域声称自己具有社会和地理包容性，实际上它并不考虑自身的外部成本，通常追求的是航空旅行的快速发展，在该商业领域中，环境可持续性是难以实现的"（2008：1439）。实际上，"廉价（甚至'免费'）的空中飞行所带动的普遍的商业化休闲移动"与解决温室气体排放的努力背道而驰（Burns and Bibbings 2009：31）。

发源于北美的廉价航空如今已遍及多个地区，包括欧洲、亚洲和大洋洲。在欧洲，廉价航空占据了空中旅行总量的20%、英国到欧洲大陆市场的50%（2005年）（Graham and Shaw 2008）。低成本结构带来了休闲和商业旅行模式的行为变化。廉价航空为周末、城市或短期旅游提供了工具，也扩展了目的地的范围（Graham and Shaw 2008）。短途飞行不成比例地造成了航空领域的温室气体排放（Royal Commission on Environmental Pollution 2002）。它们也将乘客从其他更具可持续性的交通工具上吸引了过来（Graham and Shaw 2008）。

瑞安航空（Ryanair）是廉价航班的创始者，如今是全世界最大的航空公司，与易捷航空（easyJet）一起，每年提供3000万个座位。类似瑞安航空这样的廉价航空公司声称自己为贫困人群提供了飞行的机会。研究也支持了这一说法，例如黑尔斯等人（Hares et al. 2010）采访了游客关于廉价航空的看法：

因为它们，人们能够负担得起旅行的费用。很多年前当我还是小孩子的时候，我们从未想过出国旅游，因为我们家拿不出那么多钱，但是突然一下子每个人都能坐上飞机出远门了。

（Interviewee in Hares et al. 2010：466）

不过，廉价航空所声称的新的社会包容性也面对着争议（CAA 2006；Randles and Mander 2009）。民用航空管理局（Civil Aviation Authority）在英国进行的研究发现，与工薪阶层相比，中等收入和高收入的社会经济群体实际上才是廉价航空主要的使用者，他们的飞行量增加得更多，而且主要是短途飞行（CAA 2006：5）。在一代人之前，飞行是一件很不同寻常的事情，而现在它是普遍的社会经济活动，成为一种"日常"和"刚性"的社会现象。从好的方面说，廉价航空促进了偏远和落后目的地的经济发展，也为流动劳动力提供了便利（Graham and Shaw 2008）。

不幸的是，廉价航空收到的负面评价越来越多，瑞安航空公司的所有者迈克尔·欧利里（Mechael O'Leary）在被问到关于全球变暖的问题时回答：

我觉得全都是胡扯……这群人都不能告诉我们下周二天气怎么样，怎么可能精确地预测全球气温在100年后是什么样？全是胡扯。

（Hickman 2010）

因为瑞安航空的温室气体排量，英国国会的环境部长指责其是"资本主义不负责任的一面"。作为反击，欧利里说瑞安航空是欧洲最绿色的航空公司，它使用的是先进的飞机，每架飞机都尽可能搭载最多的乘客。他进一步说："航空业和气候变化之间没有关系。""我太忙了，根本没空考虑让瑞安航空加入任何排放交易方案。"（Webster 2007）

> 讨论问题：
> 1. 廉价航空是不道德的或激进的商业运营吗？
> 2. 在廉价航空所带来的社会与经济收益和环境损失之间，我们如何找到平衡？
> 3. 各个国家或地区民用航空管理局是否有伦理上的责任来解决廉价航空的现实问题？

有用的资源

Graham, B. and Shaw, J. (2008) 'Low-Cost airlines in Europe: Reconciling liberalization and sustainability',

Geoforum, 39 (3): 1439–1451.

Ryanair (2008) Europe's Greenest Airline <http://www.ryanair.com/doc/about/ryanair_greenairline_2008.pdf>

五、科技作为一种解决方案？

彼得斯等人（Peeters et al. 2006）在回答科技能否减少航空业的碳排放时说，航空业只是旅游中的一个小部分。它在旅游中的首要目标是满足消费者需求，增加市场份额和竞争力，而不是解决环境问题。进一步地说，航空业被视为一个"成熟的"行业，大部分发明与突破都已经实现（Kroo 2004 in Peeters et al. 2006）。燃油效率在持续提升。政府间气候变化专门委员会在其 2007 年的航空业报告中指出，从中期看，航空业二氧化碳排放的减少主要得益于提升的燃油效率，但是这种提升只能部分抵消持续增长的航空业二氧化碳排放（ICAO 2011）。其他节省燃油的方式包括高密度的座位布局（廉价航空精于此道）、更高效的空中交通管理和乘客调度。

不过，使用生物燃料被视为最具潜力的减少航空碳排放的方式。生物燃料的来源是农作物，再将其与传统的喷气燃料相混合使用。2009 年，承诺要成为"世界最环保的可持续航空公司"的新西兰航空，用一架波音 747-400 进行了 12 小时（5800 海里）的试飞，使用的混合燃料是用第二代麻风树[2]可持续生物燃料和传统的 Jet A1 燃料按照 1:1 的比例混合而成。这种生物混合燃料的燃烧率提升了 1.2%，共节省燃料 1.43 吨（Air New Zealand 2009）。

新西兰航空提出其目标是在 2013 年之前实现以 10% 的比例使用可持续的替代性生物燃料——但是对于他们和其他打算使用此燃料的航空公司来说，这种减排方式具有多大的可行性，多大的可持续性，又有多道德呢？（见下文讨论）。彼得斯等人（Peeters et al. 2006）认为，通过打出生物燃料作为"绿色航空旅行"的牌子来进行营销存在着问题，因为生物燃料需要土地和农产品的输出来为航空旅行贡献能源。这会带来巨大的经济和社会影响。此外，航空业生物燃料的生产需要大面积的土地。一架波音747-400飞行10,000公里需要消耗112吨生物燃料，相当于52公顷的麻风树的产出。2005年，全球喷气燃料的消耗为2.32亿吨，这需要100万平方公里的土地（相当于德国、法国、荷兰和比利时的面积总和）。这一面积会在未来的15年中翻一番（Scott et al. 2010）。

图11.3 存在更符合伦理的交通方式吗，例如瑞士的这架高速列车？
照片：Brent Lovelock。

讨论点：生物燃料的伦理

用生物燃料替换传统燃料（煤油）是针对航空业排放的一个"科技的"解决方案。然而，在科技的可行性之外，这种方法还存在一系列伦理问题。这主要体现在农业用地需要从生产食物转向生产生物燃料，这将会给依赖食物生产的社区带来相应的影响。类似的是，人们也担心"生物燃料的生产在发展中国家的快速扩张会导致砍伐树林和当地人被迁移的问题"[乔伊斯·泰特（Joyce Tait）教授，纳菲尔德生物伦理学委员会生物燃料工作小组]。马来西亚的例子就反映了一些这样的问题：

马来西亚是世界上第二大棕榈油生产国（仅次于印度尼西

亚)。……2008年，马来西亚生产了大约130万公升的生物燃料，这一数字预计将在未来快速攀升。马来西亚棕榈生物油的快速扩张已经带来了对森林转化为棕榈园的担心，这可能对南亚生物多样性产生不利的影响。该地区森林面积和生物多样性的减少会带来巨大的影响。根据估测，世界上11%的热带雨林在南亚，许多物种在此栖居，而其中一些已经濒临灭绝，例如婆罗洲猩猩。同时，低地热带雨林的减少会使温室气体的问题更加严重。马来西亚还面临着非法伐木的问题，其目前的规模已经给环境和当地社会带来了严重的威胁。有人将棕榈油的生产者称为"土地搜刮者"。有指责说一些公司在当地清理大片土地并试图赶走当地的土著部落，这些部落虽然没有官方地位，但是他们可能要求《原住民传统习俗权利》的保护，因为他们世世代代都在当地生活，而土地则是他们生存的保证。

[Nuffield Council on Bioethics 2011: Biofuels: Ethical Issues (Summary and Recommendations), pp.xxi–xxii, xxv]

纳菲尔德生物医学委员会担心，急切地满足生物燃料的目标可能会危害环境，同时侵犯人权。他们敦促在全世界推行"全面的伦理标准"来引导生物燃料的伦理化生产。这个标准涉及生物燃料生产的六个伦理原则：

前五个原则指出了发展生物燃料生产需要满足的前提条件。内容如下：

1.发展生物燃料不能以牺牲人的基本权利为代价（包括获得足够的食物和水、健康权利、工作权利以及土地权利）。

2.生物燃料应具有环境可持续性。

3.生物燃料应该有助于温室气体排放总量的净减少，不能加速全球气候变化。

4.生物燃料应该与贸易原则协调发展，保证公平公正的报酬（包括劳工权利和知识产权）

5.生物燃料的成本和收益应该公平分配。

我们进而能够考虑是否在某些情况下有责任发展生物燃料。就这一问题，我们提出第六个原则：

6. 在前五个原则都满足的条件下，如果生物燃料能在减少气候变化的危险方面起到关键作用，同时兼顾其他关键因素，那么就有责任发展生物燃料。

[Nuffield Council on Bioethics 2011：Biofuels：Ethical Issues（Summary and Recommendations），pp.xxi–xxii, xxv]

另一位能源改革者，沙伦·阿斯泰克（Sharon Astyk 2006）就生物燃料的生产和使用提出了12项伦理原则。它们包括：

伦理原则1：生物燃料不能也不应该作为维持当下状况的战略。

伦理原则3：不能因为要用生物为我们（飞机）提供燃料而使他人陷入饥饿。

伦理原则5：我们也必须解决更加基本的导致饥饿的不公正问题，必须明确大规模使用生物燃料会增加饥饿和不平等。

> 讨论问题：
> 1. 纳菲尔德生物伦理学委员会所提出的人们的"基本权利"（伦理原则）是什么？我们如何定义什么是基本权利？人们飞行的权利属于基本权利吗？
> 2. 我们如何确保上述伦理原则得到实施？实施的步骤应该是什么？
> 3. 在生物燃料生产上存在许多投资的选择，例如麻风树。投资麻风树的生产符合伦理吗？
> 4. 航空公司如何确定使用生物燃料的替代品是不是符合伦理？在它们的伦理决策中，应该考虑什么因素？

有用的资源：有关食物和能源的争论

Achten, W.M.J., Maes, W.H., Aerts, R., Verchot, L., Trabucco, A., Mathijs, E., et al. (2010) 'Jatropha: from global hype to local opportunity', *Journal of Arid Environments*, 74: 164–165.

Escobar, J.C., Lora, E.S., Venturini, O.J., Yanez, E.E., Castillo, E.F. and Almazan, O. (2009) 'Biofuels: Environment, technology and food security', *Renewable and Sustainable Energy Reviews,* 13 (6–7) : 1275–1287.

Naylor, R.L. Liska, A.J., Burke, M.B., Falcon, W.P., Gaskell, J.C., Rozelle, S.D. and Cassman, K.G. (2007) 'The ripple effect: Biofuels, food security, and the environment', *Ecvironment*, 49 (9) : 30–43,

网站

Nuffield Council on Bioethcs (2011) Biofuels: Ethical Issues <http: //www,

nuffieldbioethics.org/biofuels-0>

Astyl, S. (2006) Ethics of biofuels <http：//www.energybulletin.net/node/24169）>

六、碳补偿

碳补偿是另一个解决飞行排放的方式。碳补偿是一个系统，旅行者需要为自己的行程所产生的碳排放而另外承担减排项目的费用。许多航空公司都提供碳补偿，可以将一系列减碳项目都包括在内。《孤独星球》(*Lonely Planet*) 和《罗浮指南》(*Rough Guide*) 这类旅行手册都提倡碳补偿。然而，在拥有不同排放计算机制的碳补偿组织之间，价格与核验方式也存在很大的不同——都有"兼具效率与可信度的自愿的补偿计划"(Gössling et al. 2007：241)。泰勒 (Taylor 2009) 举了一个例子：两位乘客在伦敦和悉尼之间往返的飞行："气候关怀"11.23 吨 CO_2（98 英镑）；碳清理 2.82 吨 CO_2（21 英镑）；补偿碳 8 吨 CO_2（76 英镑）；碳中和公司 6.1 吨 CO_2（52 英镑）。碳补偿系统的例子还包括中国的植树、印度的生态燃料锅炉以及泰国的太阳能板等 (Barkham 2006)。

这类二氧化碳排放权交易是一个巨大的产业，在 2008 年价值 7.05 亿美元。不过，一些补偿计划也被批评为不具有可持续性。万比 (Wambi 2009) 提到了一个由荷兰组织推行的自愿性碳市场的计划，该计划导致乌干达阿拉贡山区大量当地贝内特人因为要给植树腾出土地而被迫迁移。这家名为"绿色座位"(Green Seat) 的荷兰公司拥有的很多客户都是航空公司。

从目前碳补偿的情况看，需要 400 倍于当下的规模才能减少航空业 10% 的温室气体排放量，可以看出，自愿性的碳补偿似乎无法促进旅游朝着更具可持续性的方向发展 (Gössling et al. 2007：241)。然而更重要的是，一些该领域的研究者认为碳补偿会带来消极的结果，因为它让人们认为不用改变自己的行为 (Gössling et al.2007)。作者将这种计划称为"航空环境影响的歧义解"，呼吁人们更多地关注补偿计划的伦理维度，指出这些计划既忽略了代际内的平等，也忽略了代际间的平等（Gössling et al.2007：242）。万比（Wambi 2009）认为参与这些计划就像在购买制造污染的权利。

非政府组织旅游事业协会（NGO Tourism Concern）的《道德旅行指南》（*Ethical Travel Guide*）提出疑问，碳补偿的作用是否仅在于"使补偿公司的所有者更加富有，同时减少我们的负罪感"，指出补偿无法阻止航空公司增加气候变化的负担，并且让旅行者觉得自己不需要从源头上减少排放量（Barnett 2009：44）。一些人认为，补偿计划让航空公司能够"漂绿"（greenwash）他们的行为，同时让消费者误以为他们的航班是"中性的"，不会对气候产生影响。

为了回应这些担心，英国领先的道德旅行经营者，负责任旅行公司（Responsibletravel.com）最近停止向其顾客提供补偿。公司的建立者贾斯廷·弗朗西斯（Justin Francis）认为补偿就像"中世纪的宽恕让人们继续产生污染"，"碳补偿是一种避免减少碳排放的……方式。这是一个很有吸引力的想法——你可以完全保持以前的生活方式，因为有魔法药片或中世纪的宽恕能让人们继续产生污染"（Taylor 2009）。负责任旅行公司如今在其度假套餐上标有"碳警告"的标志。

七、减少排量和需求

由于依靠科技减排具有局限性，补偿计划也存在基本性的缺陷，因此减排目标的实现必须依赖"量上的改变"（Scott et al. 2010）。然而，目前没有证据显示旅游者会自愿改变其旅行行为，为了减少排放，研究者最近开始关注旅游者与碳排放相关的决策行为。这些对旅游者道德决策过程的研究揭示出人们并不愿意放弃任何"飞行的权利"。贝肯（Becken）在她对新西兰国际旅游者的研究中指出，人们在度假时较少关心环境问题，"旅行自由的价值深深地印刻在（研究对象）的脑海里"（2007：364）。

部分问题在于，旅行被一些人视为一种"超移动"的行为（Peeters et al. 2006）。世界只有2%—3%的人口每年乘飞机出行，其中只有一部分可被视为"超流动体"。在一个研究中，出行最频繁的旅行者来自三个国家——南非、澳大利亚和新西兰（Gössling et al. 2006）。在这个研究中，被调查者两年内的平均飞行距离为 34,000 公里，而具有超流动性的旅行者的飞行距离为 180,000 公里，平均到访 24 个国家。解决航空排放问题需要改变这些飞行常客的生活方式——鼓励更多更为良性的旅行模式（Peeters et al. 2006）。这同时引发了对航空公司"常旅客计划"（frequent flyer programmes）的道德质疑。

证据显示，要说服人们不飞行并不是一项简单的任务。有关航空旅客对其碳排放的心理—社会反应的研究［被称为"飞行者困境"（flyer's dilemma）（Adams 2000 in Becken 2007）］发现了人们的内疚策略［通过压制和拒绝来克服短期的个人旅游利益与（飞行导致的）气候变化的长期后果之间的认知失调］（Cohen et al. 2011）。贝肯对旅行者进行了采访，结果显示他们知道飞行的好处与社会所期望的"好公民"的行为之间存在着矛盾。然而，这种认知失调（态度与行为之间的断裂）及其带来的不适感"在航空旅行中并不足以引起人们行为上的变化"（Becken 2007：364）。贝肯指出旅行者试图通过否认和寻找替罪羊［例如航空公司、商务旅行者（超移动体）］来解决这种失调，从而推卸自我的道德责任（也可参见 Hares et al. 2010；McKercher et al. 2010；Cohen et al. 2011）。更积极的是，有证据显示在一些旅行者中存在着"针对频繁的短途航空旅行者不断增长的负面看法"（Cohen et al.2011）。例如在挪威旅游者中发现了更为生态友好的态度，他们展示了科恩和海厄姆（Cohen and Higham 2011）所称的"有良心的航空旅行"。

八、碳税

碳税、环境税或绿色税都是一种用来减少需求，进而减少飞行人数的机制。不过，绿色税也存在着道德上的问题，有人将其比喻为天主教信仰中的"赎罪券"（Goodin 2010）。在天主教神学中，教会向那些有罪的人发放赎罪券，以减少他们因罪而可能在地狱中受苦的时间。古丁（Goodin）

认为出售上帝的荣耀与出售自然的恩典如出一辙，我们本质上都是在出售不可出售的东西。他质问人们现在或者在未来出钱（税费）购买明知错误的东西究竟是否道德。

税收无疑会转移到消费者身上，提高航空旅行的费用。霍尔登（Holden 2008）提出质疑，提高的成本（假设它们能够完全反映飞行的环境损失）是否真的能够带来需求的减少——因为休闲旅游是一个高弹性市场。虽然能够将航空业带来的气候变化进行内化，但是税收无法阻止需求的总体增长——也无法激励航空公司减少排放（Peeters et al.2006）。

九、道德决策的制定和交通方式的选择

回到本章开头的问题——我们到底应该出发还是停留？我们应不应该飞行？霍尔登认为这里存在一个有关个体意愿的伦理问题，即人们是否"愿意为了更高的群体利益而放弃从飞行中获得的个人愉悦"（Holden 2008：219）。在解决这个问题时可以使用一个基本的道德原则——"你不应该为了获取个人利益而伤害他人"（Broome 2008：97）。我们在道德上有责任不进行伤害他人的行为（Sinnott-Armstrong 2010）。然而，当考虑我们的飞行时，我们可以辩解说即使我们不飞行，全球变暖依然会发生，对于全球变暖来说，我们的个体行动既不充分也不必要。为了回应这种借口，辛诺特－阿姆斯特朗（Sinnott-Armstrong）让我们想象一个情境：

> 想象需要三个人将一辆锁着乘客的车推下悬崖，已经有五个人在推了。如果我加入他们，我推的行为对于车掉下悬崖来说既不充分也不必要。但是，我进行推的行为依旧是给乘客造成伤害的（部分）原因。

（Sinnott-Armstrong 2010：334）

接下来，辛诺特－阿姆斯特朗将这一伤害原则推广到间接的伤害原则。"我们在道德上有责任不进行间接伤害他人的行为（或）引起别人采取伤害他人的行为"（2010：336）。进一步地，他提出了贡献原则，即"我们在道德上有责任不去加重问题"；风险原则："我们在道德上有责任不提升伤害

他人的风险";以及气体原则:"我们在道德上有责任不将温室气体排放入大气之内"(2010:337)。

实用主义会指导我们"选最好的做"——在社会和经济福祉与环境伤害之间建立复杂的等式,从飞行中计算出最大的利益。但是一些环境哲学家认为实用主义过于以人类为中心,因此它无法计算生物多样性或生态系统的价值,正是这一理论将我们带进了环境灾难的边缘(Jamieson 2010)。贾米森认为从某些角度看,实用主义也有助于该问题的解决:"代理人应该将自己给全球环境变化带来的伤害最小化,并以行动影响他人也将他们带给环境的伤害最小化"(2010:318)。他提出了实用主义的三个方面:不可预测性——我们的行动不应该取决于我们对他人行为的判断;不满足性——我们的生活方式和行为模式应该动态地回应不断变化的环境;以及进步的结果论——要求我们不断建立更好的世界而非最好的世界(2010:318)。在讨论实用主义对于解决气候变化所具有的价值时,贾米森认为,"在全球环境变化的问题上,实用主义总体上应该更具灵活性,成为有道德的绿色",而非灵活的净福祉的"计算器"。同时,他也指出在道德上,我们的生产和消费行为的重要性不仅在于直接环境影响,也存在于"以身作则和树立模范角色"(2010:322,324)。

十、解决方案——有道德的飞行?

因此,作为个体,我们该如何解决自己飞行中的碳排放问题呢?非政府组织旅游事业协会并不建议我们简单地停止飞行,因为这会广泛地影响旅游业从业者的生活(Barnett 2009)。他们建议选择长距离的、低频率的飞行,减少短距离飞行的次数:如果飞行的话,可考虑每年进行一次大的行程——或每隔一年。他们还建议在我们前往目的地时对能源/碳进行更多的了解。后一点对于我们在许多目的地之间进行选择非常重要,要注意那些低效率的能源使用者和高量的碳排放者——空调让我们在热带保持凉爽,暖气让我们在冰雪度假地享受温暖。一项在瑞士阿尔卑斯旅游区的研究显示,人均碳排放比全国平均水平高出25%(Walz et al. 2008)。"慢旅游"被推荐为一种解决方案（Peeter et al. 2006），类似的还有宅度假（staycations）（Cohen et al. 2011）。贝肯指出，有必要将"合法的度假"和"非必要的"航空旅行区别开来（2007 in Cohen et al. 2011）。负责任旅行公司推荐其客户"尽量少飞，让每次飞行都飞有所值"（Taylor 2009）。

在谱的另一端，厄里（Urry 2008）以讽刺的方式想象出一个"数字监狱"，它会追踪和记录每个人的碳额度。如果采用这种管制性的措施，那么在未来飞行可能成为一种"精英和特权的活动"（Holden 2008），那些想要参与国际航空旅行的人就不得不牺牲一些其他方面的利益来换取碳额度——居住在没有暖气（没有冷气）的房子里，放弃汽车，在食物上自给自足，等等。

气候变化在根本上是一个伦理问题，因为气候变化问题的成功解决需要我们实现伦理范式上的转变（Gardiner 2010），并且改变我们看待旅行的方式。"当大多数人看到一辆大型汽车时的第一反应是它带来的空气污染而非它象征的社会地位时，环境伦理的时代就到来了"（Durning 1992 in Jamieson 2010：325）。类似的是，当大多数人想象一架大型飞机的飞行时，第一反应是该旅程的碳排放，那么是不是环境旅行伦理的时代也就来临了呢？

本章回顾

本章介绍了航空旅行的伦理问题，指出了航空旅行与全球环境变化的关系，以及相关的环境、社会和经济影响。本章提出气候变化是一个伦理问题，对消费者、航空公司、目的地、政府和国际组织这些不同的利益相关者都提出了行动上的要求。

我们讨论了伤害的概念以及在飞行中具有间接伤害性的、难以观察的、难以确定受害者的以及难以界定责任的活动中如何确定和分配责任。我们应用了囚徒困境和公地悲剧的情境来说明个体行动在集体福祉上产生的道德后果。

本章介绍了解决飞行中碳排放问题的机制，包括科技、燃料替代（生物燃料）、碳补偿和碳税。每一种机制都存在伦理问题，本章结论认为消费者必须改变其行为——尤其是具有超流动性的旅行行为,然而最终也包括我们每一个人。

关键术语小结

超流动体(hypermobility):是指少数具有高度流动性的个体,他们在总体旅行里程,尤其是空中旅行中占据很高比例。这些旅行者具有超流动性,是指他们旅行频度高,并且常常跨越长距离(Gössling et al. 2006)。

代际间伦理(intergenerational ethics):一个解决代际间问题的伦理系统,寻求如何平衡当代人与未来人之间的利益关系。平等的伦理原则,尤其是代际间平等,是可持续发展的核心。一些观点认为我们对后代人的责任应该成为道德哲学的核心。

廉价航空(low-cost carrier):或说低成本航空(即不提供不必要服务的、有折扣或特价航空),是指以低费用和低舒适度为特色的航空公司。其发展起源于美国,该模式如今已遍布全球。

囚徒困境(Prisoner's Dliemma):是一个决策分析的悖论,在其中有两个个体为了各自的最佳利益而采取行动,但是导致了不理想的最终结果。该困境说明了个体与群体理性之间的冲突。如果每个群体成员都以追求理性的自我利益的方式行事,那么最终的结果可能不如每个成员都违背理性的自我利益而行事。

责任(responsibility):一个源于亚里士多德的概念。简而言之,人们要为自己的行为承担道德上的责任。在行动上拥有道德责任的人被称为道德代理人。道德代理人拥有道德责任,因此自由意志成为一种必要。关于个体是否拥有自由意志,还是其行动受随机因素的决定,这存在争论。后一种观点会质疑人们是否应该对其行为负有道德责任。

思考问题

1. 回忆你最近乘坐的航班——在多大程度上它是必要的,你如何(或者能否)在道德上论述其正当性?

2. 如果将后代人纳入考虑的范畴，你对自己飞行的伦理辩护会有不同吗？

3. 商务旅行者（很有可能乘坐商务舱）为了工作而飞行，是否应该比度假旅行者负有更多的道德责任？他们的雇主负有道德责任吗？

4. 航空公司的"常旅客计划"（frequent flyer programmes）道德吗？

练习

1. 列出一些能够在目的地实施的战略来"中立化"飞行所带来的碳排放。旅游中的哪些利益相关者需要作出改变？

2. 减少目的地碳消耗还存在其他伦理意义吗？

3. 思考其他交通方式，例如火车或汽车，讨论这些交通选择是否存在类似的或不同的伦理问题。

延伸阅读

Gardiner, S.M. (2010) *Climate Ethics: Essential Readings,* Oxford University Press.

Gössling, S. (2011) *Carbon Management in Tourism: Mitigating the Impacts on Climate Change,* Abingdon: Routledge.

Gössling, S. and Upham, P. (2009) *Climate Change and Aviation: Issues, Challenges and Solutions*, London: Earthscan.

IPCC (2001) *Aviation and the Global Atmosphere* <http://www.grida.no/publicaions/other/ipcc_sr/?src=/climate/ipcc/aviation/index.htm>

Mulgan, T. (2006) *Future People: A Moderate Consequentialist Account of Our Obligations to Future Generations*, Oxford: Clarendon Press.

注释

a 乔治·蒙博（George Monbiot, 1963- ），环境和政治作家。From 'On the Flightpath to Global Meltdown', *The Guardian*, 21 September 2006. Available at <http：//www.guardian.co.uk/environment/2006/sep/21/

travelsenvironmentalimpact.ethicalliving>（Accessed 13 June 2011）.

b 查尔斯王子（Prince Charles，1948– ）。Available at <http: //www.woopidoo. com/business_quotes/climate–change.htm>（Accessed 1 May 2011）.

c 阿诺德·施瓦辛格（Arnold Schwarzenegger，1947– ），演员，2003—2011年美国加利福尼亚州州长。In Flam，F.（2008）*Debate Still Heating up on Global Warming.* Available at <http: //www.azcentral.com/news/articles/2008/08/17/20080817ClimateChangeDebate0817.html>

1 该结构的谜题由梅里尔·弗勒德（Merrill Flood）和梅尔文·德雷舍（Melvin Dresher）于1950年提出，是兰德公司（Rand Corporation）对游戏理论进行的调查的一部分（兰德公司此举也因为该理论可作为对全球核战略的解释）。其名字"囚徒困境"和以刑期作为结果的设定则由艾伯特·塔克（Albert Tucker）提出。

2 麻风树油是一种植物油，来自麻风树籽。

参考文献

Adam, D. (2007) 'Surge in carbon levels raises fears of runaway warming', *The Guardian,* 19 January. Available at <http://environment.guardian.co.uk/climatechange/story/0,01994071,00. html> (Accessed 12 December 2011).

Air New Zealand (2009) *Biofuel Test Flight Report Shows Significant Fuel Saving.* Available at <http://www.airnewzealand.com/press-release-2009-biofuel-test-flight-report-shows-signif-icant-fuel-saving-28may09> (Accessed 10 October 2011).

Archer, D. (2005) 'Fate of fossil-fuel CO_2 in geologic time', *Journal of Geophysical Research Oceans,* 10:C09S05, DOI 10.1029/2004JC002625.

Barkham, P. (2006) 'Oops, we helped ruin the planet', *The Guardian,* 4 March. Available at <http:// www.guardian.co.uk/travel/2006/mar/04/travelnews.climatechange.environment> (Accessed 27 July 2011).

Barnett, T. (2009) 'Climate change: To fly or not to fly', in Pattullo, P. and Minelli, O. (for Tourism Concern), *The Ethical Travel Guide,* London: Earthscan.

Becken, S. (2007) 'Tourists' perception of international air travel's impact on the global climate and potential climate change policies', *Journal of Sustainable Tourism,* 15(4): 351–68.

Bows, A., Upham, P. and Anderson, K. (2006) *Contraction and Convergence: UK carbon emissions and the implications for UK air traffic.* Tyndall Centre for Climate Change Research, Technical Report 40. Available at <http://tyndall2.webapp3.uea.ac.uk/sites/default/files/t3_23_0.pdf> (Accessed 4 January 2012).

Broome, J. (2008) 'The ethics of climate change', *Scientific American.* Available at < Http://www. scientificamerican.com/article.cfrn?id 1/4 the-ethics-of-climate-change> (Accessed 6 August 2009).

Burns, P. and Bibbings, L. (2009) 'The end of tourism? Climate change and societal challenges', *21st Century Society,* 4(1): 31–51.

Civil Aviation Authority (CAA) (2006) *No-Frills Carriers: Revolution or Evolution?* CAP 770, London: CAA.

ClimateCare (2012) *Calculate and Offset Your Carbon Footprint.* Available at <http://www.climate-care.org> (Accessed 7 May 2012).

Cohen, S.A. and Higham, J.E.S. (2011) 'Eyes wide shut? UK consumer perceptions on aviation climate impacts and travel decisions to New Zealand', *Current Issues in Tourism,* 14(4): 232–35.

Cohen, S., Higham, J. and Cavaliere, C. (2011) 'Binge flying: Behavioural addiction and climate change', *Annals of Tourism Research,* 38(3): 1070–89.

Dlugolecki, A. (2004) 'Climate change and mounting financial risks: what are the options?' Background Paper for *The Hague Conference on Environment, Security and Sustainable Development,* 9–12 May. Available at <http://www.envirosecurity.org/conference/working/ ClimateChangeFinancialRiskOptions.pdf> (Accessed 7 July 2011).

Gardiner, S.M. (2010) 'Ethics and global climate change', in Gardiner, S.M., Caney, S., Jamieson, D. and Shue, H. (eds) *Climate Ethics: Essential Readings,* New York: Oxford University Press, pp. 3–38.

Goodin, R.E. (2010) 'Selling environmental indulgences', in Gardiner, S.M., Caney, S., Jamieson, D. and Shue, H. (eds) *Climate Ethics: Essential Readings,* New York: Oxford University Press, pp. 231–46.

Gössling, S. and Peeters, P. (2007) '"It does not harm the environment!" An analysis of industry discourses on tourism, air travel and the environmenf, *Journal of Sustainable Tourism,* 15(4): 402–17.

Gössling, S., Bredberg, M., Randow, A., Sandstrom, E. and Svensson, P. (2006) 'Tourist perceptions of climate change: a study of international tourists in Zanzibar', *Current Issues in Tourism,* 9(4/5): 419–35.

Gössling, S., Broderick, J., Upham, P., Ceron, J.-P., Dubois, G., Peeters, P. and Strasdas, W. (2007) 'Voluntary carbon offsetting schemes for aviation: efficiency and credibility', *Journal of Sustainable Tourism,* 15(3): 223–48.

Graham, B. and Shaw, J. (2008) 'Low–cost airlines in Europe: Reconciling liberalization and sustainability', *Geoforum,* 39(3): 1439–51.

Hares, A., Dickinson, J., and Wilkes, K. (2010) 'Climate change and the air travel decisions of UK tourists', *Journal of Transport Geography,* 18(3): 466–73.

Hickman, M. (2010) *Global warming? It doesn't exist, says Ryanair boss O'Leary.* Available at <http://www.independent.co.uk/environment/climate-change/global-warming-it-doesnt-exist-says-ryanair-boss-oleary-2075420.html> (Accessed 4 May 2011).

Hickman, L. (2010) *Michael O'Leary: Global warming is 'horseshit' – and other insights.* Available at <http://www.guardian.co.uk/environment/blog/2010/sep/10/michael-o-leary-ryanair-global-warming> (Accessed 3 October 2011).

Holden, A. (2008) *Environment and Tourism* (2nd edn), Abingdon: Routledge.

Intergovernmental Panel on Climate Change (IPCC) (2001) *Climate Change 2001: Synthesis Report.* Available at <http://www.ipcc.ch/ipccreports/tar/vol4/english/index.htm> (Accessed 11 November 2011).

International Air Transport Association (ATA) (2009) *A global approach to reducing aviation emissions.* Available at <http://www.iata.org/SiteCollectionDocuments/

Documents/Global_Approach_Reducing_Emissions_251109web.pdf> (Accessed 3 April 2011).

— (2011) *Fact Sheet: IATA-International Air Transport Association. Available at* <http://www.iata.org/pressroom/facts_figures/fact_sheets/Pages/iata.aspx> (Accessed 23 October 2011).

International Civil Aviation Organization (ICAO) (2011) 'Climate change', http://www.icao.int/ environmental-protection/Pages/climate-change.aspx

Jamieson, D. (2010) 'Ethics, public policy and global warming', in Gardiner, S.M., Caney, S., Jamieson, D. and Shue, H. (eds) *Climate Ethics: Essential Readings,* New York: Oxford University Press, pp. 77–86.

McKercher, B., Prideaux, B., et al. (2010) 'Achieving voluntary reductions in the carbon footprint of tourism and climate change', *Journal of Sustainable Tourism,* 18(3): 297–317.

Nuffield Council on Bioethics 2011: Biofuels: Ethical Issues (Summary and Recommendations), London: Nuffield Council on Bioethics.

Peeters,P., Gössling, S. and Becken, S. (2006) 'Innovation towards tourism sustainability: climate change and aviation', *International Journal of Innovation and Sustainable Development,* 1(3): 184–200.

Randles, S. and Mander, S. (2009) 'Aviation, consumption and the climate change debate: "Are you going to tell me off for flying?"' *Technology Analysis and Safety Management,* 21(1): 93–113.

Royal Commission on Environmental Pollution (2002) 'Environmental planning, 23rd report', Cm 5459, London: TSO.

Sager, T. (2006) 'Freedom as mobility: implications of the distinction between actual and potential travelling', *Mobilities,* 1: 465–88.

Schenk, R. (2011) *The Prisoner's Dilemma.* Available at <http://ingrimayne.com/econ/ IndividualGroup/PrisDilm.html> (Accessed 6 November 2011).

Scott, D., Peeters, P. and Gössling, S. (2010) 'Can tourism deliver its "aspirational" greenhouse gas emission reduction targets?', *Journal of Sustainable Tourism,*

18(3): 393–408.

Singer, P. (2010) 'One atmosphere', in Gardiner, S.M., Caney, S., Jamieson, D. and Shue, H. (eds) *Climate Ethics: Essential Readings,* New York: Oxford University Press, pp. 181–99.

Sinnott–Armstrong, W. (2010) 'It's not my fault: Global warming and individual moral obligations', in Gardiner, S.M., Caney, S., Jamieson, D. and Shue, H. (eds) *Climate Ethics: Essential Readings,* New York: Oxford University Press, pp. 332–46.

Smith, I.J. and Rodger, C.J. (2009) 'Carbon emission offsets for aviation-generated emissions due to international travel to and from New Zealand', *Energy Policy,* 37(9): 3438–47.

Stanford Encyclopedia of Philosophy (2007) *Prisoner's Dilemma.* Available at <http://plato.stanford.edu/entnes/prisoner-dilemma/> (Accessed 19 February 2012).

Taylor, J. (2009) 'Ethical travel company drops carbon offsetting', *The Independent.* Available at <http://www.independent.co.uk/environment/green-living/ethical-travel-company-drops-carbon-offsetting-1816554.html> (Accessed 2 June 2011).

Timmons Roberts, J. and Parks, B. (2007) *A Climate of Injustice,* Cambridge, MA: MIT Press.

Urry, J. (2008) 'Climate change, travel and complex futures', *British Journal of Sociology,* 59(2): 261–79.

Walz, A., Calonderb, G.P., Hagedornc, F., Lardellia, C., Lundströma, C. and Stöcklia, V. (2008) 'Regional CO_2 budget, countermeasures and reduction aims for the Alpine tourist region of Davos, Switzerland', *Energy Policy,* 36(2): 811–20.

Wambi, M. (2009) Uganda: Carbon Trading Scheme Pushing People off their Land. Available at <http://business.highbeam.com/409433/article-lGl—206960002/uganda-carbon-trading-scheme-pushing-people-off-their-

land> (Accessed 30 September 2011).

Webster, B. (2007) *Ryanair chief flies into a rage over green taunts,* 29 November. Available at <http://www.timesplus.co.uk/welcome/index.htm> (Accessed 29 September 2009).

第12章 接待业和营销伦理

"市场没有道德可言。"

——迈克尔·赫塞尔廷[a]

"善良是一门好生意。"

——安妮塔·罗迪克[b]

"做广告就像饲养员用棍子敲打喂食桶。"

——乔治·奥威尔[c]

"别跟我妈说我在广告公司工作;她以为我在妓院弹钢琴呢。"

——雅克·塞盖拉[d]

学习目标

阅读本章后,你将能够:
- 总体介绍接待业和接待与旅游产品的营销人员所面临的伦理问题。
- 应用主要的伦理框架来讨论旅游和接待业营销。
- 将美德伦理和社会契约理论应用于营销问题。
- 讨论有关产品真实呈现的伦理观点。

一、导言

许多读者可能都知道丹尼·博伊尔(Danny Boyle)导演的奥斯卡获奖

影片《贫民窟的百万富翁》(*Slumdog Millionaire*)(2008)。这部电影的故事发生在印度的孟买，在电影中有一幕场景，如果你仔细看的话会发现主角之一的"饭店男孩"萨利姆（Salim）把水龙头的水灌进了矿物质水的瓶子里，再用胶水把瓶盖粘起来。继而，这瓶看起来干净又安全的水就被送到了顾客手中。据说，这种让人大开眼界的，具有潜在危险的行为在印度的火车站和低端饭店早已屡见不鲜，一些旅行咨询中介会建议旅游者仔细检查水瓶的封签。我们借此微观事例来指出接待业中存在的不道德现象。这种行为可能会给消费者带来伤害（饮用不干净的水带来的疾病），但为饭店业主（至少在短期内）减少了成本。

解决这种有关产品和服务之道德问题的一个原则是"购者自慎"（一经售出，概不负责），让买家自己多多留心。如果某人愚蠢到不检查自己的水瓶是不是被做过手脚，那么他就活该生病吗？这种原则道德吗？接待业是不是也有责任进行检查，确保均衡，同时鼓励道德的（和安全的）实践来预防这种行为的发生呢？

本章将会讨论此类问题，从上述水瓶这样的微观问题到更宏观和普遍的道德侵害问题，尤其是在产品和服务的宣传呈现（或错误呈现）上。本章也会介绍接待业部门和相关联的市场活动中一系列不道德的实践，讨论为什么人们的行为应该更有道德。我们亦将讨论道德实践和质量管理之间的关系。本章将思考当下接待业部门的管理者如何进行道德决策问题，检视若干有助于提升产业道德性的框架。

二、更具伦理的接待业？

20年前，已经有人评论说接待业中最关键的问题是伦理问题（Whitney 1990）。当时的评论家呼吁提升该产业的道德水平（例如 Krohn and Ahmed 1992）。在1999年《旅游中的伦理：现实还是幻觉？》一文中，弗兰肯施泰因和许布希（Fleckenstein and Huebsch）认为国际旅游和接待业处于一个"利润驱动巨大企业"的范式之中（1999：137），从而导致了该产业的许多伦理问题。这些问题包括从质量控制和产品与服务的真实呈现到阻碍宏观产业发展的大规模问题——例如"漂绿"、不道德的营销实践以及对产品和服务之环境影响的虚假宣传等（例如 Wight 1993；Lansing and De Vries 2007）。例如赫德森和米勒（Hudson and Miller 2005）所描述的"剥削型的"营销行为，山地旅游区在其推广材料中大力宣传其环保贡献，实际上却几乎未采取任何对环境负责的行动。

住宿业也存在着自己的伦理问题；海伍德（Haywood 1987）指出了住宿从业者所面对的严重的伦理问题，包括从供应商处收取回扣和礼物，向税务部门隐藏收入，缺乏对基础设施和安全系统的投入和维护，以及从竞争对手处挖员工等（Haywood 1987 in Whitney 1990）。惠特尼（Whitney 1990）在此基础上又作了补充——超额预定，一个住宿业的标准管理（向顾客"确保"一个不存在的房间到底是不是一个谎言？）以及为顾客的饮酒和安全/行为所负有的责任（Wheeler and Cooper 1994）。厄普丘奇（Upchurch 1998）提出了接待业管理中存在的以下伦理问题［也可参见林恩（Lynn 2012）对近期接待业伦理研究的评述］：

- 顾客权利；
- 员工赋权；
- 性骚扰；
- 机会平等；
- 部门关系；
- 供应商关系；
- 收益管理；
- 社区和公共关系；
- 个人价值与组织价值的平衡。

然而，最为常见的或许是有关广告真实性的问题（Dunfee and Black 1996）。弗兰肯施泰因和许布希描述了一个人阅读"奢华"酒店的广告手册的经历，这种情况可能我们大多数人都体验过……

> 这个游客被"五星级"酒店所吸引，于是打电话进行预订，想为家人花高价计划一个充满乐趣的度假……在到达后，该游客发现这仅仅是一个"一星级"酒店，后院的池塘里挤满了小鱼；有着九个洞的

三杆高尔夫球场野草疯长；一个看起来几年都没清理过的游泳池，要到处"搜索"服务生才能拿到干净的毛巾和床单。环境确实非常安静，因为根本没有事情可做。

（Fleckenstein and Huebsch 1999：138）

问题是，这个手册的宣传是否准确或道德？或只是（无伤大雅地）夸张了一点点（Fleckenstein and Huebsch 1999：138）？两位研究者指出，人们对旅游/接待业产品的营销伦理关注不多，总体上看，质量并非关注的重点，它仅仅是个底线罢了。实际上，合乎伦理的产品展示问题很早就已经出现在该产业中。一个非政府组织，国际伦理与旅游质量与服务协会于1989年建立，其目的在于促进旅游产业的道德实践。

实际上，合理的定价和符合道德的企业实践自古以来都是人们所关心的问题。两千多年以前的哲学家，例如亚里士多德和西塞罗所讨论的销售中的道德问题和今天的问题如出一辙（Nill and Schibrowsky 2007）。亚里士多德谈论了商人的罪恶与美德，《新约》和《旧约》都提出了做生意的正确方式（Fennell 2006）。虽然我们可能以为缩水的牛排和变小的汉堡是二十一世纪的新现象，实际上在1923年，美国国家饭店业协会就针对饭店宣传其食物的方式提出了担忧。协会还发布了相关标准，规定了菜单的精确性——然而菜单真实性的问题依旧没有得到解决（Whitney 1990）。惠特尼问道："难道顾客无权看到一个完整而精确的菜单吗？"（1990：60）

从道德角度看，"购者自慎"的原则并不合理，它也绝对不利于产业声誉的提高。这一原则认为消费者应在购买时承担所有责任，一些观点认为此原则对于某些商品来说具有合理性。然而在旅游和接待业中，人们通常需要提前购买远距离的、未见过的和未检测的产品，"购者自慎"的原则因此很难适用。重要的是，"购者自慎"并不是无条件的，如果卖家在推销产品和服务时存在欺骗行为，那么该产品和服务就是"残次品"，顾客就有权要求赔偿（Gibson 2007）。不过，如果让供给者为产品和服务后果承担所有责任也并不合理。在责任分配上，两种极端的解决方案都不合道德。显然，符合道德的方式应处在中间地带。

> 需要指出的是，上述接待业的伦理问题讨论中忽略了一个重要的问题，即顾客健康和安全的问题。原因可能在于，无论对于产业还是研究者，该问题更多属于法律而非道德问题。虽然本章并没有特别讨论旅游健康和安全的问题，但是以下所讨论的框架也适用于该方面的道德责任问题。我们也推荐以下阅读材料：
>
> Manfield, Y. and Pizam, A. (2006) *Tourism, Safety, and Security: From Theory to Practice,* Oxford: Elsevier Butterworth–Heinemann.
>
> Hall, C.M., Timothy, D.J. and Duval, D.T. (eds) (2003) *Safety and Security in Tourism: Relationships, Management and Marketing,* Binghamton, NY: Haworth Hospitality Press.
>
> Hall, D. and Brown, F. (2006) *Tourism and Welfare: Ethics, Responsibility and Sustained Wellbeing,* Wallingford: CABI (Chapter 3).

三、管理人的伦理原则

针对接待业中不尽人意的道德实践，有观点辩解说"酒店管理者并不是哲学家"（Whitney 1990：61）。对此，反驳的观点提出，我们亦并非警察，但还是要遵守法律。道德哲学家的专业知识并不是（也并不保证）道德行为的前提。无论如何，惠特尼对道德的"操作"和"意识形态"部分进行了有效区别。他指出管理者更多是在技术层面处理道德问题（例如在决策制定过程中使用财务数据、产品规范、营销战略和入住率指标等）。因此，他们都是在局部性地解决道德问题，并且仅仅停留在操作上、技术上和行为层面上。惠特尼想要说明的问题是管理者通常上都在处理"整体性的"问题时缺乏准备，因为该问题涉及哲学层面。要找到整体性的、深度的解决方案存在难度，原因在于（Whitney 1990：61）：

1. 道德问题复杂的哲学本质；
2. 缺乏实用且能落地的描述性分类以供管理者使用；

3. 缺乏动态的伦理准则来指导管理者制定决策。

一项研究分析了过去一百年中酒店管理者的道德取向，研究发现管理者在最初的形成期中通常以"实践证明好就行"的原则来指导自己的行为（Whitney 1990）。然而，当需求与传统价值观出现偏差时，这种原则就会出现问题，因为在"生意就是生意"的情况下，管理人强烈的传统价值观可能就会被"推到一旁"（Whitney 1990：66）。惠特尼（Whitney 1990：67）进一步对好的管理者进行了定义：

> 优秀管理者的标志是，他们有着精湛的技术，经验丰富，受过教育，成熟，并且能在不利的情况中保持高度的道德水准。与其他特点相比，最后一点显示了真正的专业性。

另一项研究试图确定酒店和旅馆的经理人所使用的道德原则，厄普丘奇和鲁兰（Upchurch and Ruhland 1996）指出了三个主要的道德规则：

- 利己主义；
- 善心（对他人的关怀与关心）；
- 原则（坚守内化的与外化的规则和规定）。

在应用这些道德规则时，管理者会使用三个主要的对照源：个人价值观、具体工作职责中的价值观以及宏观的社会价值观。不过，大多数决策都取决于管理者在具体工作职能中使用价值观时持有的善心。厄普丘奇和鲁兰认为这是组织成员在组织规定边界内最大化最佳利益的过程，因此，在此过程中缺乏完善道德规则的组织或组织规则与社会规则相矛盾就会面临问题。

四、营销道德

营销是商业最具道德争议的领域（Dunfee et al. 1999；Murphy and Laczniak 1981 in Wheeler 1995）。这源于营销与交换过程的紧密联系（Chonko and Hunt 1985；Dubinsky and Loken 1989；both in Wheeler 1995）。营销人员与交换过程中的其他各方有着千丝万缕的联系："每一方的责任和义务都是双向的，这些责任和义务在履行过程中会产生冲突和营销道德问题"（Wheeler 1995：38）。雪上加霜的是，电子通信技术的快速发展促进了市场和营销的全球一体化，这为营销人员带来了更复杂的道德问题（Nill and Schibrowsky 2007）。

盖洛普·波尔斯（Gallup Polls）对不同从业人员的道德感知进行了调查，结果显示营销人员在诚实度和道德标准上的排名接近垫底（Advertising Age 2002 in Nill and Schibrowsky 2007）。营销中的道德问题包括（2007：257）：

- 产品责任；
- 个人销售技巧；
- 虚假或误导性的广告；
- 产品倾销；
- 哄抬物价；
- 向低收入者营销（"弱势消费者"）；
- 外国童工。

最终，尼尔和希波洛夫斯基（Nill and Schibrowsky 2007）向营销人员提出了一系列问题，其中一些如下：

- 企业如何定义其道德责任？
- 企业如何制定符合道德的营销决策？
- 营销人员是否应该对弱势消费者负责？
- 在价值体系多元的外国进行营销时，营销者需要制定哪些道德决策？
- 营销者对社会负有哪些道德责任？
- 消费者主权应该扮演何种角色？
- 道德和利润应该具有何种关系？

面对这一系列"棘手"的问题，研究者也因此呼吁对营销道德进行更多的关注，指出要"发掘道德判断的本质和基础，制定有关营销决策和营销现状的标准和规则"（Vitell 1986 cited in Yaman and Gurel 2006：470）。

营销部门面对着多种多样的道德问题，一个尤为常见的主题是"真实"的问题，特别是在产品宣传中的消费者真实和科学真实的区别上（Davis 1992 in Wheeler 1995）。真实在服务业营销中尤其重要，因为消费者无法在购买前对产品进行切身检验。对于旅游和接待业来说，服务可被视为一种"表演"，而非物理的产品，因此就存在产品标准和控制的问题。类似的是，旅游"产品"是一系列的产品的合成物（例如交通、住宿、吸引物等），而这些产品通常又来自不同的供应商。旅游作为一种体验是以期望为基础的，因此营销人员的任务就是去展示（服务或目的地的）形象，从而创造消费者的认知。不过，惠勒（Wheeler 1995）指出，营销人员还有一个任务就是保证他们所呈现的形象与现实保持一致，不造成产品质量（或真实性）上的违约。然而，也有人提出这不仅仅是营销人员的责任，同时更是所有供给方的利益相关者应共同负有的责任——尤其是那些该营销活动中获利的供给方。

除了接待业管理者，营销专家也认识到各方利益相关者的需求可能相互冲突。这包括他们的个体道德（信仰和价值观）、职业道德（由营销的职业精神所决定）以及组织道德（由特定公司或企业的工作而决定）（Wheeler 1995）。然而，有观点认为只有当营销人员相信某种道德有利于其组织利益时，才会采取这种道德行为（Yaman and Gurel 2006）。

因此，营销人员的行为能够更有道德吗？从对营销道德的研究方面看（例如告诉我们应如何做的研究），加斯基（Gaski 1999）认为只要营销人员在追求自身利益时遵纪守法就是道德的。然而，也有研究者提出了反对意见，例如史密斯指出，仅仅遵守必要的法律不足以实现优良的行为："在许多情况下，法律和自我利益存在着冲突，因此无法为营销人员提供合适的参考"（Smith 2001：8）。

为了提供一个更好引导，拉兹尼亚克和墨菲（Lacniak and Murphy 1993：49–51 in Dunfee et al. 1999：16）提出了一系列问题来帮助我们评估营销实践的道德：

1. 预期行为是否违反了法律？（法律检验）
2. 行为是否有违普遍接受的道德责任？（责任检验）
3. 计划的行动是否有违该营销组织所负有的特定义务？（特定义务检验）
4. 预期行为的动机是否有害？（动机检验）
5. 预期行为是否可能导致个人或组织的重大伤害？（结果检验）

6. 与当下计划的行为相比，是否存在其他行为选择能够给各方带来同样的或更大的利益？（实用检验）

7. 预期行为是否有违产权、隐私权或消费者不可剥夺的权利？（权利检验）

8. 该行为会降低其他个体或其他组织的福祉吗？这些个体或组织属于相对贫困的阶层吗？（公正检验）

如果以上问题的答案中有一个"是"，那么营销人员的决策就可能是不道德的，需要进行重新考虑。然而，这种方法也存在操作性的问题："如果要满足每一种道德理论，那么能通过的营销决策也就寥寥无几了"（Dunfee et al. 1999：16）。此外，一些问题中的"是"可能对于另一些问题来说是"否"。例如，"公正的责任旨在保证利益分配的公平，这可能与股东利润的目标并不一致"（1999：16）。

讨论点：道德的目的地营销

"阳光与沙滩"型的大众旅游市场对于目的地来说至关重要。一些目的地几乎以无所不用其极的方式来推广其服务质量，正如以下三则新闻所示。

美丽的沙滩伴随着和谐的标语，旨在吸引英国旅游者在伦敦奥林匹克运动会期间前往法国旅游。但是昨日法国让自己出了洋相，它发布了一张旨在宣传法国蔚蓝海岸和地中海的海报，却配了一张南非的照片。法国的旅游业老板们在此次宣传上花费了超过50万欧元，包括报纸广告和本月为期三周的23处遍及伦敦地铁的巨大海报。

然而不幸的是，广告代理商却在其中的两张海报上无意间使用了一张开普敦的海滩照片——距离法国5500英里。这张问题海报描绘了一家人沿着海滩奔跑，配文"向蔚蓝海岸冲刺"——法国旅游委员会认为这很"幽默"，模仿了奥林匹克的宣传语……南非的兰迪德诺（Llandudno）是开普敦最为独特的郊区景观，因当地美丽的海滩和卓越的冲浪而负有盛名……在问题被指出来之后，法国旅游老板们在其官方网站换上了法国"蔚蓝海岸"的照片。

资料来源：Newling, D. (2012) 'France's shifting sands：Tourist chiefs tempt Brits…with a pucture of Cape Town' <http: //www.dailymail.co.uk/news/article-2121120/Frances-shifting-sands-Tourist-chiefs-tempt-Brits-picture-Cape-Town.html#ixzz22Sa5HrFp>

说到虚假广告的问题……西班牙旅游委员会承认在其旅行推广中使用过加勒比的图片，因为自己的海滩不符合标准。盖帝图像公司（Getty Images）在巴哈马拍摄的照片被西班牙科斯塔布拉瓦旅游委员会用在其海报之中……旅游委员会主席多洛斯·巴塔雷（Dolors Batallé）在被揭露后毫无愧色。她说自己无法找到科斯塔布拉瓦"质量足够好"的照片。

资料来源：Whitley, D. (2012) 'Worst ever travel promos' <http://www.travel.ninesn.com.au/world/920875/worst-ever-tourism-promotions >

澳大利亚旅游局的领导者们则为一个价值2.5亿美元的广告战略中的误导性景观而感到羞愧。这一广告战略定位于上海，瞄准了18个核心市场……然而，在澳大利亚一些传媒组织发布了一个广告，将澳大利亚南部袋鼠岛上的海豹湾错误地标记为塔斯马尼亚岛（位于澳洲东南方）的弗雷西内半岛（Freycinet Peninsula）。雪上加霜的是，这幅海报上展示了一对恋人独享着海豹湾，一起散步的同时手里拿着一瓶红酒和两支杯子。而该海滩实际上必须由导游带领进入，同时还要有骑警相伴。参观者必须以群体形式参观，只能远远地观看稀有的海狮。酒精是禁止的……"最后我们用了一点想象力。"澳大利亚的一位旅游发言人承认，骑警在拍摄时实际上一直都在旁边。

资料来源：Owen.M. (2012) 'Fur flies over romantic ad's false promise' <http://www.travel.ninesn.com.au/world/920875/worst-ever-tourism-promotions >

练习

应用拉兹尼亚克和墨菲（Laczniak and Murphy 1993）提出的问题列表（见上文）来解释这些案例。

> **讨论问题：**
> 1. 在上述前两个例子中，如果广告中的海滩与本应该宣传的海滩看起来非常相似，那么这其中还存在道德问题吗？
> 2. 目的地营销者如果使用数码编辑的照片来提升目的地的吸引力，这种行为道德吗？
> 3. 在第三个例子中，"发挥了想象力"可以作为不道德营销的借口吗？
> 4. 如果使用这种营销战略提升了目的地的旅游收入，使目的地和社区从中受益，那么是否能说目的地不道德的营销也是值得的？

五、营销和接待业中的道德行为

要理解旅游和接待业中处理道德问题的不同管理思路，就需要对解释道德决策过程的规范性理论进行总结（Yaman and Gurel 2006）。其中的理论之一就是福赛思（Forsyth 1980）提出的"道德定位理论"（EPT）。道德定位理论认为，在紧张的道德情境中个体的个人道德哲学会影响其判断、行动和感情。该理论的基础是心理学家科尔伯格（Kohlberg 1976）和皮亚杰（Piaget 1932）（都可见 Forsyth and O'Boyle 2011）的研究。它认为道德行动和评价是一个人"个人道德的综合概念系统或道德定位"的外在表现（Forsyth and O'Boyle 2011：354）。福赛思的框架指出了个人道德哲学的两个基本维度——理想主义和相对主义。相对主义是指个体"拒绝普遍道德规则"的程度（Forsyth 1980：175）。相对来说，理想主义的个体"在做判断时倾向于使用道德绝对论，相信道德'正确的'行为总会带来积极和理想的结果"（Forsyth 1980：175）。福赛思基于这种二分法而提出的类属划分包含四种不同的道德哲学（图 12.1）。

四个定位各自对应特定的道德哲学，例如绝对主义定位与道义论相对应，而例外主义定位与目的论和实用主义相对应。福赛思（Forsyth 1980）提出了道德定位问卷（EPQ）用以评估个体道德哲学。该问卷询问个体对不同叙述的接受程度，而这些叙述则具有从相对主义到理想主义的不同程度。

	低相对主义	高相对主义
高理想主义	**绝对主义者**：有原则的理想主义者，认为人们应该按照道德规则来行动，并相信这在大多数情况下都会为所有相关者带来最好的结果。	**情境主义者**：理想的情境论者，目标是为所有相关者追求最好的可能结果，为实现这一目标可以违反传统上关于对错的规定。
低理想主义	**例外主义者**：有原则的实用主义者，视道德规则为行动的指南，但是承认遵守规则并不一定会为所有相关者带来最好的结果。	**主观主义者**：实用的相对主义者，其道德选择基于个人考虑，例如个体价值观、道德情感或者特定的道德哲学。

图 12.1　道德定位模型

来源：Forsyth（2012）Available at http://donforsyth.wordpress.com/ethics/the-epq/。

相对主义会"无法比较不同道德类型的'正确度'"，也会"随着情形的不同，道德也有所不同"。理想主义的度量方法依据个体如何看待"人们应该确保其行为不给他人带来哪怕是最小的伤害"或"如果一种行为会伤害无辜的他人则不可行"这样的信念所带来的正反面结果。

（Forsyth 1980：178 in Forsyth and O'Boyle 2011：354）

美国有研究显示，大多数的市场营销人员处于情境化的定位（Pratt 1994）。然而，这种情境主义道德也被批评为"不道德"或"反道德"。梅里尔（Merrill 1975）认为，道德问题在主观主义、情境主义或语境主义中被稀释时，就失去了作为道德问题的意义：

如果道德中没有绝对性，那么我们就可以抛弃所有的道德哲学了，因为每个人都可以根据自己在不同情况下的幻想或"考虑"来生活了。

（Merrill 1975：16 in Pratt 1994：73）

亚曼和古雷尔（Yaman and Gurel 2006）应用道德定位理论（EPT）模型对旅游营销人员的意识形态进行了实证研究。他们旨在确定道德决策的前提，例如一些研究显示，性别、文化、教育和组织规模都是重要的影响因素。这项研究对澳大利亚和土耳其的旅游营销人员进行了比较，揭示其文化上的差异。与澳大利亚营销者相比，土耳其营销者更具理想主义和相对主义特征。另一个重要发现则与组织规模相关：组织规模越大，营销人员认为道德对组织所具有的重要性越低（2006：483）。

案例研究：供给链中的文化和道德

中国的出境游在近几年来快速增长，对于澳大利亚这样的目的地来说，为这个新的入境市场保证参观体验的质量是其面对的新议题。而从中国到澳大利亚的旅游供给链中不道德的实践也正是澳大利亚旅游业和官方遇到的最大问题（Keating 2008）。这一问题出现于大折扣的包价旅游之中，经营者的成本主要通过佣金制的购物来得以补偿。这种行程被称为"零团费"旅游，这一现象存在问题不仅因为它对个人旅游体验的影响，也因为该产业中包价旅游的剪切优势（shear dominance）（Chen and Mak 2011；March 2008）。

参与此类行程的中国游客可能遭遇以下问题（Chen and Mak 2011；Keating 2008）：

- 产品的误导性展示；
- 未能履行合同中的服务；
- 未经商议或同意而改变行程；
- 诱导游客购买不需要的商品或服务；
- 服务质量低；
- 不称职的导游；
- 有限的购物选择；
- 向游客索要小费；
- 目的地的欺诈性交易。

表12.1展示了澳大利亚旅游中的不道德现象。中国国家旅游局报告了前往澳大利亚的中国旅游者的不满以及他们所经历的如表所示的问题，例如在礼品店购物不足时会被要求额外支付旅行费用（DRET 2008 in Keating 2008）。主要的问题似乎是供应链中的不道德行为，尤其是在中国的出境旅游经营者和澳大利亚的入境旅游经营者方面。

在图12.2中，马奇（March 2008）展示了供应链中不道德行为的前提、影响和结果。重要的是，马奇指出了旅游产业中目的地和客源地所应用的不同的道德条例："在澳大利亚看来不道德的行为"在一些其他海外目的地只需解释为"这里就是这样"（2008：295）。虽然承认商业实践中存在着文化差异，基廷（Keating 2008）指出不道德的商业行为（普遍地）是指："旅行中介商所做出的，给旅游者的体验满意度和他们对目的地看法带来消极影响的行为"（2008：404）。他针对旅游供应链中的管理道德提出了一个"最佳的实践模型"（2008：407），包括（不仅限于）"为旅游供应链中的管理道德创造一个强有力商业案例，并通过该案例获取利益相关者的支持"。

表 12.1　澳大利亚旅游的中国游客入境旅游市场中的不道德行为

种类	行为
企业间电子商务行为（B2B）	● 礼物/恩惠/娱乐：昂贵的礼物、交易后送礼、通过（无限的）信用卡条款来资助个人花销 ● 定价：包括不公平的差别定价、问题发票（买家要求手写发票的价格不同于实际支付的价格）、以低于成本的价格提供组件服务（例如酒店住宿） ● 渠道成员过高的佣金：付给渠道成员不合理的高额佣金或费用，例如海外零售商、入境旅游经营者以及导游公司等 ● 不公平的市场进入障碍：免税商店和其他零售店免费为海外零售商提供指导和导游，从而为市场进入设置障碍
消费者行为	● 收费过高：（1）以当地委员会之名收费（例如进入国家公园的门票）；（2）离境税分开收费，即便机票的价格已经包含了税费；（3）以美元而非人民币定价，侵吞差价；（4）强迫游客进入漫天要价的零售店 ● 损害旅游体验：（1）大多数零售店距离顾客很远，从而确保中间人能够控制游客的购物地点和时间；（2）旅行评论聚焦于销售商品而非向游客传播澳大利亚的历史和文化；（3）零售商支付给中间人过高的佣金，因此导致商品价格过高；（4）虚假宣传澳大利亚制造的商品或免税店

来源：March（2008）。

讨论问题

1. 在之前的章节中我们讨论了文化相对主义和道德相对主义，这里可以应用文化相对主义吗？

　　a. 是否存在这种可能：一个在中国（道德上）可被接受的商业行为在澳大利亚（道德上）不被接受？

b. 我们如何处理这两套商业规则?

2. 你觉得旅游供应链中道德的最佳实践模型可以包含哪些行动?

3. 在确保这些行动的实施过程中,谁负有道德责任?

4. 澳大利亚旅游出口委员会(入境旅游的"高峰组织")"鼓励"而非"要求"其成员采取适宜的行为(March 2008)。

a. 这种方法存在问题吗?

b. 委员会的行为道德吗?

c. 如果不道德,为什么?

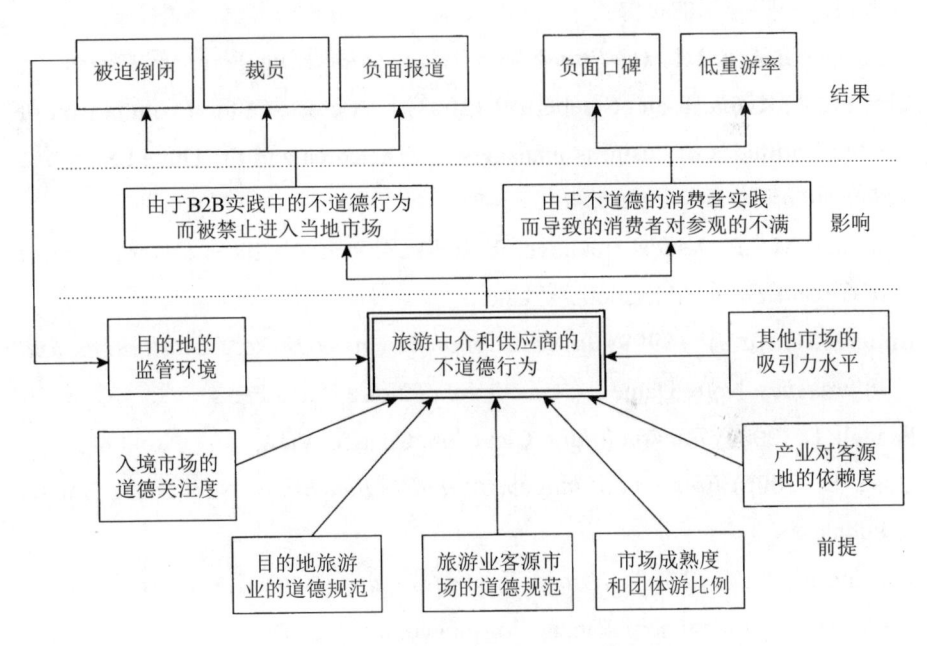

图 12.2 不道德实践的前提、影响和结果

来源:March(2008:293)。

参考文献

Chen, Y. and Mark, B. (2011) 'Testing for moral hazard at the tourist destination', *International Journal of Tourism Sciences,* 11 (2): 1–37.

Keating, B. (2008) 'Managing ethics in the tourism supply chain: The case of

Chinese travel to Australia', *International Journal of Tourism Research*, 11 (4): 403-408.

March, R. (2008) 'Towards a conceptualization of unethical marketing practices in tourism: a Case-study of Australia's inbound Chinese travel market', *Journal of tourism and Tourism Marketing,* 24 (4) : 285-296.

有用的资源：非西方文化中的最佳实践

受篇幅限制，本章无法对非西方文化中的商业实践展开讨论，以下为读者列出一些有用的资源：

Alshersan, B.A. (2011) *The Principles of Islamic Marketing,* Farnham: Gower.

Christie, P., Kwon, I. and Stoeberl, P. (2003) 'A cross-cultural comparison of ethical attitudes of business managers: India, Korea and the United States', *Journal of Business Ethics,* 46: 263-287.

Commers, M.S.R., Vandekerckhove, W. and Verlinden, A. (2008) *Ethics in an Era of Globalization,* Aldershot: Ashgate.

Enderle, G. (ed.) (1999) *International Business Ethics: Challenges and Approaches,* Notre Dame IN: University of Notre Dame Press.

Fennell, D. (2006) *Tourism Ethics,* Clevedon: Channel View.

Gosh, B. (2006) *Ethics in Management and Indian Ethos,* New Delhi: Vaikos Publishers.

Jayamami, C.V. (2008) *Hindu Business Values.* Available at <http: // manomohanam-manomohanam.blogspot.co.nz>

LeFebvre, R. (2011) 'Cross-cultural comparison of business ethics in the U.S. and India: A study of business codes of conduct', *Journal of Emerging Knowledge on Emerging Markets.* Available at < http: //digitalcommons.kennesaw.edu/cgi/viewcontent.cgi?article=1055&context=jekem>

Lu, X. and Enderle, G. (eds) (2006) *Developing Business Ethics in China,* New York: Palgrave.

六、营销伦理的一般理论

许多伦理框架都被应用于营销之中。不过总体上看,道义论和目的论应用最广(Williams and Murphy 1990)(见第2章有关这些道德理论的描述)。亨特和维特尔(Hunt and Vitell 1986)指出,"任何积极的道德理论都要从道义论和目的论的角度对评价过程加以解释"(1986:7)。类似的是,费雷尔等人(Ferrell et al. 1989)提出了一个道德决策的"综合"模型。

亨特和维特尔(Hunt and Vitell 1986,2006)提出的道德决策的"综合"模型(图12.3)引发了对该领域广泛的争论。该理论的基础是道德哲学传统中的道义论和目的论。请读者回忆,道义论是指某一行为或规则的正确性取决于"行为自身的特征,而非该行为带来的价值结果"(Frankena 1963:14 in Hunt and Vitell 2006:144);目的论则认为"判断正确性只有一个基本的或决定性的标准,即它是什么,或者即将是什么的比较价值(而非道德),也就是它想要取得的结果"(Frankena 1963:14 in Hunt and Vitell 2006:144)。

此外,营销道德的一般理论还包含其他概念:
- 整合社会契约(Integrative social contracts)(参见本章下文);
- 道德强度(参见第4章);
- 机遇;
- 宗教性;
- 组织承诺;
- 马基雅维利主义(Machiavellianism);
- 道德特征强度;
- 认知道德发展;
- 道德敏感性。

旅游伦理学：批判性与应用性视角

图 12.3 营销道德的一般理论

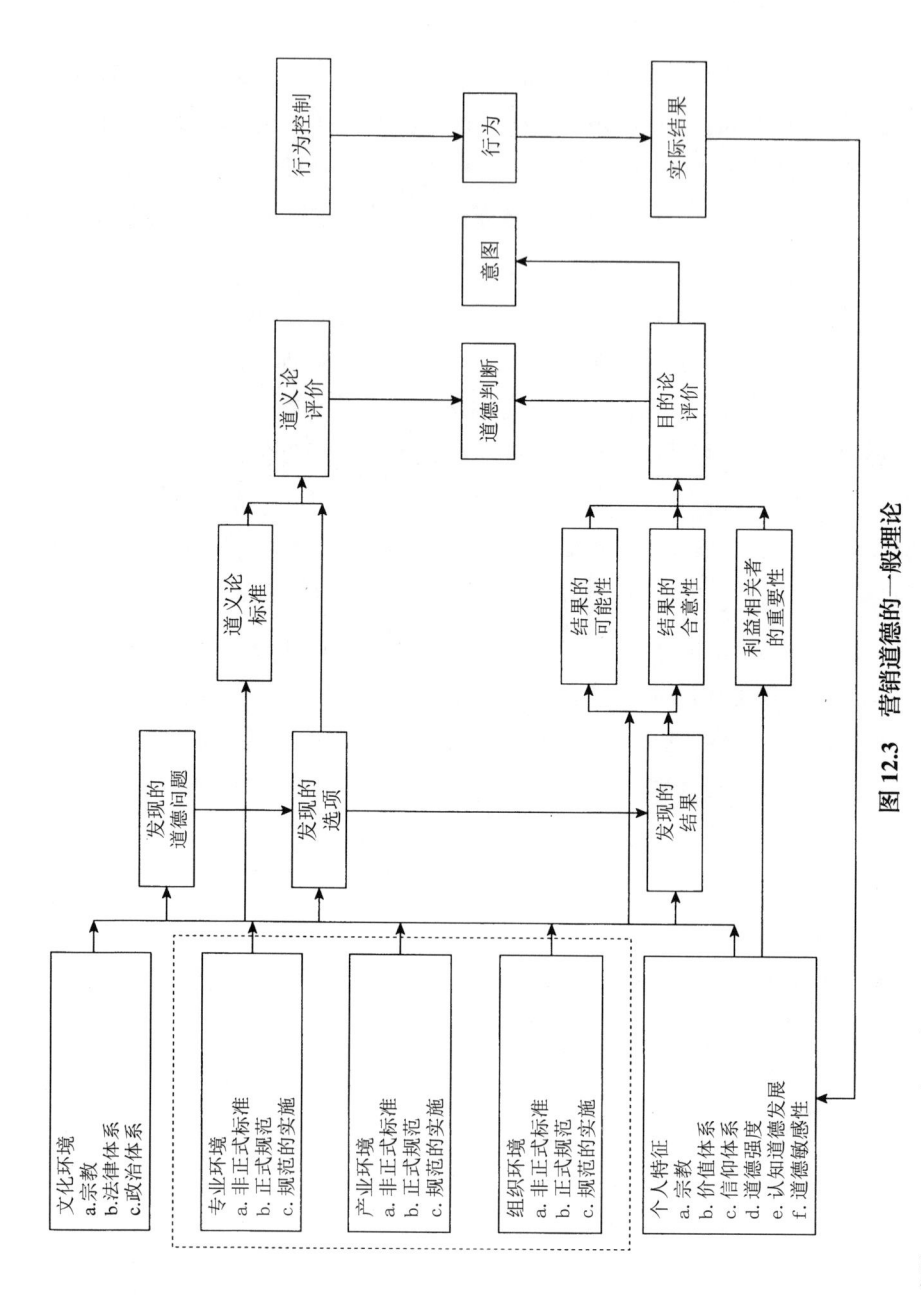

来源：Hunt and Vitell（2006）。

第12章　接待业和营销伦理

该理论虽然最初是针对营销情境而提出，但如今其应用已更为广泛。它说明了个体遇到道德相关问题时的情况。该问题的出现会触发图12.3所展示的决策过程，产生一系列可能的一整套行为选择（需要指出，诱发的一整套行为或许会少于完整可能选项，这仅仅是因为个体并不知晓所有的可能选项），这些行为的评价应用的是道义论或目的论框架（Hunt and Vitell 2006）。在道义论框架下，个体对各个选择的内在正确性或错误性的评价如下：

> 该过程会应用一系列预先决定的目的论标准来对各个行为选择进行比较。这些标准代表个人价值观或道德行为规则，既包括（1）关于事物的普遍看法，例如诚实、偷窃、欺骗和公平对待他人，也包括（2）关于事物的特定信仰，例如虚假广告、产品安全、销售回扣等。
>
> （Hunt and Vitell 2006：145）

道义论标准可能代表的是"超标准"或普遍原则，以及地方标准。目的论评价过程注重四个结构（Hunt and Vitell 2006：145）：

1. 每个选择对于不同的利益相关者群体来说可能产生的后果；
2. 每个结果对于不同的利益相关者群体来说实现的可能性；
3. 人们对各个结果期望或不期望的程度；
4. 各个利益相关者群体的重要性。

该模型的核心是道德判断——或对某个选择最具道德性的信仰，也是个体道义论和目的论评价的实现。这些评价发生于各种复杂要素的相互作用之中：某些情况中的某些个体可能是严格的道义论者，他们会完全忽视行为选择的后果；而在另一些情况中，一些个体可能是严格的目的论者（Hunt and Vitell 2006：145）。

该模型指出了若干会影响道德决策制定过程的个体特征，例如年龄、性别和虔诚度（宗教信仰的程度），这些个体特征在文化、产业、专业和组织环境中发生着作用（Hunt and Vitell 2006：146）。一个重要的因素是"行为控制"或个体"对在特定情况下实施某个意图进行控制的程度"（2006：146）。例如在一些情境中，一名员工可能不会采取他认为最为道德的行为，因为某个主管或董事会成员禁止他如此行为。

亨特和维特尔（Hunt and Vitell 2006）指出实证研究获得了"高分"，因为从总体上看，实证研究为他们的理论提供了强有力的支持。亨特和维特尔相信营销道德的一般理论能够提供一个框架，以帮助商业人士"在当今商业实践的道德迷宫中找到方向"（2006：151）。

七、旅游营销人员的美德伦理

与道义论和目的论相比，营销中对其他道德框架的应用还比较少。而实际上，存在众多的道德框架可资利用，而只关注这两个框架未免有些短视（Nill and Schibrowsky 2007）。同时，道义论和目的论显而易见的缺陷也呼吁着对其他框架的使用。正如第2章所说，实用主义面对的问题是预测未知的未来和对不同的实用类型进行比较。基于义务的（道义论）的理论面对的问题则是在一些情境中可能不存在显而易见的义务，或者不同的义务之间相互冲突："在许多与生意相关的情境中，基于道义的理论会导致相互冲突的责任，却没有明确的方法来解决这些冲突"（Dunfee et al. 1999：16）。上述方法存在的缺点促使一些该领域的研究者提出，这些道德哲学的"宏大叙事"似乎并不适用于复杂的营销问题（Robin and Reidenbach 1993 in Dunfee et al. 1999：16）。

面对这些不足，人们指出可使用美德伦理作为一种指导营销者行为的道德框架（Williams and Murphy 1990；Ross 2003）。美德伦理是古典时期和中世纪的主要道德理论，近年来再次兴起，如今是道义论和目的论之外的第三"大"道德理论（Kuusela 2011）。美德伦理的复兴很大程度上源于对康德道德论（道义论）和实用主义论（目的论）的不满，因为此二者都"严重地忽略了道德教育的问题，道德性格和情感与道德的关系问题"（Kuusela 2011：109）。

基于亚里士多德的美德论，这种理论认为道德是一种必需品，合乎道德的行为本身就有其价值，人们采取道德行为的首要原因是对自己的真诚："美德伦理认为，成为人就意味着生活在社群之中，要为人类生活发展出特定的美德或技能来处理与他人的关系"（Williams and Murphy 1990：23）。

这些美德包括诚实、真诚、同情、忠诚和公正——这些美德要么发源于柏拉图、亚里士多德和西塞罗的古典美德，要么与其紧密相关（审慎、公正、勇气和节制）。只有拥有了这些道德美德，人们才能正确地理解道德困境并作出正确判断。根据亚里士多德的观点，美德包含"情感性"。它是一种习得的行为，影响着人们在不同情境中"看到"道德维度的能力。

康德的道德观或实用主义理论并非完全忽略美德，只是美德在此被视为获取结果的手段，而非结果本身。而对于美德伦理来说，正是美德本身构成了道德的基础："道德上的善或对并不取决于某些支配性的道德原则，具有美德的就是善的或对的，或具有美德的人所做的选择就是善的或对的"（Kuusela 2011：110）。因此，这种理论是以人为中心的，而非以规则或结果为中心。

回到旅游营销的问题，美德理论会影响公司或管理者所制定的决策组合的类型，也影响着产品、定价、渠道和推广决策（Williams and Murphy 1990）。例如对于产品决策来说，美德理论可能会强调产品对消费者生活的影响。在定价上，美德理论可能要求营销者以潜在市场可理解的方式定价，例如"令人迷惑的飞机票价可能不会满足产品定价的道德要求。然而复杂的定价却比面向消费者的简单垄断定价更具伦理（美德）"（1990：27）。威廉斯和墨菲（Williams and Murphy）指出"美德理论会强调消费者在进行产品交换时所在意的价格—价值的权衡"（1990：27）。

在讨论美德伦理和促销的关系时，威廉斯和墨菲指出现有研究在诱导性广告的问题上存在以下几类观点：只要诱导性广告促销的是有用的或重要的产品，就是有道德的；诱导性广告是绝对不好的；只要不影响个体自治，诱导性广告就是好的。他们认为美德理论会要求营销者"考虑该广告会如何影响消费者"（1990：27）。总体上看，美德伦理关注的是能为旅游产业的营销者和企业家的活动分析带来价值的个人特征（Ross 2003）。

美德伦理的延伸阅读

Gardiner, S.M. (ed.) (2005) *Virtue Ethics, Old and New,* Ithaca, NY: Cornell University Press.

Winter, M. (2012) *Rethinking Virtue Ethics,* New York: Springer.

八、整合的社会契约论

社会契约论是另一个可用来指导营销实践的道德理论。社会契约论（也可参见第8章）起源于十七世纪和十八世纪的社会动乱之中。封建主义的没落和人们对提倡顺从的君权神授观念的拒斥带来了对哲学和合法化国家权威的追求（Dunfee et al. 1999）。约翰·洛克（John Locke，1632-1704）以托马斯·霍布斯（Thomas Hobbes，1588-1679）的理论为基础，提出了"社会契约"的概念来解释国家存在的合法性，指出了公民和国家的责任（Dunfee et al. 1999）（例如洛克的理念促进了美国革命、美国《独立宣言》和美国宪法）。

大多数社会契约理论都具有以下三个基本要素：

1. 个体的同意；

2. 道德代理人的协定；

3. 一种实现这种协定的策略或机制。

需要指出的是，"协定"可能是实际的，也可能是假想的。不过，该理论的批评者不认为存在真实的契约，提出假想的契约无法带来有意义的同意或协定（Dunfee et al. 1999）。抛开这些批评意见，社会契约理论对于旅游和商业来说至关重要，因为它已经不限于定义国家和公民的角色，而是扩展到了商业实体。实际上，唐纳森（Donaldson 1982 in Dunfee et al.1999）使用了社会契约理论来建立了企业的道德基础，他的观点基于高效组织与"单件生产的状态"相比所具有的道德优势。根据唐纳森的观点，企业要为社会（以及消费者和员工）带来利益，从而换取生存和发展的权利。

社会契约理论对于营销道德（以及最终对旅游和接待业）所具有的重要性在于它对交换的重视。如上文所述，交换关系是营销的核心。社会契约理论正是一个以交换为基础的道德模型，能够对以经济交换为主导的领域进行解释（Dunfee et al. 1999）。邓菲等人（Dunfee et al. 1999）提出了"整合的"

社会契约论（'Integrative' Social Contracts Theory，ISCT），包含了上述两种不同类型的契约：假想的宏观社会契约和实际的微观社会契约。

整合的社会契约论决策过程（图12.4）的核心是行为的规范。这些规范的基础既包括每天产生的数以百万计的群体性微观契约，也包括"假想规范"——人类存在的基本性原则（Dunfee et al. 1999）。邓菲等人（1999）指出了营销道德中更具挑战性的问题，即冲突性的法律规范。例如在旅游情境中，目的地营销人员可能认为为了满足客户的主观感受并促进目的地总体经济福利的提升，目的地推广材料中的一些"软"描述是可以接受的。更广泛的社会群体（包括旅游者）可能持有相反的观点，要求对目的地进行更加精确的展示。

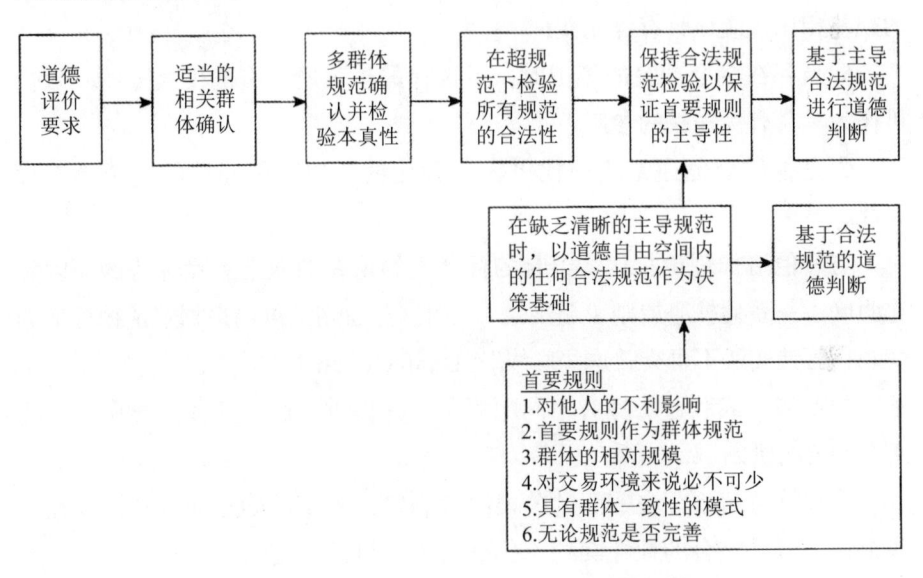

```
道德评价要求 → 适当的相关群体确认 → 多群体规范确认并检验本真性 → 在超规范下检验所有规范的合法性 → 保持合法规范检验以保证首要规则的主导性 → 基于主导合法规范进行道德判断

在缺乏清晰的主导规范时，以道德自由空间内的任何合法规范作为决策基础 → 基于合法规范的道德判断

首要规则
1. 对他人的不利影响
2. 首要规则作为群体规范
3. 群体的相对规模
4. 对交易环境来说必不可少
5. 具有群体一致性的模式
6. 无论规范是否完善
```

图12.4　整合的社会契约论（ISCT）决策过程

来源：Dunfee et al.（1999）。

整合的社会契约论通过引入三个概念来解决这些问题："本真规范"，澄清特定的文化规范；"首要规则"，当本真规范不适用时采用首要规则；"超规范"，在一系列普遍价值观中衡量本真规范的价值（Douglas 2000）。在上述目的地的案例中，两种规范都是本真的，也都可以被视为是合法的，因为二者都没有违背超规范。整合的社会契约论勾勒了一个过程来解决规范之间的冲突，该模型提出了六个特定规则，它们"来自宏观社会契约的基本假设和前提并受到作为国际法律冲突原则和纠纷调解之基础的概念影响"（Dunfee et al. 1999）。这六个规则包括：

1. 交易只发生于单一群体之内，但是对其他人或群体产生重大不利影响的，应该受到东道主国家社区规范的制约；

2. 只要不对其他人或群体产生重大不利影响，就可以应用群体规范来解决首要问题；

3. 制定规范的群体规模越广泛，该规范就越具有优先性；

4. 能够维护交易所发生的经济环境的必要规范与潜在地伤害这一环境的规范相比，应该具有优先性；

5. 当存在多个冲突的规范时，可选择的规范所具有的模式上的一致性可作为其具有优先权的参照；

6. 完善的规范通常应该比更为一般化的、缺乏精确性的规范具有优先性。

与其他道德理论相比，整合的社会契约论在商业上更具优势的原因是它明确了一系列核心原则（超规范），而这些原则"可用来划定道德标准的底线，营销实践不可突破这些底线"（Dunfee et al. 1990：30）。它也指出了不同的群体（或利益）拥有不同的规范，并提供了解决这些差异所导致的潜在冲突的机制。

虽然针对超规范在实际的公司决策制定过程中的确立和合理性存在一些批评，但是整合的社会契约论仍被视为"目前最复杂也最具潜力的商业伦理概念"（Gilbert and Behnam 2009：215）。然而，它还尚未被应用于旅游和接待业。由于旅游和接待业具有全球化特征，旅游产品的展示也存在内在的道德问题，利益相关者在诸多旅游问题上的价值观或规范又有诸多差异，因此整合的社会契约论或许可以为其提供一个有用的框架。

有用的资源

Donaldson, T. and Dunfee, T.W. (1999) *Ties That Bind: A Social Contracts*

Approach to Business Ethics, Boston, MA: Harvard University Press.

讨论点：网络2.0与接待业道德

"网络2.0"一词的定义为"第二代基于网络的服务——例如社会网络页面、维基百科、社交工具……注重在线合作与用户共享"（Wikipedia in O'Connor 2010）。作为一种对消费者进行赋权的工具，网络2.0依靠用户生成内容，利用"产消者"（prosumers）的力量——用户同时是在线内容的生产者和消费者（Tapscott and Williams 2006）。这种用户生成的内容在消费者，包括旅游者的决策制定过程中日益重要，发布在网络2.0上的有关产品和服务的信息是基于网络的"口口相传"——是更丰富也更有力度的口口相传。在消费者看来，这类内容具有较高的可信度，公正且重要（O'Connor 2010）。产消合一对消费者进行了赋权，而在此之前，消费者的选择受到的是企业文化和营销产业自上而下的限制（Bruns 2008）。如今，营销人员更难控制销售信息，也更难找到信息不足的或缺乏鉴别能力的消费者了（Kuehn 2011；O'Connor 2010）。

网络2.0提供了一种机制，例如接待业可以通过它在其实践中更具道德性。TripAdvisor.com是世界最大的旅行消费者网站。它声称拥有3200万个会员及7500万条针对全世界近五十万家酒店和旅游地的用户评论与观点。该网站拥有每月5600万访问量（TripAdvisor 2012）。我们可以进行一下比较，旅行出版商弗罗默（Frommer）每年出售的纸质旅行指南数量为250万册（O'Connor 2010）。TripAdvisor为使用者制订旅游计划提供了"细致的、丰富的及重要的"信息（O'Connor 2010）。以下两个评论（皆可见于www.tripadvisor.com）是使用者对某个住宿产品进行的典型负面评价（正面评价也大量存在）。

"虚假广告"

（我们）提前预定了房间，因为网站上显示他们有带浴室的客房。于是我们预定了一间，并且收到了确认信息。然而当我们入住以后，酒店告诉我们："哦，没有，我们没有带浴室的客房。"他们给了我们一个巨大的免单，4.25美元，来作为补偿。我们再也不会来华美达酒店了。

"床虱和虚假广告"

我在睡觉时被虫子咬醒，我的身上、头上、手上和腿上都被咬了，可是当我告知酒店员工这一情况时，他们并不是很在乎，也没有很惊讶。他们没有给我任何补偿，而我却被告知要自己花钱去医院开药。"Travel Buddy"上的广告具有误导性，那里只提供华夫饼，没有早餐，也没有广告里说的餐厅。

批评者认为类似 TripAdvisor 这样的网站可能存在被接待业的供应商滥用的情况，例如进行虚假评论以提升酒店的声誉或诋毁竞争对手。不过，奥康纳（O'Connor 2010）对 100 家伦敦酒店进行了分析，认为对虚假评论会破坏该系统的担忧是没有根据的。

九、接待业道德与质量——有关系吗？

该领域内的一些作者认为在道德行为和服务质量之间存在着关系（例如 Lynch 1992 in Wong 1998；Wong 1998；Holjevac 2008）。在服务产业及更为具体的酒店业中，服务提供者（例如员工）直接的道德标准和道德行为是主客交往中的关键组成部分：

> 消费者在酒店体验中并不满足于"硬件"或有形的元素——他们的满意取决于酒店员工对待他们的方式。
>
> （Wong 1998：107）

员工对待消费者的方式包括他们如何道德地对待消费者。全面质量管理（Total Quality Management，TQM）是一个二十世纪八十年代产生于美国的管理方法，如今已在日本等地被广泛应用。类似于丽思卡尔顿和马里奥

讨论问题：

1. 批评者是否应该对饭店或酒店进行匿名评论？
2. 如果酒店确实提供高质量的、无瑕疵的服务，那么酒店所有者是否可以对自己的酒店进行"积极的"点评，这合乎道德吗？
3. 服务提供者如果收到了消极评价，是否也可以针对消费者进行一个类似的"消极的评价"，这合乎道德吗？
4. 一些批评家将消费者生成的内容视为一宗免费劳动力，将产销一体视为剥削性实践（例如 Cohen 2008）。请对此进行讨论。
5. 网络 2.0 及更为普遍的网络，会对当下的旅游和接待业的道德决策模型与实践提出挑战吗？

第12章 接待业和营销伦理

特这样的酒店连锁长久以来都在使用这一方法。全面质量管理通过创造消费者满意来追求长期成功,要求所有的组织成员都要参与产品、服务和文化的提升过程。虽然全面质量管理没有明确地指出道德行为,但有研究者(例如 Holjevac 2008)指出了道德作为全面质量管理中的一个维度所具有的重要性。质量的原则与道德原则一道,能够将全面质量管理转变为"全面关怀管理"(Lynch 1992 in Wong 1998)。在实践中,这一过程可以通过控制"真实的时刻"来实现,例如在每次客户和员工的交流之中(Wong 1998)。王(音译)(Wong 1998)认为要保证持续的基于高道德标准的高质量服务,至关重要的是管理者对道德价值与员工行为的理解与影响。然而不幸的是,一项近期针对酒店总经理的研究显示,虽然管理者能够认识到商业道德对商业成果的重要意义,但是"大多数酒店公司都未在其培训项目中包含或实施道德教育"(Yeh 2012:72)。

为确保员工的道德、行为,酒店面对的是一个颇具意味的挑战。通常它们会雇佣的员工年纪轻、薪酬低、多样化,并且人员周转快(包括管理岗位的员工)。有时问题还要更加复杂,正如王(音译)(Wong 1998)指出的,酒店顾客自身会试图诱导员工进行不道德的行为(例如他们可能会要求房间升级,或贿赂员工让他们对酒店盗窃视而不见)。王(音译)(Wong 1998)研究了299位中国香港酒店的员工,调查了他们与工作相关的道德信仰。研究选择了三个主要的服务环境:客房服务、前台和餐饮部。他发现员工的道德行为可划分为四类,每一类型的例子如下(Wong 1998:110):

1. 无危害:
- 在客房打电话;
- 使用客房的洗手间;
- 在客房听广播;
- 在客房看电视或看电影;
- 在后厨进食公司饮食。

2. 不道德的行为:
- 在吧台尚未营业时喝吧台里的软饮料;
- 在没有开具点菜单的情况下从厨房拿食物招待朋友;

- 在没有开具点菜单的情况下为朋友提供免费的咖啡或茶水；
- 饮用客房迷你吧台里的饮料，并把费用算到顾客的账单里。

3. 积极获利：
- 打碎杯子或盘子，并将其归咎于顾客的粗心；
- 从顾客处拿剩下的水果供自己享用。

4. 消极获利：
- 为顾客更换房间并接受小费；
- 在后厨吃自助餐剩下的食物。

令人欣慰的是，这项研究发现大多数员工的道德标准都高于预期。然而，该研究并未指出如果员工需要在使顾客满意和遵从公司政策之间进行选择时所面对的问题。该研究的案例地是中国香港，该地可能存在的一个重要问题是互相矛盾的规范，正如王（音译）（Wong 1998）指出的，在中国文化中，互惠是一个广为接受的和常见的实践。因此，当顾客"对他们很好"时，员工会更倾向于容忍不道德行为。因此，员工可能会为了给顾客"还人情"而进行不道德的行为，例如接受了小费而去为顾客更换房间。

本章回顾

本章总结了接待业所面对的道德问题。在该领域中存在着一系列挑战，而当下的正式教育或培训中缺乏对处理这些道德问题的关照。许多道德情境的核心问题是诸多道德规范相互矛盾，决策制定者必须在其决策过程中进行考虑和选择：个人的、专业的、组织的以及广泛的社会行为规范。旅游和接待业的营销实践所面对的挑战最为突出。尤其是产品呈现中的真实性问题更令营销者困扰。

道德定位理论（Forsyth 1980）提出了一个框架来确定该领域管理者和员工的道德行为。目前，该领域内大多数管理者道德决策的制定主要受到个人体验和组织规范的影响。可以对决策制定者的道德视野进行扩展，为实现这一目标，本章介绍了一些可以应用于更广泛商业情境中的框架来帮助管理者和员工解决道德问题，例如营销道德的一般理论（Hunt and Vitell 1996）。虽然这一框架主要受制于道义论和目的论的评价，一些研究者也指出了其他一些对该领域具有价值的道德理论。尤其是美德伦理、契约理论和整合的社会契约论（Dunfee et al. 1999）对道德决策的制定具有很高的价值。

营销面对的挑战主要是旅游产品和服务的虚假宣传，我们也指出了网络2.0发展中的这一问题，用户生成的内容通过对旅游和接待业产品进行无偏的和可靠的在线评论实现了消费者的赋权。这一现象对目的地和旅游供给商的产品营销方式形成强烈挑战，改变着营销关系中的关系平衡。

最终，本章假定道德角色与质量管理具有紧密关系——有可能产生一个"全面关怀管理"（Lynch 1993 in Wong 1998）。然而，这一理论中仍旧没有将道德行为充分纳入其中。

关键术语小结

购者自慎（caveat emptor）：拉丁语"让买家自己留心"之义。在商业交易中指买家要为自己的购买负责的一种原则。

道德定位理论（Ethics Position Theory，EPT）：由福赛思（Forsyth 1980）提出，认为当个体面对道德问题时，个人道德哲学会影响其判断、行动和情感。假设道德评价和行动是个人的个体道德体系或道德定位的外在表现。EPT由两个基本的个体道德哲学维度——理想主义和相对主义——产生了一个包含四种哲学的分类：绝对主义、例外主义、情境主义、主观主义。

超规范（hypernorm）：超规范是针对所有情境下所有行动者的广泛的、基础的规范。它们是人类存在的基础性的原则，可作为下级道德规范的评价标准。

理想主义（idealism）：理想主义在制定道德决策时倾向于使用道德绝对性，相信道德上"正确的"行为总会通向积极的结果。是道德定位理论中的一个维度。

整合的社会契约论（Integrative Social Contracts Theory）：由唐纳森和邓菲（Donaldson and Dunfee 1994）提出，是对社会契约理论在商业道德中的应用。该理论提供了一个框架，在该框架下管理和商业决策的制定要考虑对相关群体的影响、道德规范和可能的一般道德标准（超规范）。

规范（norm）：某一群体或社会单元中典型或所期望的社会行为的标准或模型。规范反映了群体的价值观，指出哪些行为适当或者不适当。

相对主义（relativism）：相对主义指个体拒绝一般道德规则的程度。是道德定位理论的两个维度之一。

社会契约（social contract）：有组织的社会成员和管理团体所达成的一种协议，确定了每一方的责任与义务。该理论起源于哲学家约翰·洛克（John Locke）和托马斯·霍布斯（Thomas Hobbes）。在商业中指商业和社会之间的协定。

全面质量管理（Total Quality Management，TQM）：一种管理方法，通过创造消费者满意来追求长期成功，要求所有成员参与。

美德伦理（virtue ethics）：美德伦理是一种去规则（道义论）、去结果（目的论）的方法，强调道德代理人的特征作为道德行为的驱动力。美德伦理以人，而非以行动为基础。美德伦理的起源可追溯至亚里士多德。

练习情境

1. 酒店的员工有时会收到供应商送来的礼物，例如有一年餐饮部的经理就收到了一箱红酒，"感谢她"从该供应商处订购了红酒。酒店的政策是所有的礼物都必须上报并共同分享，因为礼物是送给酒店而非某个个体雇员的。酒店的一位吧台侍应生从一位客人处收到了足球赛的门票。他向自己的经理进行了汇报，但是请示自己能不能留下这些票，因为这些票就是给他个人的。经理犹豫了一下，然后同意侍应生把票留下。

2. 一位来自俄罗斯的客人要在一家法国酒店停留两周。与他同来的是十个随行人员，会额外预订七间客房。在到达之前，他告诉酒店经理自己不想要任何犹太人、亚洲人或非洲人来提供服务，其中包括吧台侍应生、侍者、客房服务员人员和任何与他有个人接触的服务人员。酒店经理因为不想失去这单生意，于是就答应了他的要求。

3. 一个热门的高级餐厅常常预订爆满，一些没有进行预订的客人会在最后时刻试图贿赂餐厅主管来进入餐厅就餐。某晚，一位没有预定的客人提出给主管 100 美金来换取一个特定的就餐位吃一顿便饭。有一对夫妻在一个月前就已经预订了该就餐位，他们想要在此用一顿浪漫的晚餐来庆祝结婚 20 周年的纪念日。主管接受了 100 美金的贿赂，然后告诉那对浪漫的夫妇预订出了错，没有给他们预留餐桌。

针对以上每个情境，请选择本章所提出的一种道德框架，来评价员工的行为是否道德。

资料来源：1 和 2 来自 Stevens（2001：240–241）。

Steven, B. (2001) 'Hospitality ethics: Responses from human resource directors and students to seven ethical scenarios', *Journal of Business Ethics* 30: 233–242.

注释

a 迈克尔·赫塞尔廷（Michael, Lord Heseltine, 1993– ），英国政治家。来源：Interview on *Panorama*, BBC（June 1988）。Available at <http://www.qfinance.com/home>（Accessed 21 September 2012）.

b 安妮塔·罗迪克（Anita Roddick, 1942–2007），英国女商人、人权活动家和环保人士，Body Shop 品牌创始人。来源：Phillips, M.（2003）'The Body Shop founder says being good is good for business', *Business Review,* 10 March。Available at <http://www.bizjournals.com/albany/stories/2003/03/10/story8.html?page=all>（Accessed 21 September 2012）.

c 乔治·奥威尔（George Orwell, 1903–1950），英国小说家、记者。来源：*Keep the Aspidistra Flying*（1936），p.55。

d 雅克·塞盖拉（Jacques Seguela, 1934– ），法国广告业权威。

参考文献

Bruns, A. (2008) *Blogs, Wikipedia, Second Life, and Beyond: From Production to Produsage,* New York: Peter Lang.

Chonko, L.B. and Hunt, S.D. (1985) 'Ethics and marketing management: an empirical examination', *Journal of Business Research,* 13: 339–59.

Cohen, N.S. (2008) 'The valorization of surveillance: Towards political economy of Facebook', *Democratic Communiqué,* 22: 5–22.

Donaldson, T. and Dunfee, T.W. (1994), Towards a unified conception of business ethics: Integrative Social Contracts Theory, *Academy of Management Review,* 19: 252–84.

Douglas, M. (2000) 'Integrative Social Contracts Theory: Hype over hypernorms', *Journal of Business Ethics,* 26: 101–10.

Dubinsky, A.J. and Loken, B. (1989) 'Analysing ethical decision making in marketing', *Journal of Business Research,* 19: 83–107.

Dunfee, T.W. and Black, B.M. (1996) 'Ethical issues confronting travel agents', *Journaol of Business Ethics,* 15: 207–17.

Dunfee, T.W., Craig Smith, N. and Ross, W.T. (1999) 'Social contracts and marketing ethics', *Journal of Marketing,* 63(3): 14–32.

Fennell, D. (2006) *Tourism Ethics,* Clevedon: Channel View.

Ferrell, O.C., Gresham, L.G. and Fraedrich, J. (1989) 'A synthesis of ethical decision models for marketing', *Journal of Macromarketing,* 9: 55–64

Fleckenstein, M.P. and Huebsch, P. (1999) 'Ethics in tourism: reality or hallucination', *Journal of Business Ethics,* 19: 137–42.

Forsyth, D.R. (1980) 'A taxonomy of ethical ideologies', *Journal of Personality and Social Psychology,* 39(1): 175–84.

Forsyth, D.R. and O'Boyle, E.H. (2011) 'Rules, standards, and ethics: Relativism predicts crossnational differences in the codification of moral standards', *International Business Review,* 20: 353–61.

Gaski, J. (1999) 'Does marketing ethics really have anything to say? A critical inventory of the literature', *Journal of Business Ethics,* 18(3): 315–34.

Gibson, K. (2007) *Ethics and Business: An Introduction,* Cambridge: Cambridge University Press.

Gilbert, D.U. and Behnam, M. (2009) 'Advancing Integrative Social Contracts Theory: A Habermasian perspective', *Journal of Business Ethics,* 89: 215–34.

Haywood, K.M. (1987) 'Ethics, value systems and the professionalization of hoteliers', *FIU Hospitality Review*, 25.

Holcomb, J.L., Upchurch, R.S. and Okumus, F. (2007) 'International corporate social responsibility: what are top hotel companies reporting?', *Journal of Contemporary Hospitality Management*, 19(6): 461–75.

Holjevac, I.A. (2008) 'Business ethics in tourism–As a dimension of TQM', *Total Quality Management*, 19(10): 1029–41.

Hudson, S. and Miller, G.A. (2005) 'The responsible marketing of tourism: the case of Canadian Mountain Holidays', *Tourism Management*, 26: 133–42.

Hunt, S.D. and Vitell, S.D. (1986) 'A general theory of marketing', *Journal of Macromarketing*, 6: 5–15.

Hunt, S.D. and Vitell, S.D. (2006) 'The general theory of marketing ethics: a revision and three questions', *Journal of Macromarketing*, 26: 143–53.

Krohn, F.B. and Ahmed, Z.U. (1992) 'The need for developing an ethical code for the marketing of international tourism services', *Journal of Professional Services Marketing*, 8: 189–200.

Kuehn, K.M. (2011) 'Prosumer citizenship and the local: a critical case study of consumer reviewing on Yelp.com'. Unpublished PhD Dissertation in Mass Communications, Pennsylvania State University: Graduate School College of Communications.

Kuusela, O. (2011) *Key Terms in Ethics*, London: Continuum.

Laczniak, G.R. and Murphy, P.E. (1993) *Ethical Marketing Decisions: The Higher Road*, Needham Heights, MA: Allyn and Bacon.

Lansing, P. and De Vries, P. (2007) 'Sustainable tourism: Ethical alternative of marketing ploy?', *Journal of Business Ethics*, 72: 77–85.

Lynn, C. (2012) 'Review of hospitality ethics research in 2009 and 2010', *Journal of Hotel and Business Management*, 1(1): 1–6.

Murphy, P.E. and Laczniak, G.R. (1981) 'Marketing ethics: a review with implications for marketers, educators and researchers', *Review of Marketing*,

251–6.

Nill, A. and Schibrowsky, J.A. (2007) 'Research on marketing ethics: A systematic review of the literature', *Journal of Macromarketing,* 27: 56–273.

O'onnor, P. (2010) 'Managing a hotel's image on TripAdvisor', *Journal of Hospitality Marketing & Management,* 19: 754–72.

Pratt, C.B. (1994) 'Applying classical ethical theories to ethical decision making in public relations: Perrier's product recall', *Management Communication Quarterly,* 8: 70–93.

Ross, G. (2003) 'Ethical beliefs, work problem-solving strategies and learning styles as mediators of tourism marketing entrepreneurialism', *Journal of Vacation Marketing,* (9)2: 119–36.

Smith, C. (2001) 'Ethical guidelines for marketing practice: A reply to Gaski and some observations on the role of normative ethics', *Journal of Business Ethics,* 32(1): 3–18.

Tapscott, D. and Williams, A. D. (2006) *Wikinomics: How Mass Collaboration Changes Everything,* New York: Penguin.

Trip Advisor (2012) About Trip Advisor. Available at:http://www.tripadvisor.com/pages/about_us.html

Upchurch, R.S. (1998) 'Ethics in the hospitality industry: an applied moder', *International Journal of Contemporary Hospitality Management,* 10(6): 227–33.

Upchurch, R. and Ruhland, K. (1996) 'The organizational bases of ethical work climates in lodging operations as perceived by general managers', *Journal of Business Ethics,* 9: 1083–93.

Wheeler, M. (1995) 'Tourism marketing ethics: An introduction', *International Marketing Review,* 12(4): 38–49.

Wheeler, M. and Cooper, C.P. (1994) 'The emergence of ethics in tourism and hospitality', in Cooper, C.P. and Lockwood, A. (eds) *Progress in Tourism, Recreation and Hospitality Management,* vol. 6, pp. 46–56, Hoboken, NJ:

Wiley.

Whitney, D.L (1990) 'Ethics in the hospitality industry: with a focus on hotel managers', *International Journal of Hospitality Management,* 9(1): 59–68.

Wight, P.A. (1993) 'Ecotourism: Ethics or eco-sell?' *Journal of Travel Research,* 21(3): 3–9.

Williams, O.F. and Murphy, P.E. (1990) 'The ethics of virtue: A moral theory for marketing'?, *Journal of Macromarketing,* 10: 19–29.

Wong, S.C.K. (1998) 'Staff job-related ethics of hotel employees in Hong Kong', *International Journal of Contemporary Hospitality Management,* 10(3): 107–115.

Yaman, H.R. and Gurel, E. (2006) 'Ethical ideologies of tourism marketers', *Annals of Tourism Research,* 33(2): 470–89.

Yeh, R. (2012) 'Hotel general managers' perceptions of business ethics education: implications for hospitality educators, professionals and *students*', *Journal of Human Resources in Hospitality and Tourism,* 11(1): 72–86.

第13章 劳动力

"这里不是天堂——我在这里工作。"

——达西·范德格里夫特[a]

学习目标

阅读本章后,你将能够:
- 讨论旅游业及其劳动力的核心特征。
- 指出和讨论与劳动力相关的主要伦理问题。
- 描述和解释劳动力流动性的含义与旅游的就业效应。
- 理解为什么旅游产业中的劳动力标准是一个重要的伦理问题。

一、导言

据估计,旅游业贡献了全球3%的就业,共计1.92亿个岗位(Ladkin 2011:1135)。根据国际劳工组织(International Labor Organization)的预测,到2012年这一数字将会增至2.516亿,每11个正式工作中就一个属于旅游业(Ferguson 2007 in Ladkin 2011)。本章我们将会讨论劳动力市场的本质,它如何与其他劳动力市场相交叉,工作的本质,它如何涉及一系列服务提供者。最后,我们还将讨论劳动力在被组织(结构化)的方式中蕴含的道德意义以及这些组织如何由不同的种族、阶级、性别、年龄和地点塑造而成。

第13章 劳动力

如今,旅游产业的消费与其产品的表演特征已经引起了广泛的注意(Crang 1997);然而,人们对生产劳动和生产过程、实践与过程的结构特征(劳动力如何被组织)、旅游生产的参与者的物质现实和体验等问题的关注尚不足。在近代资本主义社会,工作和消费的模式发生了重大变化;在旅游中,新的中产阶级将消费作为一种自我满足和提升的方式则是这一变化最为典型的体现(Bianchi 2000),在这一过程中旅游也提供了广泛的消费选择。与此同时,满足这些新的消费模式需要劳动阶层的工作,我们在旅游中也目睹了跨国阶层对旅游业生产的参与。然而,世界上进行旅游产品消费的仍旧是少数人;相反,参与旅游产品生产的人数则日益增长。虽然生产者通常是目的地的当地人,但是也有很多短期或新近的永久移民满足着旅游业的产品生产需求。工人阶层常被称为跨国无产阶级:不局限于在自己的家乡进行生产——而是在不同的时期移动到不同的地点进行生产,从事低薪的工作,忍受着恶劣的工作环境,很少受到法律保护。当旅游中的消费与生产相遇时,我们看到旅行和阶层进行着全球性的交叉。二者都由结构化的不平等构成,而这种不平等早在资本主义和全球化出现之前就已经存在,因此二者也都生发了有关公平和公正的议题,公平的缺失威胁着整个社会群体,也威胁着目前的全球共同体。

关于旅游劳动力的讨论大多从管理的角度出发,从业者和研究者主要关注的是劳动力的培训以及劳动力的供给和雇佣等实践问题(Ladkin 2011)。许多文章的焦点都集中于接待业的实践(参见 Baum 1995;Nickson 2007;Tesone 2008;Ladkin 2011)。这些研究的主题是人力资源问题,研究者们首要关注的是接待业中雇佣问题。不过,这些研究皆属于"该怎么做"和"怎么去做"的问题,而非理论上对劳动力市场和雇佣现状的分析与反思。鉴于此,本研究会在更广泛的层面上关注工作标准、全球化、全球人口特征变化以及雇佣的意义、技能、技能需求和管理方式等问题。

除了上文提到的研究之外,也有越来越多的研究者从广泛的社会科学角度出发分析了众多的理论框架。本研究会对旅游中的劳动力关系进行分析，并通过案例研究来探讨旅游和接待业中劳动力的工作环境（Bianchi 2011）。接待业在某种程度上是大多数研究的焦点，因为它在组织和职业生涯的结构方面具有很高的识别度和可控制性（Ladkin 2011）。一些研究对低技能、低收入、在剥削性的工作环境和关系中的工作者的体验进行了分析，对该子行业的雇佣特征进行了归纳（Burns 1993；Lee and Seyoung 1998；Beddoe 2004）。虽然关于该主题有大量研究，但需要指出的是旅游业中的劳动力现状要更为复杂和多样化，因为该劳动力市场也包含着高技能的与高薪的工作者（Bianchi 2011）。此外，有许多从人类学角度出发的民族志研究——例如霍克西尔德（Hochschild 2003）对航空业工作条件的研究；两位阿德勒（Adler and Adler 2004）对夏威夷度假地工作人员职业结构的分析——都对这些工作者的工作体验进行了近观的、具有深度的分析。

然而，对国际劳动力市场本质进行的探索仍旧不多，也缺乏对该领域的就业与更广泛的政治和全球经济以及其他部门关系的探讨（Bianchi 2011）。一个原因是该产业与一系列例如交通和制造业的其他产业和服务相互穿插，因此它所包含的不仅仅是一个劳动力市场，这也使得对它的检视变得尤为复杂。进一步地，还存在着一系列与雇主和雇员以及他们所服务的旅游者相关的道德问题。我们需要理解这一劳动力市场的结构特征，以及这些特征是如何在旅游产业遍及全球的不平等生产和再生产中发挥核心作用的。对旅游劳动力市场的思考是对旅游各种关系中的道德问题进行思考的核心。

本章我们将会探索一些旅游劳动力市场的本质以及出现的道德问题。由于该领域范围广泛，因此本章无法提供一个绝对全面的检视，但是它会提供一个起点来帮助我们思考旅游劳动力相关的伦理问题以及什么样的伦理框架在该领域中有最佳的效用。在第6章的性旅游和第3章的流动性讨论中，我们都对旅游劳动力的问题有所涉及。我们知道劳动力市场中的人们会进行非法的或者合法的移动。在前一种上，非法交易已成为一个重要的伦理问题，它与财富不平等的现实紧密相关，因为旅游产业为计出无奈的人们提供了一种改善其日常生活物质条件的方式。本章将会关注该产业中人们合法或者非法的移动。我们将会讨论该领域中劳动力的主要特征以及不同的劳动力形式在生产和保证社会平等上所具有的伦理问题。我们将会特别关注以下问题：
- 旅游劳动力市场；
- 性别化的劳动；
- 民族、国籍和劳动力；
- 技术性和非技术性工作；
- 发展与就业；
- 发达国家人口特征的转变；
- 度假工作者。

二、产业和劳动力

正如比安基（Bianchi 2011：26）所观察到的：

无可争议的是，旅游劳动力的市场结构和组织正在日益全球化和国际化，也在因民族、国籍和性别所产生的不同的职业结构中日益区隔化。

这些要素中还可以包括年龄。鲍姆（Baum 2010）指出旅游业对年轻人有很大的吸引力，但是在高收入国家，老龄化的劳动力对旅游劳动力市场的影响也在日益增加。旅游是一个劳动密集型的服务领域，传统上更加依赖富有流动性的年轻劳动力。高收入国家的人口将会持续下降；而中低收入国家的人口将会持续增加，以南亚国家最为典型（Baum 2010）。因此，中低收入国家将会面对较大的就业压力——受过教育的少数人会面对职位不足的状况。相反，高收入国家将会面临劳动力的老龄化和劳动力短缺，国家之间将会为克服这一短缺而大力竞争，尤其针对技术性劳动力（Castles and Miller 2003）。发达国家解决人口下降的首要方式是引进移民，在未来 20 年内，这将是发达国家解决劳动力不足问题的主要方式。

类似于旅游这样的服务业产生的是所谓的双元劳动市场（dual labor

market），一方面有大量的工作职位对技术要求不高，另一方面只有少量的高薪职位要求高技术水平（Adler and Adler 2004）。此外，发达资本主义社会的经济形式已经从生产经济转向了以服务业为主导的经济。劳动力市场的双元本质被进一步划分，因种族/民族、年龄、阶级和性别而产生了分层。因此，处于优势地位的人们可以获得高技能的和高薪的工作，而那些弱势群体只能局限在低技能和低收入的工作中。旅游业需要的是次级劳动市场（secondary labour market）——由非技术和半技术职位构成——来满足"非常驻性的工作"（Adler and Adler 2004）。

发达的资本主义国家及其产业长久以来都通过寻找廉价劳动力和廉价产地来解决生产和劳动力问题。生产地转移、外包到劳动力更廉价、管制更宽松的地区，是全球化所带来的重要结果之一。在发达的资本主义国家将生产外包给发展中国家的同时，发展中国家也积极地欢迎着这一产地转移。例如，中国、南美和南亚都通过创造低税区或建立特别经济区来鼓励外国资本的工业化和现代性的投资。虽然这一战略对制造业能够发挥作用，但是在旅游这样的服务业中就存在着限制。对旅游业来说，外包很难实现，因为旅游业的产品正是"特定地点的自然"。因此，对于旅游业来说，不是将生产搬向劳动力市场，而是将劳动力吸引到目的地——包括国内外的劳动力。不过，也有研究提出了方案来试图解决旅游中固定地点的问题，例如在世界上拥有廉价劳动力的地区、劳动法立法不足或没有劳动立法的地区，以及环境和社会管理对发展干预较少的地区打造主题公园。此外，这些地区也拥有大量的当地人口作为国内旅游者来进行这种旅游消费。中国的迪士尼公园就来自外国资本的投资，属于离岸的非特定地点的旅游。此外，还有"将此地的品味移向"其他目的地的现象。例如，在主题公园中，游客在不用前往某地的情况下就可以"体验"该地的别样文化。主题公园还会雇佣外国人来使这一体验尽可能具有本真性。然而，虽然存在这种可能，但是地点一定的旅游仍旧是主流。因此主要的流动方式仍旧是劳动力向地点固定的旅游企业的流动（Baum 2010）。

图13.1 迪士尼乐园。照片：Brent Lovelock。

三、全球劳动力市场和灵活性

大多数关于旅游劳动力的讨论都会涉及全球化问题。全球化也获得了广泛的定义，在本章中，我们将采用沃特（Water 1995：3）的全球化定义：

> 一种社会过程，其中地理限制对社会和文化配置产生的影响减少，并且人们对这种发展的感知日益增加。

进一步地说，这种配置体现在经济、文化以及政治之上。各种配置被重新布局，并且不受制于地点：新的配置建立起拥有全球维度的关系网络。旅游和旅游业正是对这一全球化过程的最佳代表，也展示了人、旅游者、劳动力和新的企业是如何加入这一新的网络联系。然而也如我们所见，虽然新的事物不断产生，但是不平等的问题却是陈旧的顽疾。

早期对劳动力市场和旅游就业本质的研究重点关注的问题是劳动力市场如何机构化以及与产业相关的职业市场的不同的功能。因此，艾雷和奈廷格尔（Airey and Nightingale 1981）指出了一系列流行的职业分类，包括目的地组织、旅游吸引物、设备和服务的供应商、旅行组织中介等其他部门。这些分类到目前仍旧具有意义，但是在一个全球化日益增加的世界中，劳动力市场已经不再受到地点的限制。例如安排一次旅行很可能要与外地的工作者相互交往和/或通过网页对国际尚未整合的功能进行视觉参与。我们有一个高度国际化的劳动力市场（Terry 2011），它的就业关系在新自由资本主义中变得更具延展性和灵活性。在旅游业中，无论是对小型手工业企业还是大型连锁型企业来说，具有灵活性的劳动力市场都不是一个新事物（Ioannides and Debbage 1998）。流动劳动人口对旅游来说也并非新鲜事：临时工和季节工在该产业中都具有重要地位。不过在近期资本主义社会中，服务业的重要性日益增长，旅游产业在促进灵活劳动力市场的出现和集中的过程中也开始扮演着重要甚至关键的角色。灵活劳动力市场的一个关键特征是临时工的雇用，而这种临时工雇佣制带来了产业内外工人工作的安全性问题，导致他们具有较弱的谈判能力，不得不在恶劣的环境中工作，并且收入微薄（Bianchi 2000）。

总体上说，劳动力市场已经在全球变得更有整体性；无论是在生产者驱动还是消费者驱动的商品链中，生产配置都变得更加多样。劳动力配置通常上具有灵活性、随意性、兼职性以及以女性为主的特征。与其他服务业工作类似，旅游是劳动密集型产业，临时工和流动劳动力的集中度尤其高（Hudson 1999: 35–40; Bianchi 2000）。虽然劳动力更具国际型，但它并不是扁平型，而是等级化的结构，通过年龄、民族、性别、来源国/移民状态实现了等级划分。该领域的求职者可能来自国内外，他们常常更认可自己来源社会中普遍的劳动力市场条件的本质。中产阶级的年轻人会在国外找工作，为的是获得度假式的工作体验（Lovelock and Leopold 2011），许多其他人找工作的目的则是为了摆脱贫困。对于度假工作者来说，对旅游的参与是典型的职业生涯的小插曲，而对那些试图逃脱贫困的人来说，灵活的劳动力市场促进了临时工作阶层的出现和增长，保存了劳动后备军，其移动受到经济发展的影响，回应了新市场的出现，展现出季节性，顺应了消费者偏好，满足了发达和新兴资本主义社会的劳动力需求。对于穷人来说，这个职业轨迹充满了不确定性，但是对他们来说并不存在其他的就业可能，或者只能选择更差的工作条件；对这些工作者来说，不确定的经济状况是一种常态。毫无疑问，季节性的工作阶层并非新事物。历史上许多工人的移动都是上述过程的结果。我们可以回忆历史上那些离开自己的国家或家乡的流动劳动力，他们在不同的殖民地和种植园里劳作，或在庄园里受人雇佣。

正如明茨（Mintz 1998：131）所观察到的：

> 新的跨国主义和全球化理论并没有足够尊重历史，尤其是关于剥削、征服以及全球劳动分工的历史。

他所提到的全球劳动分工是经济发展的反映，也是经济发展推动下的分工，落后的发展中的国家持续提供廉价劳动力以满足发达和先进资本主义国家的生产和消费。明茨（Mintz 1998）认为我们应该问的是：什么是新的？新的是当代流动和灵活的劳动力与一个世纪以来的工人反抗力量背道而驰，也削弱了在大多数中等和高收入国家保护劳动力和预防剥削的法律制度。进一步地说，新的劳动力流动性和灵活的劳动力市场在实践中破坏着针对世界贫困劳动力的保护性的劳工立法。服务业生产越来越多地吸纳任劳任怨的人进入对劳工缺乏保护的地区。这些问题是旅游劳动力讨论中道德议题的核心。正如特里（Terry 2011：660）指出的：

> 随着全球劳动力市场的出现，"公司如今能够自由地在世界上寻找最没有权利的、最被剥夺了权利的工人……他们绝望却无能为力"（Bonacich and Wilson 2008：18）。广泛地看，"劳动力问题只是一个短期障碍，它不再是资本主义的长期问题"（Cumbers et al.2008：371）。

想要理解所出现的道德关切与议题，这些问题都是我们需要讨论和探索的。有足够的证据显示，在全球大量的目的地中，贫困工人依旧在具有剥削性的环境

讨论问题：
1. 谁组成了临时工阶层？
2. 谁组成了劳动后备军？
3. 这种灵活的劳动力中最核心的问题是什么？
4. 全球化和新自由资本主义中可能出现什么样的劳动分工？
5. 这些权利不平等的劳动分工在特定的地点会是什么样的？
6. 这种不平等的劳动分工在历史上有先例吗？
7. 不同地点之间的关系是如何塑造这些不平等的？
8. 旅游产业中的生产和消费是如何组织的？它对人们生活产生了怎样的影响？

中工作（Belau 2003；Beddoe 2004；Bianchi 2009a）。首先，该产业的消费是以财富与机会的不平等为基础而建立的（Bianchi 2009a）。全球大量的商品、资本和人员流动涉及的是特定的市场和不同的旅游者类型。有观点认为人们过于看重旅游消费者和旅游作为一种消费的角色，但是对生产和工作的人关注不足。然而无疑"一个人消费就有另一个人生产"（Perrons in Bianchi 2009b：494），因此在旅游中常常存在着严重的社会不平等。

旅游是资本积累的主要渠道之一（Britton 1991；Bianchi 2009a）。该产业的自由市场由规模不一的企业构成，从小的家庭企业到大型跨国公司，该产业也涉及一系列核心与相关企业：旅行模式、住宿、保险、旅游经营商（商品链）（Clancy 1998；Ioannides and Debbage 1998）。除此之外，旅游业中还存在着各行各业的交叉，例如建筑、金融、房地产、通讯和传媒。行业交叉的范围和规模如此之大，它被称为"超－全球化"（'hyper-globalising'），不过比安基（Bianchi 2009a）指出，它也代表着"旅行自由"和"贸易自由"（O'Byrne 2001：409）的完美结合。为新的目的地的消费而进行的无止境的旅游产品生产推动着这一网络的形成，但它不能造福于所有人。正如我们在第3章的流动性中看到的，世界上只有少数享有流动性的人在寻找体验性的旅游消费。此外，

> 消费的自由（旅游产品、目的地等）通常是以另一些人的福祉为代价的，例如为了旅游发展而对公有土地进行的适当地私有化、资源消耗，以及对劳动力的高度商品化和/或剥削性的工作实践。
>
> （Bianchi 2008b：495）

四、旅游中的发展和劳动力

旅游通常被视为低收入社会强有力的发展方式。该产业吸引着外国投资和资本，为经济转型中的农村流动人口和城市居民创造着就业机会。从对初级产品及其出口的依赖转向工业化的快速城市化的过程并不是一蹴而就的，高失业率也变得常见。在典型的这一类社会中，人们收入低、教育水平低、健康状况差，同时出生率较高。世界人口的80%生活在第三世界

的发展中国家。根据预测，在1995年至2025年间，许多发展中国家的人口将会翻倍（Sharpley and Telfer 2002）。这种增长注定会使当下已有的高失业率状况更加严峻。

思考问题

1. 这些人该怎么办？
2. 这些人该去哪里？
3. 旅游就业将会给这些转变中的社会带来什么影响？
4. 关于该产业能做什么和不能做什么的假定会产生什么道德影响？
5. 该产业目前产生着什么样的道德影响？

大多数参与旅游业的目的地都感受到了旅游为本社区带来的益处，特别是它提高了个人收入，也增加了就业机会。关于发展中国家的旅游就业体验，我们又知道多少呢？比我们对发达国家该领域的了解要少很多。有证据显示发展中国家的旅游业就业体验没有发达国家那么消极，部分原因是在发展中国家，与其他很多就业选择相比（例如乡村地区），旅游还要好一些（Cleverdon 1979；Blanton 1981；Cukier and Wall 1993）。此外，发展中国家旅游业中的工作者并不一定在就业市场上处于边缘地位（如弱势群体和边缘群体），相反，研究发现，与乡村工作相比，旅游业工作还常常意味着较高的地位和更高的收入（Cukier and Wall 1993）。感知和体验在很大程度由当地的具体情况所决定。因此，在发达国家，接待业中的一些角色被视为是卑微的，通常也挣得很少。在发展中国家，同样的工作在地位和薪资上都比较高，尤其是和乡村劳动力相比。此外，这种工作提供了一个进入正式劳动力市场的机会——不仅对年轻人如此，对女性也是如此；在发展中国家这种工作被视为积极的，而在发达国家，地位较低的工作通常由女性承担也显示了就业中的性别不平等现象。然而，对就业体验的本质的评价常常具有相对性，如果我们想要弄清地域性、地域间以及全球的主要道德问题和道德关注点，就必须以批判性的眼光来看待人们的观点。请回忆第2章中对文化相对主义的批判——这种批判可用在此处；此外我们还需要理解它对全球各个时期的工作者所具有的意义。

对发展中国家就业进行研究所遇到的困难是该市场大范围的非正规就业，一个人常常兼职好几份工作，工作又常处于非正规领域——例如沿街叫卖、出售手工制品、出售来自黑市的物品。确定其与旅游业的关系，存在很大的变动性，其对旅游市场的参与程度和/或对旅游业从业者的意义则更难确定。现有研究指出旅游确实为正规和非正规就业的劳动力市场都作出了贡献。不过，虽然就业的本质是不稳定的，但是多重就业和移民正是发达国家用来解决这种脆弱性的一种策略。

虽然一些研究者反驳了对发展中国家的就业体验和地位带有民族中心主义色彩的论述，——即从低薪、低地位向当下状况的转变，但是仍要明确的是虽然这些体验可能非常不同，但是自由的旅游发展所产生的微观和宏观的物质力量与权力的不平等依旧存在。正如布里顿（Britton 1980，1982 in Bianchi 2002：269）指出的，"旅游加剧了社会和经济的不平等，这不仅反映在核心与外围之间，也反映在旅游目的地内部"。此处的道德问题既涉及不平等的资源禀赋，也涉及分配公正的问题。

讨论点：游轮产业——一个自由化的全球工作体制

图13.2 游轮——船上的旅游者和临时工。照片：Brent Lovelock。

第13章 劳动力

游轮产业为展示自由化的全球工作体制（Terry 2011）提供了一个典型。游轮业依托远洋轮船在"解辖域化的"（de-territorialised）背景中进行运营，因此能够合法地在世界范围内招募工作人员。游轮产业被恰当地称为"全球化的范式案例"（Wood 2006）。游轮业需要吸引就业者，虽然这种需求看似永不满足，但是它也受限于自己所要求的技能和在游轮上应提供的服务。特里（Terry 2011）发现，虽然看似拥有无限的劳动力储备，但是游轮需要的劳动力资源仍旧存在着地理上（文化上）的限制。

> 简而言之，游轮业依赖的是全球的不平等、当地劳动力市场上的技能组合，以及与西方期望联合产生的文化，从而产生了一种尤为特别的就业者类型……当地地理造就了合适的、恒定的就业者；当特定的来源国在过去几十年中产生了越来越少的高技能工人，曾经简单的情况就变得更加具有挑战性。
>
> （Terry 2011：668）

因此，全球招聘使该产业能够在保持低工资的同时提供高质量的客户服务，既维持低价格，又让消费者满意。但是当潜在的就业者对工作条件的期望提高时，该产业的脆弱性就显现了出来。当就业者来源国对劳动环境的要求提升时，游轮业就转向没有保护的国家进行招聘——没有最低工资要求或其他就业条件上的要求。虽然转向另一个地理位置进行招聘存在着限制，但这仍旧是目前最为主要的战略。例如菲律宾在近期之前一直是最主要的招聘目的地。当菲律宾提升了工人的最低工资标准，并要求支付稍高一些的薪金之后，一些游轮公司就开始从其他国家进行招聘了（Terry 2011：668）。

游轮旅游与其他旅游类型类似，与特定的地点紧密相关，但是也有一些游轮并非以停靠的港口为目的地，而是以自身作为目的地（Wood 2000）。这些游轮可以说是移动的度假地，人们可以选择观看海景，而主要的则是游轮提供的基于大海的流动性（Wood 2000：350）。这些海洋度假地通常只选择从缺乏法律保护的地方招募工人，而非各地皆可。方便旗（flags of convenience，FOC）是一种逃避劳工保护的常用手段。这些游轮在他国注册并挂起该国旗帜，而非来源国旗帜。为追求方便而挂起他国旗帜就需要遵守该国的法律——而这些国家都是典型的劳工保护法不完善或几乎没有劳工保护法的国家。因此，许多游轮挂着加勒比海国家的旗帜，典型的如巴拿马、巴哈马，而实际上那些游轮大多属于美国公司（Wood 2000：351）。

除此之外，游轮业在日益增加的全球化进程中越来越集中于少数大企业之中。二十世纪九十年代到二十一世纪的最初十年，出现了大量的合并、收购和破产（Wood 2000：352）。重新选择地点是为了逃避劳工法，该领域的企业家们还试图避税，轮船的注册地通常被选在税率很低的地方，而非其企业总部所在地。

> 如果经济全球化意味着资本流动性和空间分散性的增加，游轮则是全球化最为典型的代表：物理上可移动；大规模的跨国资本；有能力随时在全世界"转换阵地"；一艘游轮会从近50个国家招募流动劳动力，几乎不受任何国家的管制。
>
> （Wood 2000：353）

自由的移动和规避并不是所有人都能享受的自由。相反，船上有着严格的劳动分工、等级划分以及地点定位（即使在一船之内）。船上的从业者进行着高强度的工作以满足顾客的需求，大多数每周工作七天，连续工作六个月之久。船上施行等级制，指挥官处于最顶层，下层是职员，再下层是船员，他们负责不同区域的接待工作，招待不同的乘客，工资差异也很大（Wood 2000：353）。"接待业劳动力"层叠着多个平行的组织等级，包括船长、指挥官、技术人员和海员。对于加勒比海的游轮来说，这种等级同时也含有种族元素——白人（西欧和北美人）通常处于顶层，亚洲人、加勒比人和东欧人通常是船员。伍德（Wood）引用了面向北美申请者的招聘手册上的一段话："最常见的错误是申请通常由菲律宾人或其他'第三世界'国民从事的工作"（Landon 1997：48 in Wood 2000：353）。然而，一些游轮会在营销中宣传自己员工的种族多样性；常常有选择地展示那些受过游轮经营训练的船员：异域的（但是文明的）他者。

进入这个工作领域对于流动劳动力来说并不只是个人的决定。许多发展中国家的政府为了吸引资本也鼓励劳动力的流动。因此，菲律宾成为世界上最大的劳动力输出国，遍及130个国家的预计420万菲律宾合同工中，

第13章 劳动力

菲律宾船员的数量占据着相当大的比例（Ball 1997：1612）。菲律宾通过多样的结构为劳动力流动提供便利，但要求在国外工作的劳工通过菲律宾银行向国内汇款，以保证外汇的流入。

游轮业引发人们思考经济和政治的"解辖域化"（deterritorialisation）、劳动力的国际化和移动的目的地等议题。一些研究指出游轮作为主体公园的趋势正在日益增加——不久后游轮将会像人工岛一样取代真正的目的地（Wood 2000：359）。问题是它们会像岛屿一样拥有劳动保护吗？它们又服务于哪些港口呢？一些游轮公司拥有自己的岛屿——服务于主题奇幻游轮——也拥有最倾心的港口。此外，在加勒比海提供该体验的地区，这些岛屿上居住的并不是加勒比人，而是来自世界各地的岛民和雇员（Sloan 1998；Orenstein 1997）。然而，他们被包装得好像是来自过去的加勒比，一个一去不返的加勒比。这种建构的岛屿天堂被宣传为本真性的体验。而被游轮公司用作宣传工具的则是跨国的务工者们，例如在加勒比游轮上的加勒比务工者。进一步地说，这些私有岛屿削弱了当地港口的重要性，这也意味着这些港口的当地服务提供者和接待者遭受收入上的损失（Wood 2000：362）。游轮公司获得了丰厚的收入，而当地港口则被忽略。如果正如伍德（Wood 2000）所言"全球化让经济生活摆脱了地理的、物理的、文化的和政治的限制"，那么那些仍旧受到地理、经济、物理、文化和政治限制的人又将会有怎样的遭遇？方便旗使游轮公司能够逃避劳工法对游轮工人的保护；私人岛屿让港口消费遭受冷遇——从而取代了当地产品的市场和当地劳动者的工作；目的地的生产和消费都紧紧地掌握在运营于非领土性水域的游轮公司的手中。在旅游发展大力吸引国外资本和招募工人的地区，本国的当地人却很难再赢回追求游轮体验的游客，生产的产品也日益失去市场——是因为他们过于本真了吗？

> 讨论问题：
> 1. 这些企业家和雇主是否能因为地理上的移动和多地的布局而摆脱社会责任和义务？
> 2. 在我们对社会责任和道德行为的理解中，地理上的固定性是否重要？
> 3. 地点的变化能够让企业摆脱这些束缚吗？讽刺的是，位置却前所未有的重要——你从哪里来、你要到哪里去、你现在身处何方，在很大程度上决定了你的工作条件和工作对象。

延伸阅读

Cabezas, A.L. (2008) 'Tropical blues: Tourism and social exclusion in the Dominican Republic', *Latin American Perspectives*, 35: 21–36.

五、就业、新工作与情感劳动

与灵活的劳动力一起出现的是新工作的概念。新工作通常使得工作与家庭之间边界变得模糊，在就业方面也体现为兼职工作和季节工作的结合成为应对就业之不稳定性的一种方式，此外情感劳动在旅游业中也扮演着日益重要的角色（Veijola and Jokinen 2008）。旅游业中的许多工作都是按性别分工的。旅游业不成比例地雇佣了大量女性从业者，而旅游业中的女性又不成比例地承担着低技术、低薪金和不稳定的工作类型（Ghodsee 2005；Pritchard et al. 2007）。

接待业、情感劳动与家政工作

无薪的家务活向带薪家政工作的转变是广泛的服务向劳动力市场转移的结果之一。家政工作（reproductive work）是指以照顾工人为目的的工作，为他们提供食物和清洁，并满足其个人需求。这曾经是工人的家属们在家庭生活中的主要职责，而如今则分散在多个领域；但没变的是这项工作仍旧主要由女性承担。带薪的家政工作是旅游服务的核心构成，例如酒店和其他类型的食宿服务。低薪的服务人员负责清洁、整理和照顾住宿的客人们。许多女性也是移民或该国家的少数民族人口（Aguiar and Herod 2006）。旅游的分工，尤其是酒店业分工反映了传统性别分工的刻板印象。许多具有创造性的工作或"知识阶层"的工作位于经济的中心，但是仍存在着大量看不见的工作，薪资越低，工作越卑微，工作也就越隐藏于后台——从旅游者的视线中消失。就业阶梯的底层主要集中着女性、移民和年轻人（Zampoukos and Ioannides 2011）。

有限的技能（尤其是语言），种族偏见和性别综合起来，使得许多女性移民从业者只能找到类似于洗盘子、擦地板和换床单等低端的工作（McDowell 2009；Zampoukos and Ioannides 2011）。更普遍的是，即使非本

第13章 劳动力

国移民具有高学历并且拥有高级工的工作经验，也无法保证他们能获得管理层或前沿工作的职位（Church and Forst 2004；Devine et al.2007）。两位阿德勒（Adler and Adler 1999）对夏威夷岛度假地的从业者进行研究，提出了接待业工作的四层分类，包括：(1) 新移民；(2) 当地人；(3) 搜寻者；(4) 管理者。当地人与移民的地位比较固定，另两类则比较灵活，大多数搜寻者是来自北美的年轻白人。每一类都根据就业形势的不同而具有特定的特点。新的移民为了下一代而努力工作；当地人将其看作暂时的谋生手段；搜索者将这份工作作为其整体生活方式多样化内容的一部分（半永久），而具有专业资质的管理者则致力于自己的工作。许多研究都指出，接待业的灵活性体现在工作时间和工作职能两个方面。总体来说，一些观点认为核心是具有职能弹性的管理工作者，外围则是中低技能的劳动力大军，他们响应着该领域多样化的需求。

图13.3 看不见的工人。旅游中的服务：带薪的保洁工人。照片：**Brent Lovelock**。

劳动力市场的自由取决于你是谁（例如性别、种族、阶级、先前的工作经历等）、你在哪里（地理环境、经济领域、公司）、你想要成为怎样的人（对未来的梦想、野心）……

（Zampoukos and Ioannides 2011：41）

许多就业者不受工人权利的保护，许多处于边缘的工人的志向遭遇重重困难。

推荐阅读

Beddoe, C. (2004) *Labour Standards, Social Responsibility and Tourism,* A report by Tourism Concern, London: Stapleton House.

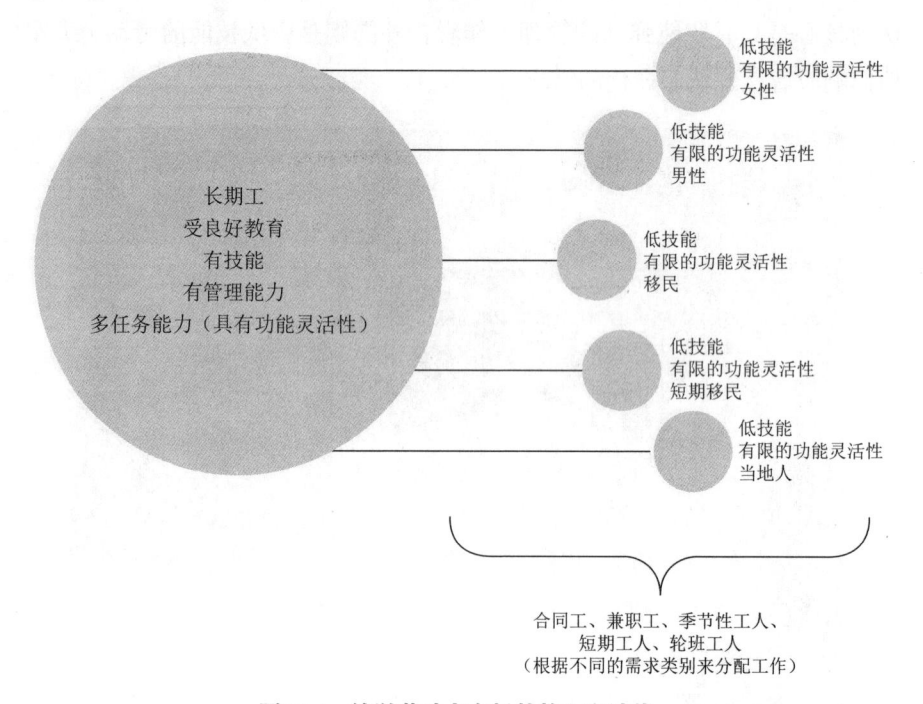

长期工
受良好教育
有技能
有管理能力
多任务能力（具有功能灵活性）

低技能
有限的功能灵活性
女性

低技能
有限的功能灵活性
男性

低技能
有限的功能灵活性
移民

低技能
有限的功能灵活性
短期移民

低技能
有限的功能灵活性
当地人

合同工、兼职工、季节性工人、
短期工人、轮班工人
（根据不同的需求类别来分配工作）

图 13.4　旅游劳动力市场的核心和边缘

案例研究：皇后镇与临时工：天堂里的最佳搭配？——塔拉·邓肯（Tara Duncan）

皇后镇坐落于新西兰南部的岛屿上，因其风景和探险活动而出名，最初是新西兰人的度假地，不过从二十世纪七十年代开始，它吸引了越来越多的国际旅游者。皇后镇是蹦极（始于 1988 年）和喷射快艇（始于 1970 年）的发源地，也提供众多其他冒险活动，例如滑雪、下坡山地自行车、高地跳伞、白水漂流、跳伞、峡谷摇摆、皮划艇高以及高空滑索等。皇后镇的居民数量为 28,700 人，每年接待的游客超过 190 万（About Queenstown 2012）。

皇后镇拥有超过 160 家商业住宿供应商，其旅游和接待业是当地最主要的就业领域。虽然新西兰正致力于提升新西兰人的就业，但是该产业仍旧依赖于国际劳动力（Fea 2011），而持有工作度假签证的人则构成了当地度假镇和滑雪场最主要的劳动力。

像皇后镇这样的度假地为临时工提供了一系列工作选择。布恩（Boon 2006）的研究发现许多年轻人喜欢将工作与生活方式结合起来，例如滑雪、滑板或山地自行车，许多年轻的旅游者会在度假地寻找工作机会；例如拥有 Renarkables 和 Coronet Peak 滑雪场的 NZSki 公司每年从 5000 个申请者中选出 500 个。这种工作是季节性的，薪资不高，在冬天依赖于降雪量的多少。雇主也受到气候变化的影响，例如 2011 年晚到的冬雪给 NZSki 这样的公司带来了很多问题，它们因滑雪场未能开放而无法支付员工薪酬（McDonald 2012）。除了季节上的脆弱性，雇佣大量国际劳工的雇主也常受到因官僚主义而带来的签证延迟的困扰（Fea 2011）。此外，他们还需要在国际化的前线员工的数量与旅游者对"新西兰人"体验的追求之间寻找平衡（Hall and Williams 2002）。

持有工作假期签证的人能够在皇后镇拥有很好的体验，雇主也拥有稳定的新的劳动力来源以供选择，这都对当地社区带来了广泛的影响，包括在皇后镇的游客和工作者滋生的不端行为（涉及酒精、毒品、犯罪）以及低收入者需要面对的高生活成本。季节性人口的急剧增长也给当地的医疗、住宿、教育和政策带来了压力。

那么为何年轻人还在前赴后继地前来呢？摩根等人（Morgan et al. 2002：348）认为，新西兰的风景"在根本上……是吸引游客前往该国的原因"，最近的研究发现对于许多年轻人来说原因确实如此（Godfrey 2011）。不过，还存在另一个原因，即新西兰的国家旅游推广组织 Tourism New Zealand 所做的努力。它定位于年轻的旅行者，发现年轻旅游者（与其他旅游者相比）在新西兰待的时间更久，花费也更多。戈弗雷（Godfrey 2011）发现，新西兰处在背包环游的路线之上——一个空档年或背包旅行的必去及工作之地。

> **讨论问题：**
> 1. 类似于皇后镇这样拥有大规模季节性工作者的地方具有什么积极和消极因素？
> 2. 在类似皇后镇这样的度假地工作的年轻国际劳工是由哪些人构成的？
> 3. 与当地影响、临时工以及低薪的度假工作者相关的核心道德问题是什么？

因此，虽然生活成本很高，（冬季的）天气不稳定，并且大多数在前线或入门级旅游部门工作的人工资都很低，皇后镇仍旧给在冒险中旅行和找工作的年轻人带来了与众不同的东西。不过，这一过程看似具有的自主性实际上是一种假象。不同国家之间签订的工作度假协议塑造了特定的经济和贸易关系，而年轻的短期工作者正是该大型经济政治体的一部分。此处核心的道德问题与关注在于全球哪些年轻人是这一定位的目标？这些协议又会如何影响现有的全球经济不平等？

参考文献

About Queenstown (2012) *Destination Queenstown*. Available at <http：//www.queenstownnz.co.nz/information/AboutQueenstown/> (Accessed 15 August 2012)

Boon, B. (2006) 'When leisure and work are allies：the case of skiers and tourist resort hotels', *Career Development International*, 11 (7)：594–608.

Fea, S. (2011) 'Plea to cut red tape for work visas', *The Southland Times*. Available at <http：//www.stuff.co.nz/southland-times/news/5631728/Plea-to-cut-red-tape-for-work-visas> (Accessed 1 September 2012)

Godfrey, J. (2011) 'The grass is greener on the other side：what motivates backpackers to leave home and why they choose New Zealand as a destination'. Unpublished Master's thesis, University of Otago, Dunedin, New Zealand. Available at <http: //otago.ourarchive.ac.nz/handle/10523/1726> (Accessed 30 August 2012)

Hall, C.M. and Williams, A.M. (2002) *Tourism and Migration: New Relationships Between Production and Consumption*, Dordrecht：Kluwer Academic.

McDonald, C. (2012) 'Jobless numbers halved', *Otago Daily Times,* 23 July. Available at <http: //www.odt.co.nz/news/queenstown-lakers/218137/jobless-numbers-halved> (Accessed 23 July 2012)

Morgan, N., Pritchard, A. and Piggott, R. (2002) 'New Zealand, 100% Pure：The creation of a powerful niche destination brand', *Brand Management,* 9 (4-5): 335-354.

Queenstown Lakes Community Housing Trust (2012) *Press Release: Community Housing Trust Commissions Independent Research into Local Rental Market.* Available at <http: //www.qlcht.org.nz/new-updates> (Accessed 31 March 2012)

延伸阅读

Gogia, N. (2006) 'Unpacking corporeal mobilities: the global voyages of labour and leisure', *Environment and Planning*, 38: 359-375.

Uriely, N. (2001) '"Travelling worker" and "working tourists": variations across the interaction between work and tourism', *International Journal of Tourism Research,* 3: 1-8.

度假工作者——代表国家——劳动力流动性应对劳动力的未来？

关于年轻度假工作者全球性流动的问题，人们做出了很多假设。在第3章关于流动性的讨论中，我们已经涉及了其中的一些问题。在过去三十年中增长的国际短期移民是经济全球化、劳动力市场国际化和跨国化的结果之一（Lovelock and Leopold 2011：140）。季节性工作不仅是旅游劳动力市场的特征之一，例如在皇后镇这样的旅游目的地，也是其他产业（例如农业）劳动力市场的特征。在新西兰这样的移民社会中，这些短期劳动移民通过本国与东道主国家签订的多种政策和双边协议进入该社会。巩固这些协议的是永久居住的长期计划。对于像新西兰这样的老龄化日益严重的移民社会来说，吸引技术移民是一个重要战略，度假工作者方案也是为未来培养受过教育且拥有技能的永久居民的手段（Lovelock and Leopold 2011：142）。这些旅游劳动力市场中的短期工作者依靠季节性或临时性工作来获取旅行所需的资金，但是这种工作的收入很低且不稳定，他们的收入可能无法支付在该地居住和旅游的全部支出，因此年轻人可能会带着债务回到自己的国家（Newlands 2006；Lovelock and Leopold 2011）。来自拥有双边协定的发达国家的度假工作者与从事低薪工作、难以获得永久居住可能性的短期移民劳工是两个不同的工作阶级。他们更类似于两位阿德勒（Adler and Adler 2004）所定义的搜寻者，将工作与休闲追求结合起来，但是真正的职业选择在回到自己国家之后才会开始。度假工作者方案显示出这些劳动力迁移并非一个自主的过程，这些方案与协定反映的是业已存在的贸易和移民流以及／或在国际上常被用来建立和强化新贸易关系的方式（Lovelock and Leopold 2011：149）。这些实践所存在的道德问题是谁有机会成为度假工作者，而谁没有。这些方案典型地存在于发达国家之间，以及／或由需要与发展中国家建立贸易关系的发达国家发起。这些方案可能加剧的是资源（人力资源）的不平等分配和不平等的全球发展。

本章回顾

本章探讨了旅游劳动力市场和全球不同地点的劳动力分工的伦理含义。虽然很多研究者都对旅游生产中的消费与表演性进行了探究，但是人们对生产劳动和生产过程、实践与过程的结构特征（劳动力如何被组织）、旅游产品生产的参与者的物质现实等问题的关注还有些不足。晚期资本主义社会的工作和消费的模式发生了很大变化，在旅游中，新的中产阶级将消费作为一种自我满足和提升的方式则是这一变化最为典型的体现（Bianchi 2000），一个日益增加的跨国阶层为旅游者的消费生产着旅游产品。旅游劳动力市场和劳动力中存在一系列道德问题，其中许多都涉及资源的不平等分配或雇佣实践是如何加剧当下的结构性不平等的问题。当处理该领域中的道德问题和关怀时,分配公正模式具有一定的实践效用。

关键术语小结

全球化(globalisation):虽然全球化存在着广泛的定义,但在本章中我们采用的是沃特(Water 1995:3)的全球化定义,即"一种社会过程,其中地理限制对社会和文化配置产生的影响减少,并且人们对这种发展的感知日益增加"。此外,这种配置还体现在经济、文化以及政治上。各种配置被重新布局,并且不受制于地点:新的配置建立起拥有全球维度的关系网络。旅游和旅游业正是对这一全球化过程的最佳代表,也展示了人、旅游者、劳动力和新的企业是如何加入这一新的网络联系中。

先进的资本主义(advanced capitalism):指资本主义经济模式已经运行了很长时间,并且这种资本主义与历史上之前的形式(例如重商主义和工业资本主义)有所区别。哈贝马斯(Habermas 1973)认为,先进资本主义的关键特征是个人主义(注重职业生涯、休闲和消费)和商品拜物教。先进资本主义常与下列概念紧密相关:发达国家、后工业社会、后福特主义。

初级和次级劳动力市场(双元劳动力市场)[primary and secondary labour markets(dual labour market)]:初级和次级劳动力市场(部门)的概念已经具有固定的含义,初级劳动力市场通常指在公共部门、大型公司或高度工会化的行业,人们拥有稳定工作和良好的工作环境;而次级劳动市场则包括小雇主、无工会的经济部门以及高度分散和竞争的产业,例如零售业,这些行业的工作比较缺乏保证,工作环境不佳,工资也最低(Marshall 1998)。

灵活的劳动力(flexible labour):指兼职的、临时的、季节性的、不稳定的以及低薪的工作安排,它们具有灵活性和暂时性的特征。

劳动后备军(reserve army of labour):该概念来自卡尔·马克思(Karl Marx)的著作,指处于弱势的无产阶级。这些工人具有两种功能:一是自身存在所意味着的剩余劳动力实现了对工资价格的调节;二是为生产的突然扩张提供劳动力。如果劳动后备军的数量降低，工资则会升高，反之亦然。这一概念近来多用于对女性劳动力的讨论（Marshall 1998）。

思考问题

1. 旅游业中的劳动后备军由谁组成？
2. 游轮上的就业实践中存在哪些道德问题？
3. 在思考旅游劳动力市场和就业实践中的伦理和道德问题时，可应用哪些道德框架？
4. 个体旅行者如何处理这些道德问题与事件？

练习

1. 应用实用主义的道德决策模型来分析劳动力市场中大多旅游工作者的现状。
2. 如果你是旅游产业中的一位雇主，你如何实现分配公正？在网上找到以分配公正为推广点的旅游经营者——他们在其经营中作出了哪些改变？

延伸阅读

Bianchi, R.V. (2000) 'Migrant tourist-workers: Exploring the "contact zones" of post-industrial tourism' *Curent Issues in Tourism*, 3 (2): 102–137.

—— (2009b) 'The "critical turn" in tourism studies: A radical critique', *Tourism Geographies,* 11 (4): 484–504.

Zampoukos, K. and Ioannides, D. (2011) 'The tourism labour conundrum: Agenda for new research in the geography of hospitality workers', *Hospitality and Society,* 1 (2): 25–45.

注释

a 达西·范德格里夫特（Darcie Vandegrift）：《"这里不是天堂——我在这里工作"：加勒比哥斯达黎加的全球重组、旅游业和女工》（'"This isn't Paradise-I Work Here": global lestructing, the tourism industry, and women workers in Caribbean Costa Rica'），选自《性别和社会》(*Gender and Society*)，2008（22）：778-797。

参考文献

Adler, P.A. and Adler, P. (1999) 'Resort workers: Adaptation in the leisure-work nexus', *Sociological Perspectives,* 42(3): 369-402.

— (2004) *Paradise Laborers: Hotel Work in the Global Economy,* Ithaca, NY: Cornell University Press.

Aguiar, L.L.M. and Herod, A. (eds) (2006) *The Dirty Work of Neoliberalism: Cleaners in the Global Economy,* Oxford: Blackwell.

Airey, D., and Nightingale, M. (1981) 'Tourism occupations, career profiles and knowledge', *Annals of Tourism Research,* 8(1): 52-68.

Ball, R. (1997) 'The role of the state in the globalisation of labour markets: The case of the Philippines', *Environment and Planning,* 29: 1603-28.

Baum, T. (1995) *Managing Human Resources in the European Tourism and Hospitality Industry: A Strategic Approach,* London: Chapman and Hall.

— (2010) 'Demographic change and labour supply in global tourism to 2030: a tentative assess-ment', in *Contemporary Issues in Irish and Global Tourism and Hospitality,* School of Hospitality Management and Tourism at ARROW@DIT.

Beddoe, C. (2004) *Labour Standards, Social Responsibility and Tourism,* London: Tourism Concern.

Belau, D. (2003) *New Threats to Employment in the Travel and Tourism Industry,* Geneva: International Labour Organisation.

Bianchi, R.V. (2002) 'Towards a new political economy of global tourism', in R. Sharpley and D. Telfer (eds) *Tourism and Development: Concepts and Issues,* pp 265-99, Clevedon: Channel View Publications.

— (2011) 'Tourism, capitalism and Marxist political economy', in J. Mosedale (ed.) *Political Economy of Tourism: A Critical Perspective,* New York:

Routledge, pp. 17–37.

Blanton, D. (1981) 'Tourism training in developing countries: The social and cultural dimensions', *Annals of Tourism Research,* 8(1): 116–33.

Britton, S.G. (1991) 'Tourism, capital and place: towards a critical geography of tourism', *Environment and Planning D: Society and Space,* 9: 451–78.

Bums, P. (1993) Sustaining tourism employment', *Journal of Sustainable Tourism,* 1: 81–96.

Castles, S. and Miller, M.J. (2003) *The Age of Migration: International Population Movements in the Modern World,* New York: Guilford Press.

Church, A. and Frost, M. (2004) 'Tourism, the global city and the labour market in London', *Tourism Geographies,* 6(2): 208–28.

Clancy, M. (1998) 'Commodity chains, services and development: Theory and preliminary evidence from the tourism industry', *Review of International Political Economy,* 5(1): 122–48.

Cleverdon, R. (1979) *The Economic and Social Impact of International Tourism on Developing Countries,* London: Economist Intelligence Unit.

Crang, P. (1997) 'Performing the tourist product', in Rojek, C. and Urry, J. (eds) *Touring Cultures: Transformations of Travel and Theory,* New York: Routledge, pp. 137–54.

Cukier, S.J. and Wall, G. (1993) 'Tourism employment: Perspectives from Bali', *Tourism Management,* 14(3): 195–201.

Devine, F., Baum, T., Heams, N. and Devine, A. (2007) 'Cultural diversity in hospitality work: The Northern Ireland experience', *International Journal of Human Resource Management,* 18(2): 333–49.

Ghodsee, K. (2005) *The Red Riviera: Gender, Tourism and Postsocialism in the Black Sea,* London: Duke University Press.

Habermas, J. (1973) *Legitimation Crisis* (English translation by T. McCarthy), Boston, MA: Beacon.

Hochschild, A. (2003) *The Managed Heart: Commercialization of human feeling*

(2nd edn), Berkeley: University of California Press.

Hudson, R. (1999) 'The new economy of the new Europe: Eradicating divisions or creating new forms of uneven development?', in Hudson, R. and Williams, A.M. (eds) *Divided Europe:Society and Territory,* London: Sage, pp. 29–62.

Ioannides, D. and Debbage, K. (1998) 'Neo-Fordism and flexible specializations in the travel indus–try: Dissecting the polyglot', in Ioannides, D. and Debbage, K. (eds) *The Economic Geography of the Tourist Industry,* London: Routledge, pp. 99–122.

Ladkin, A. (2011) 'Exploring Tourism Labor', *Annals of Tourism Research,* 38(3): 1135–55.

Lee, C-K. and Seyoung, K. (1998) 'Measuring earnings, inequality and median earnings in the tourism industry', *Tourism Management,* 19: 349–58.

Lovelock, K. and Leopold, T. (2011) 'The political economy of temporary migration: seasonal workers, tourists and sustaining New Zealand's labour force', in J. Mosedale (ed.) *Political Economy of Tourism: A Critical Perspective,* New York: Routledge.

McDowell, L. (2009) *Working Bodies: Interactive Service Employment and Workplace Identities,* Oxford: Wiley-Blackwell.

Marshall, G. (1998) *A Dictionary of Sociology. Encyclopedia.com.* (Accessed 16 September 2012).

Mintz, S.W. (1998) 'The localization of anthropological practice: From area studies to transnationalism', *Critique of Anthropology,* 18: 117–33.

Newlands, K.J. (2006) *The modern nomad in New Zealand: A study of the effects of the Working Holiday Schemes on free independent travellers and their host communities,* unpublished thesis, Auckland University, Auckland, New Zealand.

Nickson, D. (2007) *Human Resources Management for the Hospitality and Tourism Industries,* Oxford: Butterworth-Heinemann.

O'Byme, D.J. (2001) 'On passports and border controls', *Annals of Tourism*

Research' 28(2): 399–416.

Orenstein, C. (1997) 'Fantasy island:Royal Caribbean parcels off a piece of Haiti', *The Progressive,* 61(8): 28–31.

Pritchard, A., Morgan, N., Ateljevic, I., and Harris, C. (eds) (2007) *Tourism and Gender. Embodiment, Sensuality and Experience,* Oxford: CABI.

Sharpley, R. and Telfer, D. (eds) (2002) *Tourism and Development: Concepts and Issues*, Clevedon: Channel View Publications.

Sloan, G. (1998) 'When you're young at heart: Disney makes big magic on the high seas', *USA Today,* 16(225): 164–7.

Terry, W.C. (2011) 'Geographic limits to global labor market flexibility: the human resources para-dox of the cruise industry', *Geoforum,* 42: 660–70.

Tesone, D. (2008) *Handbook of Hospitality Human Resources Management,* Oxford: Butterworth-Heinemann.

Viejola, S. and Jokinen, E. (2008) 'Towards a hostessing society? Mobile arrangements of gender and labour', *Nordic Journal of Feminist and Gender Research,* 16(3): 166–81.

Waters, M (1995) *Globalization,* London: Routledge.

Wood, R.E. (2000) 'Caribbean cruise tourism: globalization at sea', *Annals of Tourism Research,* 27(2): 345–70.

—— ((2006) 'Cruise tourism: a paradigmatic case of globalization', in Dowling, R. (ed.) *Cruise Ship Tourism,* Cambridge, MA: CABI.

第14章 伦理准则

"西方文化的方方面面都需要新的伦理准则——一种理性的伦理——这是重生的前提。"

——安·兰德[a]

"一个本质上很诚实的人不需要伦理准则。每个人都需要十诫和登山宝训这样的伦理标准。"

——哈里·S.杜鲁门[b]

学习目标

阅读本章后,你将能够:
- 定义"伦理准则"和"行为准则"。
- 解释伦理准则的来源、当代发展以及它与企业社会责任之间的关系。
- 解释伦理准则的伦理基础以及它是如何产生影响的。
- 讨论针对指导旅游商业或旅游者伦理行为的伦理标准的主要批判。
- 讨论道德相对主义的伦理准则观的优势和劣势。
- 总结伦理准则发展获得成功的关键因素。

一、导言

在一个面对众多伦理挑战又在诸多领域都管制松散的产业,无疑会出现许多伦理准则来引导人们的行为。芬内尔和马洛伊(Fennell and Malloy

2007：16）指出"旅游和户外休闲中真的存在数千条伦理准则，涉及世界各地的东道主国、政府、服务提供者、私人公司以及旅游者"。

从旅游业遍布着的数千条伦理准则上看，旅游业似乎应该更具伦理一些。于是我们不禁要问，伦理准则在修正旅游利益相关者的行为上，或支撑伦理标准上到底有多大程度的有效性。一些观点将旅游伦理准则批判为"不过是讽刺的营销花招而已"（Holden 2000：159），没有利齿，只是"让一些组织宣扬自己的敏感性和责任心"（Honey 1999：50）。准则也被视为旅游企业用来摆脱政府管制的一种尝试（Mowforth and Munt 2003）。不过，也有观点认为伦理准则是有用的工具，它易使用且易生效（例如 Garrod and Fennell 2004；Robert and Hall 2001）。

本章将讨论伦理准则面对的争议。首先我们会对伦理准则进行定义，进而梳理伦理准则的哲学基础。最后我们会讨论它们在旅游中的应用，分析它们发挥效力的程度和原因。

二、旅游伦理准则：定义和议题

要清楚地阐释本章的"伦理准则"，还需要介绍相关系统中的另外两个概念，即行为准则和操作准则。不过，芬内尔和马洛伊（2007）指出伦理准则的概念更具哲学性，也更具有价值导向。相比之下，行为/操作准则更具技术性，可具体地用来满足某个组织或群体在特定时间和空间内的需要。他们也指出了这三个准则的功能（用来向往、用来教育和用来管制），伦理准则具有向往和教育的功能，管制功能则通过操作或实践准则达到最佳。虽然在这些概念之间存在细微的差别，但是我们能感受到它们的共同目标是为更好的伦理行为提供指导，这一共同目标使它们具有了一致性。

因此，我们该如何最佳地定义伦理准则呢？吉诺特（Genot 1995：169）指出，伦理准则是"公共的伦理声明，而非法律声明，是对特定价值观和行为标准的承诺"。以此为基础，芬内尔和马洛伊（2007）对伦理准则进行了如下定义：

正式的、成文的声明，一种向内部和外部的利益相关者传达的信息，也是对雇员采取正确行为模式的一种引导。它是一个组织对自己进行伦理审视的具体化。

以此，我们可以看到伦理准则与组织的使命宣言、原则宣言和价值宣言相关。然而，与伦理准则相比，这些宣言似乎更令人热血沸腾（Fennell and Malloy 2007）。

对国际旅游伦理准则的呼吁并不只是近几年的新鲜事（例如 Krohn and Ahmed 1992），近来，旅游伦理热度的增加所带来的对伦理准则的讨论实际上与另一个远大的目标紧密相关——即可持续旅游和可替代旅游的日益流行（Fennell and Malloy 2007）。随着旅游影响的规模、范围和可见性的增加，人们认识到需要提升旅游的三重底线以实现一个更好的世界。

另一个观点则认为，旅游中伦理准则的广泛传播不过是更广泛的商业领域现实的一种反映而已，而伦理准则（与相关的认证程序）已经开始与比较优势紧密相关（Fennell and Malloy 2007；Harris and Jago 2001）。

眼泪基金会（Tearfund，一个英国的非政府组织）研究了消费者对伦理和负责任旅游的态度，发现了伦理准则对于消费者所具有的力量。该研究揭示出消费者对伦理准则的强力支持：45% 的被访者认为"如果一个公司有成文的伦理来保证良好的工作条件、保护环境以及支持目的地的慈善事业的话"，那么自己更愿意与其合作（Tearfund 2000：8）。眼泪基金会认为游客对旅游经营者几乎不存在忠诚度，通过利用伦理政策，旅游公司可能获得积极的伦理优势。

不过，伦理准则的争论主要在于，它们能在多大程度上被旅游公司内化而真正成为公司文化的一部分。赫尔特曼（Hultsman 1995）较早对旅游伦理进行了讨论，认为有必要超越简单的伦理准则。他区别了"示范性的"伦理和操作性的伦理准则。他指出，虽然这些准则确实有一定的用处，但是它们仍然需要一个更具示范性的基础。他引用了利奥波德（Leopold）在《沙乡年鉴》（1949）一书中的"大地伦理"一词（见第 9 章对大地伦理的讨论），作为一个例子来说明伦理为决策的制定与行动提供了直觉基础。赫尔特曼认为，与土地伦理指导自然资源保护主义者一样，旅游服务伦理可作为"旅游从业者共同理解并接受的原则性行为的基础性和系统性概念"（1995：556）。有关旅游伦理准则的实证研究反映了同样的观点，不过同时也指出了其缺陷。例如，马洛伊和芬内尔呼吁要在"更深刻的哲学情境中"建立伦理准则（1998：460）。因此准则内化（进而操作化）的程度取决于其哲学渊源及其塑造的内容和形式。

三、伦理准则的历史

芬内尔和马洛伊（2007）对旅游中的伦理进行了很好的总结，我们在此向读者进行介绍。伦理准则可以追溯至公元前十八世纪的的巴比伦王国。在公元前五世纪，古希腊医师希波克拉底发出了誓言："我发誓捍卫医学领域对人类生命与福祉的保护！"——著名的希波克拉底誓言（Veatch 2013 in Fennell and Malloy 2007：19）。许多早期伦理准则的出现和发展与组织性的宗教紧密相关。十诫与犹太－基督教（Judeo-Christianity）相关，它是该体系信仰者的伦理准则。类似的是，圣传经（Smritis）被认为是天启经（Srutis）或吠陀经（Vedas）的细化，也是印度的社会法律准则，确定了国家、社群、家庭和个体责任。

讨论点

罗德里戈·特伦布莱（Rodrigue Tremblay）在他的《全球伦理准则：十项人性原则》（2010）中讨论了"非宗教道德"的可能性，提出了十项可替代宗教道德的世俗法令：

1. 承认所有人的自然尊严和内在价值。
2. 尊重他人的生命和财产。
3. 对他人的选择和生活方式保持包容和开明。
4. 与不幸的人进行分享，与他人互相帮助。
5. 不说谎言，不进行精神性说教，不用世俗权力去主宰和剥削他人。
6. 依靠理性、逻辑和科学来理解宇宙，解决生命问题。
7. 保护和改善地球的自然环境——土地、土壤、水、空气与空间——将其视为人类的共同遗产。

8. 通过互相合作，而非诉诸暴力和战争来解决差异和争端。

9. 以个人自由和责任为依据，通过政治和经济民主来组织公共事件。

10. 通过教育和努力来发展个人智慧和能力。

有用的资源

Dawkins, R. (2006) *The God Delusion,* Boston, MA. Houghton Mifflin.

Smritis see <http: //www.swami–krishnananda.org/hist/hist_8.html>

Ten Commandment Alternatives <http: //en.wikipedia.org/wiki/The_Code_for_Global_Ethics#The_Code_for_Global_Ethics>

Tremblay, R. (2010) *The code for Global Ethics: Ten Humanist Principles*, Amherst, NY: Prometheus Books.

思考问题与练习

旅游的伦理准则在多大程度上与宗教准则或经文相关？试在网上寻找旅游中的伦理准则，看看你能找到多少明显的或隐晦的联系。

科克和范图尔德（Kolk and van Tulder 2002 in Fennell and Malloy 2007）还指出，准则日益增多的部分原因是由于西方在二十世纪八十年代广泛应用的政府政策中新自由主义以及投资和生产的全球化，这二者都带来了许多司法领域的真空地带。来自不同利益群体的社会压力迫使企业去解决这些真空，从而带来了"二十世纪九十年代商业准则的大爆炸"（Fennell and Malloy 2007：21）。此外，企业社会责任的概念的出现（见第 1 章）让人们注重责任的概念，而关于责任的讨论则以行为的道德准则为核心（loacker and Muhr 2009）。施瓦茨（Schwartz 2001）报告称超过 90% 的美国大型企业拥有伦理准则，加拿大是 86%，而英国是 57%。实际上，在一些国家，注册公司被要求（或至少被鼓励）制定伦理准则［例如在美国，2002 年的萨班斯–奥克斯利法案将伦理准则定为一项必要条件；在英国的注册公司则要遵守企业管理联合准则（Preuss 2010）］。除了要满足外在的硬性要求，公司使用伦理准则的原因还有很多，例如针对员工制定规范的标准、避免法律纠纷、提升公共形象等（Ethics Resource Centre 1990 in Schwartz

2001)。

然而在著名的安然公司案中,无论是对诈骗的实施者、无辜的员工,还是数千个失去了毕生积蓄的投资者,伦理准则都没有起到保护作用。安然公司是美国一个能源、商业和服务业公司,拥有1千亿美元的资产,超过20,000名雇员,在2001年被曝光了不道德的会计操作后被迫破产。重要的是,安然公司拥有自己一套完整的伦理准则。它是一本64页的手册,指出了在实施公司业务时应遵守的"伦理和诚实的行为"(这本手册现在因人们的好奇心而颇有价值)。

这无疑让人们怀疑准则能否有效地影响行为。施瓦茨(Schwartz 2001)总结了关于一般商业领域中伦理有效性的实证研究,发现关于准则有效性的研究结论并不一致。一些研究认为准则会带来"更具伦理的行为",或拥有"阻止不伦理行为的效果",另一些研究却认为"准则本身影响甚微"(2001:49)。许多研究认为,伦理准则的存在和强化的伦理行为之间存在紧密的关系(Kaptein and Schwartz 2008)。那为什么会出现安然公司这样的例子呢?研究者指出,重要的不仅仅是伦理准则的内容(细节和清晰性),其监督和遵守也至关重要。在对企业社会责任的研究中,范图尔德等人(van Tulder et al. 2009)提出了一个包含这些要素的模型,对公司按照其伦理准则的两个维度进行了分类(从不主动的到反应式的,再到主动的,最后是前摄的):准则内容的具体程度和监督与遵守的程度。

在公司层面之外,伦理准则也可能存在于产业层面和政府间层面,或由类似非政府组织这样的外部组织而提出。不过证据显示,产业层面的准则通常比其他准则更为宽松,因为需要在产业成员之间寻找共识(Kolk and van Tulder 2002)。类似的是,政府间组织的准则在监管上则力度较弱。而另一方面,非政府组织的准则在行为要求上可能更加严格(Kolk and van Tulder 2002),不过不同产业成员对待它的态度则有所不同。最后,对于伦理准则的主要批判是他们通常包含自我管理,因此缺乏像政府监管那样的"打击力度"(Sobczak 2006)。

四、准则的基础

通过准则来推行伦理是"试图通过定义一般化的,有关如何进行'适当且正确'行为举止的规则、指导、责任来塑造负责任的行为"(Loacker and Muhr 2009: 266)。但是许多准则以实用主义为核心,从行业的角度来定义负责任的行为,即"从战略考虑以及……组织利益"(2009: 266)。这一点从许多商业伦理的论述中可见一斑:"要在乎他人,因为他们可为我所用"(Jones et al. 2005: 122),或者要在意他人,因为这终将有利于自身(Francis and Armstrong 2003)。因此以准则为基础来推行伦理本质上是一种规范化的方法,其核心是通过他人的"外部力量和责任",而非自身内在来寻求指导(Locker and Muhr 2009: 266)。反对的观点提出了质疑,认为其责任"无法被精简为一个兼具抽象性、技术性和功能性的相协调的系统"(Locker and Muhr 2009: 267;也可见 Weaver 2006)。

一些人提倡另一种基于实践本身的伦理,即"伦理不是先验的,不应被预先设定的准则所决定或包含"(Locker and Muhr 2009)。这样的方法以法国哲学家米歇尔·福柯(Michel Foucault)的思想为基础,他通过对道德处方和古希腊的行为的分析来确立伦理概念。福柯的伦理概念虽然也承认规范性的准则能够定义伦理上的正确性,但更重要的是要求我们观看特定情境的"自身实践"。据此,我们能够将准则与自身联系起来,尝试将自己视为道德行为的代理人(Locker and Muhr 2009: 268)。个体可通过自我反省和自我检视等实践将自己视为道德主体(Locker and Muhr 2009: 269)。

另一些人则认为伦理准则百无一用。与上述的福柯方法类似,拉德(Ladd 1991 in CSEP 2012)认为伦理应该是开放式的和可反思的,对伦理准则的依赖是错误地将其与法律混淆。拉德也质疑对专业人士(例如旅游经营者)的伦理准则进行区分是否合理,认为应该有统一的一套伦理来指导社会的普通大众。实际上,伦理准则可能并非总是伦理完整性的最高表达(Bersoff and Koeppl 1993)。它们常常是"过时的、保守的、以保护(其专业)成员为宗旨的政治妥协的产物,它们受制于(自己的)作用域,通常无法为其领域中模糊的困境提供清晰的解决方案"（1993：348）。

类似的是，施瓦茨认为伦理准则是对糟糕的旧时代的"不当回归"，包含着封建时代的伦理准则和控制原理，认为其元素充斥着"法西斯主义"的色彩（2000：173，174）。他认为商业组织并没有商业的"规定道德"——无论是对其雇员，还是对社会来说。与上述福柯的方法相一致，施瓦茨提倡商业建立起一种环境，使雇员（和客户——旅游者——以及其他利益相关者）"能够自在地去做自己认为对的事情"（2000：182）。虽然这种方法可能比简单的提出一套准则困难很多，但它最终会带来更具伦理的商业实践（Schwartz 2000）。

在旅游情境中，布彻（Butcher 2003：71）视行为准则为"新道德旅游"的一部分，将其描述为"超越道德包袱"的"常识构建"。然而，布彻认为旅游中文化碰撞的协调过程并不需要外来的帮助，科尔（Cole 2007）也不认可从旅游体验中提炼出行为准则工具的意义。她指出东道主社区不得不忍受"持续的入门级学习者的大潮"——需要学习当地文化和了解新环境的"融入规则"的旅游者（2007：444）。仅仅允许旅游者去做自己认为对的事情是不够的——尤其是在面对目的地环境中不同的文化规范时，他们还需要去适应。在这种情况下，伦理、行为或操作准则即使不具有决定性作用，至少也能发挥一定的效果。

什么是好的准则？

我们已经讨论了很多针对以准则来推行伦理的方法的批判。不过，这种方法对于产业来说却有内在的吸引力，因而这种方式能够坚持下来的可能性很大。那么，好的准则具有哪些要素呢？它们应该清晰、全面，并且应该以一种"强调与褒奖"，而非仅仅列出禁令的方式来进行表述（Fleckenstein and Huebsch 1999）。然而同样重要的是，准则应该反映出四种价值：公正（公平和诚信交易）；正直（诚实、真诚、尊重自我和他人）；能力（才能、才干和可靠性）；有用性（高效，以及为最广泛的大众带来最好的结果）（Fleckenstein and Huebsch 1999）。不过，是否应该以实用主义的理论为指导来制定伦理准则仍旧存在着争议。

讨论点：什么构成了"好"的伦理准则？

对其他产业或专业领域的伦理发展进行观察或许有所裨益，因为与旅游业相比，其他一些领域可能拥有发展伦理准则的漫长历史。艾伦（Allan 2001：438–441）描述了心理学领域中伦理准则的修正，通过对其进行检视，提出了一系列原则来指导新准则建立，例如：

1. 原则导向：它应该基于伦理理论、原则或一系列原则，例如联合国《世界人权宣言》中所应用的原则（尊重人的尊严与权利、自主权、公正、不伤害、善行、诚实、忠诚以及责任）。

2. 公开声明：对群体或组织相关的伦理原则提供清晰的公开声明。

3. 教育、指导和支持：教育和指导新的成员，提醒当前成员适当的举止和行为。

4. 实际价值：解决与公众、利益相关者以及群体或组织成员相关的问题。

5. 管制：确保准则的可实施性。

> **讨论问题：**
> 1. 旅游业在多大程度上能够应用其他领域（例如心理学）的伦理准则？旅游与其他领域或职业有什么共同点？又有什么不同？
> 2. 旅游被称为"部分产业化的"活动——例如它包括许多不同的产业类型，例如医院、零售、娱乐、教育等。这一特征会给旅游业制定好的"旅游"伦理准则带来问题吗？

参考文献

Allan, A. (2011) 'The development of a code for Australian psychologist', *Ethics and Behavior,* 21 (6): 435–451.

五、伦理准则的哲学基础

在制定伦理准则的过程中，道义论和实用主义是两个最广为接受的伦理框架（Bersoff and Koeppl 1993；也可见第 2 章）。伊曼努尔·康德（Immanuel Kant，1724-1804）是道义论的提出者，他认为某一行为的道德性直接取决于其固有的或内在的本质，例如行为的正确与否与其后果无关。实用主义通常被视为道义论的反面，它认为决策的制定应以幸福（或效用）最大化为原则。也有其他哲学家将道义论和实用主义的思想结合起来而提出伦理准则，其中一位是二十世纪英国哲学家 W. D. 罗斯（W. D. Ross, 1877-1971）。罗斯认为最大化好处只是七个初步责任之一，这些责任概括了一个人在不同的特定情况下所应采取的行为，包括忠诚、补偿、感恩、不伤害、公正、善行、自我改善。这些责任可以构成伦理准则的基础。类似的是，谢费勒（Schfeller 1982 in Getz 1990）提倡另一种"混合的"方法，既尊重权利，也要为结果负责。从这一视角出发，盖茨（Getz 1990）分析了商业的行为准则，指出商业机构在决策和政策制定中会倾向于实用主义的逻辑。因此，盖茨认为行为准则的一个重要功能就是为企业提供道义论推理的基础。在一个对国际行为准则的分析中，盖茨根据道义论原则的数量（越多越好）和因实用主义而产生的拒斥（越少越好）对准则进行了排序。

与之相反，当思考旅游行为准则的道义论或目的论（结果论）基础时，一些研究者（例如 Malloy and Fennell 1998；Fenell and Malloy 2007）认为目的论的基础更为合适，因为它认可不遵守规则的可能性（并不要求简单地守规则）。道义论准则的伦理出发点是规则，评价"正确"和"错误"的基础是行为和职责，而目的论准则所推行的是能"为最广泛的大众带来好的结果"的行为（Garrod and Fennell 2004：342）。梅森（Mason 2007）阐释了道义论和目的论准则之间的区别：道义论准则的内容可能包含"请不要投喂野生动物"，而目的论准则会说"请不要投喂野生动物，因为这会导致它们行为上的变化和对人类喂食者的依赖"。因此，后者不仅仅提供了描述性的准则，也会解释其原因（Cole 2007）。

然而，一项针对 40 位旅游经营者的伦理准则的研究却发现，道义论是他们的准则的基础（Malloy and Fennell 1998）。同样的例子也反映在观看鲸鱼的 58 个行为准则之中，绝大多数带有道义论思想（Garrod and Fennell 2004）。这些准则并未向伦理决策的制定者解释遵守准则的原因。它们并没有让旅游者通过理解其行为的后果来学习这些准则（Malloy and Fennell 1998）。

六、道德相对主义和伦理准则

随着商业营销日益跨国化（旅游产业尤为常见），伦理问题也日益增加（Rallapalli 1999）。这也引发了是否应该在旅游的多国化现状中为所有国家制定统一的伦理准则，或是针对每个国家提出各自的伦理准则这一问题（Laczniak and Murphy 1991）。对全球伦理准则的论证基于这样一种逻辑，即所有国家用来指导决策的伦理准则都是类似的（Rallapalli 1999）。同样，人们也会思考旅游者的行为准则是否也应该依其不同的来源国而制定，例如美国游客遵循的行为准则是否应与印度游客不同？

这些将我们带入了道德相对主义的问题——与其相对的是道德普遍主义（也可见第3章和第9章）。道德相对主义认为伦理真实或正确性是相对于文化或社会而言的，对道德正确性的判断并不具有普遍标准，而是根据个体或群体的传统、信仰或实践相对而言的。与之相反，伦理普遍主义（或客观主义）则认为某些伦理体系或普遍伦理具有普遍的适用性。它与文化、民族、宗教或任何其他特征无关。

虽然道德相对主义自身仅仅在近期才作为一种哲学出现，但其根源可追溯至古代。在古希腊哲学中，虽然道德多样性被广泛认可，但是更为常见的哲学是道德怀疑论——认为并不存在道德知识（Gowans 2012）。在现代，人们越来越意识到道德多样性的存在（尤其是在西方和非西方文化之间），这也成为道德相对论的前导（Gowans 2012）。高恩（Gowan）指出，全世界存在着的许多道德实践都显示出与当代西方文化的截然不同：多配偶制、包办婚姻、殉葬（印度的寡妇自杀）、对亵渎神明或通奸者施行石刑、女性生殖器割除以及对同性恋者处刑等。不过，他指出虽然在不同文化之间存在着显而易见的道德差异，"但是我们无法就此断定这些差异是如此深刻和广泛，以至于逾越文化的共识"（Gowan 2012：n.p.）。

在旅游方面，史密斯和达菲（Smith and Duffy 2003）指出理解道德相对主义的优势和不足至关重要。他们针对道德相对主义提出了一系列论点

（2003：34-35）：

1. 道德和文化实践的事实：世界上存在许多文化，每一种都有自己的伦理价值观。

2. 伦理和社会在功能上的相互关系：伦理价值观是每个社会不可分割的一部分，对它的理解不能脱离该文化情境。

3. 评价的社会相对性：正确或错误的判断取决于它属于哪种文化。

4. 对客观主义的批判：如果所有的伦理价值都是与社会相对的，那就不存在客观的伦理价值观。

5. 自我反思的重要性：如果我们自身的伦理价值观也必须是与社会相对的：那它们不可能是客观的，也无法为我们提供正确或错误的判断标准。

6. 伦理评价的平等性：如果没有判断伦理价值观的客观的标准，那么所有的伦理价值观就应该同等有效。我们应该尊重并包容他人的伦理准则，无论其与我们自己的伦理准则有多么不同。

不过，他们承认即便不是因为道德主观性，人们也可能出于其他原因而拒绝道德相对主义的"简单化的结论"。我们很难抛弃自己的价值观，而去遵循其他社会群体的价值观，尤其是当二者相冲突时。例如我们如果觉得当地人的价值观中憎恶同性恋、有种族歧视或其他歧视，我们还应该尊重当地的观点吗（Smith and Duffy 2003）？道德相对主义的另一个问题是它简单地将社会看作是区隔开的、有边界的实体——而现实中的社会之间不存在绝对的隔离。本着这一观点，麦坎内尔（MacCannell）认为"在现代性的扩展中，它将每一个群体、阶级、民族和自然都拽进了同一个关系网之中，也虚构了他者性的存在"（1999：77 in Smith and Duffy 2003：55）。因此，一个社会的伦理价值体系的建立虽然不是完全国际化的，但是也存在超越社会边界的共享价值观。同一个社会内的价值观也可能存在很大不同——此社会内的某些价值观可能反而更接近彼社会的价值观（Smith and Duffy 2003）。

图14.1 游客在澳大利亚昆士兰的锡罐湾喂食海豚。野生动物旅游准则可能会禁止这样的喂食行为。照片：Brent Lovelock。

因此，为旅游业建立全球准则或为旅游者建立全球行为准则，即便不存在道德相对主义的这些问题，仍旧是一个艰巨的任务。这种准则的提出者需要考虑的基本问题是规范性的指导能否找到一个所有文化都认可的共同核心（Rallapalli 1999）。不同的研究针对是否存在这一共同核心的问题提出了截然不同的看法。虽然一些观点认为"文化差异的存在使得共同的价值或伦理观无法实现"，其他观点则认为"虽然价值观有差异，但是人们在更高层次上能够认可一套核心的价值观"（Behnke and Bullock 2010：308）。

旅游业需要避免的是拉拉帕里（Rallapalli）所称的"实用的相对主义"，旅游者和旅游经营者可以打着文化差异的名号为一切找到借口（例如童工、性旅游）。他提出伦理的全球准则要包含两个层级：规范性指导（全球接受的）和特定行为（根据国家/文化的特定知识而加以确定）（Rallapalli 1999）。

七、旅游业中准则有用吗？

虽然旅游业中遍布着大量的准则，但是很少有人研究这些准则是否真的有用——其中一些准则甚至在二十世纪六十年代就已存在（Mason and Mowforth 1996）。梅森（Mason 2007：46）关于准则问题写过一篇《就像用创可贴治枪伤》的激进文章，批评了对单个的目标观众（游客、产业和东道主）分别提出零碎的准则的做法，提倡一种将准则融合为广泛的游客管理战略的整合方法。他也指出了其他问题，例如对有效性缺乏监管、依赖资源的自我管理，以及将准则利用为营销工具的潜在问题。

在世界上许多地方，尤其是美国和加拿大，旅游准则呈现出领域化特征，或针对特定活动，或有着特定的"单一目标"（Wight 2004）。准则制定中的一个特定领域是海洋哺乳动物旅游，例如鲸鱼观赏和与海豚同游。加罗德和芬内尔（Garrod and Fennell 2004）提出了全世界鲸鱼观赏的58条准则，认为"结果并不尽如人意，因为这些准则具有很大的变动性，人们没有认识到对这一物种的影响，而这一产业的增长又非常迅速"。新西兰的一项研究分析了自发性的准则在减少海豚参观者的船舶交通上的有效性，结果发现准则只在某些方面有效（Duprey et al. 2008）。准则的首要目标是为海豚实现一个无参观的休息时间段；然而，虽然在休息时间段中游客的数量比一天中的其他时间段要少，但是仍旧有人来参观。作者提出结论认为：

> 如果没有来自社区或政府部门的更大的监管压力、公众谴责、媒体关注、更多的社区对遵守准则的声援，或者是更多强制性管制的威慑，这些公司很可能并不会遵守自然的行为准则。

（Duprey et al.635）

他们指出自发的措施，例如自发准则需要持续的关注、教育、鼓励以及监督，才能获得有效性。对澳大利亚新南威尔士州的海豚参观也得出了同样的结论，自发准则"如果缺乏修订、教育和强制推行的话，很难有效果"（Allen et al. 2007：159）。柯廷（Curtin 2003）研究了新西兰凯库拉海豚观赏管理中的准则及其应用，发现"抽查"有助于解决自我管理的问题。她也指出投诉在自发准则的执行中潜在的"消费者力量"。

这一状况也与自发准则具有的不遵守特征高度相关——也提出了为何一些游客遵守准则，另一些则不然的问题。关于遵守的理论呈现两个主要类型：经济的和非经济的。后者在此尤其重要，理论会认为对准则的遵守取决于个体的内在（道德）能力和外在影响（例如动机或来自本群体的惩罚）（Sirakaya 1997）。西拉卡亚（Sirakaya）对（美国、厄瓜多尔和加拿大）生态旅游经营者的研究指出了个体道德或伦理对于遵守准则的重要性。在一系列因素中，个体伦理是唯一能解释遵守意愿之多样性的因素。西拉卡亚得出结论认为，针对旅游经营者制定的准则或指南要能够"激发伦理责任"，才能提升遵守的可能性。

另一个有益的方法会鼓励旅游经营者建立自己的个体伦理准则。芬内尔和马洛伊（1999）调查了旅游经营者的关注点，发现生态旅游经营者更可能拥有"更高的伦理行为感"；他们认为部分原因在于生态旅游经营者自己的商业实践中存在着更多的伦理准则，这使得他们更可能"对适当的行为有更高的意识，在自己的商业实践中也保有持续的伦理观点"（1999：938-939）。

八、旅游者的行为准则

虽然上述讨论大部分关注旅游商业的伦理准则，但是也提出了旅游业的客户（即旅游者）的行为准则。游客的行为准则是一种"软性的"（'soft'）游客管理工具，注重游客教育和对其行为的影响，从而减少旅游的消极后果（Cole 2007）[比较"硬性的"（'hard'）工具是指监管和控制工具]。软工具（easy tool）被提倡为一种目的地可采用的简单工具（Garrod and Fennell 2004）以及一种有效的工具（例如 Roberts and Hall 2001）。然而，它们也面对着批评，对其有效性的研究也存在不足（例如 Cole 2007; Malloy and Fennell 1998; Mason 2005）。

制定旅游者行为准则的目标是：提升旅游者意识；教育旅游者；提升

旅游者信赖度；预防旅游者和东道主之间的矛盾；改善游客行为；作为一种游客管理工具来减少消极的游客影响（Cole 2007：444）。准则具有自愿性，主要通过伦理责任和同伴压力来得以推行（Garrod and Fennell 2004）。准则让旅游者意识到其行为对东道主社会和环境具有的潜在影响，提供了一套规则来指导游客在目的地的行为（Roberts and Rognvaldson 2001）。然而，旅游动机和旅游体验的本质（逃离、享乐）对行为准则的有效性提出了挑战。科尔（Cole 2007：445）指出，旅游者"从日常生活中解放出来，在一个'行动空间'中追求愉悦"，他们可能不愿意遵守"代表着限制而非自由的"行为准则。为说明这一点，科尔指出了流行媒体上对威尼斯2003年提出的游客行为准则的批评。威尼斯每年要接待1300万到1500万名游客，提出了一个10分行为准则用以保护雕塑和维护行为标准，并对违反者进行（高达50欧元的）当场处罚。一位旅行作家将这一做法描述为"完全疯狂的举动……愚蠢至极……试图要求他们（游客）如何穿衣和去哪里吃饭真是荒唐"（Barett 2003 in Cole 2007：445）（关于是否需要游客行为准则的有趣讨论见 <http://www.tripadvisor.com/ShowTopic-g187870-i57-k2770485-Do_tourists_need_a_Code_of_Conduct-Venice_Veneto.html>）。

不过，这种批评可能指出了在制定行为准则时需要注意的设计和宣传问题。一些本质上"好的"的准则需要在广泛的利益相关者之间进行协调。正如加罗德和芬内尔（2004）指出的，准则更多是被其所涉及的预期用户的行动所激活的。

同时也需要对准则进行推广，对信息进行广泛宣传（Mason and Mowforth 1995 in Cole 2007）。应该以积极的形式对准则进行呈现，定位于行动，避免禁止性的语言（WWF 2001 in Cole 2007）。它们应该定位于本地，而非全球或普遍本质。

第 14 章 伦理准则

图 14.2 旅游行为准则可能有助于防止文化旅游中负面的文化入侵，例如在缅甸的村庄。照片：**Brent Lovelock**。

案例研究：旅游者行为准则——纳达，印度尼西亚

对旅游行为准则之有效性进行的实证研究并不多见，斯特罗玛·科尔（Stroma Cole 2007）的研究就是其中之一。她的案例地为印度尼西亚弗洛勒斯岛的纳达（Ngadha）地区，其村庄的传统文化吸引着国际旅游者的到来。不过，旅游的增长也给当地的文化造成了一系列影响。科尔与当地的其他利益相关者一起提出了一套行为准则，将其夹在营销手册中发放给游客。

纳达行为准则

如果您想要在纳达成为受欢迎的游客，请阅读以下准则：

1. 本村庄欢迎着装适宜的游客。请着长且宽松的、干净的、不暴露的衣服。请勿穿短裙、单衬衣、紧的、通透的或脏的衣服。

2. 在纳达露出你的肚脐是一种冒犯性的举动。请确保您的肚脐没有暴露在外。

3.请不要在公众场所表达亲昵。请勿在参观村镇期间握手、依偎、拥抱、亲吻。

4.村民喜欢与游客交谈。请回应村民,向他们打招呼,与他们交流。可请求你的导游来帮助你交流。

5.村民通常都对游客拍照持有欢迎态度。不过在拍照前还是要先征得村民同意,尤其是当他们身着仪式服装时。如果被拒绝,请不要试图用钱征得同意。

6.村民们喜欢接受礼物,但不要给单独的孩子送礼。礼物应该送给成人以便他们再分配。如果孩子向你要东西,请与他们交谈或玩游戏。给孩子送东西,尤其是糖果,是在鼓励他们的"乞讨"行为,他们的父母会感到反感。

7.一些村寨向游客售票。这是他们确保来自游客的钱透明且清晰的一种方式。这些基金用于村寨项目。其他形式的捐赠可放置在捐赠箱中。

8.一些村民销售手工制品。可以进行讨价还价。你可以得到"最划算的价格",但也可以给出5%—10%的额外价格作为一种善意的表达,也是对你相对财富的一种展示。

9.村民们欢迎游客参加仪式,并会积极地邀请(通常通过导游)游客参与。如果你想被欢迎,就像一般村民一样向仪式的主人进行一些捐赠。例如,每位游客捐赠一公斤大米或糖就可以了。

10.仪式的时间通常很长。请做好等待的准备。如果出席仪式但是不参加聚餐的话会比较冒犯。请接受在仪式上送给你的食物和饮品(含酒精的糟酒),只尝一点点也是可以的。

11.一些仪式中包含着舞蹈。如果你想跳舞的话就必须穿仪式服装。你可以租一套服装(导游可以帮你)。

12.纳达的文化丰富且复杂。旅游者最好雇一个导游。有了导游的讲解,你的体验会提升上千倍。

纳达行为准则的建立旨在"减少游客和东道主之间的摩擦和误解,也减轻导游的工作"(Cole 2007:449)。科尔对游客的访谈发现,该行为准则提供了他们之前不了解的文化信息,游客普遍对该准则持积极态度,并且认为这些信息很有帮助。

例如，在科尔进行观察的一个月中，只有一位游客的着装可算作"粗鲁着装"，五名"不礼貌着装"。唯一一位暴露肚脐的游客是一个跟着父母旅游的青少年女生，她没有看到行为准则，也在阅读了准则之后表示了惭愧（Cole 2007：448）。不过，科尔也指出游客对准则的遵守也存在界限，一些游客承认他们不准备改变，也不准备遵守某些指导。例如，一些游客不愿意进食（甚至取用）仪式食物，或不愿意饮酒（主要出于健康原因）。但游客没有拒绝指南上对于讨价还价的建议，村民们还发现准则似乎并没有改变游客激烈的讲价行为——他们依旧进行不合理的讨价还价，并没有表现出对村寨贫穷状况的同情（Cole 2007：449）。

科尔得出结论认为"这些准则在一些行为领域中具有效果，但是在另一些领域中，游客依旧忽视当地文化的行为规范"（Cole 2007：449）。她也指出，虽然一些观点（例如 Garrod and Fennell 2004）认为行为准则的推行具有简单、快速和成本低廉的特点，但是要建立一个当地利益相关者和最终使用者都一致认可的准则是一个需要大量技巧和耐心的过程。准则中使用的语言对于旅游者的理解和遵守也至关重要。她支持目的论的陈述，即要对准则的原因进行解释（而非基于规则的道义论方式），即便她也承认要对不遵守准则所带来的文化后果进行详细解释是一件很复杂的事情。不过，科尔也指出这种做法还能提供文化学习的机会。

思考问题

1.思考纳达行为准则中的条款——你认为其中的条款也可用于其他目的地的文化中吗？在你的国家的目的地适用吗？其中有哪些条款具有"普遍适用性"呢？

2.如果你在纳达地区旅游，你会对这个行为准则有什么感觉？

3.这些准则中是否有你觉得难以遵守的？如果有，为什么？

4.这些条款中有没有和你的"个人"伦理准则或你本来认为是"好的"行为相冲突的地方？

5.科尔指出少数旅游者仍旧会时不时地违背准则。可采取哪些措施来防止这种情况的发生？

参考文献

Cole, S. (2007) 'Implementing and evaluating a code of conduct for visitors', *Tourism Management*, 28 (2): 443–451.Useful sources

Flores travel guide: <http: //wikitravel.org/en/Flores_（Indonesia）>

Kenya Tourist Code of Conduct: <http: //www.roveafrica.net/articles/kenya-tourist-code-conduct>

Living Heritage Code of thics for Tourists <http: //livingheritage.org/tourist-ethics.htm>

Last Frontiers Code of Ethics for Travellers <http: //www.lastfrontiers.com/rt_code.php>

WWF International Arctic Programme Code of Conduct for Arctic Tourists <http: //wwf.panda.org/what_we_do/where_we_work/arctic/what_we_do/tourism/#tourists>

九、联合国世界旅游组织伦理准则

联合国世界旅游组织（UNWTO）的《全球旅游伦理准则》(*Global Code of Ethics for Tourism*，GCET）可作为其他旅游伦理准则，包括国家、区域、当地以及个体旅游经营者的理想参照。联合国世界旅游组织准则的发展已有多年，最初发源于 1980 年的世界旅游组织的《马尼拉世界旅游宣言》和《世界旅游组织权利法案和旅游者准则》(Sofia, Bulgaria, 1985)，以及 1989 年的世界旅游组织《海牙宣言》。联合国世界旅游组织《全球旅游伦理准则》从 1999 年开始实施。

联合国世界旅游组织将《全球旅游伦理准则》描述为：

一个针对负责任和可持续旅游的基础性的参考框架……一个全面的原则系统旨在指导旅游发展中的关键参与者。可用于政府、旅行产业、社区和旅游者等，旨在帮助最大化部门利益的同时，最小化其给全球环境、文化遗产和社会带来的消极影响。

（UNWTO 2012）

第14章 伦理准则

该准则的十项原则涉及旅游中的经济、社会、文化和环境问题。

条款1　旅游有助于人与社会之间的互相理解和尊重。
条款2　旅游作为个体和集体自我实现的媒介。
条款3　旅游，可持续发展的要素。
条款4　旅游，人类文化遗产的使用者与强化者。
条款5　旅游，东道主国家和社区的有益活动。
条款6　旅游发展中利益相关者的责任。
条款7　旅游的权利。
条款8　旅游移动的自由。
条款9　旅游产业中工人和企业家的权利。
条款10　《全球旅游伦理准则》的执行。

（联合国世界旅游组织《全球旅游伦理准则》的完整版本请见 <http://ethics.unwto.org/eg/content/full-text-global-code-ethics-tourism>。）

联合国世界旅游组织指出，《全球旅游伦理准则》并不具有法律约束力。虽然有这一弱点，但它仍旧是对旅游产业中的伦理问题进行综合处理的最佳尝试（Dubois 2001）。然而，一些问题涉及其内在的固有矛盾，例如如何协调旅游流量与全球变暖之间的矛盾、如何解决自由贸易和高效的监管之间的矛盾（Dubois 2001）等。杜波伊斯（Dubois）也讨论了《全球旅游伦理准则》的内在矛盾和"有意义的沉默"，认为《全球旅游伦理准则》的"态度"源于其领域驱动的本质。如上文所述，这种产业驱动的准则具有局限性。

瑞安（Ryan 2002）虽然认可了世界旅游组织在建立《全球旅游伦理准则》上具有的抱负，但认为如果不能通过"落地的"行动加以实施，它们只能是"没有力量的纸上谈兵"。他警告说，要落的"地"可能"冰冷多石、寸草不生、遍布着既得利益者的尖牙利爪"（2002：19）。追求国际适用性的伦理准则可能遭遇当地实践、政治问题、帮派、政府干预和不当商业实践的挑战（Fleckenstein and Huebsch 1999）。芬内尔和马洛伊（2007）在对《全球旅游伦理准则》的讨论中提出了更强烈的批判，认为它实际上是在尝试建立普遍的伦理准则而非全球伦理准则。他们指出建立一套可作为这些准则之基础的"超规范"或主要原则的必要性。与14.6中对道德相对主义的讨论类似，关于这一"超规范"的讨论也难达成统一的观点。

虽然有着这些批判，联合国世界旅游组织仍在积极地对《全球旅游伦理准则》进行评估；它在其成员国进行了三次调查（2000年、2004年和2008/2009年）来监督这些准则的实施。调查的结论认为《全球旅游伦理准则》"在促进和发展基于伦理原则的可持续旅游上有所助益"（UNWTO 2010）。

讨论点：创造非凡的旅行体验：给全球旅行者的实践建议（联合国世界旅游组织 2010）

为了让旅游者更好地理解《全球旅游伦理准则》的原则，联合国世界旅游组织发布了一个更具用户友好型的版本。《全球旅行者实践建议（2010）》手册（如下）着重强调了"《全球旅游伦理准则》中与旅游者直接相关的原则，旨在帮助引导旅行者在行为上更加负责"：

尊重当地传统和习俗：
- 了解你要前往的目的地的习俗和传统。这有助于你实现对当地社区的理解，因此能为即将到来的探险带来更令人激动的体验。
- 试着用当地语言说一些字词。这有助于你与当地社区和当地人建立更有意义的联系。
- 体验和尊重那些让这个国际旅游目的地与众不同的元素，从历史、建筑、宗教到音乐、艺术和食物。

支持当地经济：
- 购买当地制造的手工艺品和产品。
- 通过进行公平交易来尊重当地小贩和工匠。
- 不要买该国家/国际管理中禁止的假冒产品。

尊重环境：
- 保护自然资源和考古文物，减少你带来的环境影响。
- 保护野生动物及其栖居地。

- 不购买由濒危动植物制成的产品。
- 可以通过拍照而非拿走珍贵的艺术遗产来作为你旅程的纪念。
- 只留下脚印和好的印象。

成为知情且有礼的旅行者：

- 了解国家法律和规定。
- 尊重人权。
- 旅行和旅游中保护儿童不受剥削。
- 采取适当的健康预防措施。
- 知道如何就医以及如何在紧急时刻联系大使馆。

> **讨论问题：**
> 1. 思考上述建议——它应用的是哪种伦理理论？
> 2. 这些建议有效吗——你可以提出改进的建议吗？

来源

UNWTO（2010）*Make Travel a Great Experience: Practical Tips for the Global Traveller,* <http://ethics.unwto.org/sites/all/files/docpdf/maketravelagreatexperience.pdf>

本章回顾

随着人们对旅游中的伦理准则和企业社会责任关注的增加，企业权利的过度和滥用也成为一个焦点。不过，在商业世界中，旅游中伦理准则的建立和实施面对着一系列的挑战。虽然一些该领域的研究者提倡"旅游服务伦理"，另一些人却在原则上对这种准则提出批判。他们提倡通过更深刻的哲学方式来实现有伦理的产业，而非简单强加规定。因此，他们提出应以"实践本身"为核心，认为应该用基本的人性原则而非伦理准则来指导旅游经营者。

我们讨论了道德相对主义的问题，也探讨了在关系日益紧密的全球化商业环境中，众多旅游企业是如何在多元文化环境中进行经营的。其引发的问题是：是否应该制定随特定文化而变化的相对准则，还是制定一个一般性的准则，使其普遍地适用于所有文化、种族和地区？一种综合的方式是将一般的或普遍的准则与当地条款结合使用。

本章亦讨论了伦理准则的实施及其渊源问题，包括其是以道义论还是以规则为基础。一些该领域的工作者建议采取一种实用主义的方式，即清晰地确定行为的结果，这为我们带来了对伦理准则新的观察视角。与此相对，我们确定了制定伦理准则的主要步骤以及准则的必要构成元素和构成方式。本章也讨论了旅游者潜在的行为准则。不过我们也指出，旅游体验本质上是一种逃离和享乐，因此也让遵守这些准则的旅游者面对着挑战。

关键术语小结

伦理准则（code of ethics）：适用于某个特定群体成员的一套原则和期望。该群体可以由所有旅游商业或旅游利益相关者构成，包括旅游者。在商业和专业上，伦理准则是一套指导性原则，用来指导专业人士诚实守信地从事业务。

行为准则（code of conduct）：适用于某个特定群体成员的一套传统原则和期望。在旅游中适用于包括旅游者在内的所有旅游利益相关者。

企业社会责任（Corporate Social Responsibility，CSR）：呼吁企业对环境和社会影响负责任的倡议或行动。也被称为"企业公民"。它通常超越硬性的管理要求，可能导致短期成本的发生，虽然不给企业带来直接经济利益，但是会带来积极的社会和环境变化。

自我实践（practices of the self）：源于福柯的理论，是一般性伦理准则之外的另一种可能。要求我们思考基于特定情境的"自我实践"，将自己视为道德行为的代理人。个体实际上是由自我反思和自我检验等实践构成的道德主体。

负责任旅游（responsible tourism）：旅游行为不伤害或削弱参观地文化和自然环境。负责任旅游采用一种四重底线的哲学（quadruple bottom-line philosophy）来保护当地社区、文化、环境、经济的福祉，最小化旅游的消极影响。

思考问题

1.本章讨论了推行伦理或行为准则的问题。思考一下什么会使作为一个旅游者的你遵守行为准则？

2. 你认为旅游产业是否可能通过技术的使用来保证参观者践行行为准则？如何实现？

练习

1. 进行一项关于游客行为准则的网络调研——指出每个准则的道义论、目的论或其他的理论来源。

2. 为来到你家乡参观的旅游者提出一套行为准则，仔细思考该准则的伦理基础。

延伸阅读

Fennell, D.A. and Malloy, D.C (2007) *Codes of Ethics in Tourism: Practices, Theory, Synthesis,* Clevedon: Channel View.

注释

a 安·兰德（Ayn Rand，1905–1982），俄裔美国作家、小说家。引自安·兰德《客观主义伦理学》（*The Objectivist Ethics*）（1961）。参见<http：//www.aynrand.org/site/PageServer?pagename=ari_ayn_rand_the_objectivist_ethics>（Accessed 6 July 2010）。

b 哈里·S. 杜鲁门（Harry S. Truman, 1884–1972），美国第33任总统（1945—1953）。

参考文献

Allen, S., Smith, H., Waples, K. and Harcourt, R. (2007) 'The voluntary code of conduct for dolphin watching in Port Stephens, Australia: Is self-regulation an effective management tool?', *Journal of Cetacean Research and Management,* 9(2): 159–66.

Behnke, S. and Bullock, M. (2010) 'Ethics within, across, and beyond borders: A commentary', *Ethics and Behavior,* 20(3–4): 297–310.

Bersoff, D.N. and Koeppl, P.M. (1993) 'The relation between ethical codes and moral principles', *Ethics and Behaviour,* 3(3&4): 345–57.

Butcher, J. (2003) *The Moralisadon of Tourism,* London: Routledge.

Centre for the Study of Ethics in Professions (CSEP) (2012) *The Function and Value of Codes of Ethics.* Available at <http://ethics.iit.edu/research/introduction> (Accessed 4 April 2012).

Cole, S. (2007) 'Implementing and evaluating a code of conduct for visitors', *Tourism Management,* 28(2): 443–51.

Curtin, S. (2003) 'Whale watching in Kaikoura: Sustainable development?', *Journal of Ecotourism,* 3: 173–95.

Dubois, G. (2001) *Codes of conduct, charters of ethics and international declarations for a sustainable development of tourism: Ethical content and implementation of voluntary initiatives in the tourism sector.* TTRA Annual Conference, Fort Myers, Florida, pp. 61–83.

Duprey, N., Weir, J.S. and Wursig, B. (2008) 'Effectiveness of a voluntary code of conduct in reduc-ing vessel traffic around dolphins', *Ocean & Coastal Management,* 51(8–9): 632–7.

Fennell, D.A. and Malloy, D.C. (1999) 'Measuring the ethical nature of tourism operators', *Annals of Tourism Research,* 26(4): 928–43.

Fennell, D. and Malloy, D. (2007) *Codes of Ethics in Tourism: Practice, Theory, Synthesis,* Clevedon: Channel View.

Fleckenstein, M.P. and Huebsch, P. (1999) 'Ethics in tourism–Reality or hallucination?', *Journal of Business Ethics,* 19(1): 137–42.

Francis, R. and Armstrong, A. (2003) 'Ethics as a risk management strategy: The Australian experience', *Journal of Business Ethics,* 45(4): 375–85.

Garrod, B. and Fennell, D.A. (2004) 'An analysis of whalewatching codes of conduct', *Annals of Tourism Research,* 31(2): 334–52.

Genot, H. (1995) 'Voluntary environmental codes of conduct in the tourism sector', *Journal of Sustainable Tourism,* 3(3): 166–72.

Getz, K. (1990) 'International codes of conduct: An analysis of ethical reasoning', *Journal of Business Ethics,* 9: 567–77.

Gowans, C. (2012) 'Moral Relativism', in Zalta, E.N. (ed.), *The Stanford Encyclopedia of Philosophy* (Spring edition). Available at <http://plato.stanford.edu/archives/spr2012/entries/ moral-relativism/> (Accessed 10 May 2012).

Harris, R. and Jago, L. (2001) 'Professional accreditation in the Australian tourism industry; an uncertain future', *Tourism Management,* 22: 383–90.

Holden, A. (2000) *Environment and Tourism* (1st edn), London: Routledge.

Honey, M. (1999) *Ecotourism and Sustainable Development: Who Owns Paradise?* (1st edn), Washington: Island Press.

Hultsman, J. (1995) 'Just tourism: An ethical framework', *Annals of Tourism Research,* 22(3): 553–67.

Jones, C., Parker, M. and ten Bos, R. (2005) *For Business Ethics: A Critical Text,* London: Routledge.

Kaptein, M. and Schwartz, M.S. (2008) 'The effectiveness of business codes: A critical examination of existing studies and the development of an integrated research model', *Journal of Business Ethics,* 77: 111–27.

Kolk, A. and van Tulder, R. (2002) 'Child labour and multinational conduct: A comparison of international business and stakeholder codes', *Journal of Business Ethics,* 36: 291–301.

Krohn, F.B. and Ahmed, Z.U. (1992) 'The need for developing an ethical code for the marketing of international tourism services', *Journal of Professional Services Marketing,* 8(1): 189–200.

Laczniak, G.R. and Murphy, P.E. (1991) 'International marketing ethics', *Bridges,* 2: 155–77.

Leopold, A. (1949) *A Sand County Almanac,* New York: Oxford University Press.

Loacker, B. and Muhr, S.L. (2009) 'How can I become a responsible subject? Towards a practice-based ethics of responsiveness', *Journal of Business Ethics,*

90: 265–77.

Malloy, D.C. and Fennell, D.A. (1998) 'Codes of ethics and tourism: An exploratory content analysis', *Tourism Management,* 19(5): 453–61.

Mason, P. (2005) 'Visitor management in protected areas: From "hard", to "soft" approaches?', *Current Issues in Tourism,* 8(2/3): 181–94.

—— (2007) '"No better than a band-aid for a bullet wound!" The effectiveness of tourism codes of conduct', in Black, R. and Crabtree, A. (eds), *Quality Assurance and Certification in Ecotourism,* Cambridge: CABI, pp. 46–64.

Mason, P. and Mowforth, M. (1996) 'Codes of conduct in tourism', *Progress in Tourism and Hospitality Research,* 2(2): 151–67.

Mowforth, M. and Munt, I. (2003) *Tourism and Sustainability: New Tourism in the Third World* (2nd edn), London: Routledge.

Preuss, L. (2010) 'Codes of conduct in organisational context: From cascade to lattice–work of codes', *Journal of Business Ethics,* 94: 471–87.

Rallapalli, K.C. (1999) 'A paradigm for development and promulgation of a global code of marketing ethics', *Journal of Business Ethics,* 18: 125–37.

Roberts, L. and Hall, D. (2001) *Rural Tourism and Recreation: Principles to Practice,* Wallingford: CABI.

Roberts, L. and Rognvaldson, G. (2001) 'The roles of interpretation in facilitating access to and in the countryside', in Roberts, L. and Hall, D. (eds), *Rural Tourism and Recreation: Principles to Practice,* Wallingford: CABI, pp. 92–7.

Ryan, C. (2002) 'Equity, management, power sharing and sustainability – issues of the "new tour–ism"', *Tourism Management,* 23(1): 17–26.

Schwartz, M. (2000) 'Why ethical codes constitute an unconscionable regression', *Journal of Business Ethics.* 23: 173–84.

—— (2001) 'The nature of the relationship between corporate codes of ethics and behaviour', *Journal of Business Ethics,* 32: 247–62.

Sirakaya, E. (1997) 'Attitudinal compliance with ecotourism guidelines', *Annals of Tourism Research,* 24(4): 919–50.

Smith, R. and Duffy, M. (2003) *The Ethics of Tourism Development,* London: Routledge.

Sobczak, A. (2006) 'Are codes of conduct in global supply chains really voluntary? From soft law regulation of labour relations to consumer law', *Business Ethics Quarterly,* 16: 167–84.

Tearfund (2000) *Tourism an Ethical Issue: Market Research Report.* Available at <http://tilz.tear-fund.org/webdocs/Website/Campaigning/Policy%20and%20 research/Policy%20-%20 Tourism%20Market%20Research%20Report.pdf> (Accessed 12 May 2011).

United Nations World Tourism Organization (UNWTO) (2010) *Report of the World Tourism Organization on the Implementation of the Global Code of Ethics for Tourism.* Available at <http://ethics.unwto.org/en/content/implementation-reports-global-code-ethics-tourism> (Accessed 10 September 2012).

—— (2012) *Global Code of Ethics for Tourism.* Available at <http://ethics.unwto.org/en/content/global-code-ethics-tourism> (Accessed 16 April 2012).

Van Tulder, R., van Wijk, J. and Kolk, A. (2009) 'From chain liability to chain responsibility: MNE approaches to implement safety and health codes in international supply chains', *Journal of Business Ethics,* 85: 399–412.

Weaver, G.R. (2006) 'Virtue in organizations: Moral identity as a foundation for moral agency', *Organization Studies,* 27(3): 341–68.

Wight, P (2004) 'Practical management tools and approaches for resource protection and assessment, in Diamantis, D. (ed.), *Ecotourism,* London: Thomson, pp. 48–72.

第15章 结论：伦理的未来？

"总体而言，人们想要做好人，但不想太好，也不想一贯都好。"

——乔治·奥威尔[a]

"除了做正确的事，最重要的是要让人们知道你在做正确的事。"

——约翰·D.洛克菲勒[b]

学习目标

阅读本章后，你将能够：
- 讨论与广泛旅游实践相关的一系列伦理框架的应用。
- 批判性地检视一系列旅游企业的实践，指出关键的伦理和道德问题以及解决消极结果的可能方法。
- 理解旅游中伦理关注的合理性。

一、导言

在阅读了本书之后，读者会确信旅游并非一个"无烟"产业，它实际上受一系列影响——社会、文化、经济和环境——如果想要最大程度地改善这些影响，就需要严格的监督和伦理检视。虽然社区参与旅游无疑有着诸多益处，但是人们也知道该产业的政治和经济利益的分配并不公正，少数人掌握着决策制定权，因此可能损害大多人的权益。本书中，我们尝试在旅游中引入伦理议题的讨论，探索了一系列有助于旅游学生、研究者和

第 15 章 结论：伦理的未来？

实践者的伦理框架。我们并不试图完成一个不可能完成的任务，即开出框架的应用处方或指出某个唯一可走的路，读者也知道这是一个无法实现的任务。正如史密斯和达菲（Smith and Duffy 2003：3）所认识到并在本书开端所指出的：

> 伦理知识不同于数学知识，我们无法"解出"复杂的社会方程，但是我们能进行阐释，也能和他人就某一事物的对与错进行交流，对原因进行解释。

再一次地，伦理意味着确保做正确之事的"行为的习惯模式"与行为（Fennell 2009：213）。伦理是一种关于对和错、善与恶的信仰，包括价值观的判断、规则、原则和理论。旅游产业绕不开伦理——伦理无法跳出社会生活之外——它是人的基本面。

二、五步骤与四要素

伦理的核心是批判性思维。正如第 2 章所总结的，伦理决策的制定过程一共有五步：（1）认清问题；（2）分析问题，澄清事实和不确定之处；（3）确定对决策核心的伦理议题和价值取向；（4）如果价值取向互相冲突，你便有了伦理困境；（5）按优先顺序处理互相冲突的价值取向。此时考虑如何依据所追求之目的、可用于达到目的之方法，以及真实性来进行优先排序。如果将这些步骤与四个伦理要素共同使用——（1）理性为上；（2）普适性视角；（3）公正原则；（4）道德规范占优（Vaughn 2008：7），那么你就朝着伦理决策的方向前进了。我们提倡用一种融合的方法来解决伦理关注与问题。舒曼（Schumann 2001）的道德原则框架来自五种主要的伦理理论——（1）实用主义；（2）权利；（3）分配公正；（4）关怀伦理；（5）美德——在旅游产业实践多样性所引发的伦理问题中，这是一个有用的工具（见第 2 章）。

在本书中我们讨论了当代旅游的多个专题和重要议题，探索了一系列伦理框架的有效性。在前三章中我们引入了若干框架，进而批判性地讨论了流动性、边界、安全性、旅行的自由与旅行权利的假设。并不是每个人都拥有同等的流动性。一些人无法旅行，一些人却因国内动荡、战争、女性权利和人权受到侵犯而被迫出行。不平等是当地世界流动性的最基本问题，而在控制流动性和对流动的人进行监督的问题上也存在重要的伦理问题。关于后者，实用主义框架推动的是边界控制和监督技术。对过程的紧密监管意味着我们有必要在流动性问题上采取一种公正的框架，并认真地思考人权问题。我们需要弄清合法流动的人、非法流动的人以及被迫流动的人所涉及的都是谁的利益——并且重要的是哪些人很难获得流动性。

第4章到第8章讨论伦理问题、东道主和东道主社区。我们已经目睹了旅游业在人权问题上遇到的诸多挑战。值得指出的是，相对主义/普遍主义的矛盾涉及的是全球人权的问题。产生于目的地社区的一系列人权问题实际上都基于客源国和目的地的诸多利益相关者的权力不平等。虽然国家被视为人权问题的主要负责方，但是私人企业也难辞其咎。我们讨论了旅游实践者面对的挑战，即当该产业的伦理决策以客户的利益为绝对首要原则的情况下，如何满足偏远的（东道主）社区的人权需要。作为一种可能性，负责任旅游和公正旅游尝试解决人权问题，提出了多种方案来改善该产业的人权现状。

医疗旅游是一个增长的利基市场，它也为目的地社区和医疗旅游者的来源社区带来了一系列伦理关注和问题。这些问题包括对目的地的资源影响，对医疗系统和医疗保险政策的影响等。尤为重要的是医保资源不公平的使用以及在发达和发展中世界已产生的双重医疗系统，这最终影响的将是大多数人的公共健康保险政策。从分配公正的角度看，我们发现该利基市场的不道德实践可以通过紧密监管得以解决，尤其是金融系统的再分配（在公共健康系统上的税收和再投资）、为无力支付者提供社会保险、保证存在公共健康问题的目的地国的私人供应方为当地人提供免费的健康医疗保健。应用实用主义框架可以解决大多数的需求和人权问题——它是保证初级健康保健作为一项基本人权的基础框架。

性旅游常常会引发相当大的道德愤怒。我们在第6章探索了一些关键议题，尤其关注了性旅游市场增长和再生产的基础性社会-经济要素。很难在旅游和性旅游之间划定清晰的界限，在它到底是"性"旅游还是"浪漫"

第15章 结论：伦理的未来？

旅游的定义上也存在争议。然而，概念的争辩并不能改变事实的本质，旅游市场、性交易市场、为卖淫和奴役而拐卖妇女和儿童，这些问题都相互连通，贫穷则是世界性交易市场的最关键推动力之一。性旅游产业充满了不公平：妇女和儿童是最大比例的性工作提供者，这与他们边缘性的经济地位紧密相关，也源于他们更高的流动性（追求物质保障）和该产业通过阶级、种族和性别而产生的层级结构。快乐主义伦理或许能为追求愉悦找到解释，但是持有平等主义观点的框架、社会责任的概念和分配公正的理念都指出了物质不平等所带来的核心伦理问题——当地的以及全球的。众多企业和经营者都尝试解决该产业中的童工问题，雇主们采用了多种行为准则，处于危险之中的儿童也获得了教育的机会。

正如我们所见，一系列伦理问题也围绕着旅游和东道主而产生，包括文化商品化的问题，可追溯至殖民扩张与殖民侵略时期对文化资源的权力和控制问题。虽然一系列社会实践都在尝试解决当地人权利被剥夺的问题，近期在旅游中最为典型的是联合国《土著人民权利宣言草案》(*Draft Declaration on the Rights of Indigenous Peoples*，1999)，它对旅游产生了巨大的影响。该领域中伦理争论的核心是人权、分配公正和公正方法的问题，这些都涉及在旅游者东道主社区关系上的根本性转变；该关系要朝向移情尊重（empathetic respect）和当地经济、文化和社会利益最大化的方向发展（Higgins-Desbiolles 2010：362）。

人们提出了一系列可替代的旅游形式来解决贫困人群的问题。扶贫旅游和贫民窟旅游就是两个例子。有关二者争议的核心是它们能否解决贫穷问题及其会对贫困人群产生哪些长期影响。公正和分配公正框架有助于这些问题的解决，这些可替代形式都会很好地增进人们关于贫困问题的意识，人们知晓真相和了解自己该如何在此真相中行动是完全不同的两件事，前者并不一定带来后者。

旅游产业长久以来都未能重视残疾人的需求，社会旅游则是解决这种不平等、确保残疾人与体格健全者拥有同等旅游权利的一种方式。社会旅游关注的焦点是不平等的旅游可能性背后的根本原因，指出了有必要采取措施消除那些阻碍我们实现"更好的社会"的经济和社会的不利因素。虽然无论从法律义务层面，还是从实践证据上看，对残疾人旅游者更多的照顾都能来经济上的利益，但是有关为残疾人提供旅游设施的问题仍旧存在很多争议。人们应用了一系列伦理框架，其中以实用主义最具争议。在谱系的一端，辛格（Singer 2000）提出了以下问题：那些有认知障碍的人是否具有同等的自我意识能力，并因此在伦理上具有同等地位；而在谱系的另一端是快乐论的实用主义——其持有的观点是最好的生活是人类愉悦生活的最大化——因此认为残疾人对资源具有很大的获得权。此外，平均主义、分配公正和优先主义理论（另一种形式的实用主义）也都被应用于残疾人问题。残疾人社会模型指出了定义残疾性的社会要素和残疾旅游者的可进入性与协助问题。残疾人问题伦理争论的核心是我们如何在解决资源（人造与自然）面对的多样化需求的同时，为残疾人提供有价值的体验。

第9章到第11章关注旅游与环境的问题。人类与非人类自然的互动引发了一系列伦理议题和关注，其核心是人类中心论相对于非人类自然中心论而具有的主导地位。虽然这一理论可以追溯至多重源头，但旅游产业的核心问题是如何应用主流伦理框架来解决人类中心主义思维所带来的环境问题。解决"自然问题"的两个主要方法是道义论框架和实用主义。道德延伸也被视为一个解决旅游和发展问题的有用工具。正如我们所见，存在一系列更"极端的"伦理理论，包括整体论和深绿伦理（包括盖亚假设）。可持续发展无疑是该领域的核心，但是它也存在着问题，用来解决旅游之顽疾的生态旅游形式同样兼具利弊。我们主要关注了西方环境伦理，但是也指出了方法的局限性，因为全球拥有众多不同的文化视角、观念历史和应用方式——这些都让我们思考什么样的发展或者哪种发展是"正确的"或"最佳的"，以及最好的结果将会是、可以是或应该是什么。不过，此处当我们从全球视角思考资源问题时，文化相对主义的作用是有限的，它也并不总能为社会问题提供"道德的"的回答。

动物被视为重要的旅游"产品"——旅游中动物问题的讨论主要围绕动物权利和动物福利展开。感受能力，即感觉、感知和有意识的能力（或者愉悦和痛苦这些情绪的能力），让伦理的考虑成为必要。在动物方面，伦理争论通常围绕动物体验痛苦的能力而展开。美德伦理、工具价值和内在价

第15章 结论：伦理的未来？

值的理论让人们思考"动物问题"，后者强调"自身权利的价值"，"从它本身出发"是动物权利观点的核心。

大众旅游之所以可能的原因是航空旅行的实现，而航空旅行是有关气候变化的伦理问题的核心，人们已经采取了诸多补救措施来处理超移动所带来的影响。我们讨论了伤害的概念，为类似飞行这种行为确认和分配责任的困难，因为这种伤害是间接的，无法直接观察的，同时受害者难以确认，因此责任也难以分配。我们引入了"公地悲剧"和"囚徒困境"的概念来解释旅游中公共资源使用的问题——个体行动（飞行）影响集体福利。解决气候变化问题要求我们从根本上改变看待旅行和选择旅行的方式。我们指出能源有效性不仅仅要减少前往目的地行程的资源消耗，也要靠旅游者（和经营者）减少在目的地停留期间的资源消耗。

我们也思考了接待、营销和劳工问题。接待业面对着一系列与管理和人力资源相关的伦理问题；然而，旅游和接待业供应商的营销实践所面对的挑战最为艰巨。尤为重要的是营销者在产品宣传中的真实性问题。我们指出，许多伦理情境的核心问题是不同规范之间的相互冲突，伦理决策的制定者必须从个体的、专业的、组织的或更广泛的社会行为规范中进行选择。我们已经阐释了在该领域中，大多数决策制定过程依据的是个人体验和/或组织规范。主流营销伦理框架，例如营销伦理的一般理论（Hunt and Vitell 1986）可应用到许多旅游和接待业情境中来解决一系列伦理问题。这些框架大多数以道义论或目的论为基础，同时其他理论，例如美德伦理和社会契约论，也具有价值。

旅游劳工实践引发了一系列问题，全球劳动分工和特定地点的劳动分工所蕴含的是最为基本的伦理问题。旅游劳动力市场和工人的劳动环境中的伦理问题均涉及阶级、种族、性别和国籍，它们都决定着某一劳动力在该产业和层级中的地位。我们重点讨论了游轮产业，因为它绝佳地展示了旅游中的跨国劳动力阶级，也展示了在找寻新的旅游产品和满足中产阶级不断增长的旅游消费需求的过程中，弱势群体是如何一直处于弱势地位的。在解决与劳动力和旅游劳动力市场相关的伦理问题时，公正框架和平均主义尤为有用。

最后，在第 14 章，我们总体讨论了伦理准则，追溯了其渊源、当代发展以及它们与企业责任的关系。针对伦理准则及其与伦理行为之间的假设关系存在着一系列批判——这些批判聚焦于准则的处方性本质和强加的外在规则的局限性。一些人认为，从实用主义角度对不道德行为后果的过度（功利的）关注可能导致对准则的更大依赖。此外，虽然准则能够强化适当行为的必要性，但是它最终也还是要通过让"好的行为"成为一种常规而实现最佳效果，并进而提升人们的道德责任意识。

三、一个道德的旅游者？

本书通过对诸多伦理框架的详细阐释，建议采取一种"前进之路"的方法来谋求旅游的最佳后果。我们总结了两种最基本的必要改善方法：培养旅游者的道德；培养旅游产业供应者和重要利益相关者的道德理念。我们指出了伦理准则和行为准则，例如以其来促进游客具有道德的或负责任的行为方式——开阔游客和其他利益相关者的眼界，最终这些行为将会相互融合，实现负责任的或符合道德的旅游。这就将我们带回"负责任的旅游者"的概念（见第 1 章），我们也将其与"新的道德旅游者"（Butcher 2003）和"伦理游客"（Stanford 2008：260）的概念进行了比较。

不过一个有趣的问题也随之产生，即我们该采用哪种视角来对负责任的旅游者进行定义？斯坦福（Stanford）在新西兰针对一系列旅游业参与者进行了研究，试图找到负责任的旅游者的本质特征。她指出，从国际负责任旅游中心（ICRT 2012）的观点看，一个负责任的旅游者可能是一个利基生态旅游者，进行轻旅行，在当地社区停留，谨慎地接触自然，研究毛利人的礼仪。在这个意义上，他们与包价旅游中缺乏文化敏感性的大众旅游者截然相反。然而，从精明又实际的旅游产业角度看，负责任的旅游者并不是理想的旅游者。斯坦福研究的一位参与者——一个来自罗托鲁瓦度假区的旅游景点的经营者认为："我们罗托鲁瓦的大众旅游者可能不是'旅游新西兰'（国家旅游营销组织）的'正确先生'，但他们眼中的'错误先生'是最肯花钱的人"（2008：270）。因此，"错误先生"，虽然不够"道德"

第 15 章 结论：伦理的未来？

或"负责任"，却是旅游产业的理想游客（至少从短期的经济视角看）。

因此，定义负责任的、道德的或伦理的旅游者是复杂且多维度的——我们如何确定各维度的重要性次序，尤其是当产业的利益相关者持有的观点还各不相同时？或许我们可以参考其他领域一些已经成熟的方法，尤其是企业社会责任的理念，来将旅游业向更具道德的方向上推进。

案例研究：公平交易旅游——卡拉·博拉克（Karla Boluk）

公平交易概念的出现旨在重新解决旅游产业中的可持续性和不平等议题。公平交易旅游（FTT）通过应用公平交易的原则来协助主体世界（Majority World）的旅游生产者和服务者实现更好的贸易。公平旅游交易为具有以下特征并准备参与旅游的东道主社区提供了优先权（Tourism Concern 2009）：

- 之前在旅游决策制定过程中没有发言权的；
- 在经济和社会层面处于弱势地位或遭受歧视的。

公平交易的产品和公平交易旅游正实现着交互融合，并且在美食旅游之中最为普遍（Boluk 2011a）。一些国家推出了咖啡之旅和茶之旅。例如在坦桑尼亚的一些咖啡种植地区已经开发了一个"可持续的咖啡旅游形式"（Goodwin and Boekhold 2010：181），这些咖啡之旅由当地人所有和管理，为个人、家庭以及社区都带来了可观的收益。另一个进行公平交易旅游的社区是印度马卡巴力（Makaibari）的茶园。马卡巴力是一个当地人拥有的茶叶公司，在当地生产公平交易认证的大吉岭茶。为了接待马卡巴力持续的游客流，一些村民从 2005 年开始将自己的家租住给游客。目前，有 21 户人家为游客提供住宿，包括餐食在内的定价是每对游客 25 美元。获得的利润被重新投入社区，当地人建造了电脑中心，为将近 80 名孩子提供服务，设立了一个奖学金项目来帮助个人学习园艺，还建立了社区贷款基金——帮助 100 户家庭满足日常需求、医疗需求、教育、牲畜和小生意的发展（Makaibari Tea Estates 2011）。

除了从有形的、公平交易的认证产品上发展起的公平交易旅游，公平交易的哲学也影响了许多旅游商业的发展。2002 年，南非发起了商标

> **讨论问题：**
> 1. 公平交易旅游通过哪些方式给主体世界的当地社区带来了收益？
> 2. 公平交易旅游的定义与旅游的可替代形式有哪些相似和不同？
> 3. 公平交易旅游在多大程度上与本书所倡导的伦理理念相一致？以及如何相一致？

认证项目，即"南非公平交易旅游"（FTTSA）。南非公平交易旅游的目标是促进旅游发展的平等与可持续性。南非公平交易旅游认证以可量化的指标为基础，包括劳动力的标准，例如工资、待遇、当地就业、家庭和社区参与的比例、HIV/AIDS 支持、黑人赋权以及多种环境保护措施（FTTSA 2011）。南非公平交易旅游的商业为贫困者的需求提供了优先权：将贫困者纳入旅游决策的制定过程之中，在其难以获得资源的领域创造了就业机会，鼓励创业，提供技术机遇（Boluk 2011b）。这些结果展示了从旅游商业的视角对优先权进行的再评估。

参考文献

Boluk, K. (2011a) 'In consideration of a new approach to tourism: A critical review of Fair Trade Tourism', *Journal of Tourism and Peace Research,* 2 (1): 27–37

—— (2011b) 'Fair Trade Tourism South Africa: A pragmatic poverty reduction mechanism?', *Tourism Planning and Development,* 8 (3): 237–251.

Fair Trade Tourism South Africa (FTTSA) (2011) Available at < http: //www.fairtourismsa.org.za/fairtrade_insouthafrica.html> (Accessed 12 March 2009)

Goodwin, H. and Boekhold, H. (2010) 'Beyond fair trade: Enhancing the livelihoods of coffee farmers in Tanzania', in Jolliffe, L. *Coffee Culture, Destinations and Tourism,* Bristol: Channel View, pp: 181–196.

Makaibari Tea Estates (2011) Available at <http: //www.makaibari.com/stay.html> (Accessed 11 November 2011)

Tourism Concern (2009) *Fair Trade in Tourism.* Available at: <http: //www.tourismconcern.org.uk/index.php?page=news> (Accessed 9 January 2009)

四、一个伦理的产业？——伦理和企业社会责任

就结果的可测量性来说，商业世界找到了一个比可持续发展更精确的工具，即企业社会责任（CSR）。企业社会责任能够为一个更具伦理的旅游产业提供基础吗？一般来说，企业社会责任用一个具有"三重底线"（经济的、环境的、社会的）的方法来评估商业的成功度。它是"对企业中的经营、产品和服务及其关键的利益相关者，例如雇员、消费者、投资人和供应商的互动对社会和环境产生的积极影响所进行的管理"（Business in Community 2005）。

卡罗尔（Carroll 1979，1991）的企业社会责任金字塔（图15.1）展示了伦理、经济、法律和慈善责任之间的关系。该模型包含着对所有企业社会责任组成部分的同时满足。

但是企业社会责任与伦理之间的关系是什么，它又是否能在伦理旅游的讨论中作为一个适合的伦理行为指南？伦理关注"与道德哲学规则相关的行为的规则和标准，（而）社会责任关注的是存在于商业及其所处社会的之间的社会契约"（Hunt et al. 1990：240）。在旅游中，社会契约贯穿社会的方方面面，涉及众多利益相关者，而他们的地位又参差不齐。对商业和社会之间的"契约"的认识属于企业社会责任部件的开端。例如，卡罗尔（Carroll 1979）认为商业要为社会负责，要满足社会的期待。然而，对企业社会责任的批评观点则认为商业无需为社会负责，只需要对其（并不都具有平等地位的）利益相关者负责即可（Holcomb et al. 2007）。当中最著名的是经济学家米尔顿·弗里德曼（Milton Friedman 1998：251）所提出的观点：

> 商业只有一种社会责任——使用资源，增加收益，遵守游戏规则，即进行公开和自由的竞争，不造假，不欺诈。

这一观点，即"商业要做的就是商业"，引发了激烈的争议。有人认为弗里德曼的观点是"不正当的"社会哲学的产物，必须认识到存在着不可逾越的"道德准则之底线"（Lozano 2000：58）。洛扎诺（Lozano）认为从伦理角度看企业社会责任是必要的，因为它是一种"开明的自私"，使得伦理标准优先于经济标准。

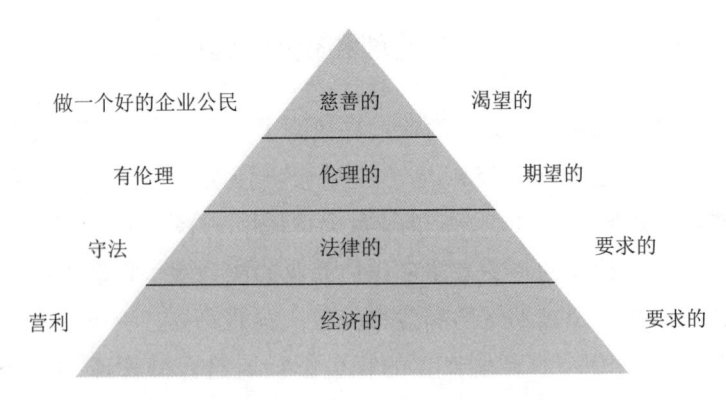

```
做一个好的企业公民      慈善的      渴望的

      有伦理          伦理的      期望的

      守法            法律的      要求的

      营利            经济的      要求的
```

图 15.1　卡罗尔的企业社会责任金字塔（1979，1991）

来源：Bennett（2011）。

但是企业社会责任能否替代伦理理念，作为旅游或更广泛商业的一个指南？卡罗尔认为，"商业的社会责任包括经济的、法律的、伦理的和社会对某一组织在特定时刻的期望"[1979：500（强调了重点）]。因此社会责任包括伦理，"但是必须符合社会成员所接受的主流价值观"（Lozano 2000：66）。可是，如果主流价值观在特定的时间点存在问题呢？不加批判地对主流价值观（标准）加以附和存在着问题，甚至会导致不道德的后果。因此，虽然企业社会责任有可能在我们追求更具伦理的旅游业的过程中有所助益，但是也有必要了解企业社会责任的局限性——尤其是考虑到旅游经营中复杂的社会和（跨）文化情境。

本书讨论了旅游研究中日益增长的伦理议题。作为道德代理人、旅游专业的学生、旅游经营者和旅游者都必须进行批判性的思考，习惯性地向旅游实践提出问题，才能在信息充分的前提下做出伦理决策。我们认为当下的证据毫无疑问地表明了旅游产业不能再对伦理问题视若无睹了。该产业也不能继续迎合着快乐主义的需求而对严肃反思的必要性视而不见。这种"视而不见"可能会削弱你个人以及他人的自由。如果自由是你伦理价值观的核心，你也对所学到的伦理知识进行了批判思考，那么当这一价值观被严重侵犯时，你将会更好地武装来捍卫它。本书并不奢望解决旅游产业中的所有伦理问题，但是它期望引起人们对伦理议题的更多关注。我们

第 15 章 结论：伦理的未来？

也希望本书所介绍的诸多伦理框架和视角能够帮助读者带着改变社会的观点来应用伦理——尤其是在旅游产业，这个无疑是二十一世纪最为重要的社会力量。

讨论点：道德旅游和企业社会责任

一个关于企业社会责任政策和 10 个国际集团的研究发现，在企业的社会责任目的与实际行动之间存在着偏差（Font et al. 2012）。在该研究中，环境成效受到生态奖励金的驱动；劳动力政策仅满足于符合当地法律；社会经济政策几乎不考虑对目的地的影响；顾客参与的程度也非常有限。莫斯和芒特（Mowforth and Munt 2003）认为旅游产业在企业社会责任方面远远落后于其他产业，他们认为旅游产业在道德领导上的匮乏"令人震惊"。

参与企业社会责任的动机有一个重要的问题。旅游企业可能受到道德（内在）的动机驱动，这种内在动机将企业社会责任视为企业对社会的一种责任，也可能受到战略性（外在）动机的驱动，即认为企业社会责任有利于企业长期的经济利益。然而研究显示，道德（内在）的动机比战略性（外在）动机更能促进企业对社会责任的参与（Ven van de and Graafland 2006）。

> **讨论问题：**
> 1. 如果一个旅游经营者施行企业社会责任的首要动机是商业原因，这算是一种伦理行为吗？
> 2. 一些研究者（例如 Lantos 2002）认为，上市公司对利他的 / 慈善的（内在驱动的）的企业社会责任的参与实际上是不道德的。这是因为利他的企业社会责任实际上是"对利益相关者的财富的一种掠夺"，而这是不公平的，为普遍福利买单可能花费的是企业本应服务的人（尤其是员工和顾客）的财富。你同意吗？为什么？私人公司会有不同吗？
> 3. 如果将企业社会责任作为一种旅游的伦理方法的话，那么旅游的跨文化本质会给这一实践带来挑战吗？

参考文献

Font, X., Walmsley, A., Cogotti, S., McCombes, L. and Häusler, N. (2012) 'Corporate social responsibility The disclosure–performance gap', *Tourism Management,* 33: 1544–1553.

Lantos, G.P. (2002) 'The ethicality of altruistic corporate social responsibility', *Journal of Consumer Marketing,* 19 (3): 205–232.

Mowforth, M. and Munt.I. (2003) *Tourism and Sustainability: Development and New Tourism in the Third World,* London: Routledge.

Ven van de, B. and Graafland, J.J. (2006) 'Strategic and moral motivation for corporate social responsibility', *Journal of Corporate Citizenship,* 22: 111–123.

有用的资源

Schwartz, M.S. (2011) *Corporate Social Responsibility: An Ethical Approach,* Peterborough, Canada: Broadview Press.

Visser, W., Matten, D., Pohl, M. and Tolhurst, N. (2010) *The A to Z of Corporate Social Responsibility,* Chichester: John Wiley.

关键术语小结

公平交易旅游（Fair Trade Tourism）：在旅游产业内应用公平交易原则以解决社会不平等和可持续议题的旅游。

企业社会责任（Corporate Social Responsibility，CSR）：企业社会责任也被称为社会责任、企业公民以及企业可持续性。一般来说，它是企业对社会和环境进行伦理考虑的一种承诺。

注释

a 乔治·奥威尔（George Orwell，1903-1950），英国作家、散文家。引自《所有的艺术都是宣传》（*All art is Propaganda*）（1941年首版），Boston, MA: Houghton Mifflin Harcourt, 2008。

b 约翰·D. 洛克菲勒（John D. Rockefeller, 1839-1937），美国企业家、慈善家。引自《福布斯箴言录》（*The Forbes Book of Business Quotations*）（2007），edited by Ted Goodman, p.175。

参考文献

Bennett, A.J.W. (2011) 'Learning to be job ready: Strategies for greater social inclusion in public sector employment', *Journal of Business Ethics,* 104(3):

347–59.

Butcher, J. (2003) *The Moralisation of Tourism: Sun, Sand...and Saving the World?*, London: Routledge.

Business in the Community (2005) *Corporate Social Responsibility.* Available at <http://www.bitc. org.uk/resources/jargon_buster/crhtml> (Accessed 13 June 2012).

Carroll, A.B. (1979) 'A three-dimensional conceptual model of corporate social performance' *Academy of Management Review,* 4(4): 497–505.

Fennell, D.A. (2009) 'Ethics and tourism', in Tribe, J. (ed.) *Philosophical Issues in Tourism,* Bristol: Channel View, pp. 211–26.

Friedman, M. (1998) The social responsibility of business is to increase its profits', in Hartman, L. (ed.) *Perspectives in Business Ethics,* New York: Irwin McGraw-Hill, pp. 246–51.

Higgins-Desbiolles, , F. (2010) 'Justifying tourism: Justice through tourism', , in Cole, S. and Morgan, N. (eds) *Tourism and Inequality: Problems and Prospects,* Wallingford: CABI, pp. 194–210.

Holcomb, J.L., Upchurch, R.S. and Okumus, F. (2007) 'International Corporate Social Responsibility: what are top hotel companies reporting?', *Journal of Contemporary Hospitality Management,* 19(6): 461–75.

Hunt, S.D. and Vitell, S.D. (1986) 'A general theory of marketing', *Journal of Macromarketing,* 6: 5–15.

Hunt, S., Kiecker, P. and Chonko, L. (1990) Social responsibility and personal success: A research note' *Journal of Academy of Marketing Science,* 18: 239–44.

International Centre for Responsible Tourism (ICRT) (2012) *Responsible Tourism.* Available at <http://www.icrtourism.org/links/responsible-tourism-management-theory-and-practise/> (Accessed 14 July 2012).

Lozano, J.M. (2000) *Ethics and Organisations: Understanding Business Ethics as a Learning Process,* Dordrecht: Kluwer Academic.

Schumann, P.L. (2001) 'A moral principles framework for human resource management ethics', *Human Resource Management Review,* 11: 93–111.

Singer, P. (2000) *Writings on an Ethical Life,* New York: Harper Collins.

Smith, M. and Duffy, R. (2003) *The Ethics of Tourism Development,* London, New York: Routledge.

Stanford, D. (2008) '"Exceptional visitors": Dimensions of tourist responsibility in the context of New New Zealand', *Journal of Sustainable Tourism,* 16(3): 258–75.

Vaughn, L. (2008) *Doing Ethics: Moral Reasoning and Contemporary Issues,* New York: W.W. Norton.

图书在版编目(CIP)数据

旅游伦理学：批判性与应用性视角 /（新西兰）布伦特·洛夫洛克，（新西兰）柯尔斯滕·洛夫洛克著；余晓娟，孙佼佼译. — 北京：商务印书馆，2019
（当代旅游研究译丛）
ISBN 978-7-100-17547-0

Ⅰ. ①旅… Ⅱ. ①布… ②柯… ③余… ④孙… Ⅲ. ①旅游－伦理学－研究 Ⅳ. ①F590-05

中国版本图书馆 CIP 数据核字（2019）第 110537 号

权利保留，侵权必究。

旅游伦理学：批判性与应用性视角
〔新西兰〕布伦特·洛夫洛克
〔新西兰〕柯尔斯滕·洛夫洛克 著
余晓娟　孙佼佼　译

商 务 印 书 馆 出 版
（北京王府井大街36号 邮政编码100710）
商 务 印 书 馆 发 行
艺堂印刷（天津）有限公司印刷
ISBN 978-7-100-17547-0

2019年12月第1版	开本 787×1092　1/16
2019年12月第1次印刷	印张 28½
	定价：80.00元